Raeliana

Warum sie die Verlobte des Dukes wurde

7

Whale

Original Story: Milcha

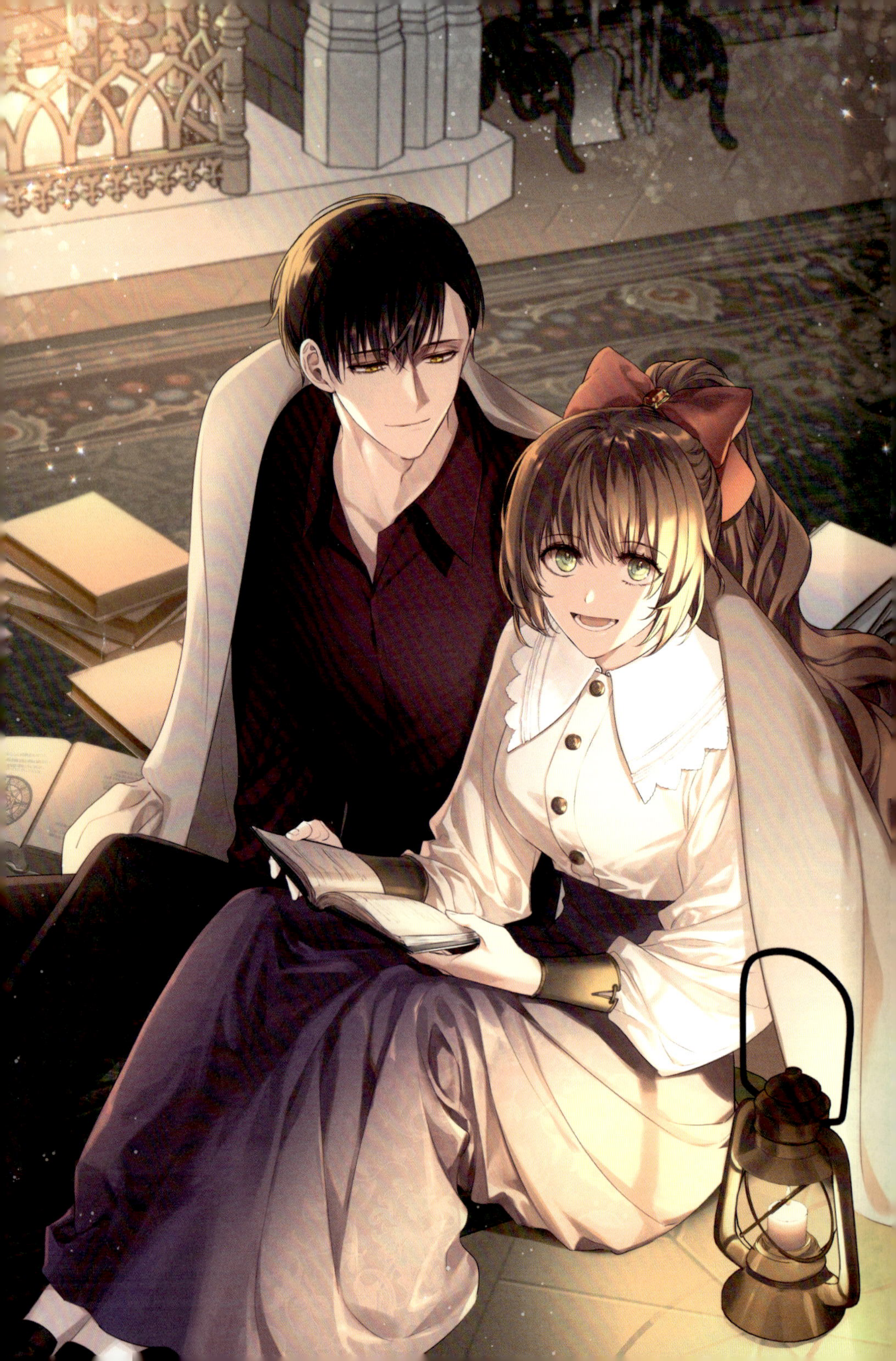

Whale
Original Story: Milcha

RAELIANA
Warum sie die Verlobte des Dukes wurde

7

Das Geständnis

»Ich habe mich jetzt entschieden,
nur an diesen Moment zu denken.«

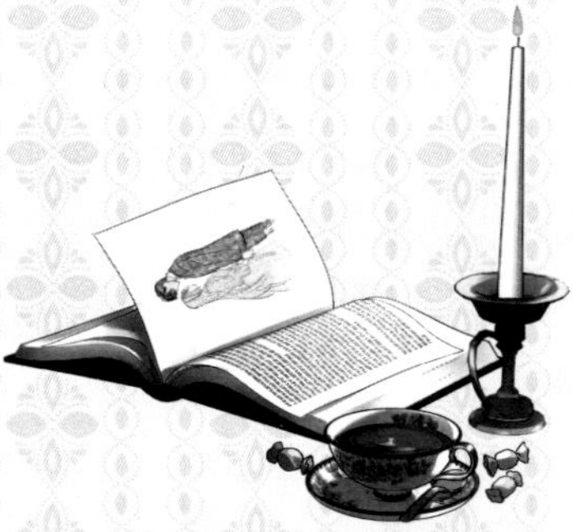

*** Dieser Sammelband enthält Kapitel 106 bis 124 des Webtoons *Raeliana – Warum sie die Verlobte des Dukes wurde.***

Inhalt

Kapitel 18

Das Geständnis

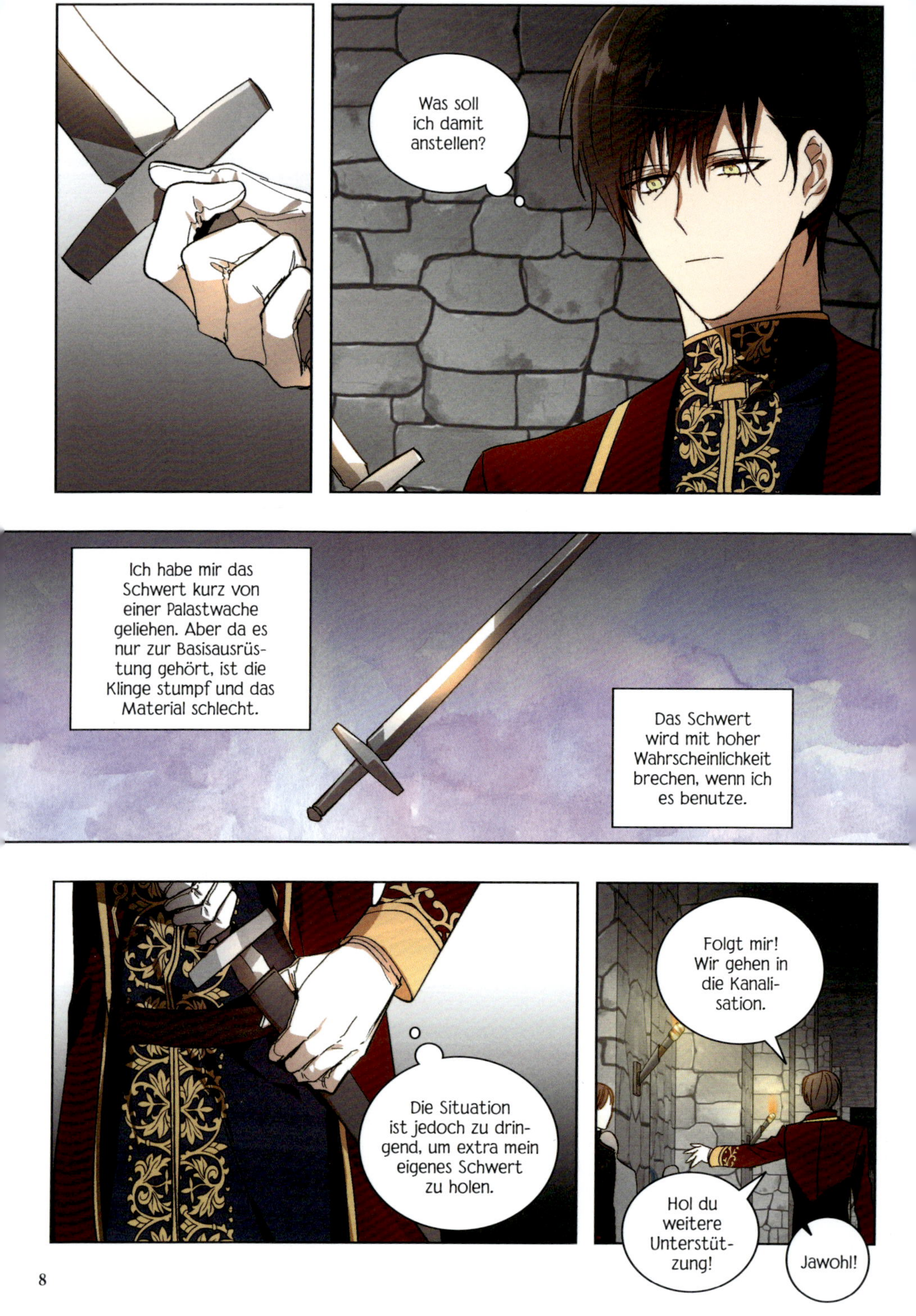
Was soll ich damit anstellen?
Ich habe mir das Schwert kurz von einer Palastwache geliehen. Aber da es nur zur Basisausrüstung gehört, ist die Klinge stumpf und das Material schlecht.
Das Schwert wird mit hoher Wahrscheinlichkeit brechen, wenn ich es benutze.
Die Situation ist jedoch zu dringend, um extra mein eigenes Schwert zu holen.
Folgt mir! Wir gehen in die Kanalisation.
Hol du weitere Unterstützung!
Jawohl!

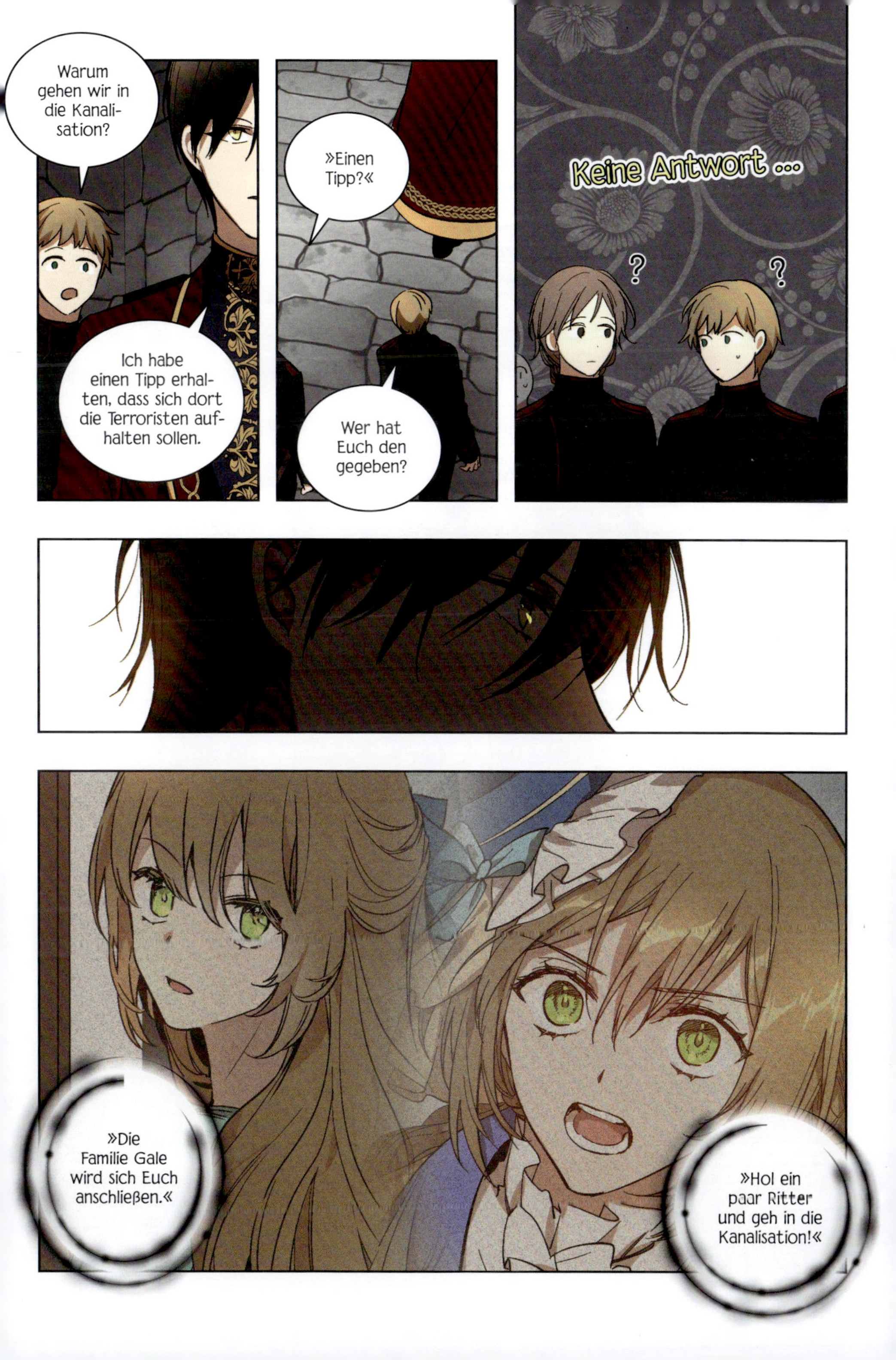
Warum gehen wir in die Kanali- sation?
Ich habe einen Tipp erhal- ten, dass sich dort die Terroristen auf- halten sollen.
»Einen Tipp?«
Wer hat Euch den gegeben?
Keine Antwort ...
?
?
»Die Familie Gale wird sich Euch anschließen.«
»Hol ein paar Ritter und geh in die Kanalisation!«

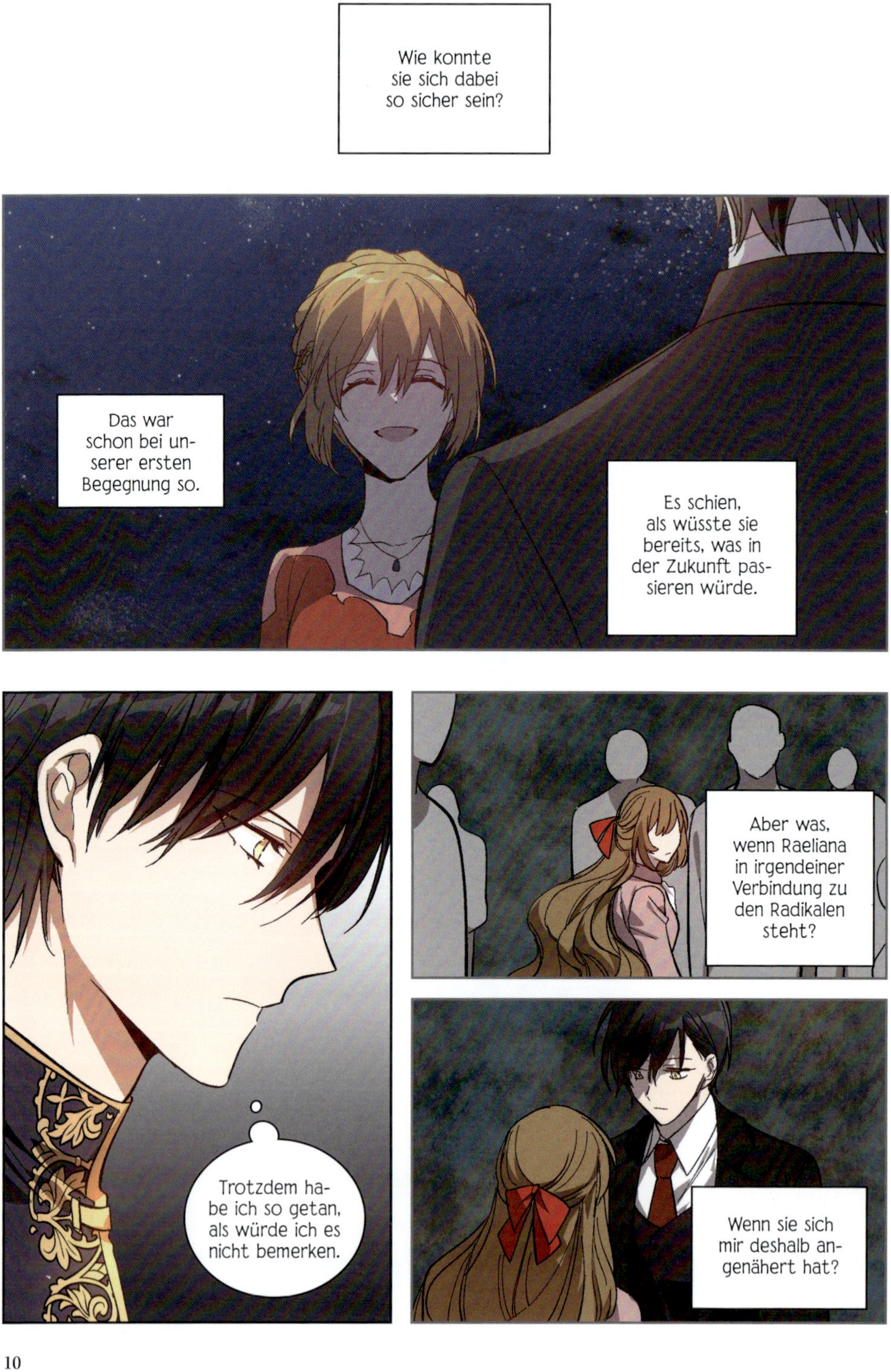

Wie konnte sie sich dabei so sicher sein?
Das war schon bei unserer ersten Begegnung so.
Es schien, als wüsste sie bereits, was in der Zukunft passieren würde.
Trotzdem habe ich so getan, als würde ich es nicht bemerken.
Aber was, wenn Raeliana in irgendeiner Verbindung zu den Radikalen steht?
Wenn sie sich mir deshalb angenähert hat?

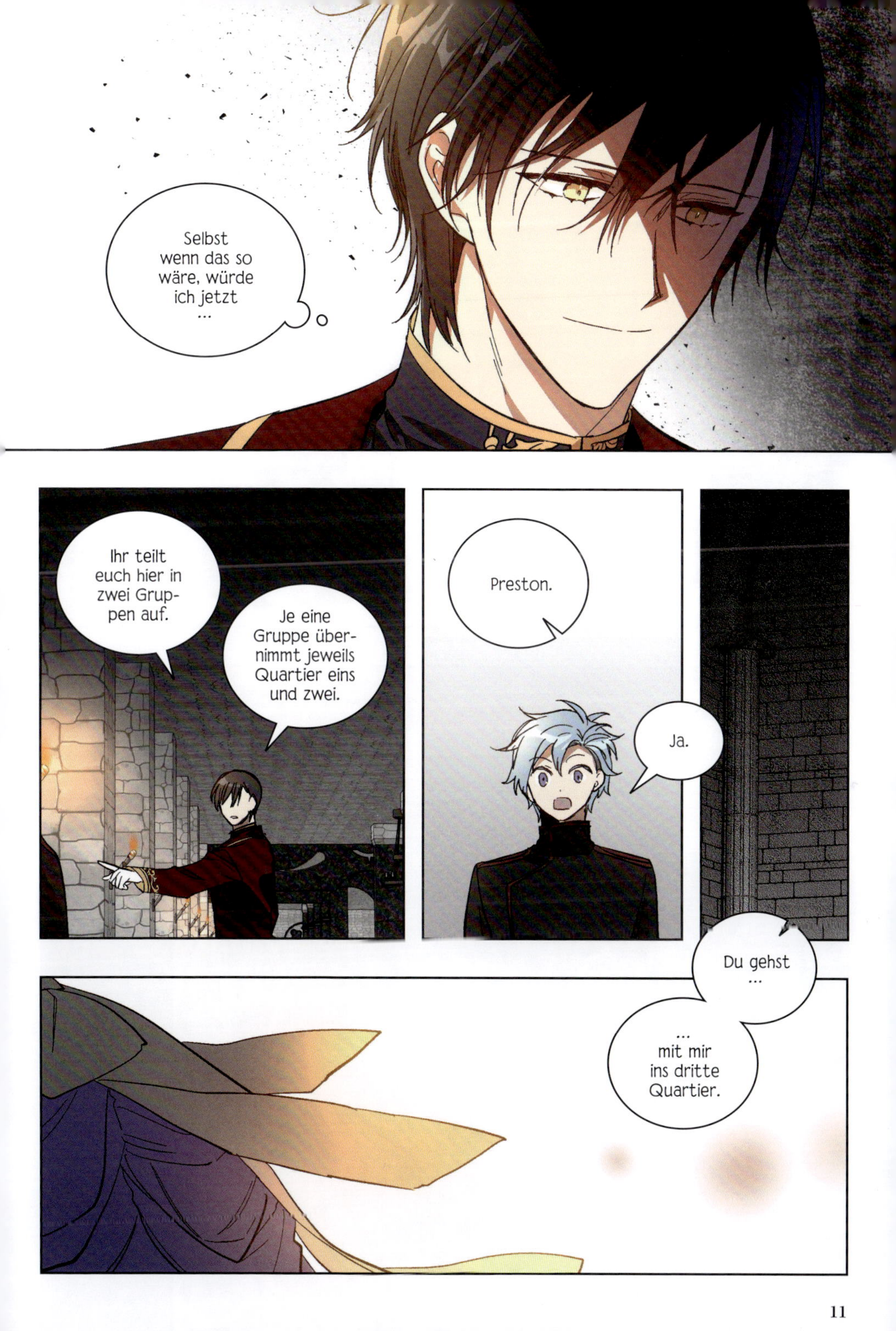
Selbst wenn das so wäre, würde ich jetzt …
Ihr teilt euch hier in zwei Gruppen auf.
Je eine Gruppe übernimmt jeweils Quartier eins und zwei.
Preston.
Ja.
Du gehst …
… mit mir ins dritte Quartier.

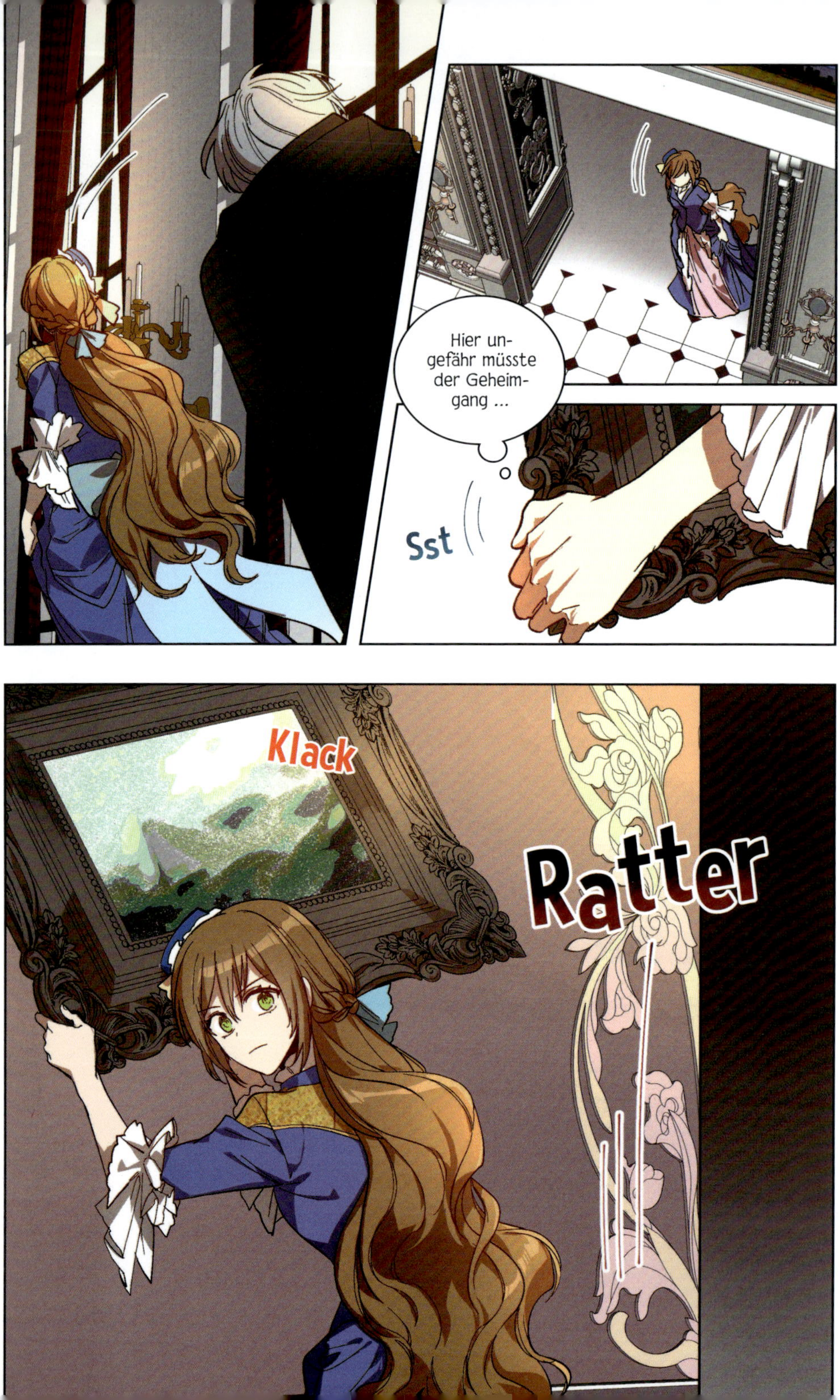
Hier un-
gefähr müsste
der Geheim-
gang ...
Sst
Klack
Ratter

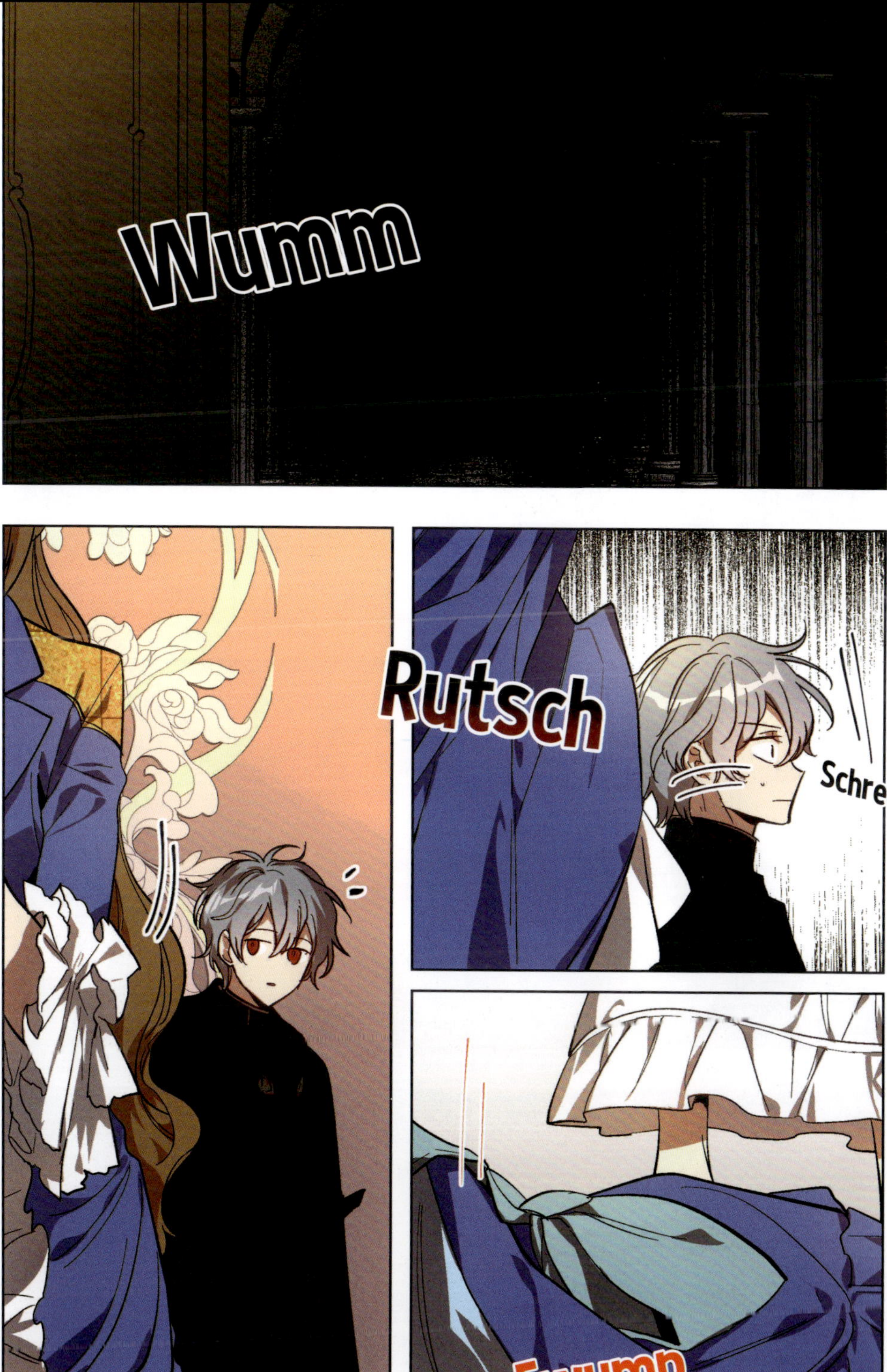
Wumm
Rutsch
Schreck
Fwump

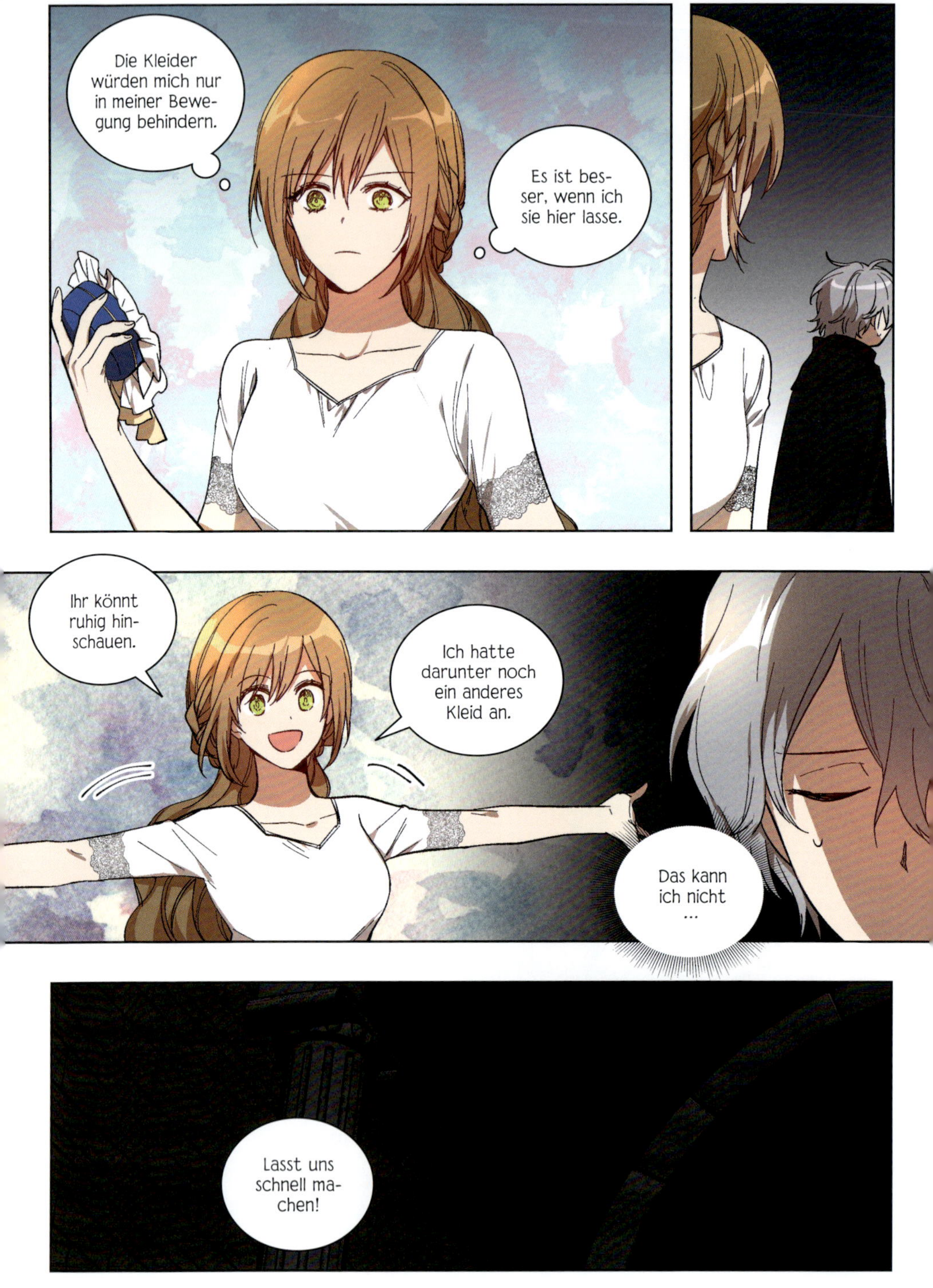
Die Kleider würden mich nur in meiner Bewegung behindern.
Es ist besser, wenn ich sie hier lasse.
Ihr könnt ruhig hinschauen.
Ich hatte darunter noch ein anderes Kleid an.
Das kann ich nicht …
Lasst uns schnell machen!

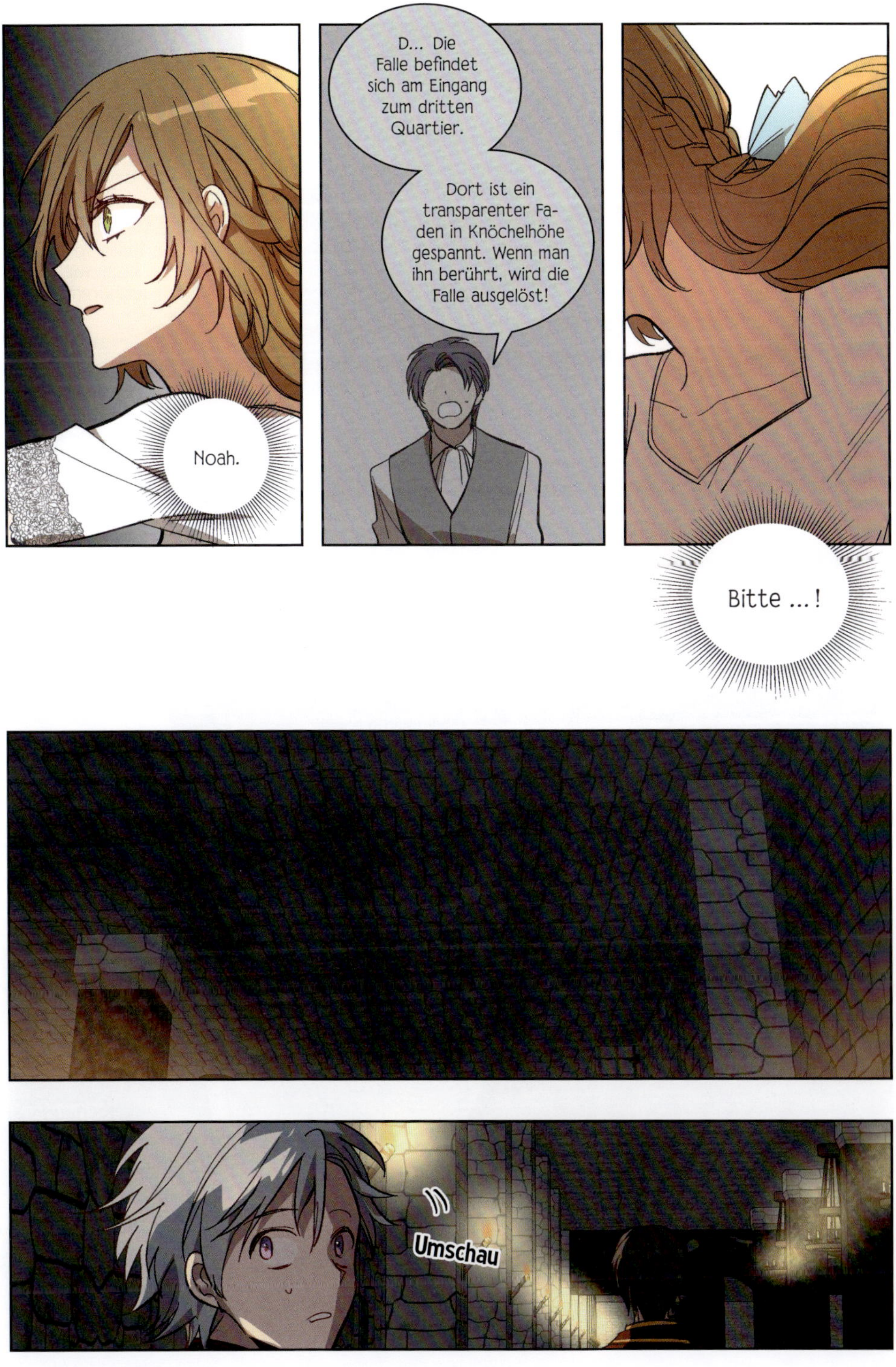

Noah.
D... Die Falle befindet sich am Eingang zum dritten Quartier.
Dort ist ein transparenter Faden in Knöchelhöhe gespannt. Wenn man ihn berührt, wird die Falle ausgelöst!
Bitte ...!
Umschau

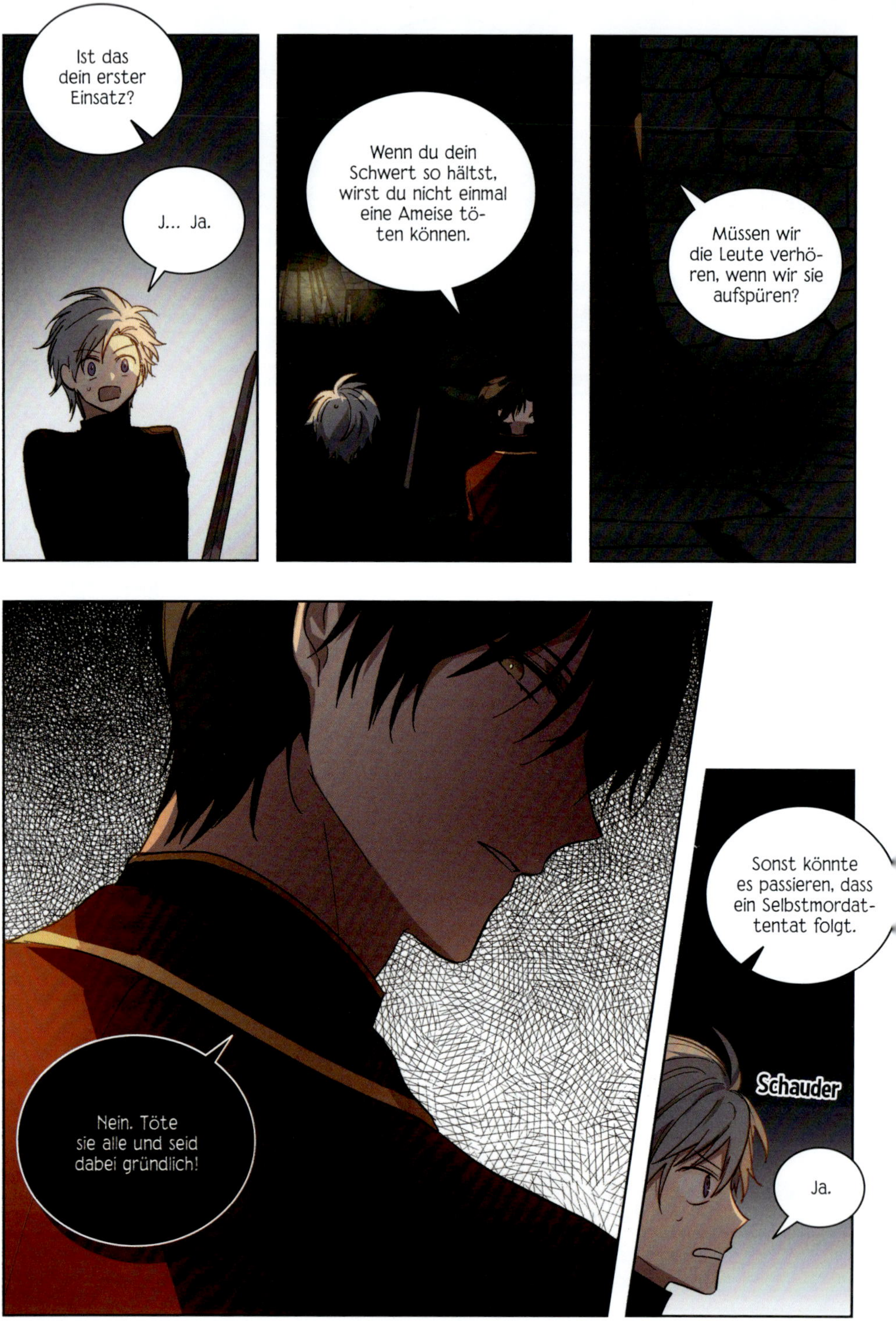
Ist das dein erster Einsatz?
J... Ja.
Wenn du dein Schwert so hältst, wirst du nicht einmal eine Ameise töten können.
Müssen wir die Leute verhören, wenn wir sie aufspüren?
Nein. Töte sie alle und seid dabei gründlich!
Sonst könnte es passieren, dass ein Selbstmordattentat folgt.
Schauder
Ja.

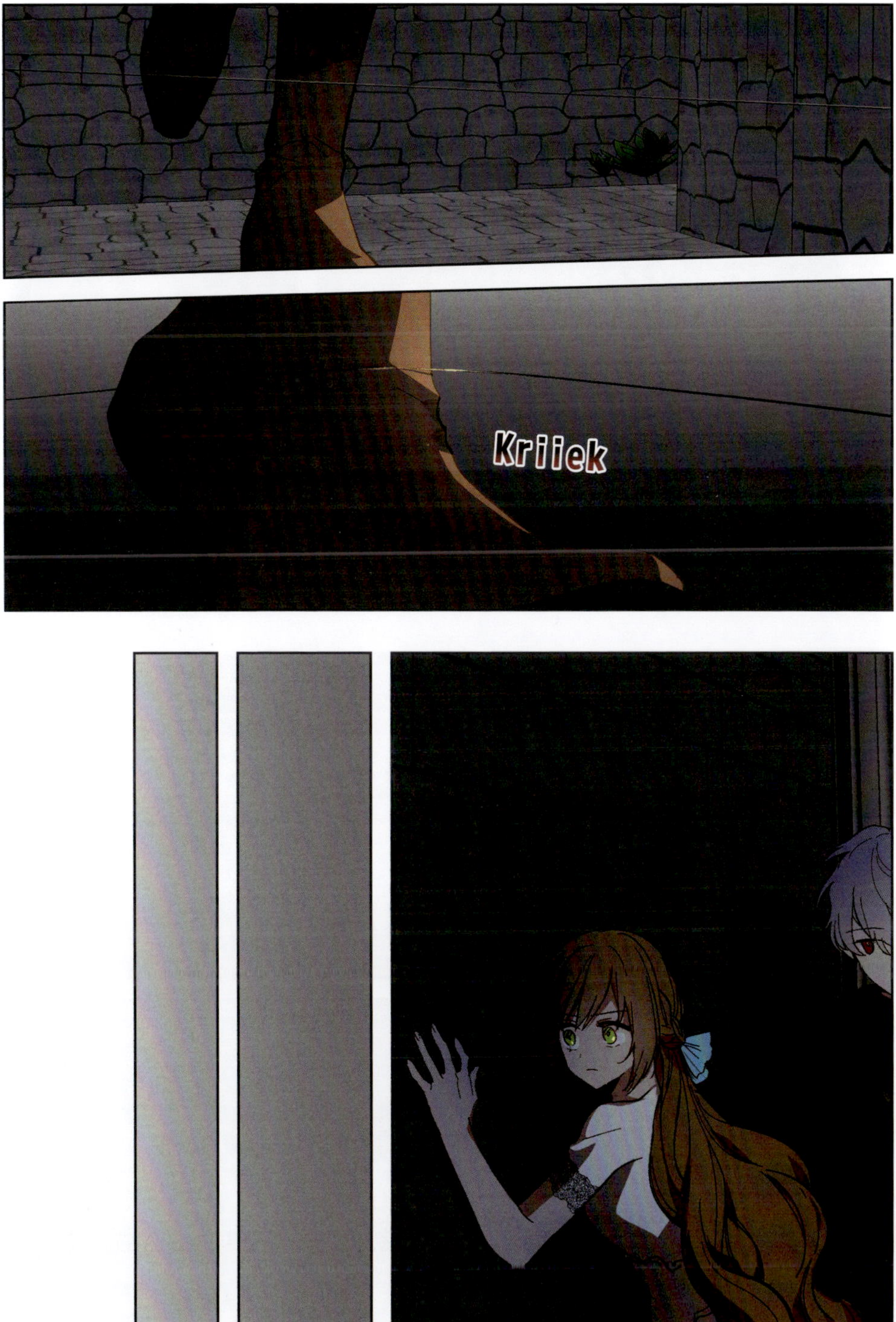
Kriiek

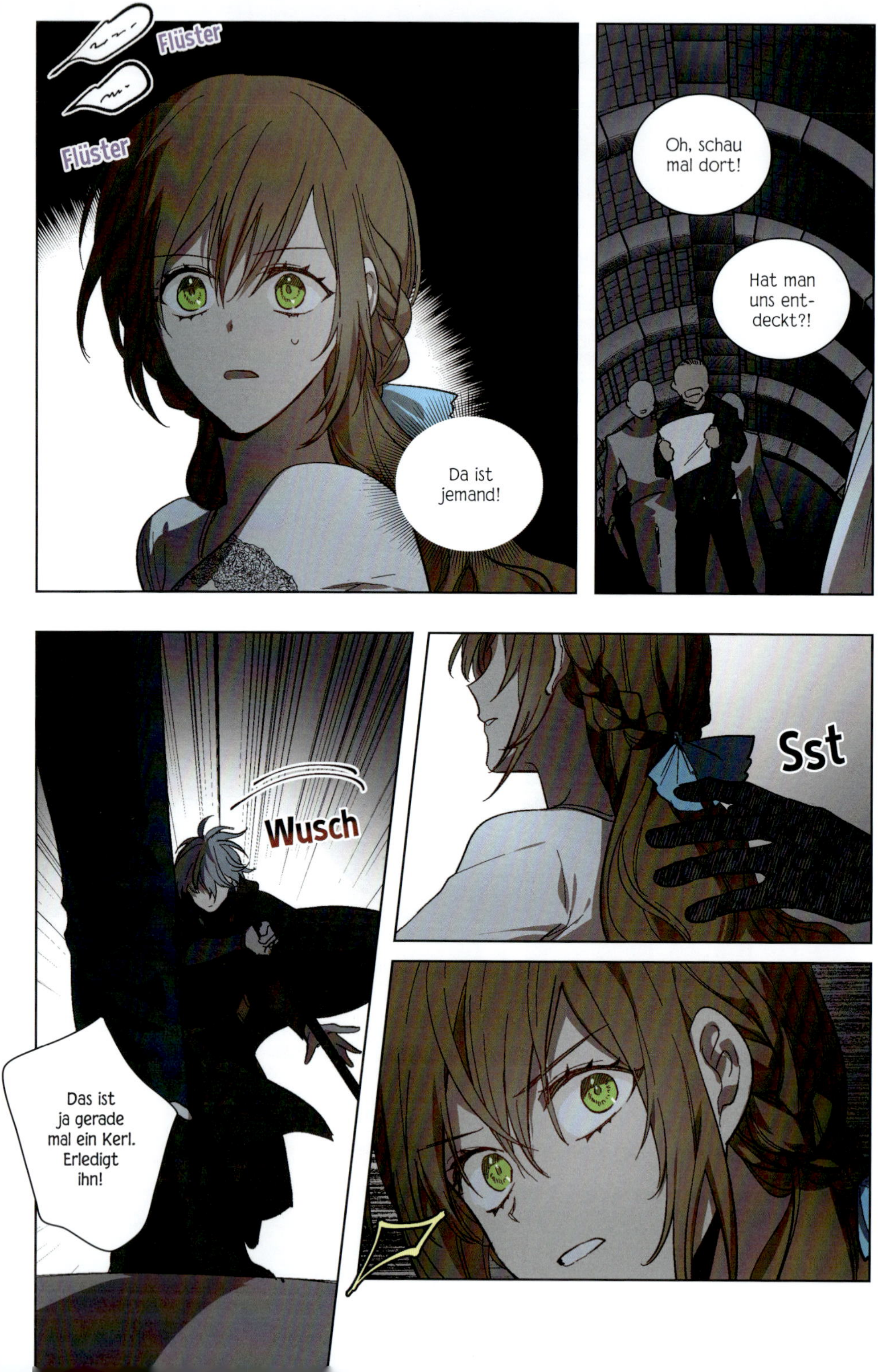
Flüster
Flüster
Da ist jemand!
Oh, schau mal dort!
Hat man uns ent-deckt?!
Sst
Wusch
Das ist ja gerade mal ein Kerl. Erledigt ihn!

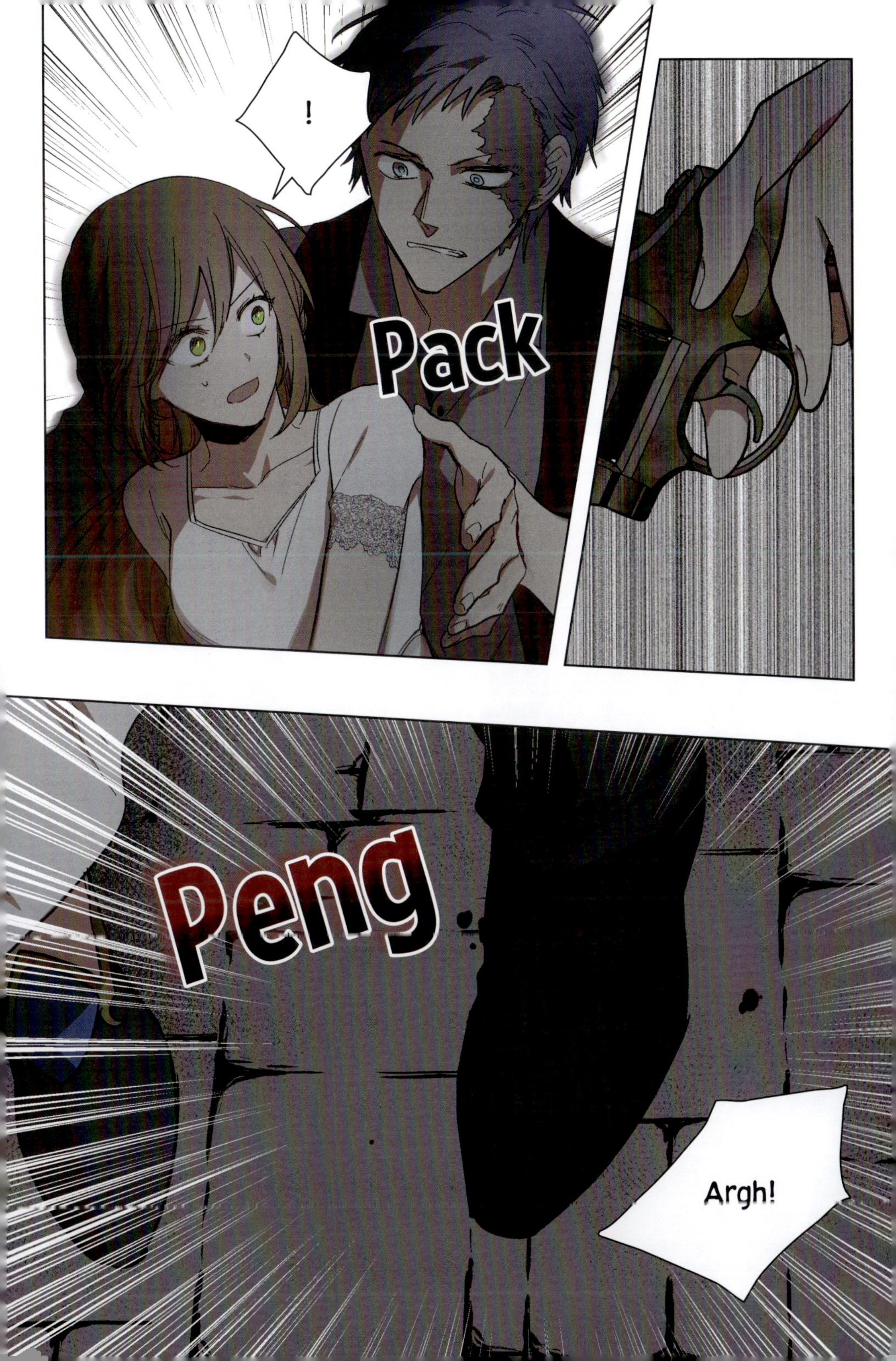
!
Pack
Peng
Argh!

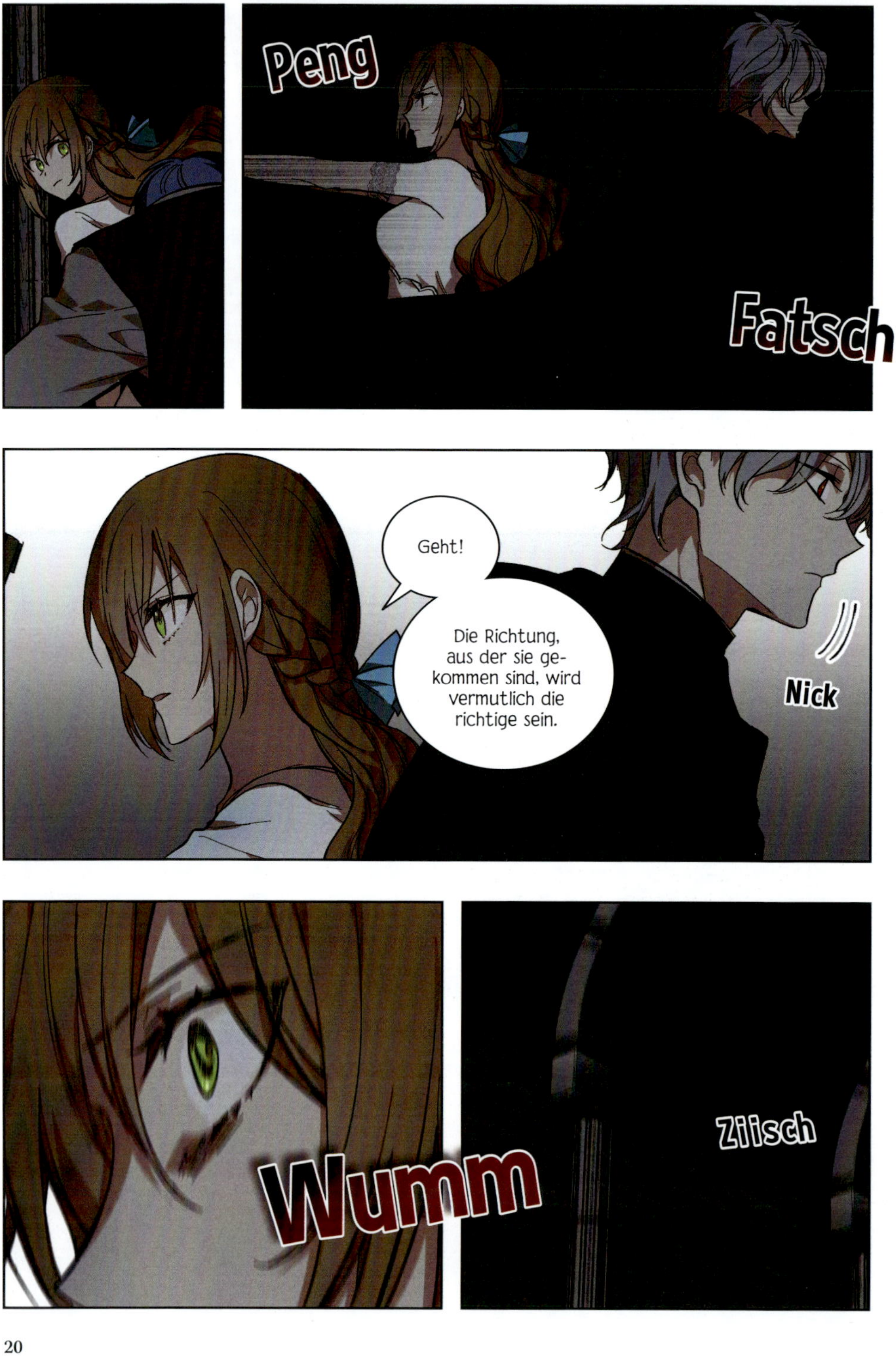
Peng
Fatsch
Geht!
Die Richtung, aus der sie gekommen sind, wird vermutlich die richtige sein.
Nick
Wumm
Ziisch

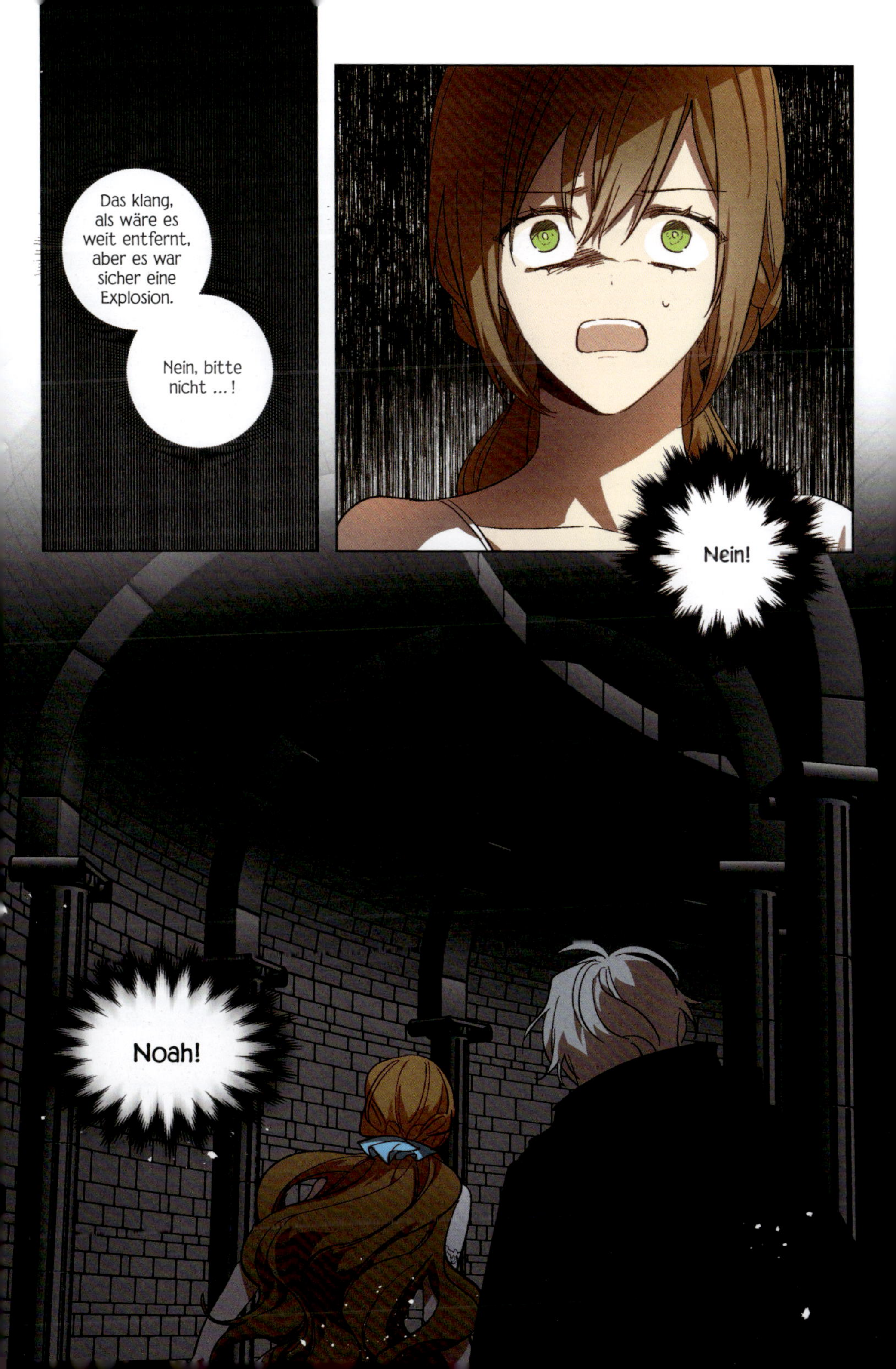
Das klang, als wäre es weit entfernt, aber es war sicher eine Explosion.
Nein, bitte nicht ...!
Nein!
Noah!

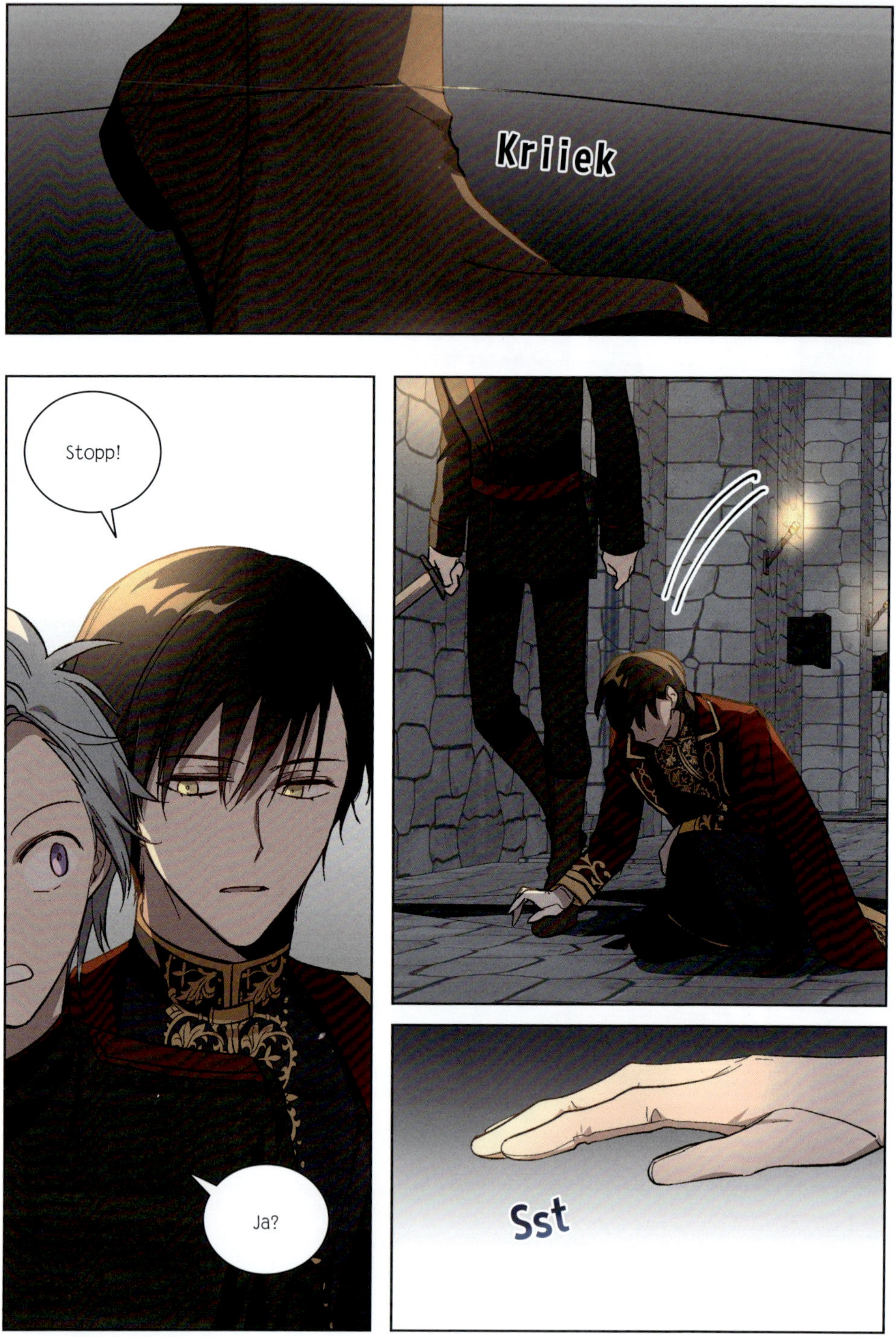
Kriiek
Stopp!
Ja?
Sst

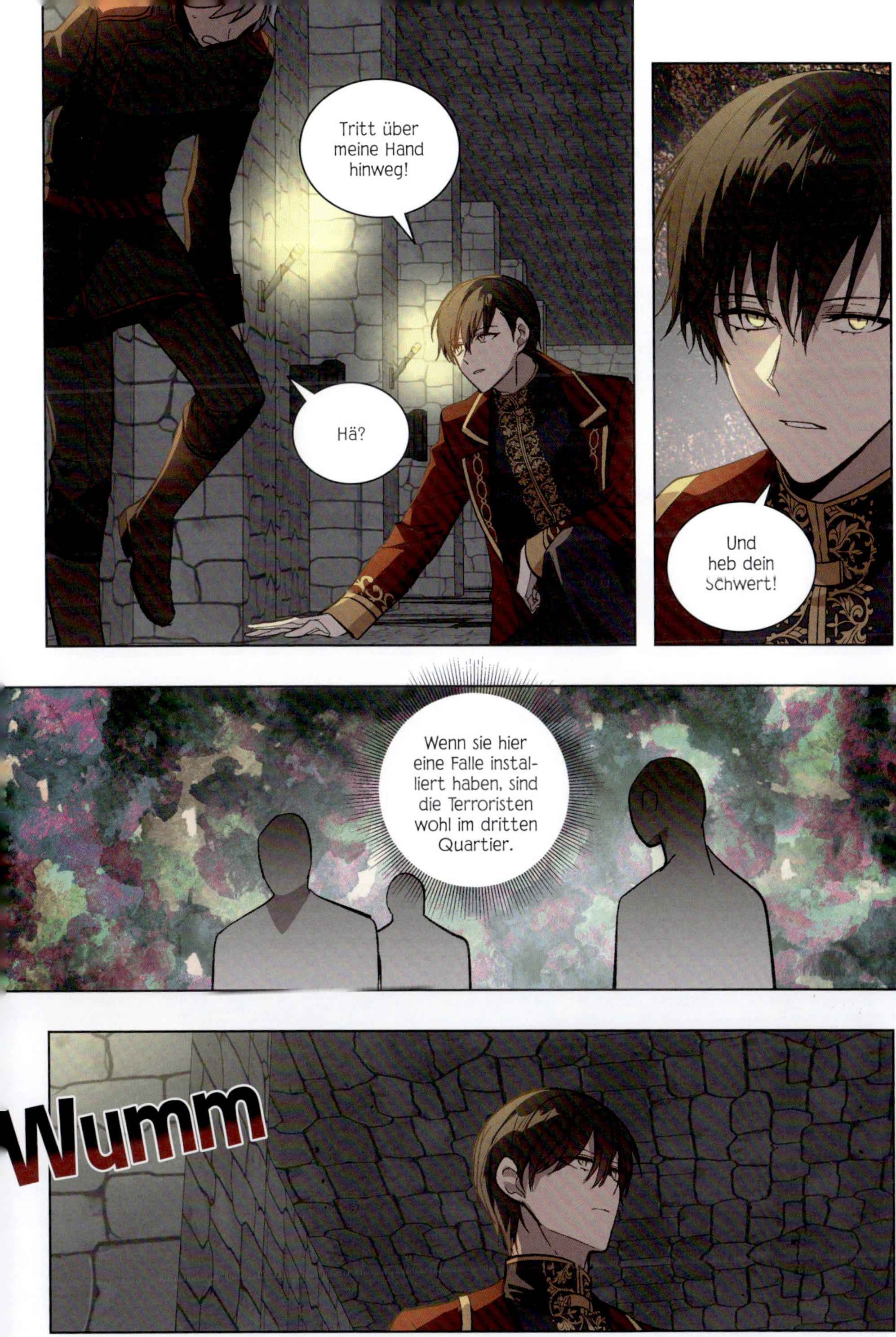
Tritt über meine Hand hinweg!
Hä?
Und heb dein Schwert!
Wenn sie hier eine Falle installiert haben, sind die Terroristen wohl im dritten Quartier.
Wumm

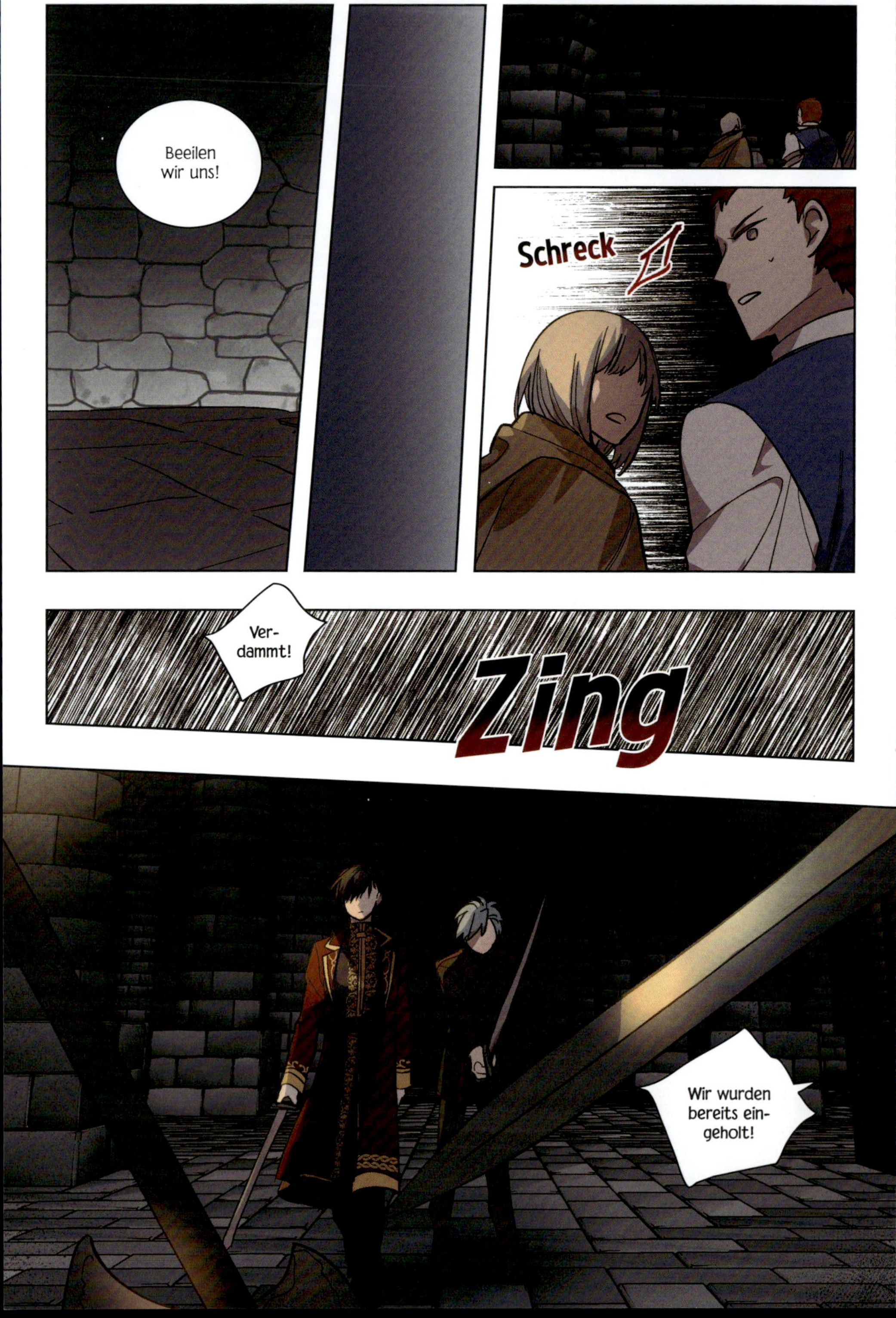
Beeilen wir uns!
Schreck
Verdammt!
Zing
Wir wurden bereits eingeholt!

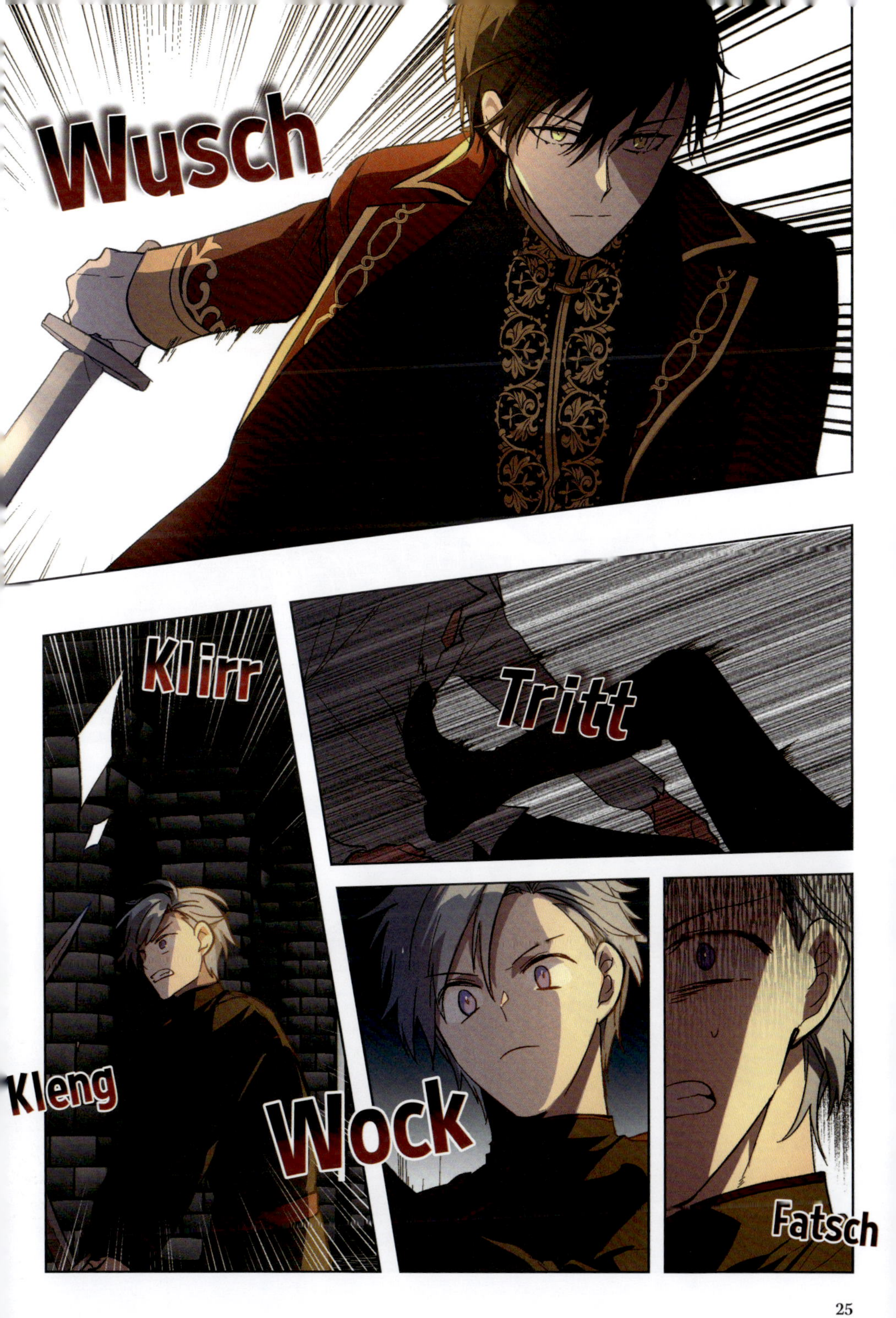
Wusch
Klirr
Tritt
Kleng
Wock
Fatsch

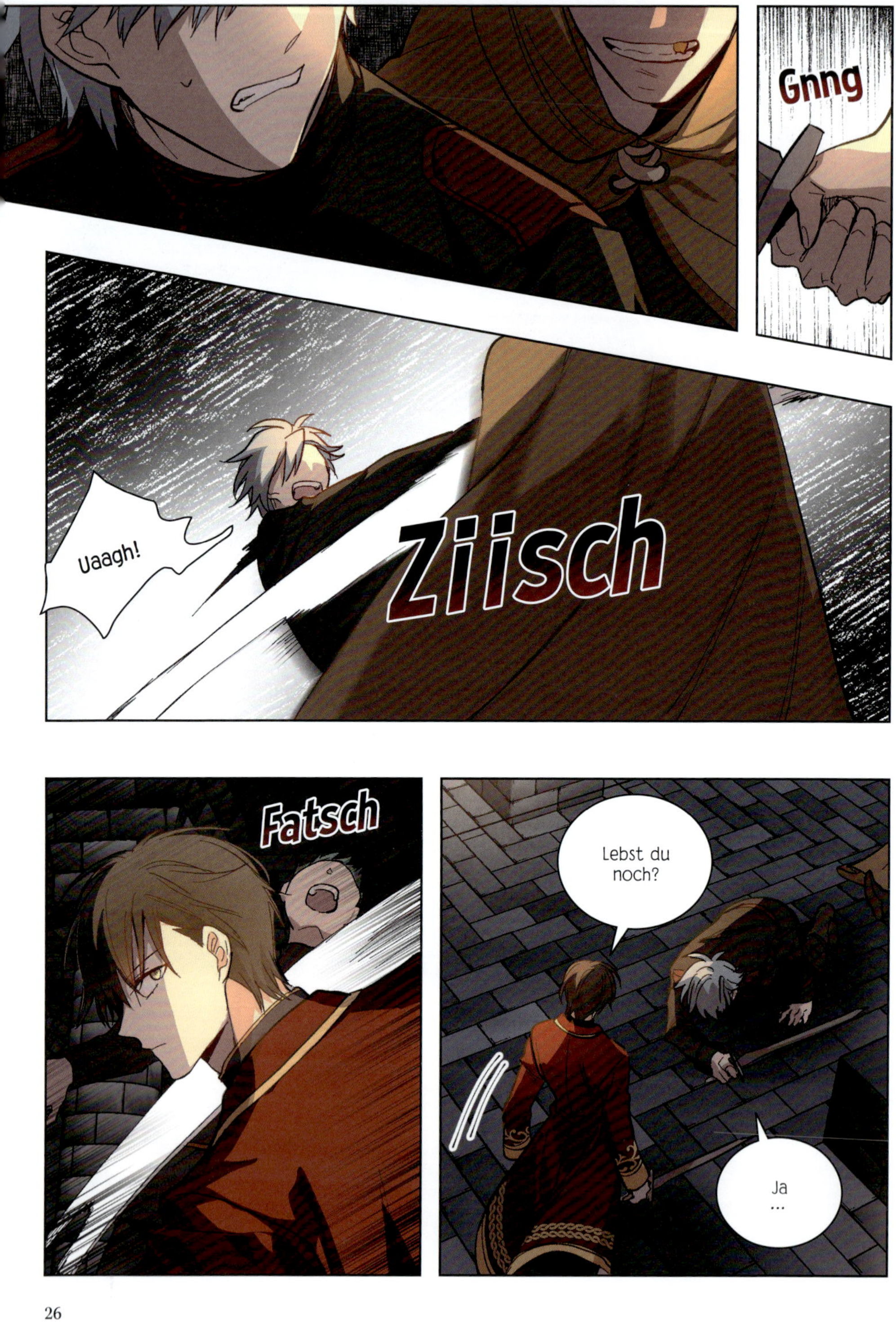
Gnng
Uaagh!
Ziisch
Fatsch
Lebst du noch?
Ja …

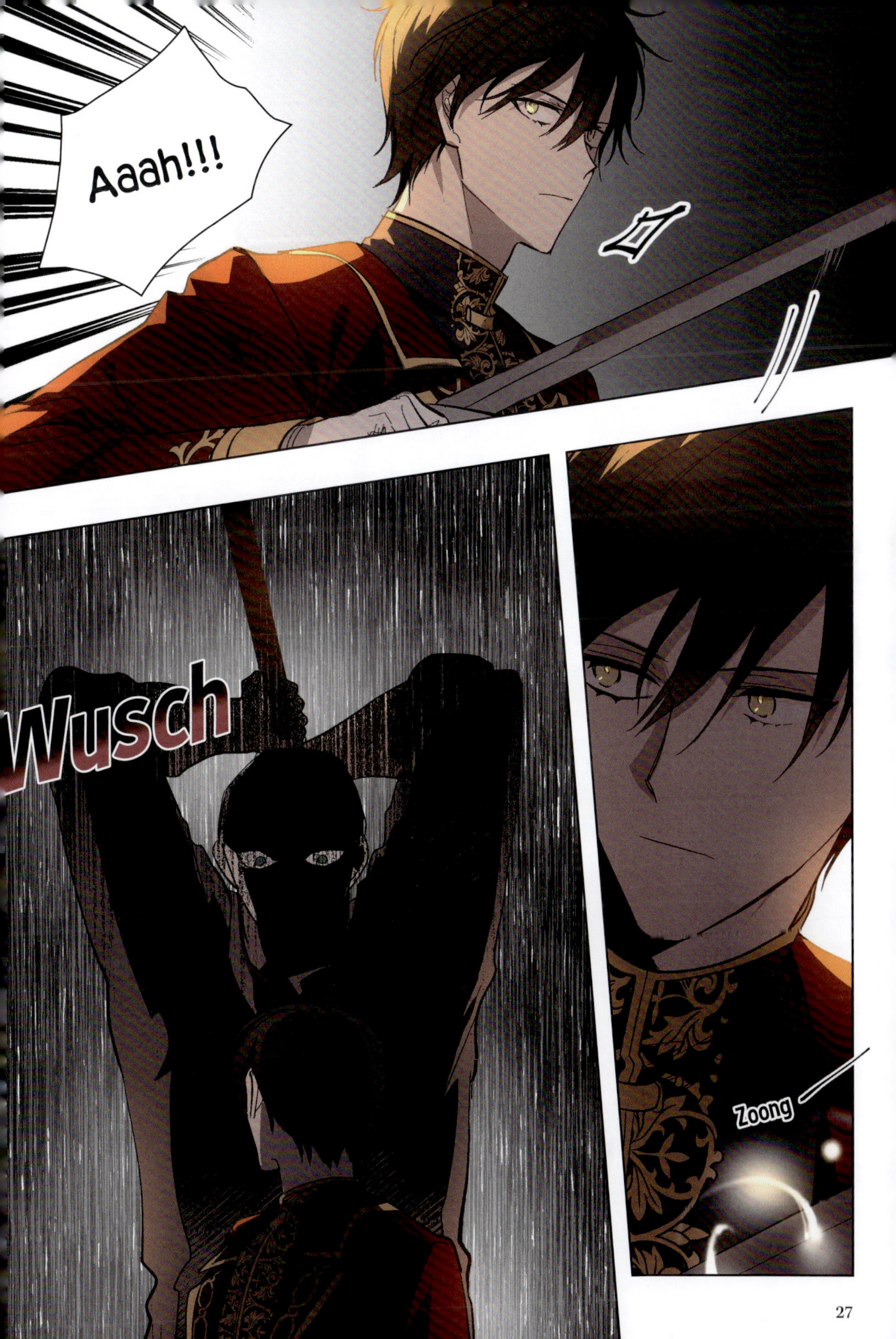
Aaah!!!
Wusch
Zoong

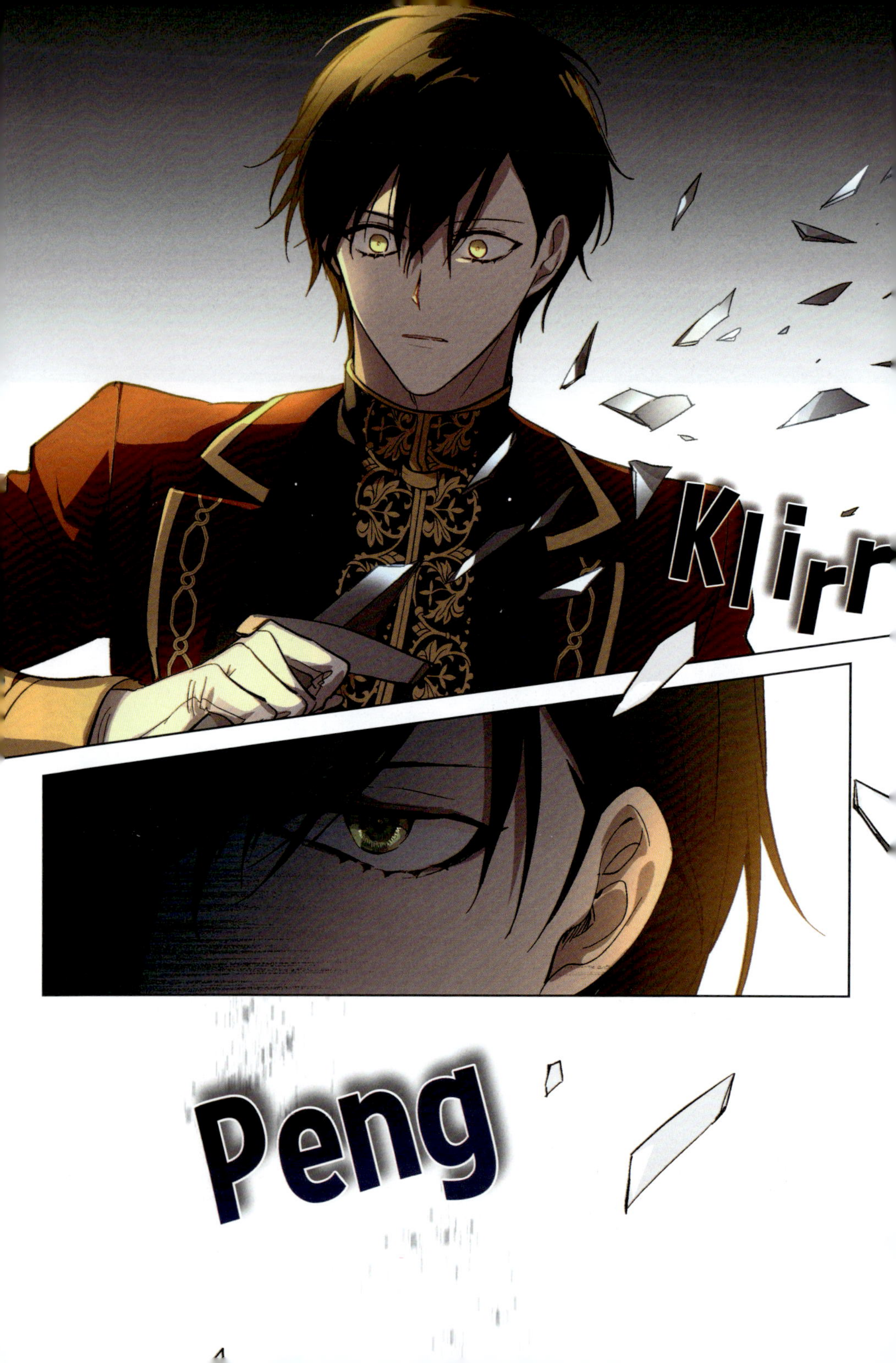
Klirr
Peng

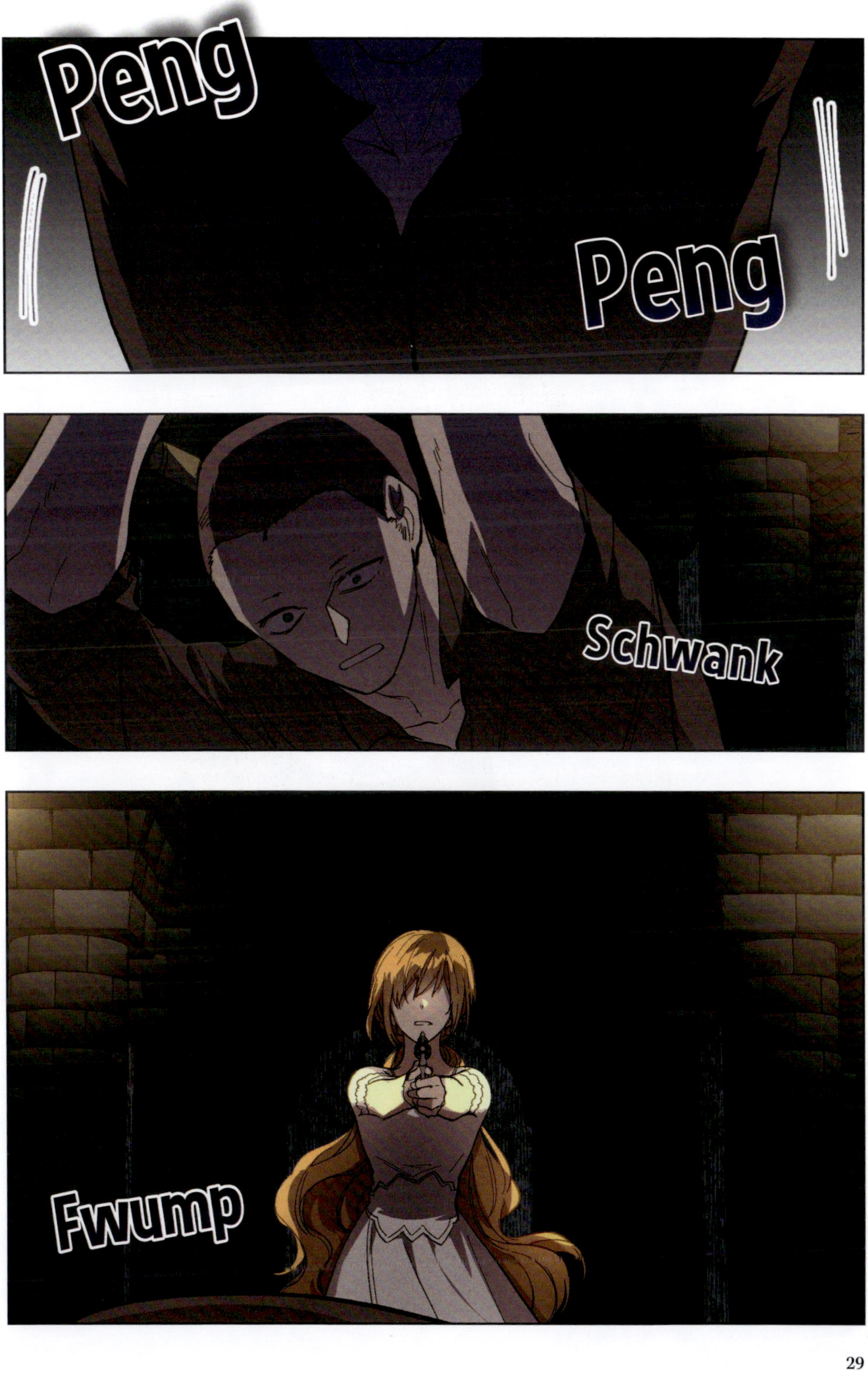
Peng
Peng
Schwank
Fwump

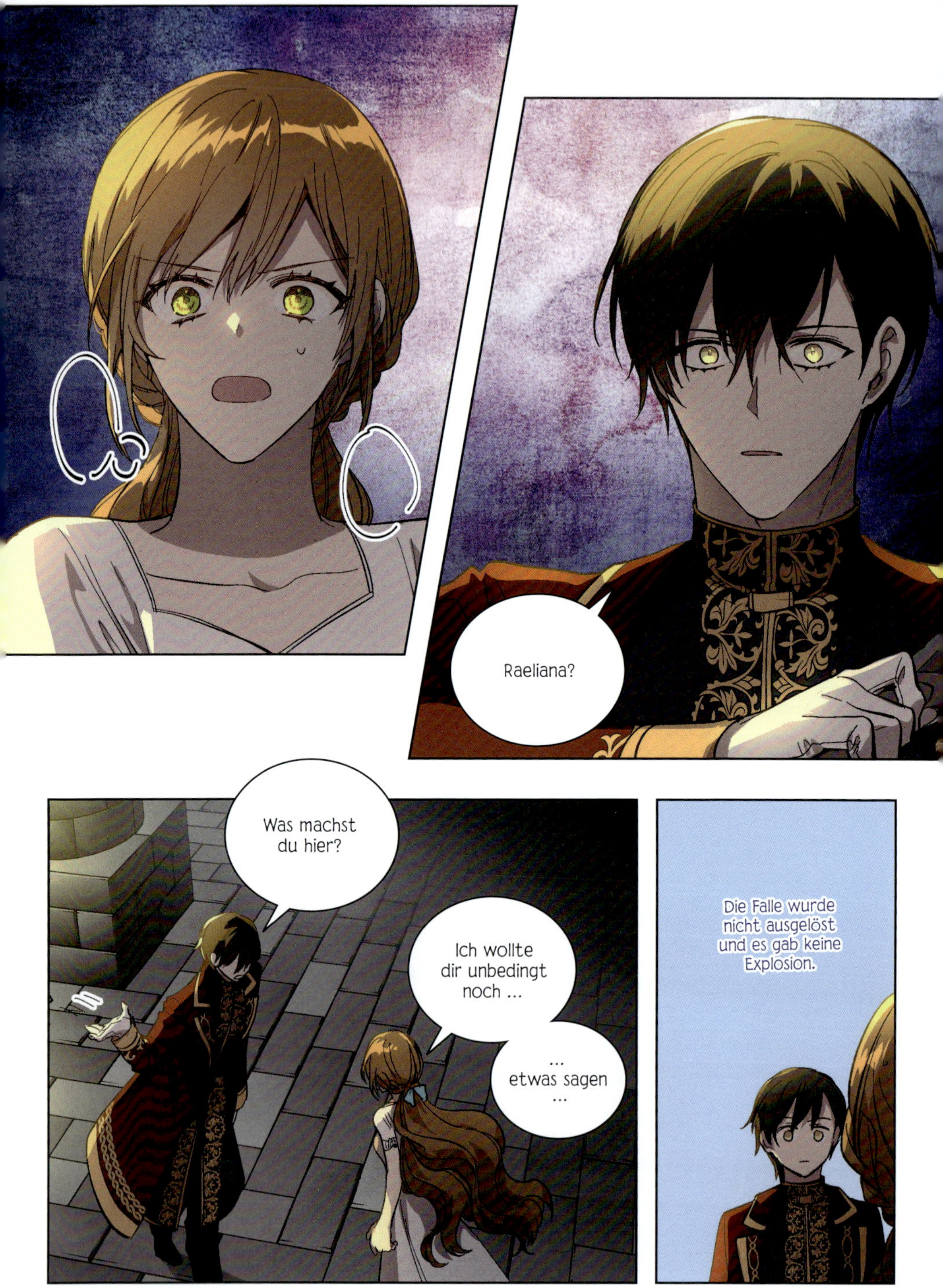

Raeliana?
Was machst du hier?
Ich wollte dir unbedingt noch ...
... etwas sagen ...
Die Falle wurde nicht ausgelöst und es gab keine Explosion.

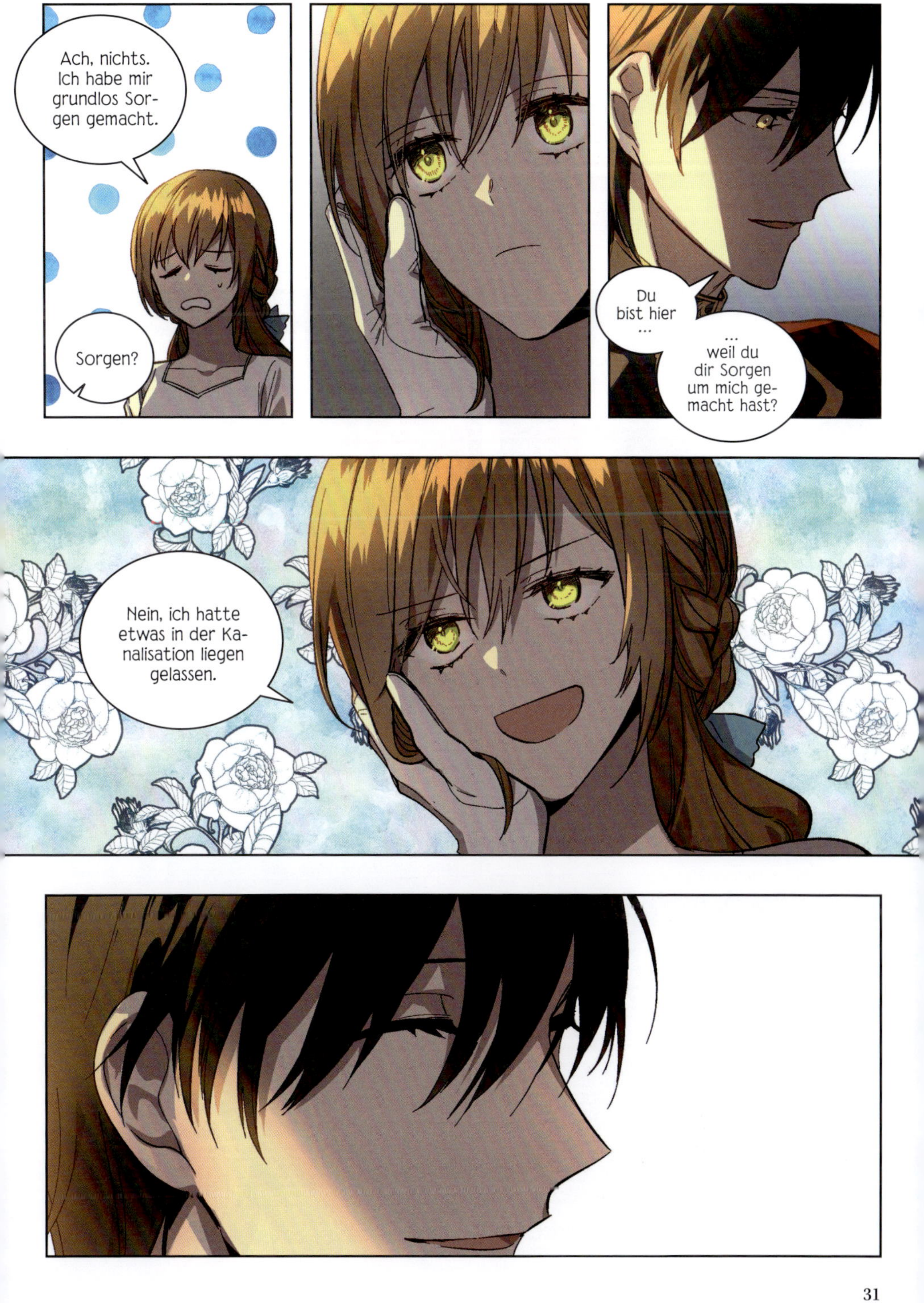
Ach, nichts. Ich habe mir grundlos Sorgen gemacht.
Sorgen?
Du bist hier ...
... weil du dir Sorgen um mich gemacht hast?
Nein, ich hatte etwas in der Kanalisation liegen gelassen.

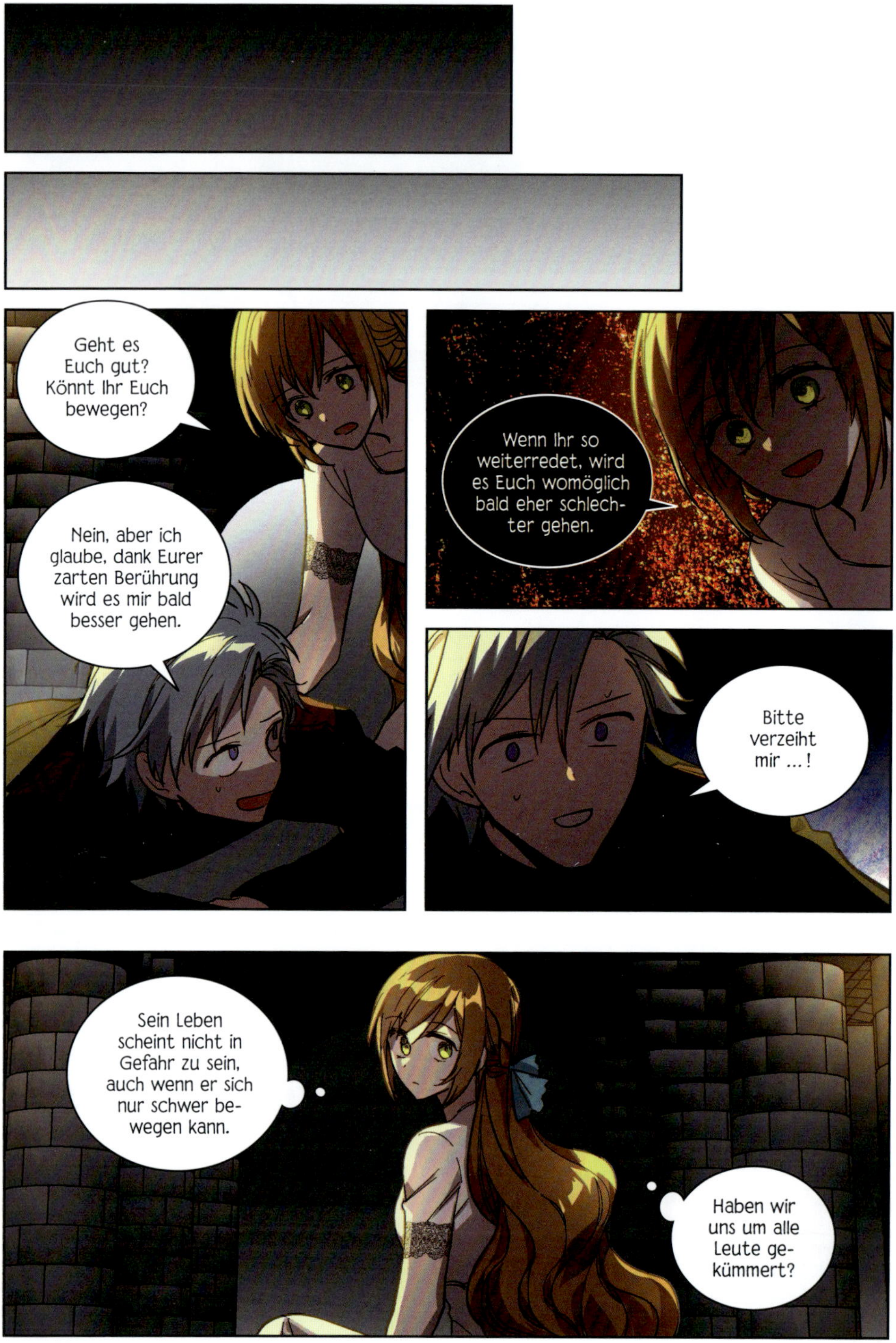
Geht es Euch gut? Könnt Ihr Euch bewegen?
Nein, aber ich glaube, dank Eurer zarten Berührung wird es mir bald besser gehen.
Wenn Ihr so weiterredet, wird es Euch womöglich bald eher schlechter gehen.
Bitte verzeiht mir ... !
Sein Leben scheint nicht in Gefahr zu sein, auch wenn er sich nur schwer bewegen kann.
Haben wir uns um alle Leute gekümmert?

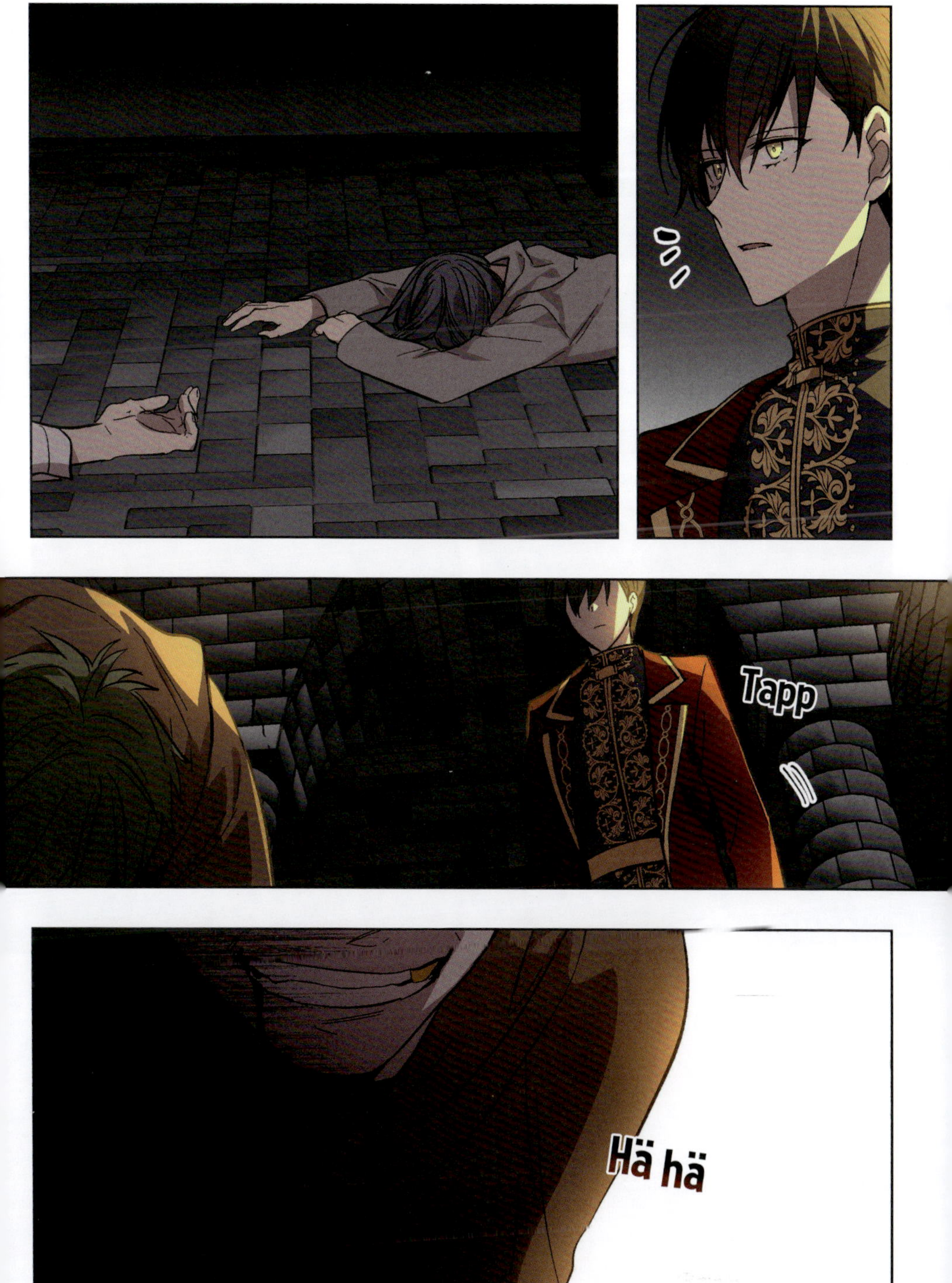
Tapp
Hä hä

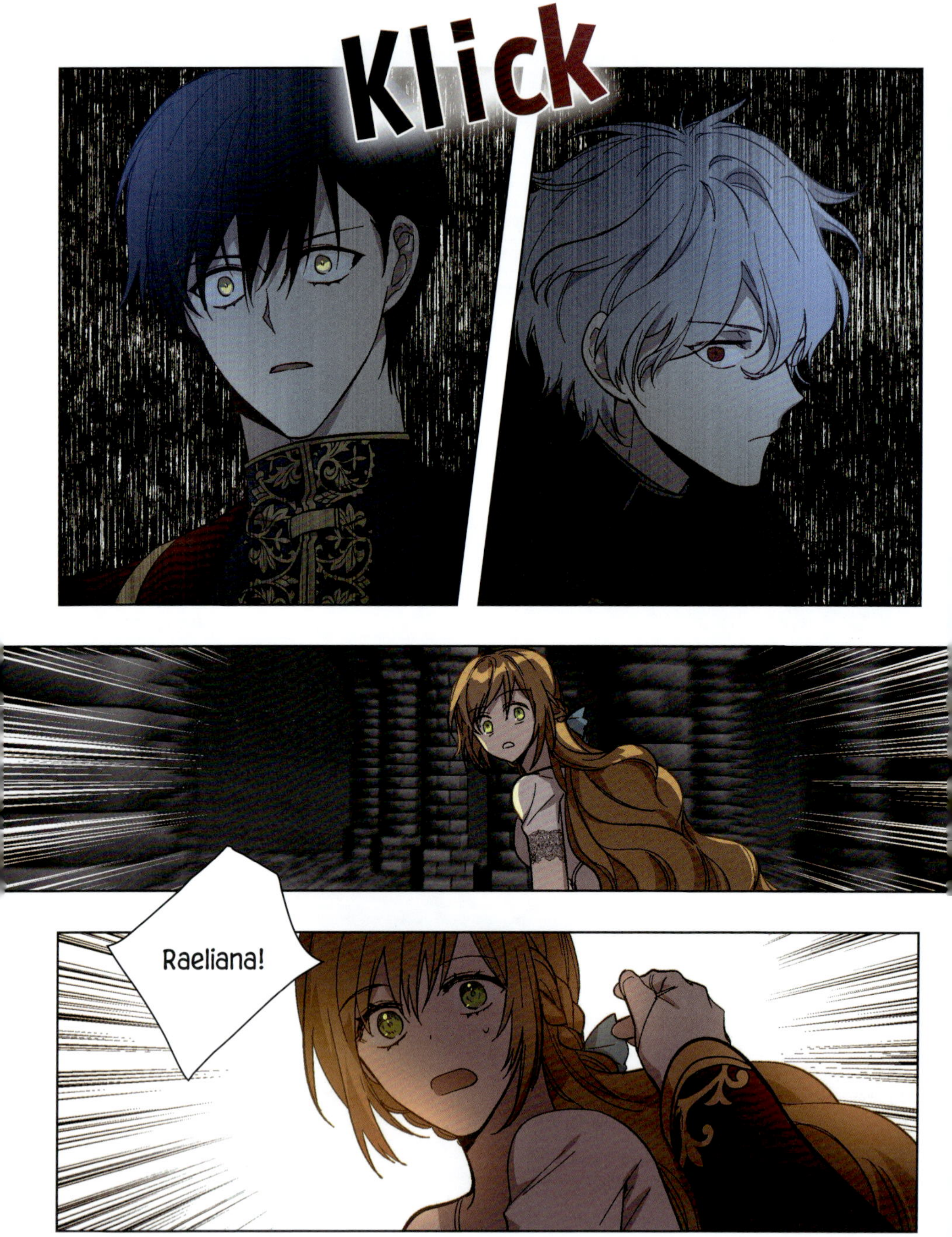
Klick
Raeliana!

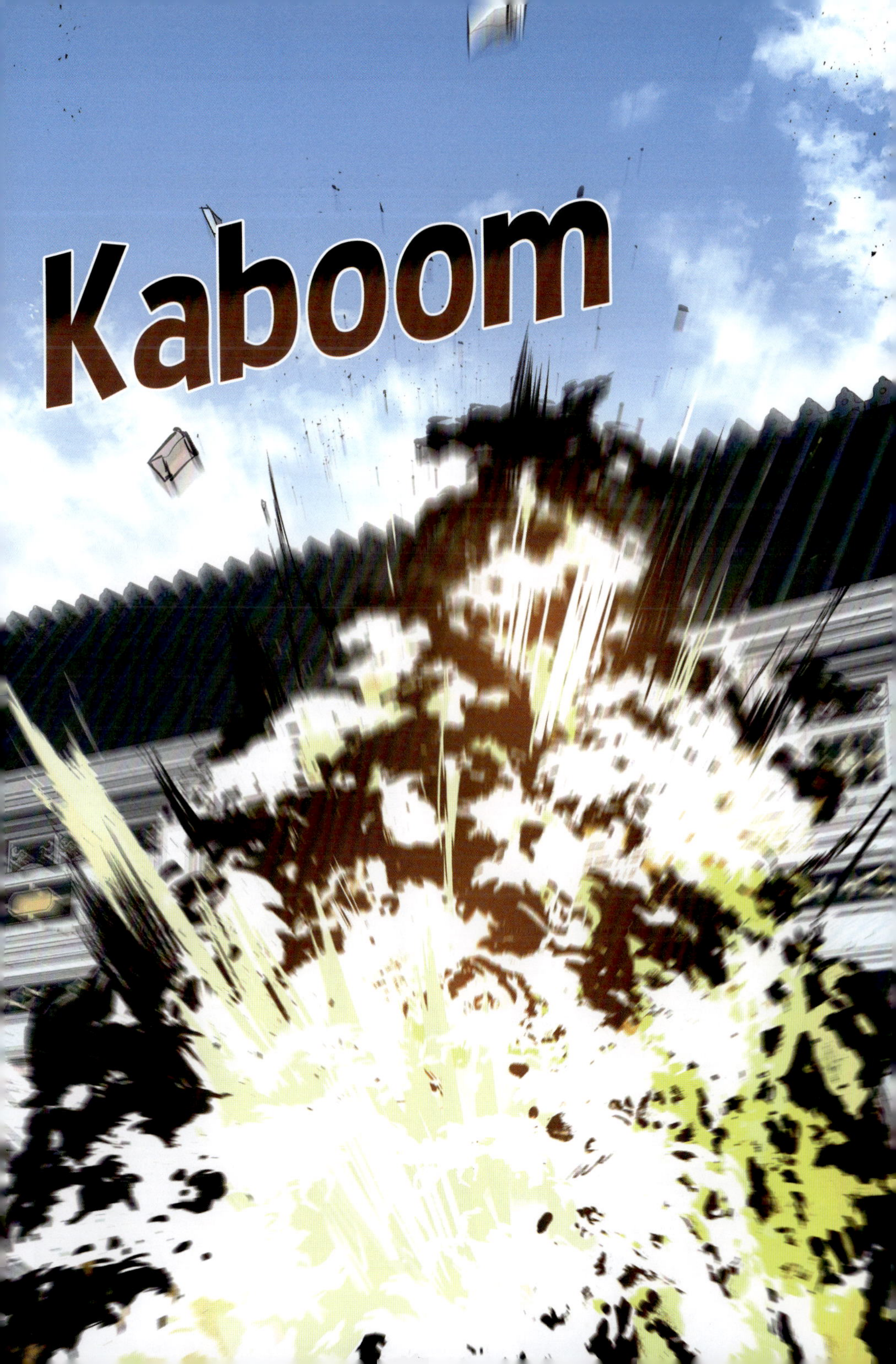
Kaboom

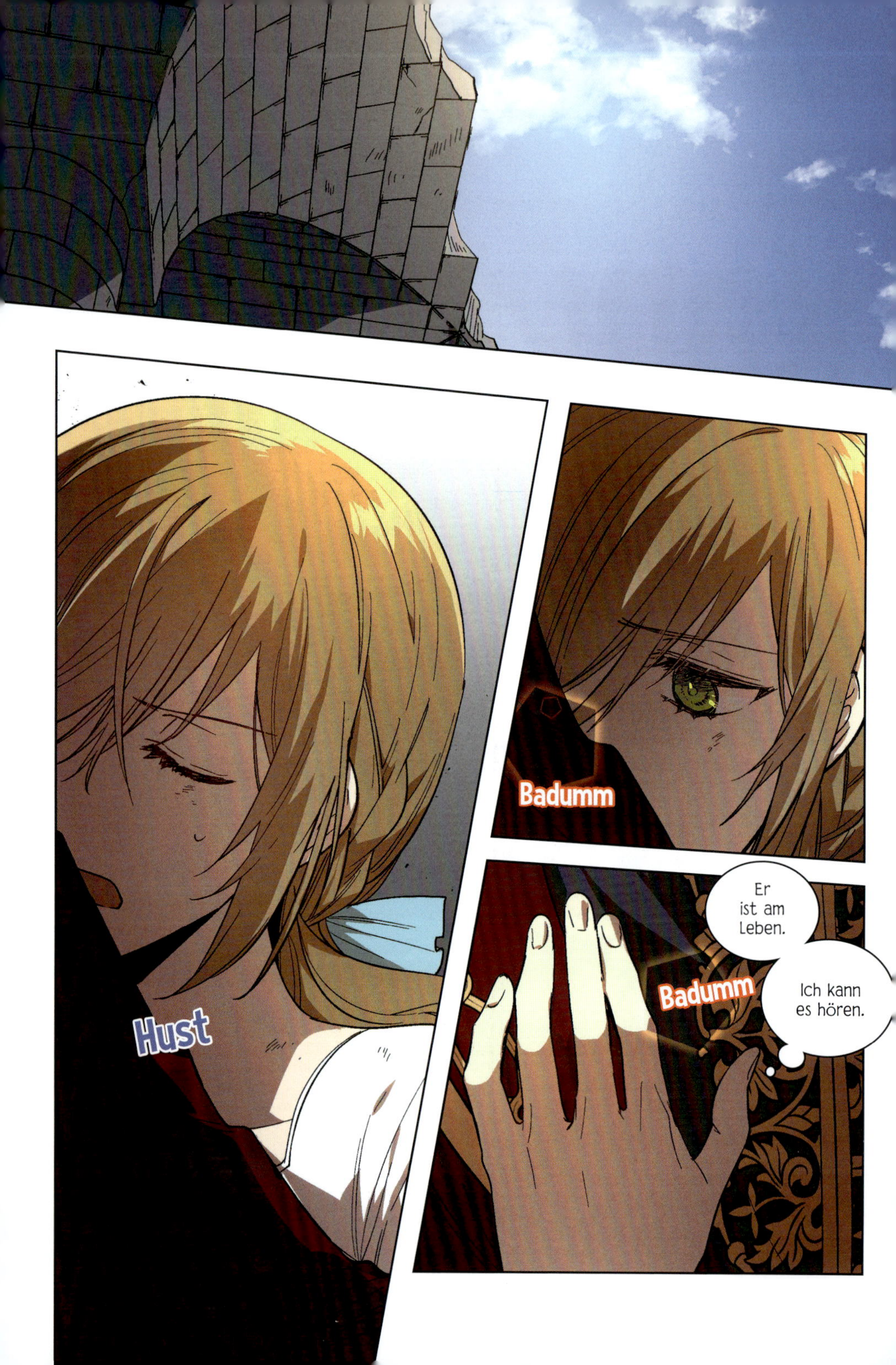

Hust
Badumm
Badumm
Er ist am Leben.
Ich kann es hören.

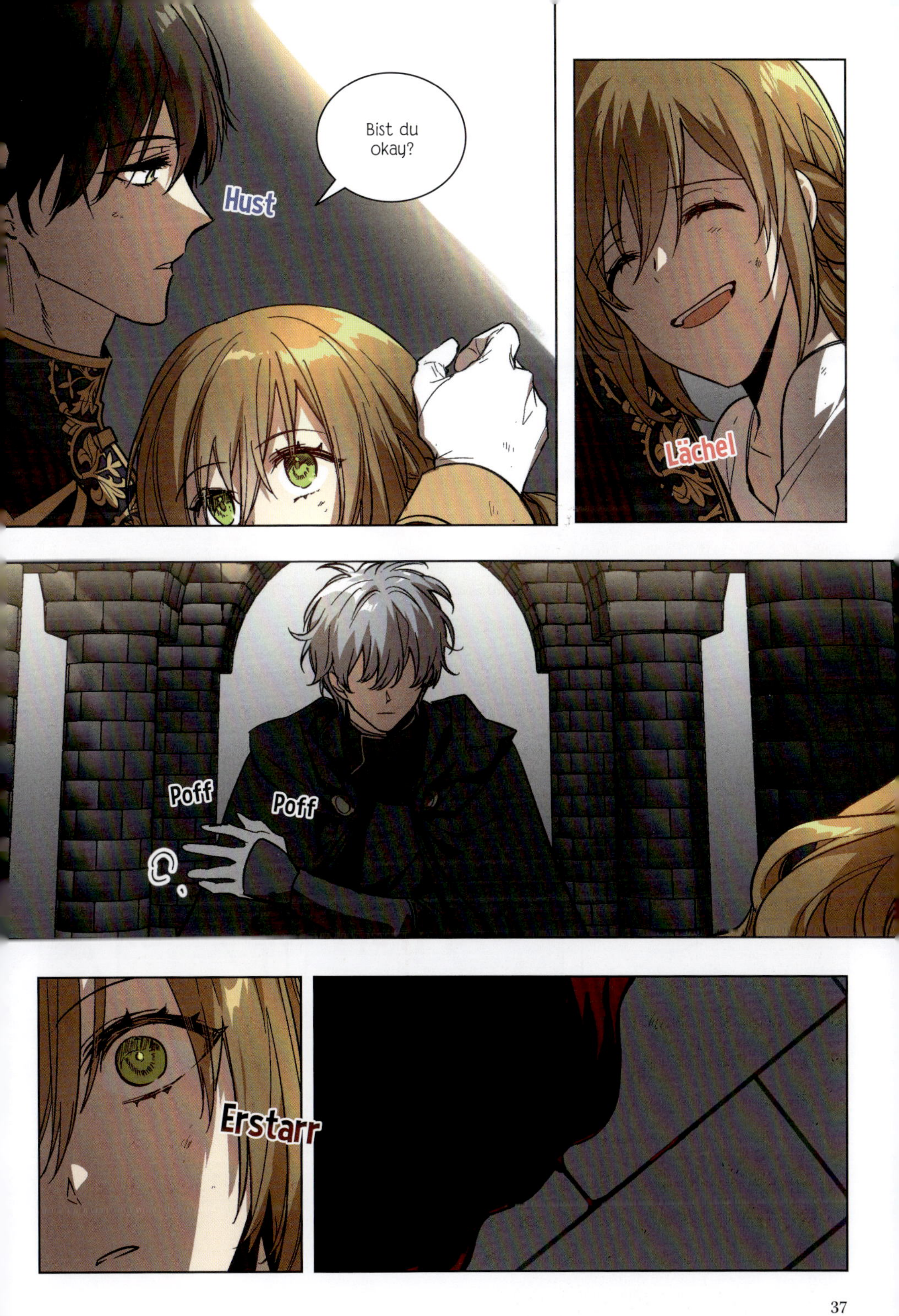
Bist du okay?
Hust
Lächel
Poff
Poff
Erstarr

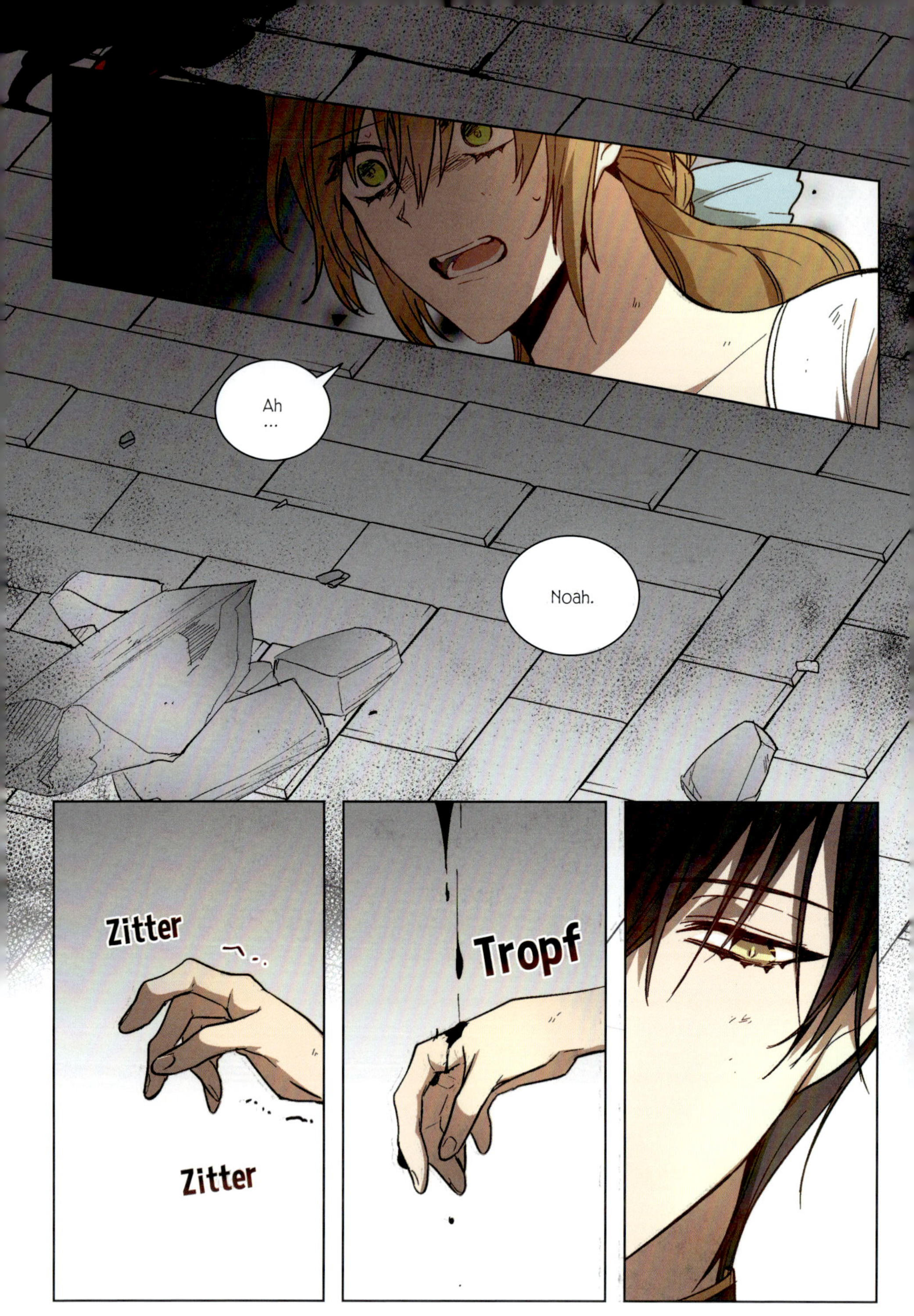
Ah
...
Noah.
Zitter
Zitter
Tropf

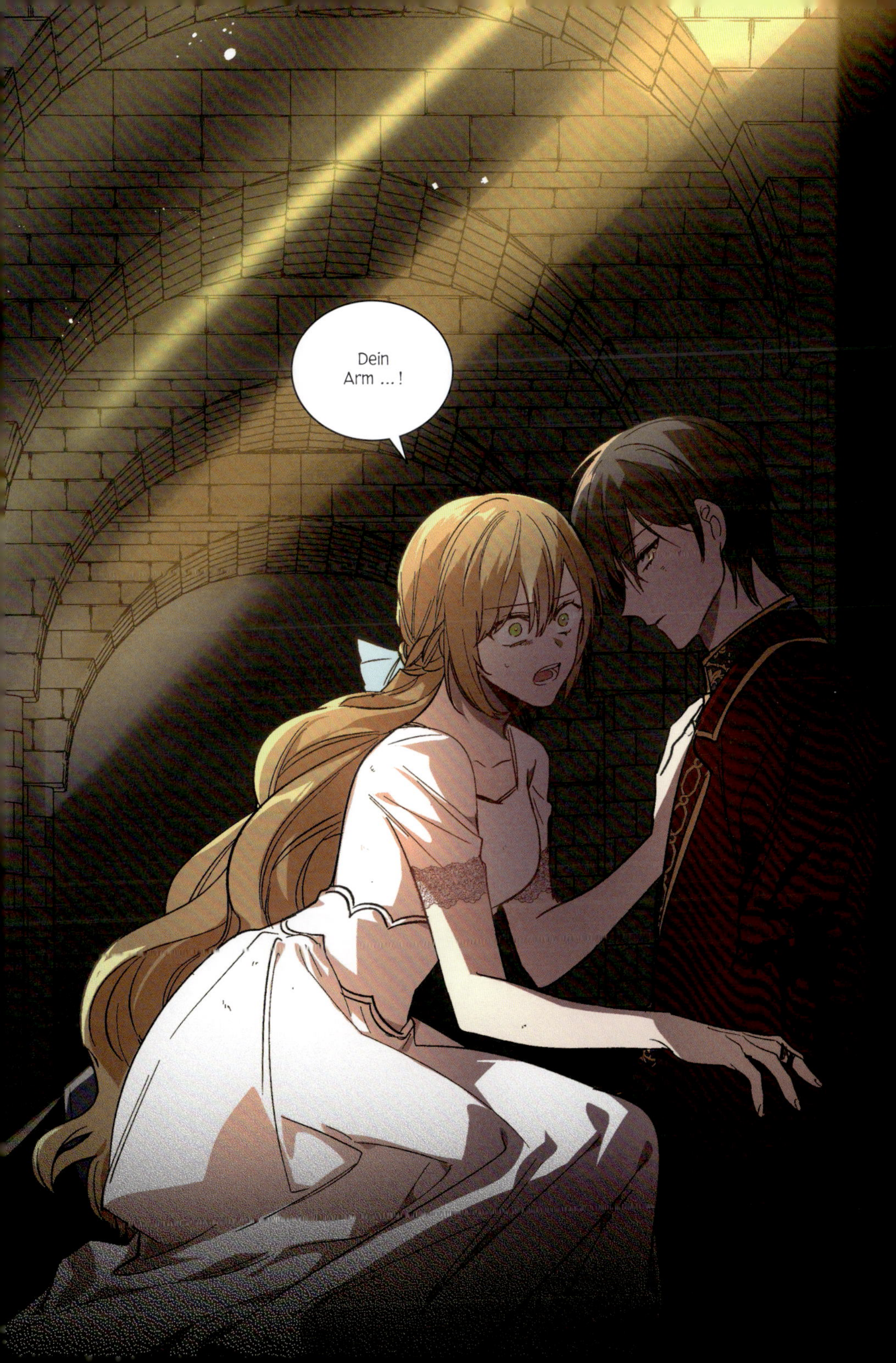
Dein Arm ... !

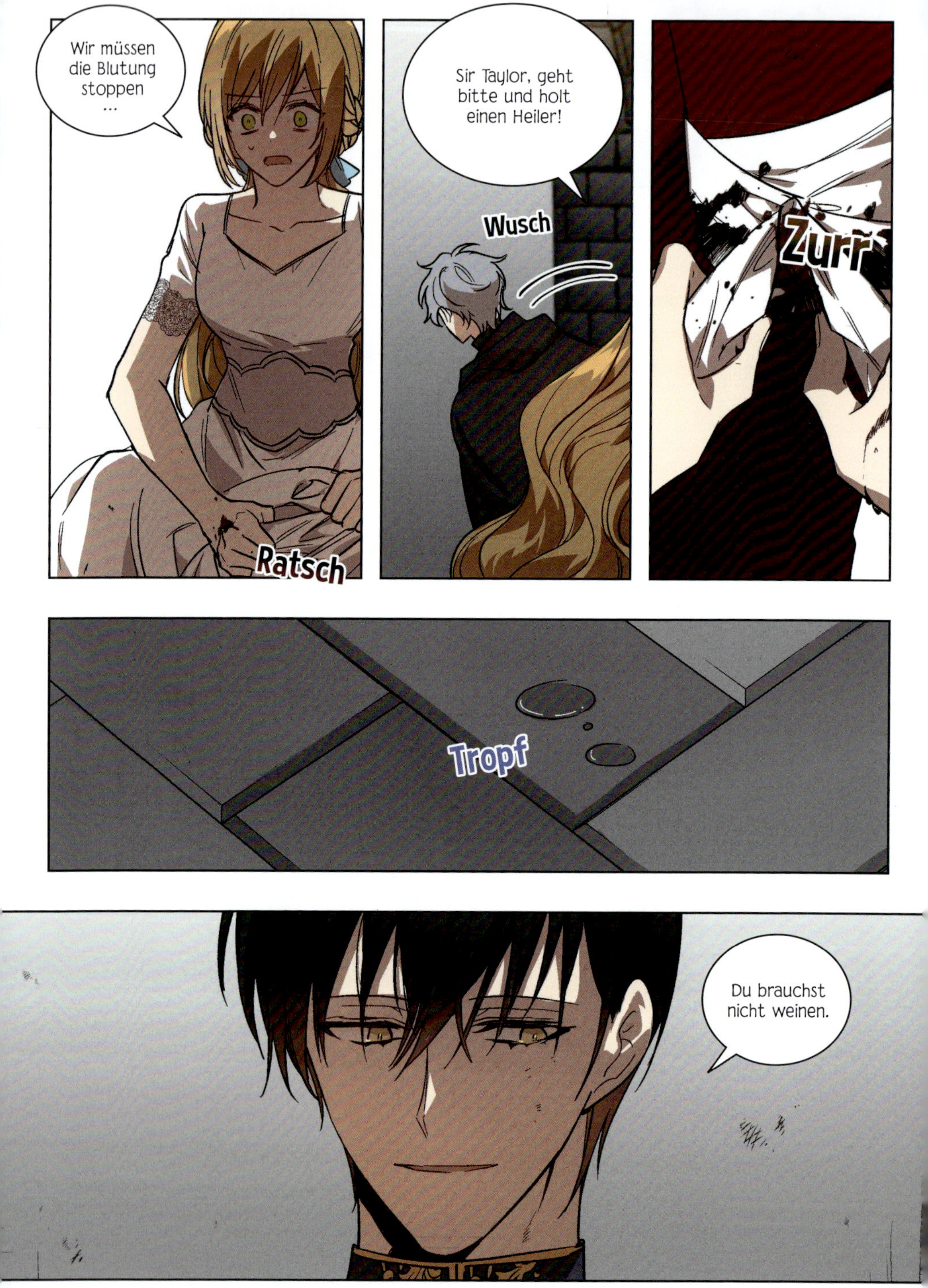
Wir müssen die Blutung stoppen …
Ratsch
Sir Taylor, geht bitte und holt einen Heiler!
Wusch
Zurr
Tropf
Du brauchst nicht weinen.

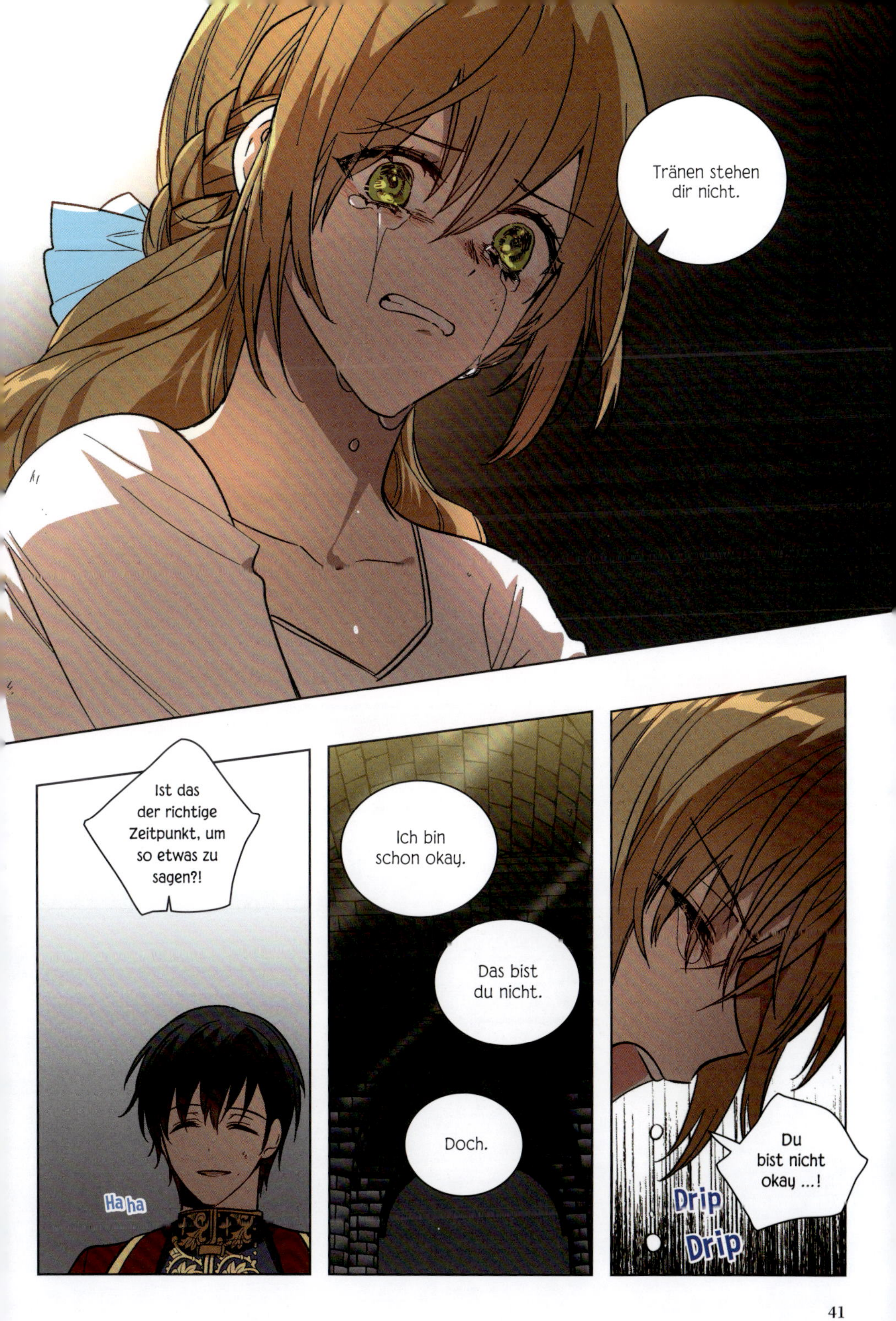

Tränen stehen dir nicht.
Ist das der richtige Zeitpunkt, um so etwas zu sagen?!
Ha ha
Ich bin schon okay.
Das bist du nicht.
Doch.
Du bist nicht okay ...!
Drip
Drip

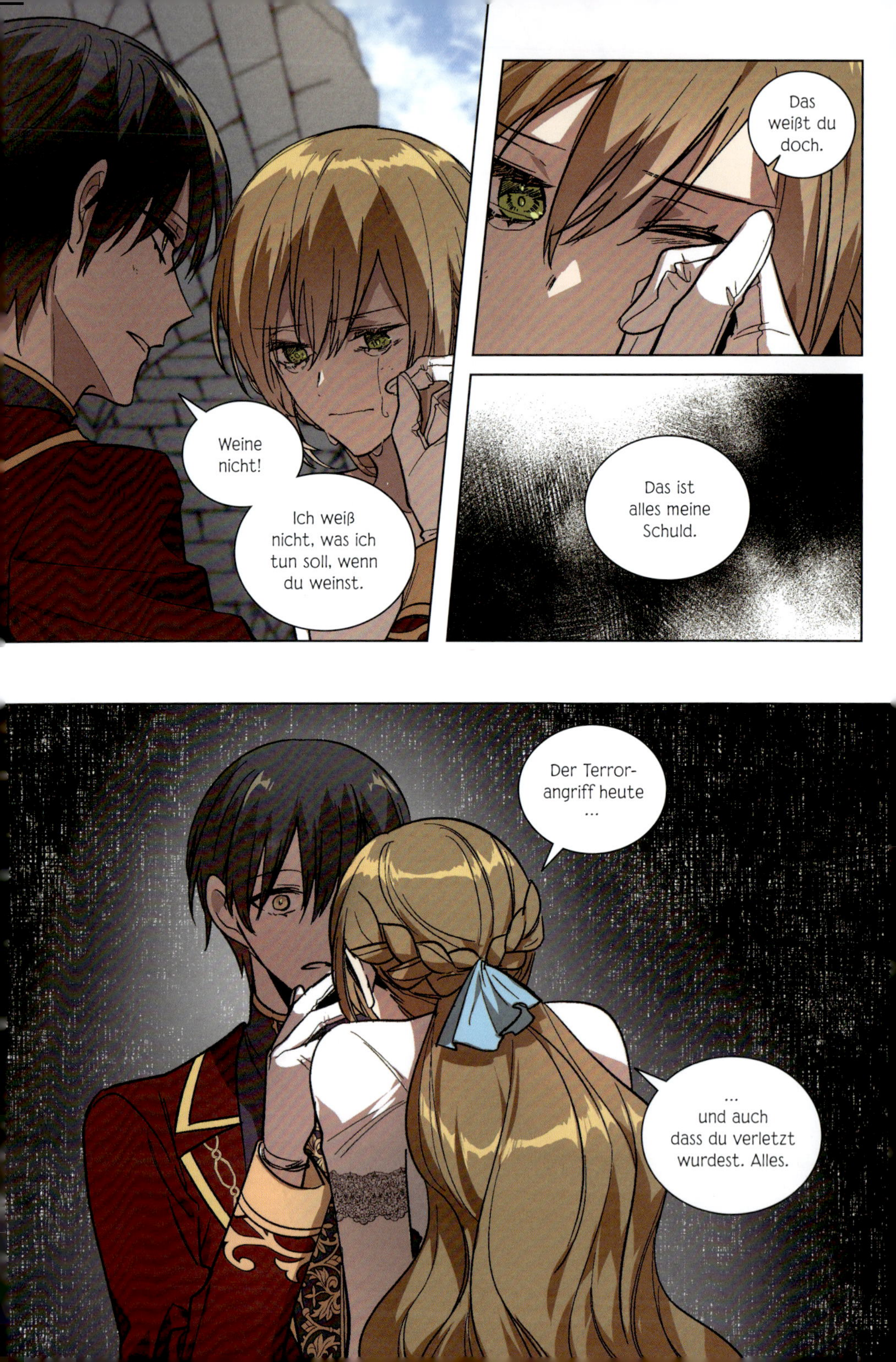
Weine nicht!
Ich weiß nicht, was ich tun soll, wenn du weinst.
Das weißt du doch.
Das ist alles meine Schuld.
Der Terror-angriff heute …
… und auch dass du verletzt wurdest. Alles.

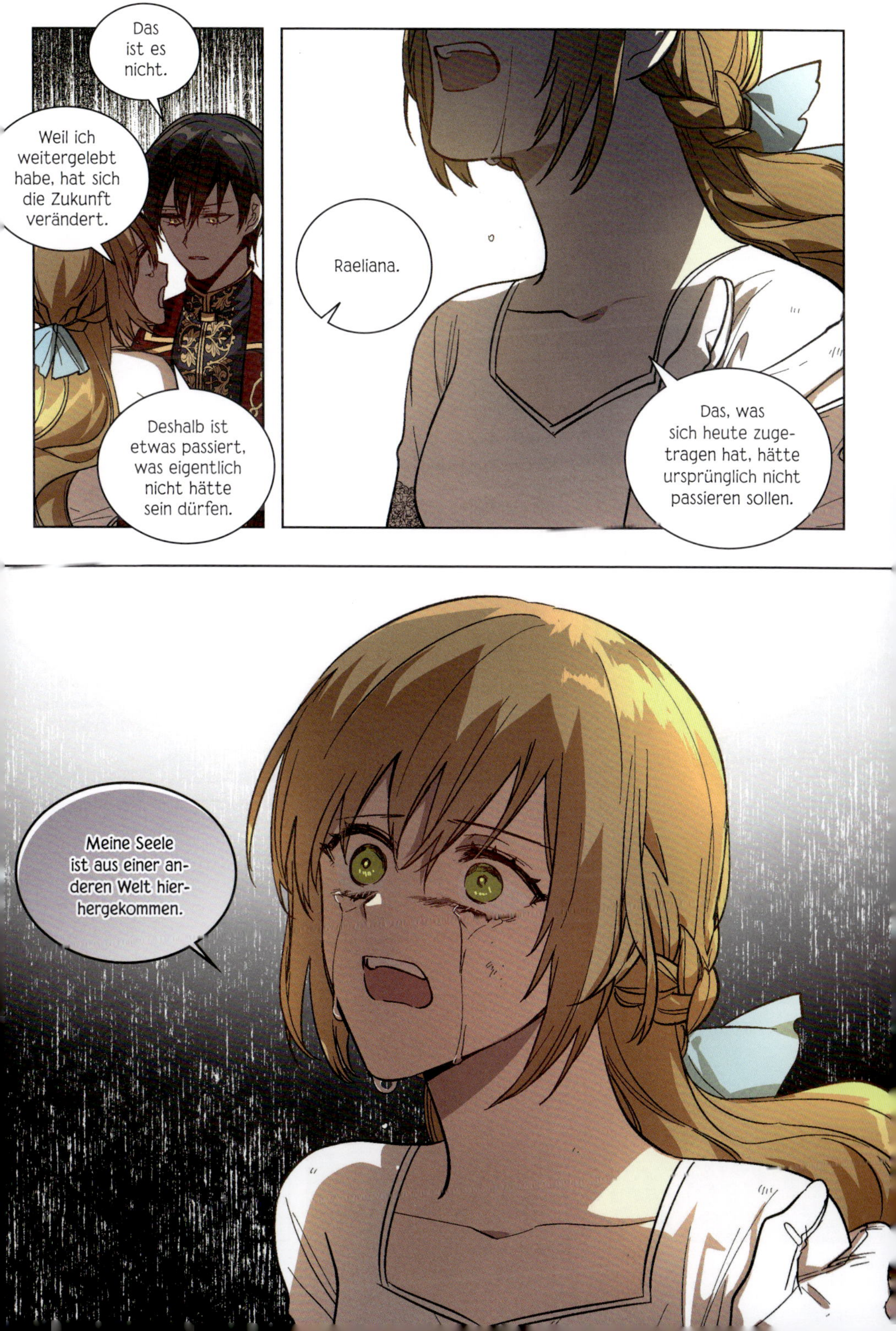
Das ist es nicht.
Weil ich weitergelebt habe, hat sich die Zukunft verändert.
Deshalb ist etwas passiert, was eigentlich nicht hätte sein dürfen.
Raeliana.
Das, was sich heute zugetragen hat, hätte ursprünglich nicht passieren sollen.
Meine Seele ist aus einer anderen Welt hierhergekommen.

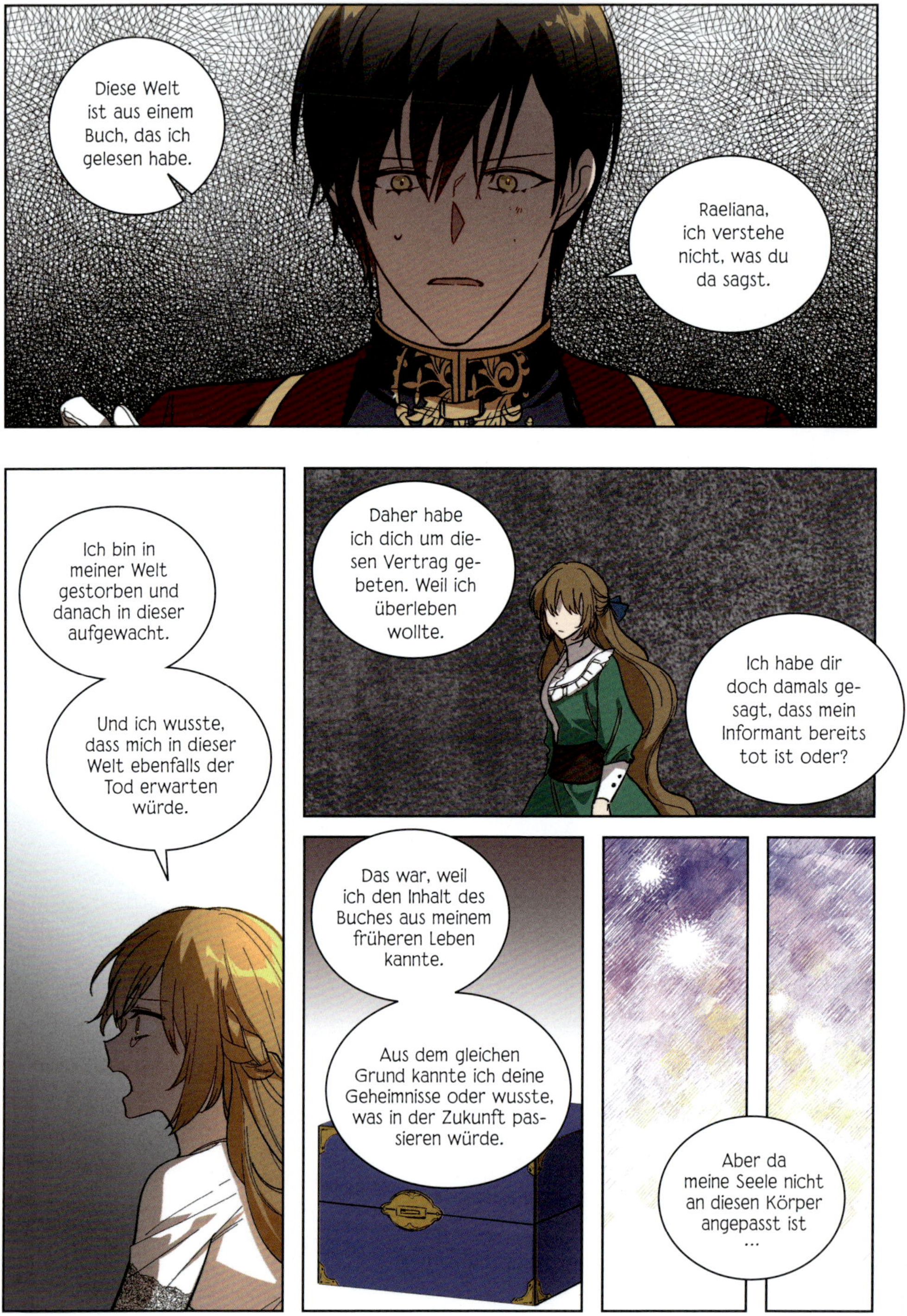
Diese Welt ist aus einem Buch, das ich gelesen habe.
Raeliana, ich verstehe nicht, was du da sagst.
Ich bin in meiner Welt gestorben und danach in dieser aufgewacht.
Und ich wusste, dass mich in dieser Welt ebenfalls der Tod erwarten würde.
Daher habe ich dich um diesen Vertrag gebeten. Weil ich überleben wollte.
Ich habe dir doch damals gesagt, dass mein Informant bereits tot ist oder?
Das war, weil ich den Inhalt des Buches aus meinem früheren Leben kannte.
Aus dem gleichen Grund kannte ich deine Geheimnisse oder wusste, was in der Zukunft passieren würde.
Aber da meine Seele nicht an diesen Körper angepasst ist …

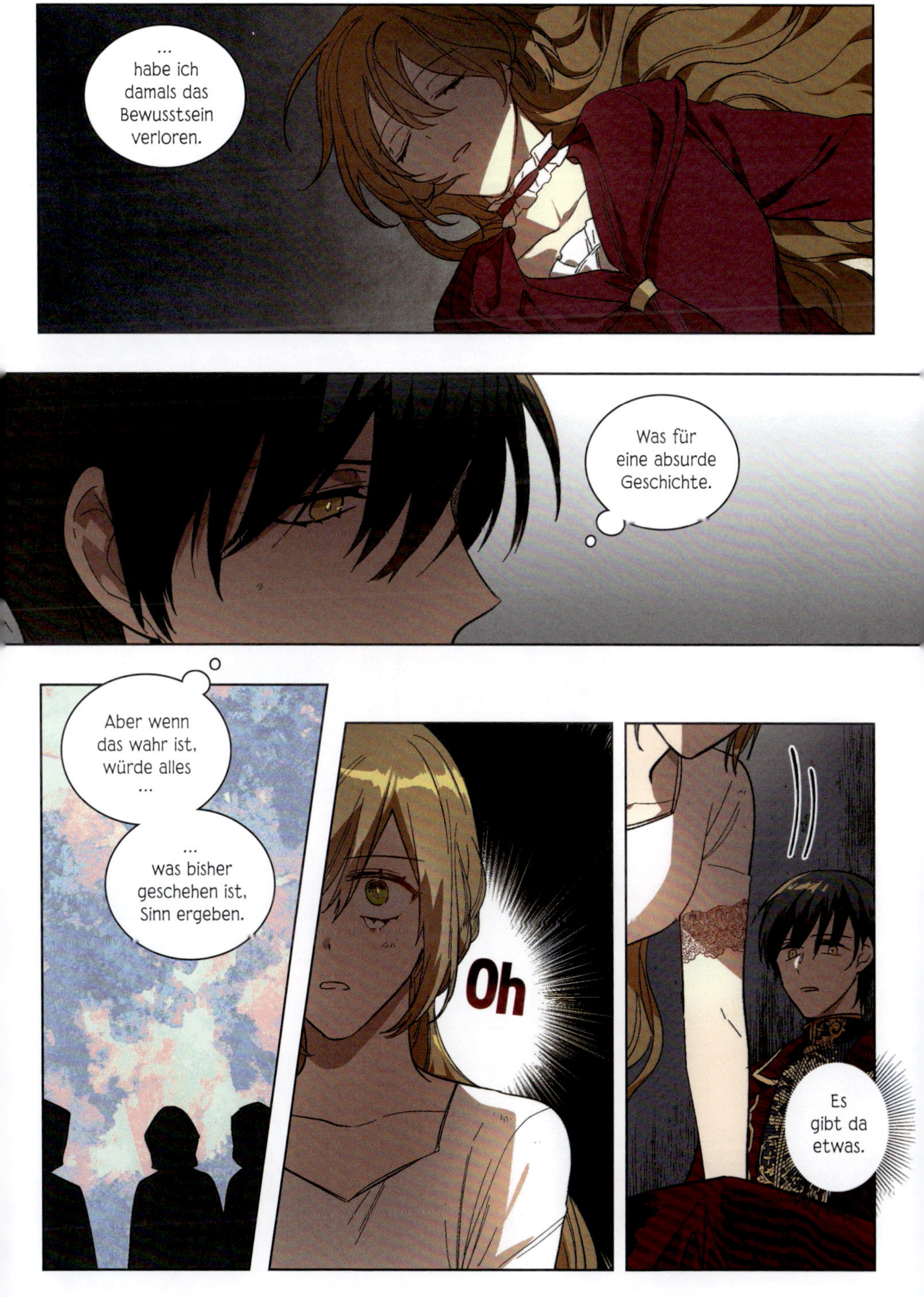
… habe ich damals das Bewusstsein verloren.
Was für eine absurde Geschichte.
Aber wenn das wahr ist, würde alles …
… was bisher geschehen ist, Sinn ergeben.
Oh
Es gibt da etwas.

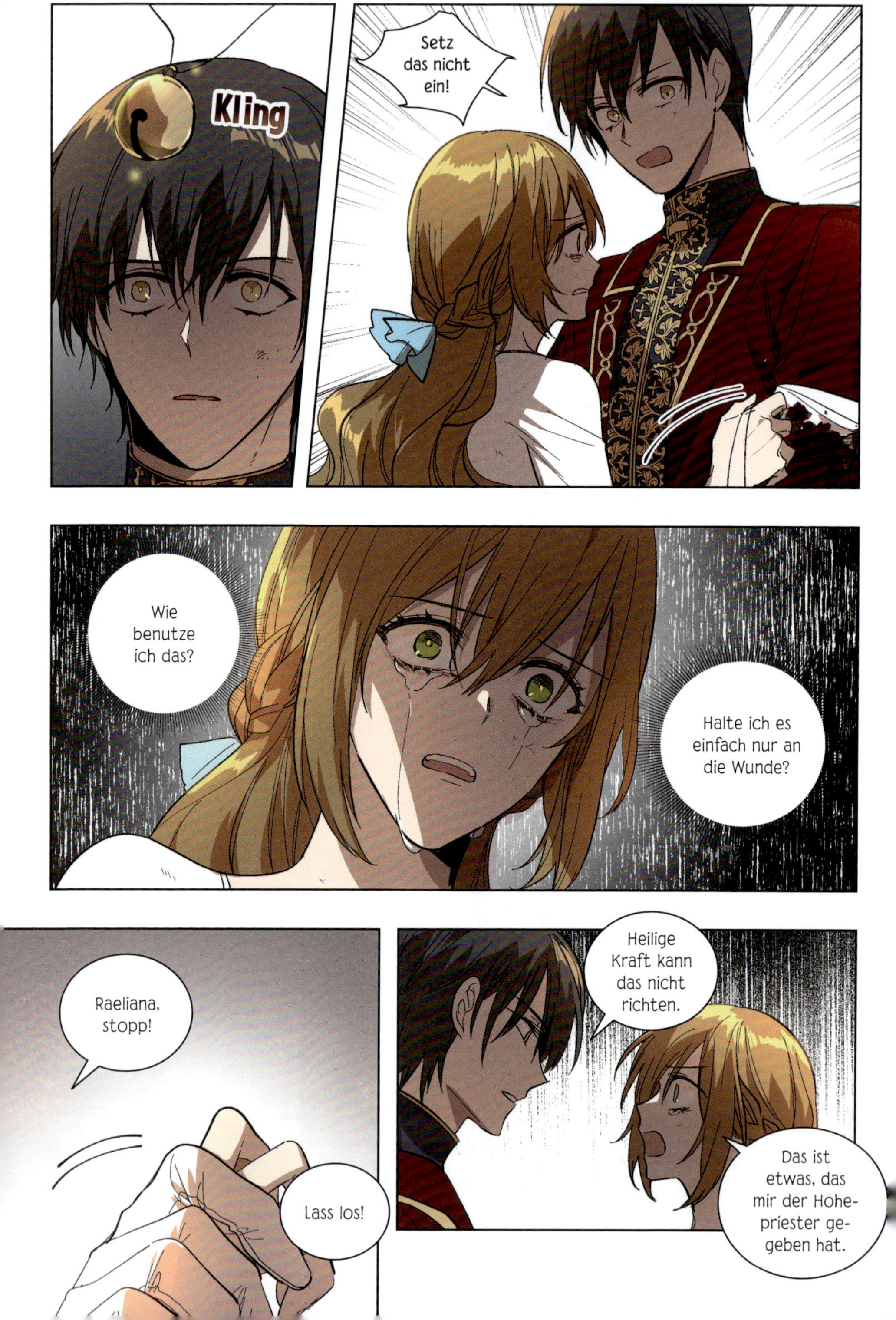
Kling
Setz das nicht ein!
Wie benutze ich das?
Halte ich es einfach nur an die Wunde?
Raeliana, stopp!
Lass los!
Heilige Kraft kann das nicht richten.
Das ist etwas, das mir der Hohepriester gegeben hat.

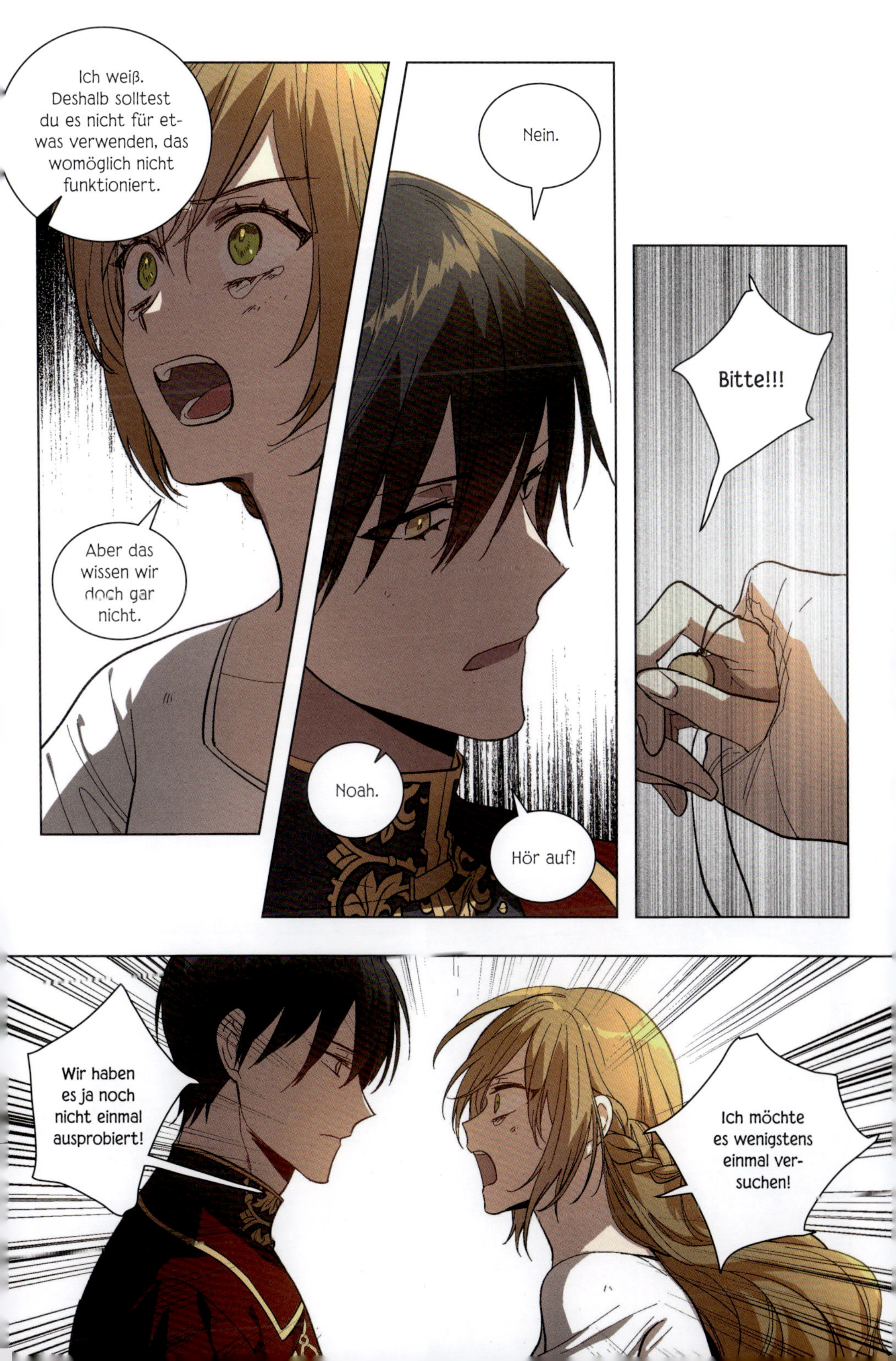
Ich weiß. Deshalb solltest du es nicht für etwas verwenden, das womöglich nicht funktioniert.
Aber das wissen wir doch gar nicht.
Nein.
Noah.
Hör auf!
Bitte!!!
Wir haben es ja noch nicht einmal ausprobiert!
Ich möchte es wenigstens einmal versuchen!

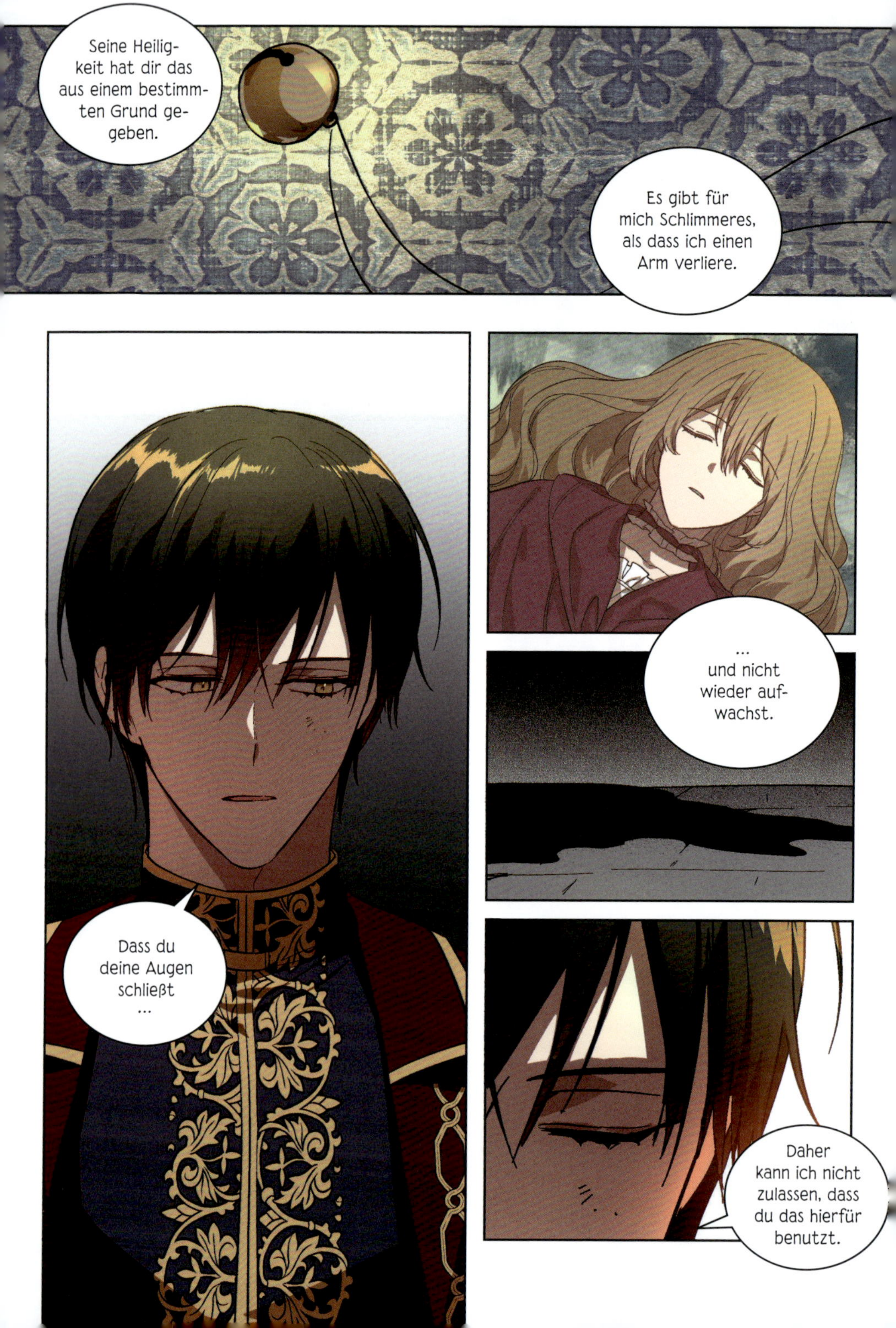
Seine Heiligkeit hat dir das aus einem bestimmten Grund gegeben.
Es gibt für mich Schlimmeres, als dass ich einen Arm verliere.
Dass du deine Augen schließt ...
... und nicht wieder aufwachst.
Daher kann ich nicht zulassen, dass du das hierfür benutzt.

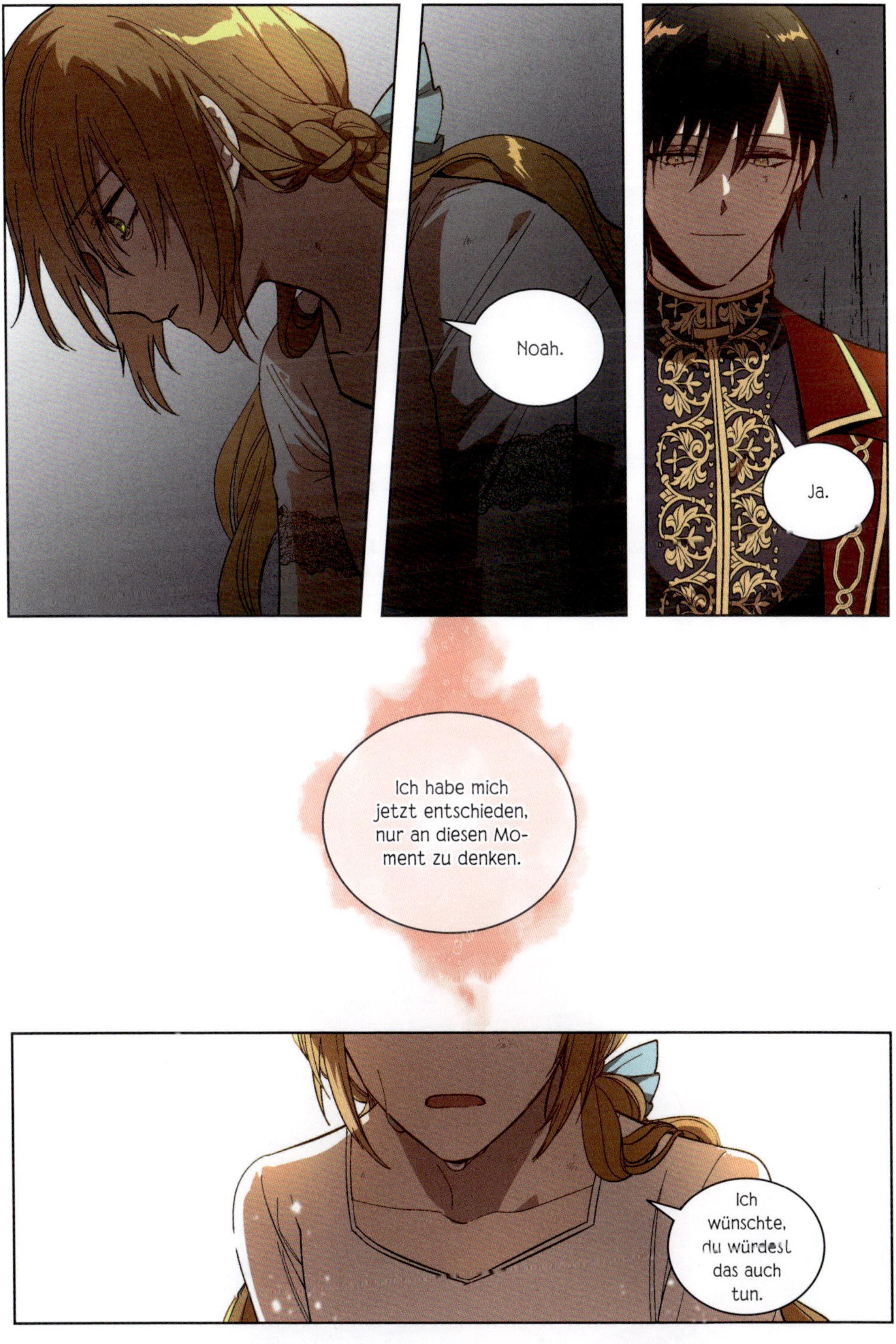
Noah.
Ja.
Ich habe mich jetzt entschieden, nur an diesen Moment zu denken.
Ich wünschte, du würdest das auch tun.

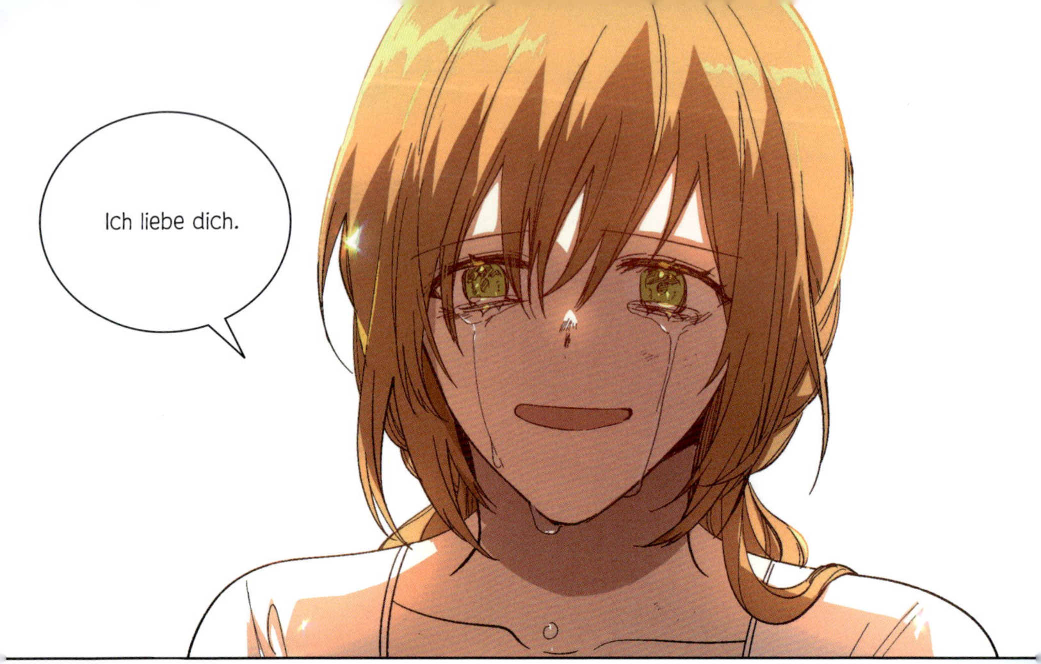
Ich liebe dich.
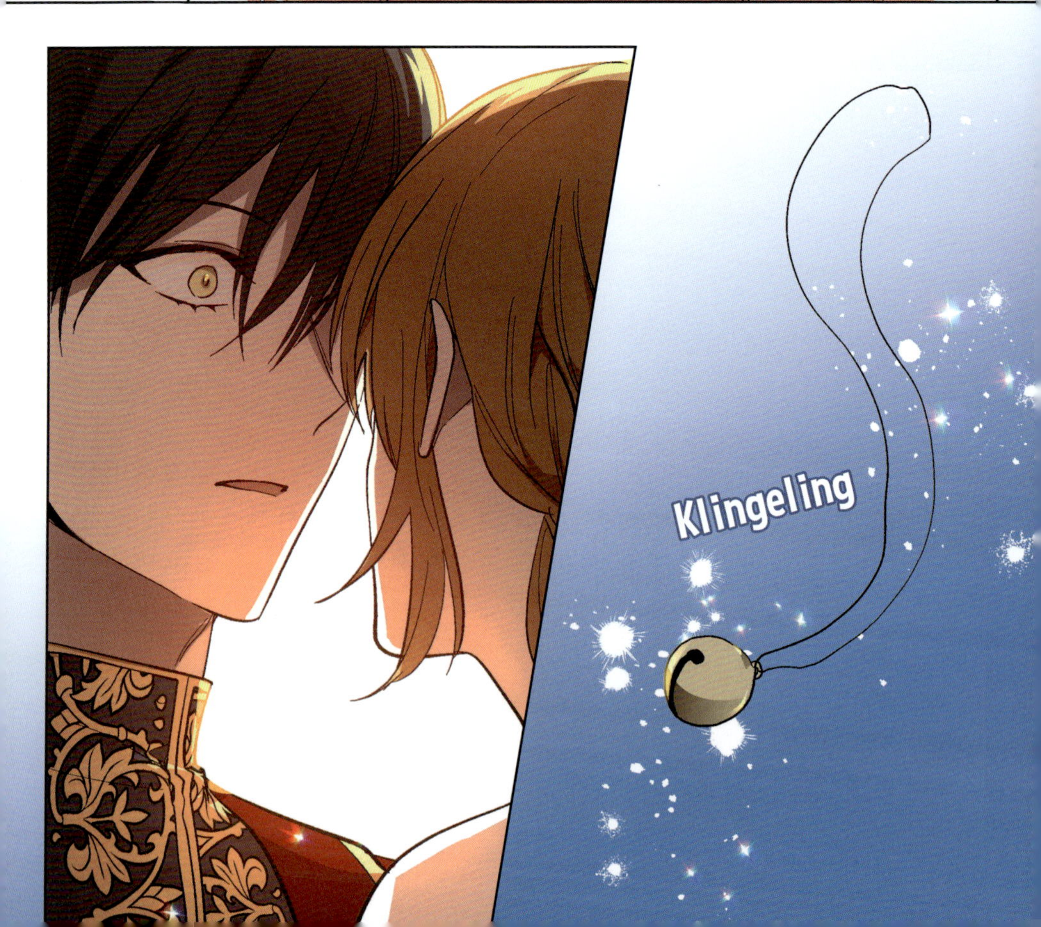
Klingeling

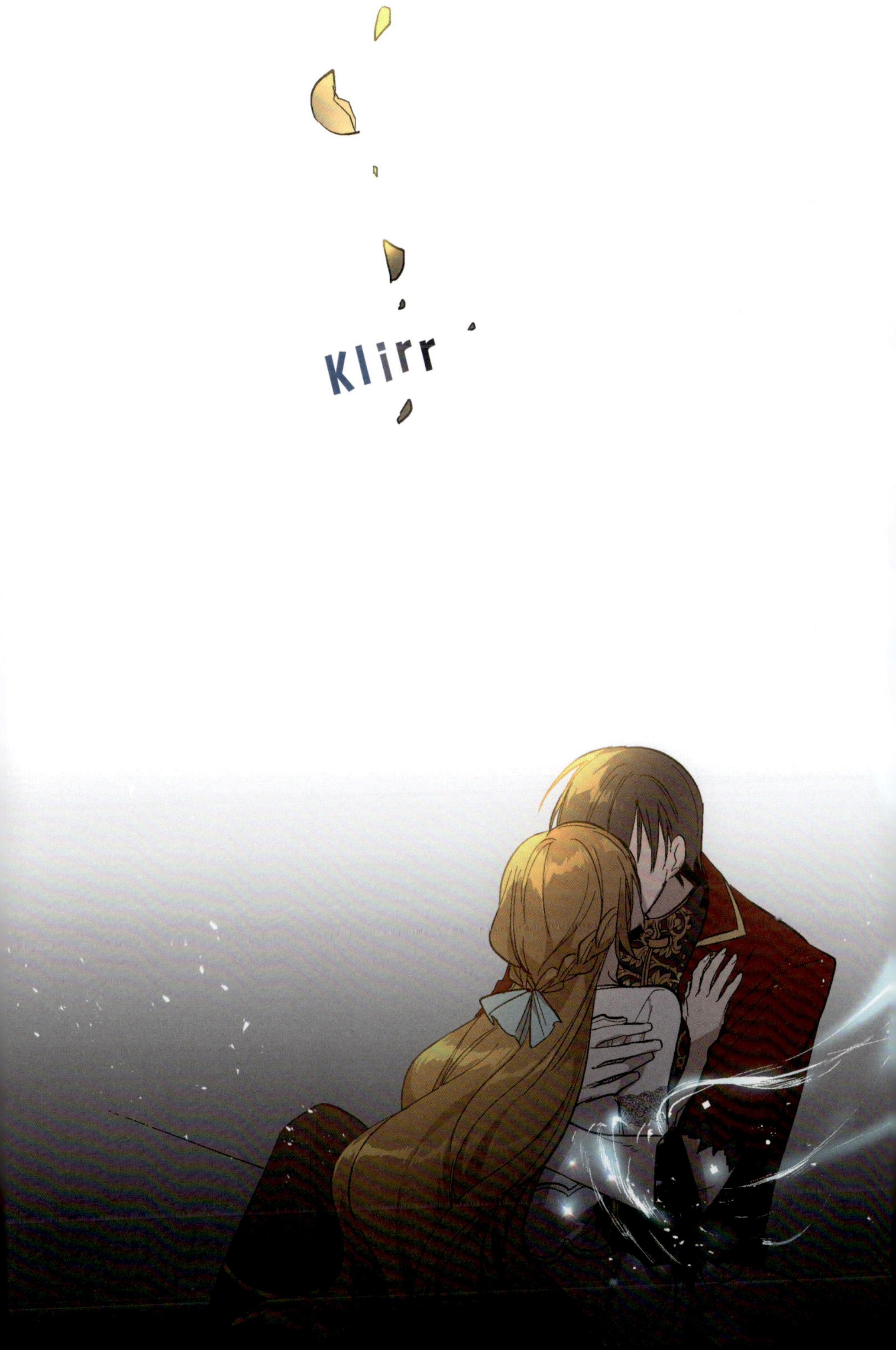
Klirr

Raeliana

Warum sie die Verlobte des Dukes wurde

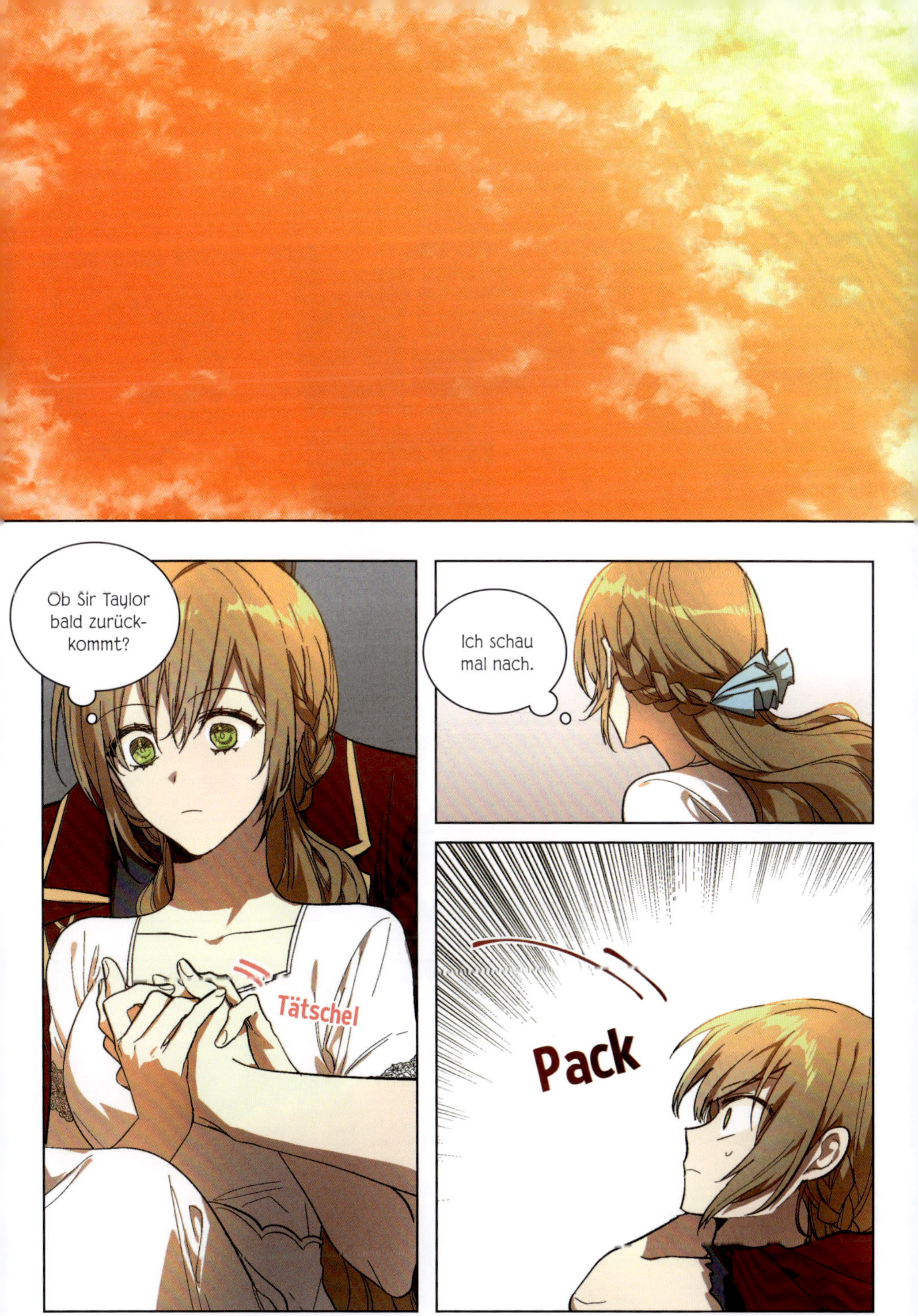
Ob Sir Taylor bald zurück-kommt?
Tätschel
Ich schau mal nach.
Pack

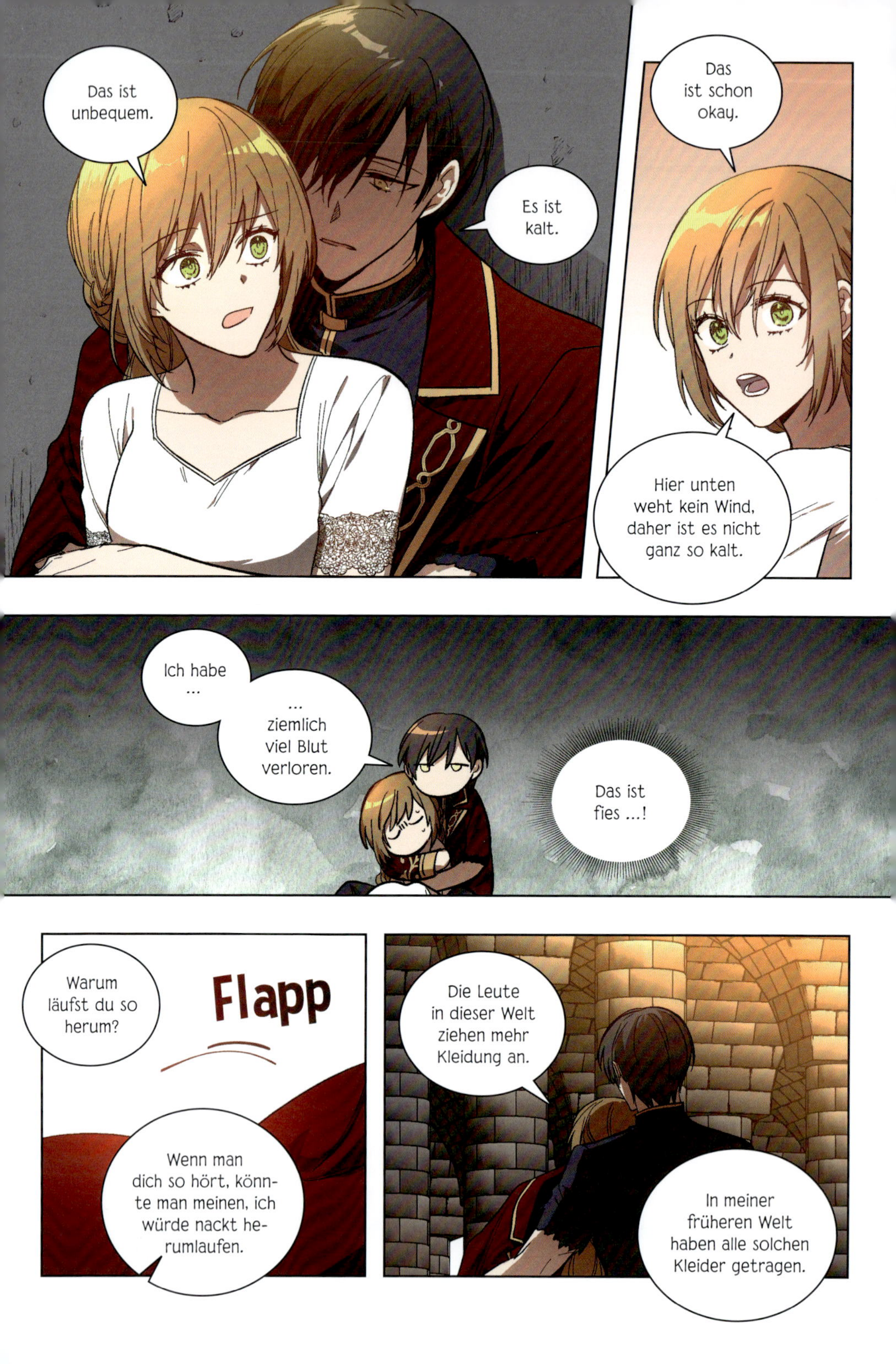
Das ist unbequem.
Es ist kalt.
Das ist schon okay.
Hier unten weht kein Wind, daher ist es nicht ganz so kalt.
Ich habe ...
... ziemlich viel Blut verloren.
Das ist fies ...!
Warum läufst du so herum?
Flapp
Wenn man dich so hört, könn-te man meinen, ich würde nackt he-rumlaufen.
Die Leute in dieser Welt ziehen mehr Kleidung an.
In meiner früheren Welt haben alle solchen Kleider getragen.

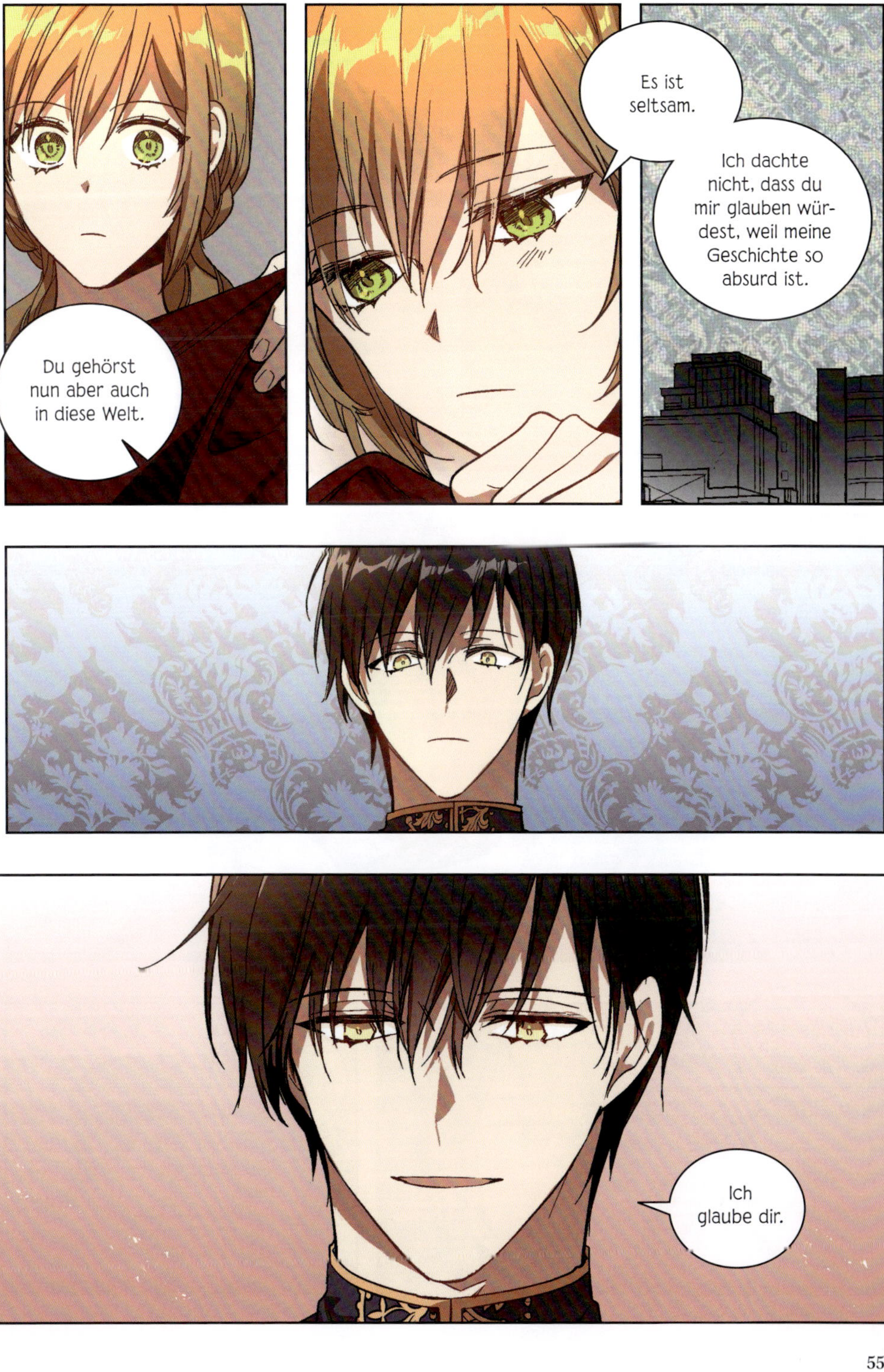

Du gehörst nun aber auch in diese Welt.
Es ist seltsam.
Ich dachte nicht, dass du mir glauben würdest, weil meine Geschichte so absurd ist.
Ich glaube dir.

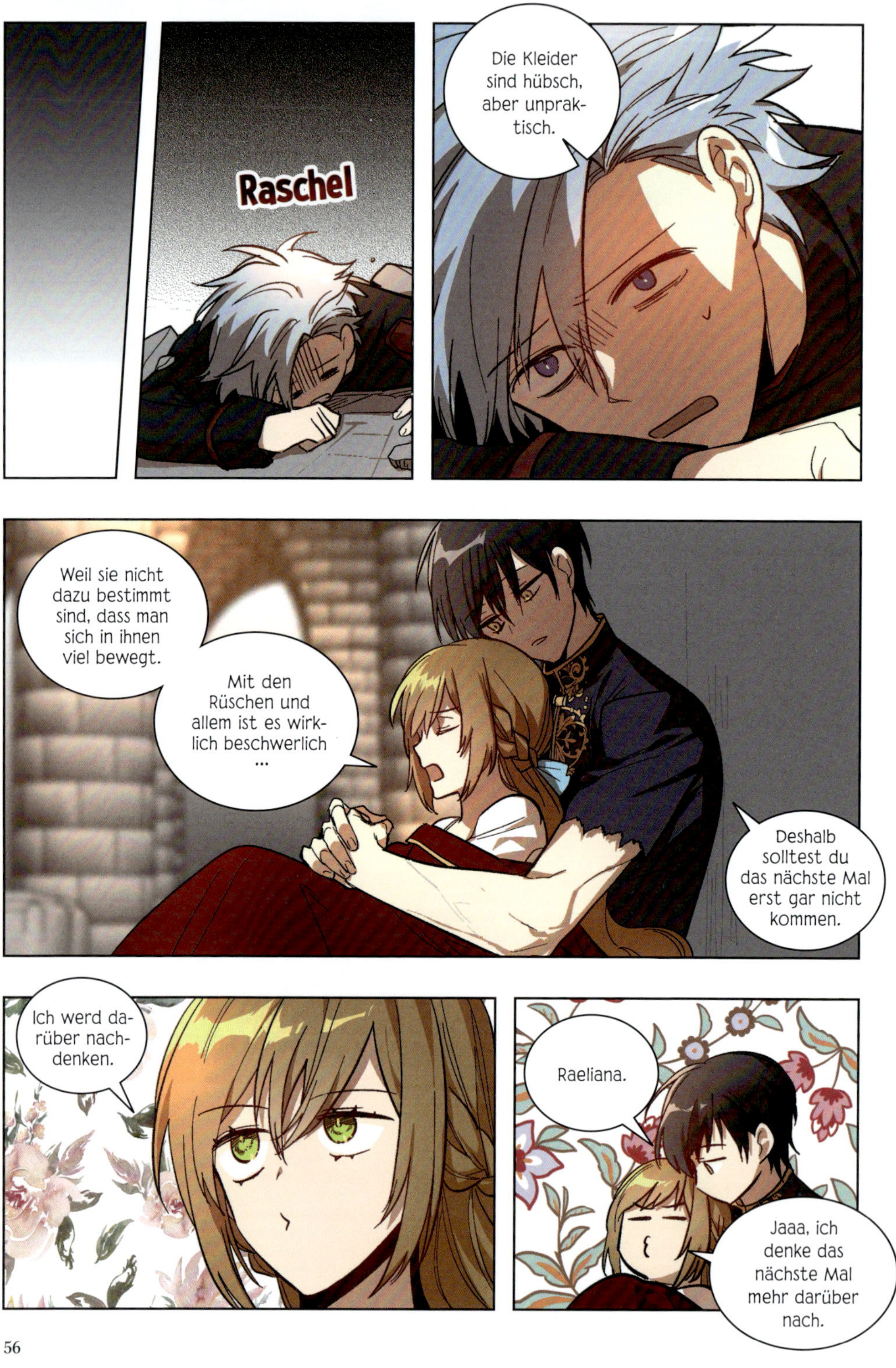
Raschel
Die Kleider sind hübsch, aber unpraktisch.
Weil sie nicht dazu bestimmt sind, dass man sich in ihnen viel bewegt.
Mit den Rüschen und allem ist es wirklich beschwerlich …
Deshalb solltest du das nächste Mal erst gar nicht kommen.
Ich werd darüber nachdenken.
Raeliana.
Jaaa, ich denke das nächste Mal mehr darüber nach.

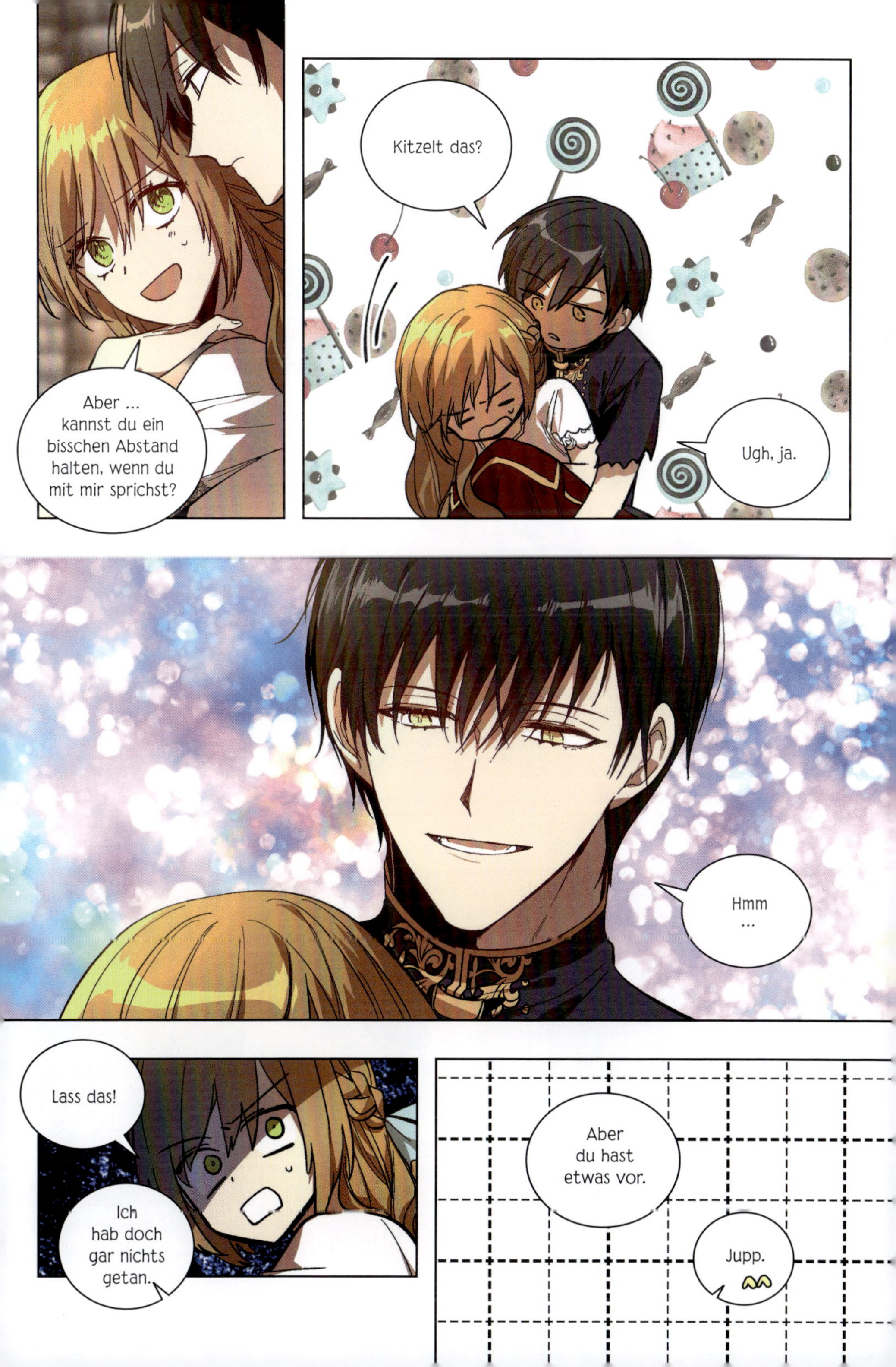
Aber ... kannst du ein bisschen Abstand halten, wenn du mit mir sprichst?
Kitzelt das?
Ugh, ja.
Hmm ...
Lass das!
Ich hab doch gar nichts getan.
Aber du hast etwas vor.
Jupp.

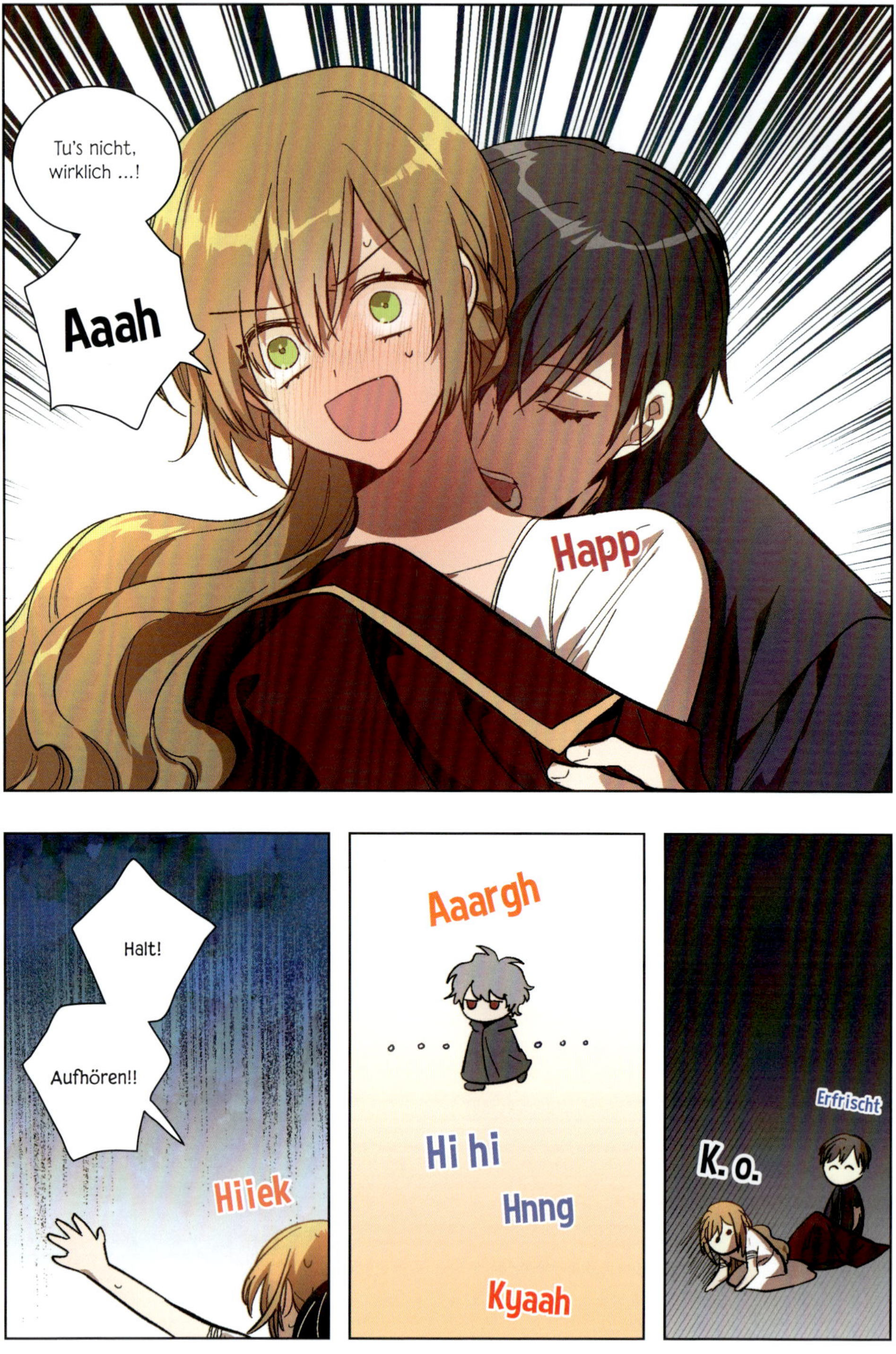

Tu's nicht, wirklich ...!
Aaah
Happ
Halt!
Aufhören!!
Hiiek
Aaargh
Hi hi
Hnng
Kyaah
K. o.
Erfrischt

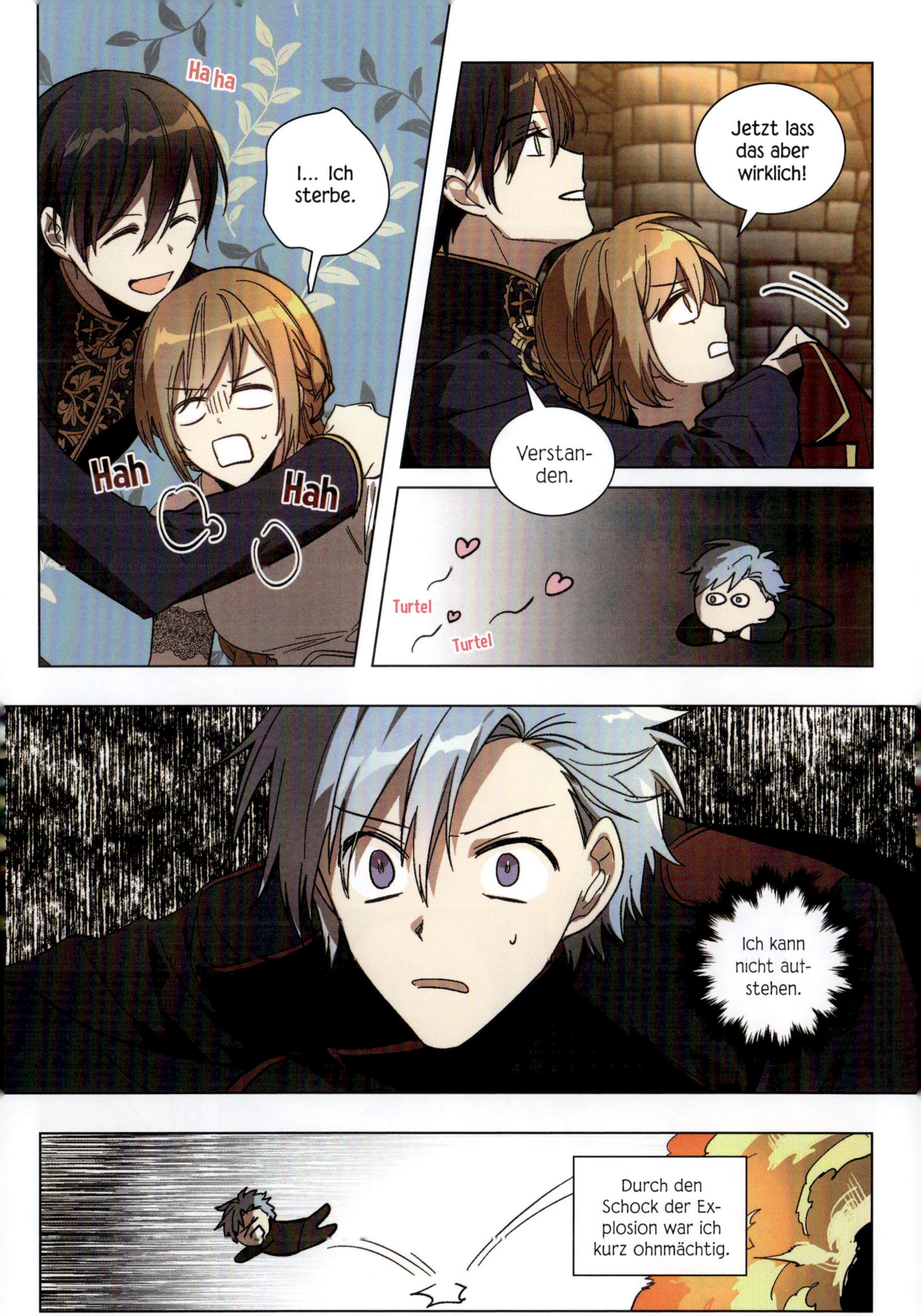
Ha ha
I... Ich sterbe.
Hah
Hah
Jetzt lass das aber wirklich!
Verstanden.
Turtel
Turtel
Ich kann nicht aufstehen.
Durch den Schock der Explosion war ich kurz ohnmächtig.

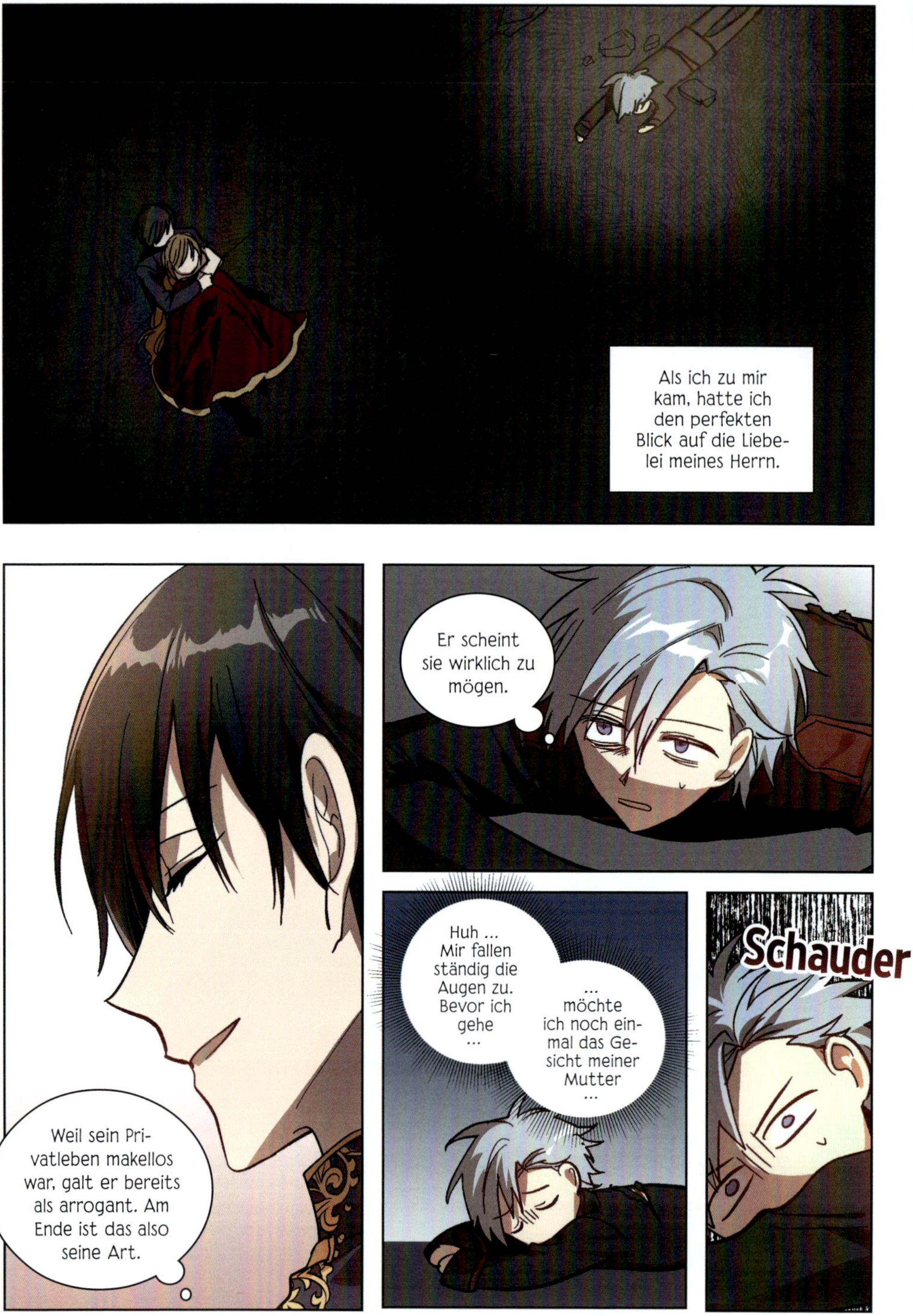
Als ich zu mir kam, hatte ich den perfekten Blick auf die Liebelei meines Herrn.
Weil sein Privatleben makellos war, galt er bereits als arrogant. Am Ende ist das also seine Art.
Er scheint sie wirklich zu mögen.
Huh … Mir fallen ständig die Augen zu. Bevor ich gehe …
… möchte ich noch einmal das Gesicht meiner Mutter …
Schauder

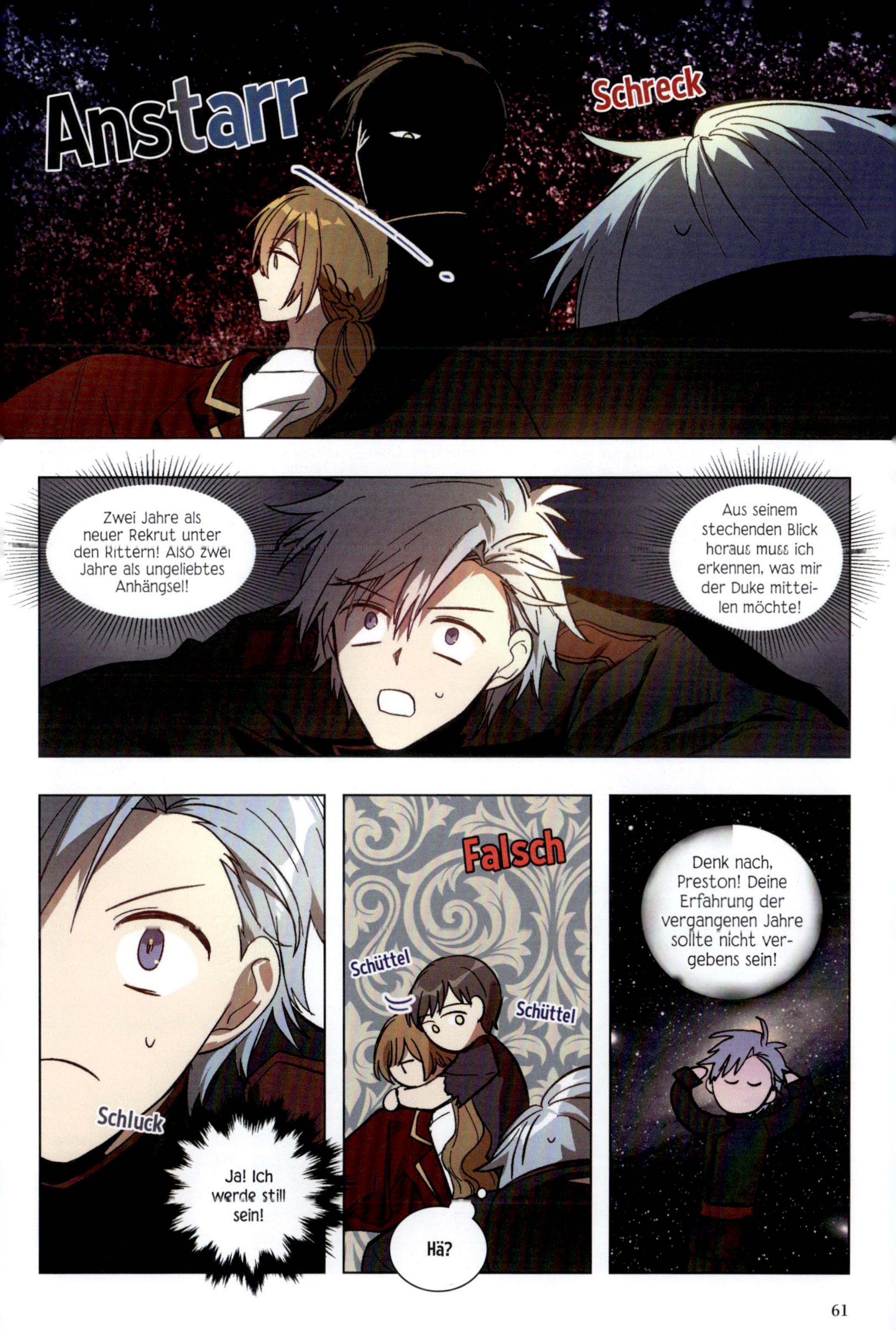
Anstarr
Schreck
Zwei Jahre als neuer Rekrut unter den Rittern! Also zwei Jahre als ungeliebtes Anhängsel!
Aus seinem stechenden Blick heraus muss ich erkennen, was mir der Duke mitteilen möchte!
Schluck
Ja! Ich werde still sein!
Falsch
Schüttel
Schüttel
Hä?
Denk nach, Preston! Deine Erfahrung der vergangenen Jahre sollte nicht vergebens sein!

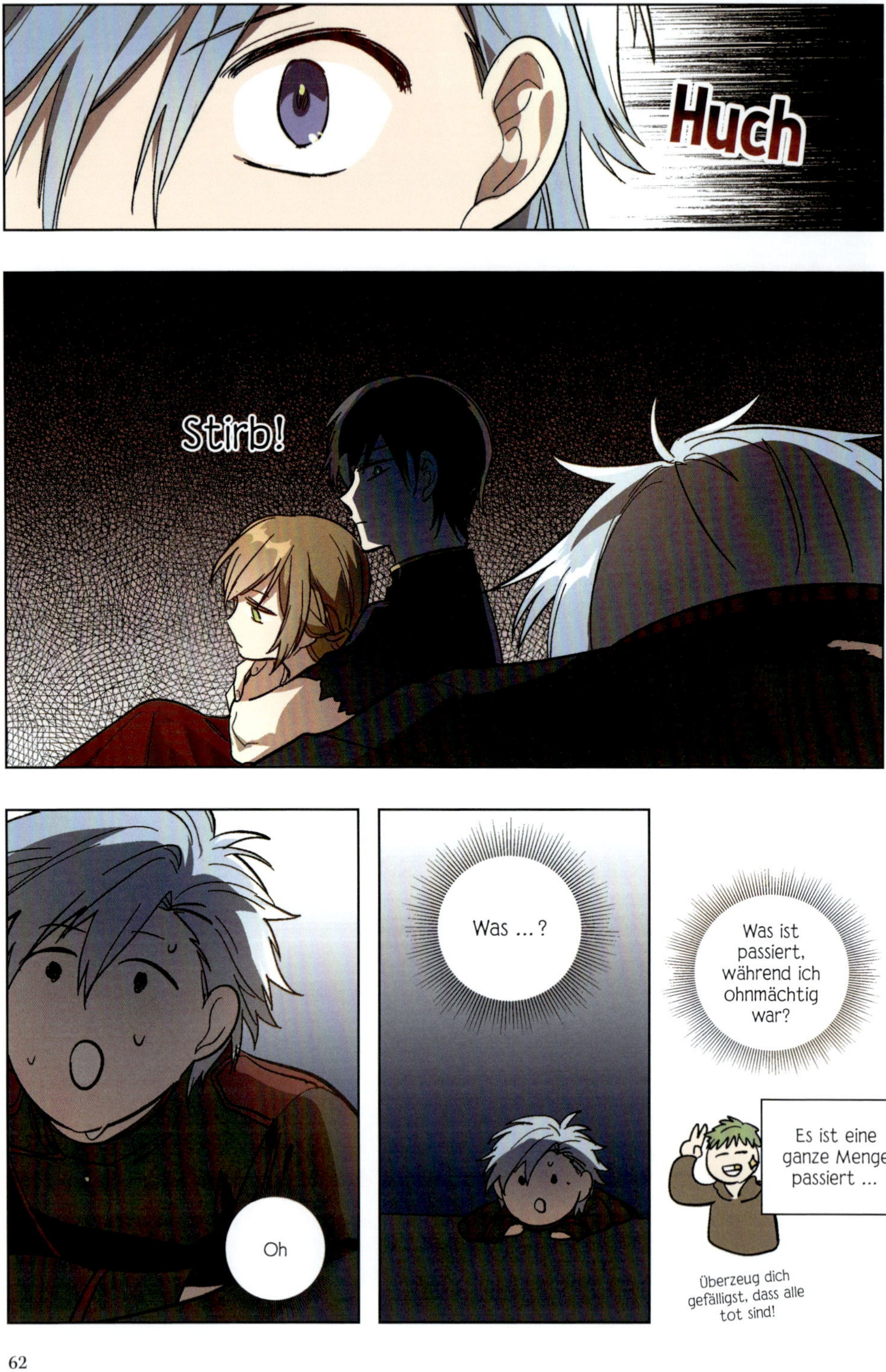
Huch
Stirb!
Oh
Was ...?
Was ist passiert, während ich ohnmächtig war?
Es ist eine ganze Menge passiert ...
Überzeug dich gefälligst, dass alle tot sind!

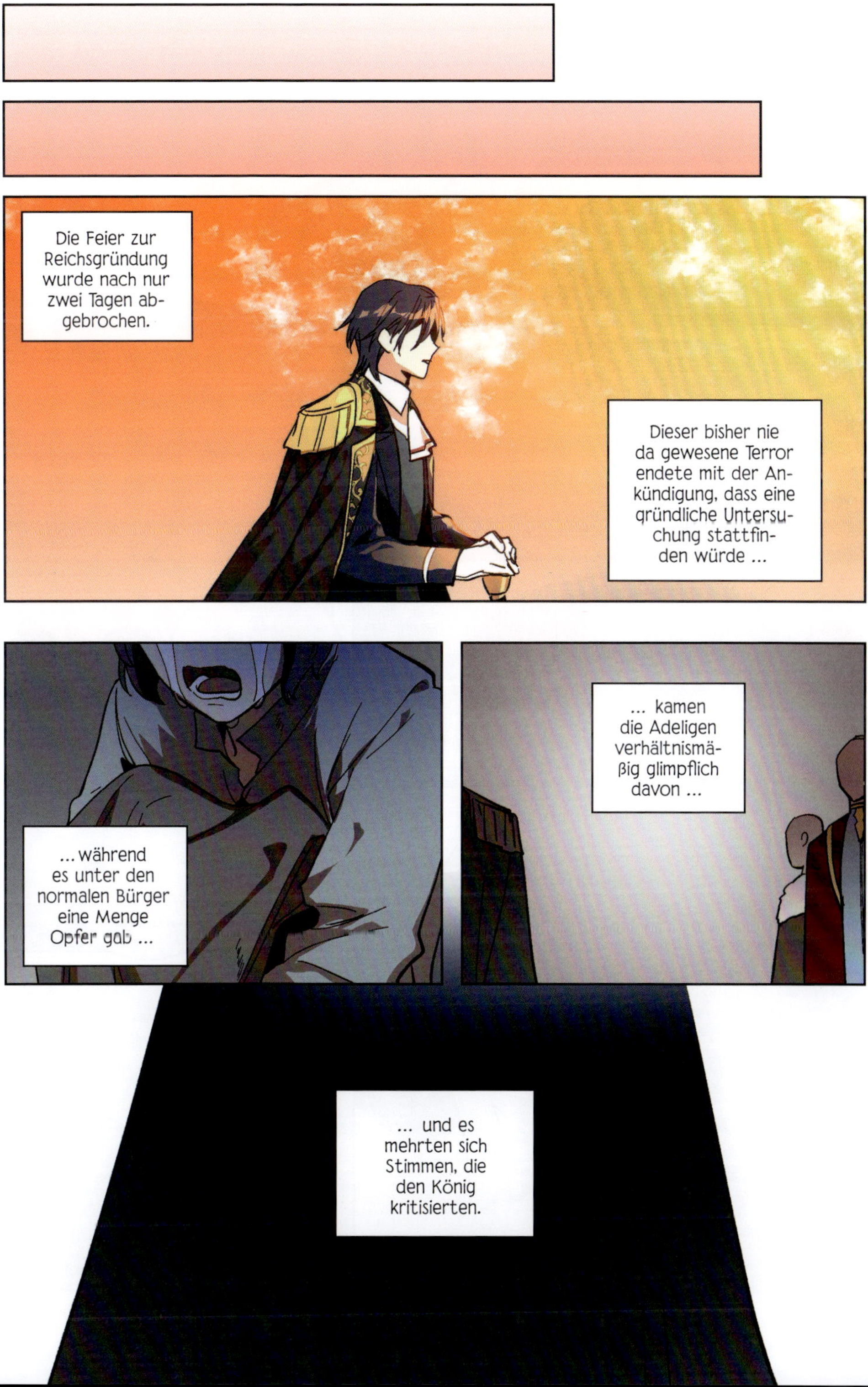
Die Feier zur Reichsgründung wurde nach nur zwei Tagen abgebrochen.
Dieser bisher nie da gewesene Terror endete mit der Ankündigung, dass eine gründliche Untersuchung stattfinden würde ...
... während es unter den normalen Bürger eine Menge Opfer gab ...
... kamen die Adeligen verhältnismäßig glimpflich davon ...
... und es mehrten sich Stimmen, die den König kritisierten.

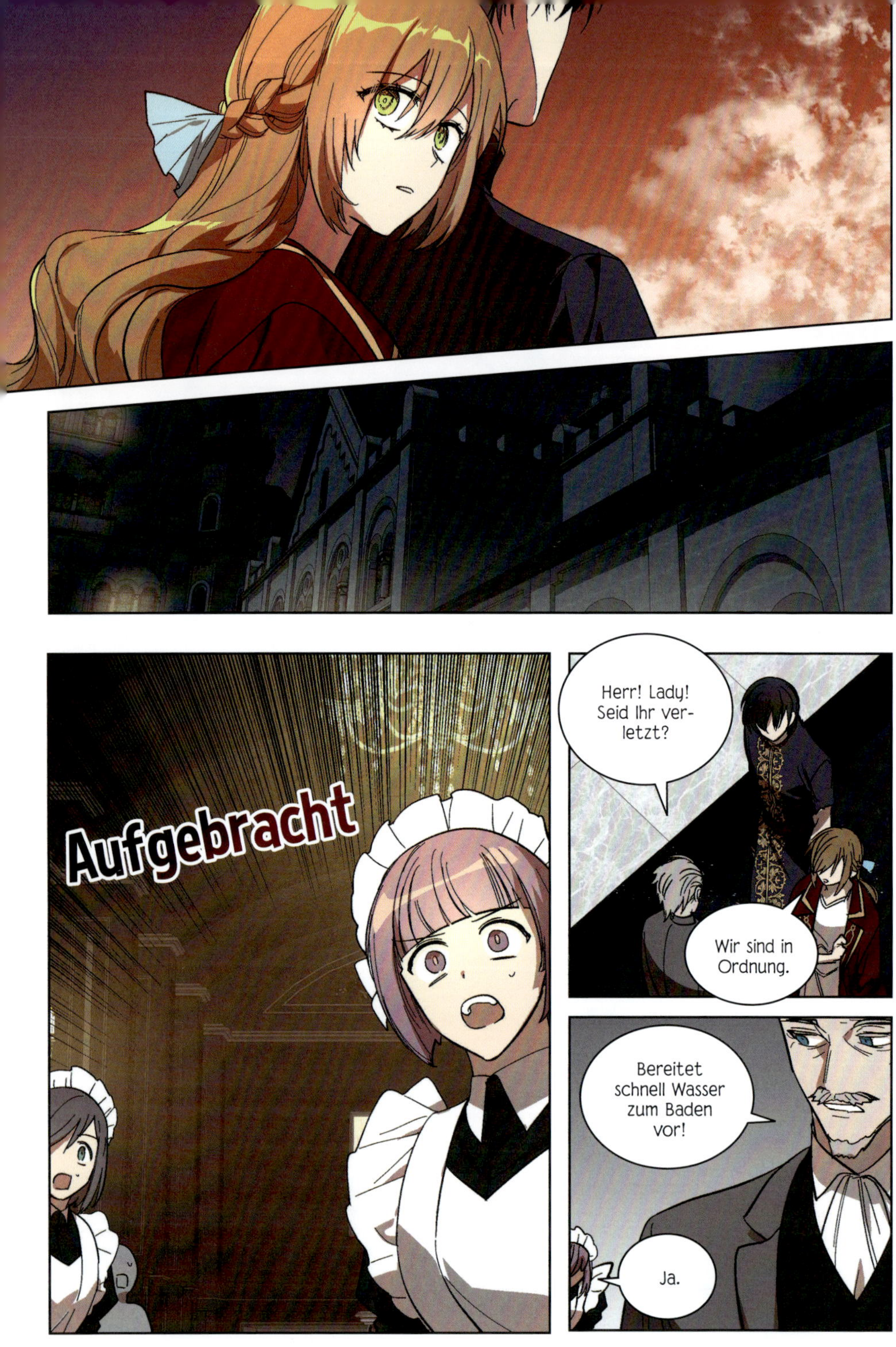
Aufgebracht
Herr! Lady! Seid Ihr verletzt?
Wir sind in Ordnung.
Bereitet schnell Wasser zum Baden vor!
Ja.

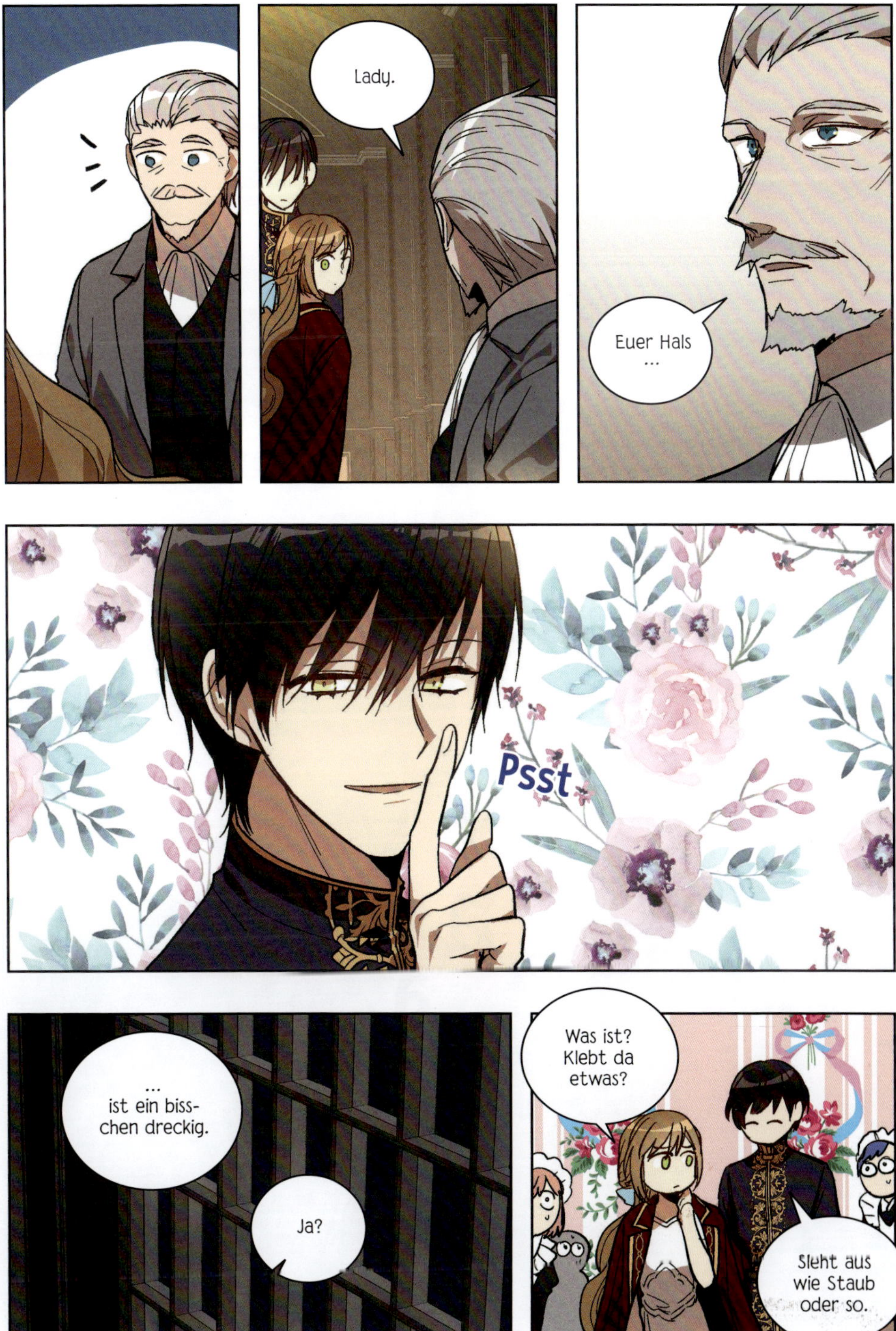
Lady.
Euer Hals ...
Psst
... ist ein bisschen dreckig.
Ja?
Was ist? Klebt da etwas?
Sieht aus wie Staub oder so.

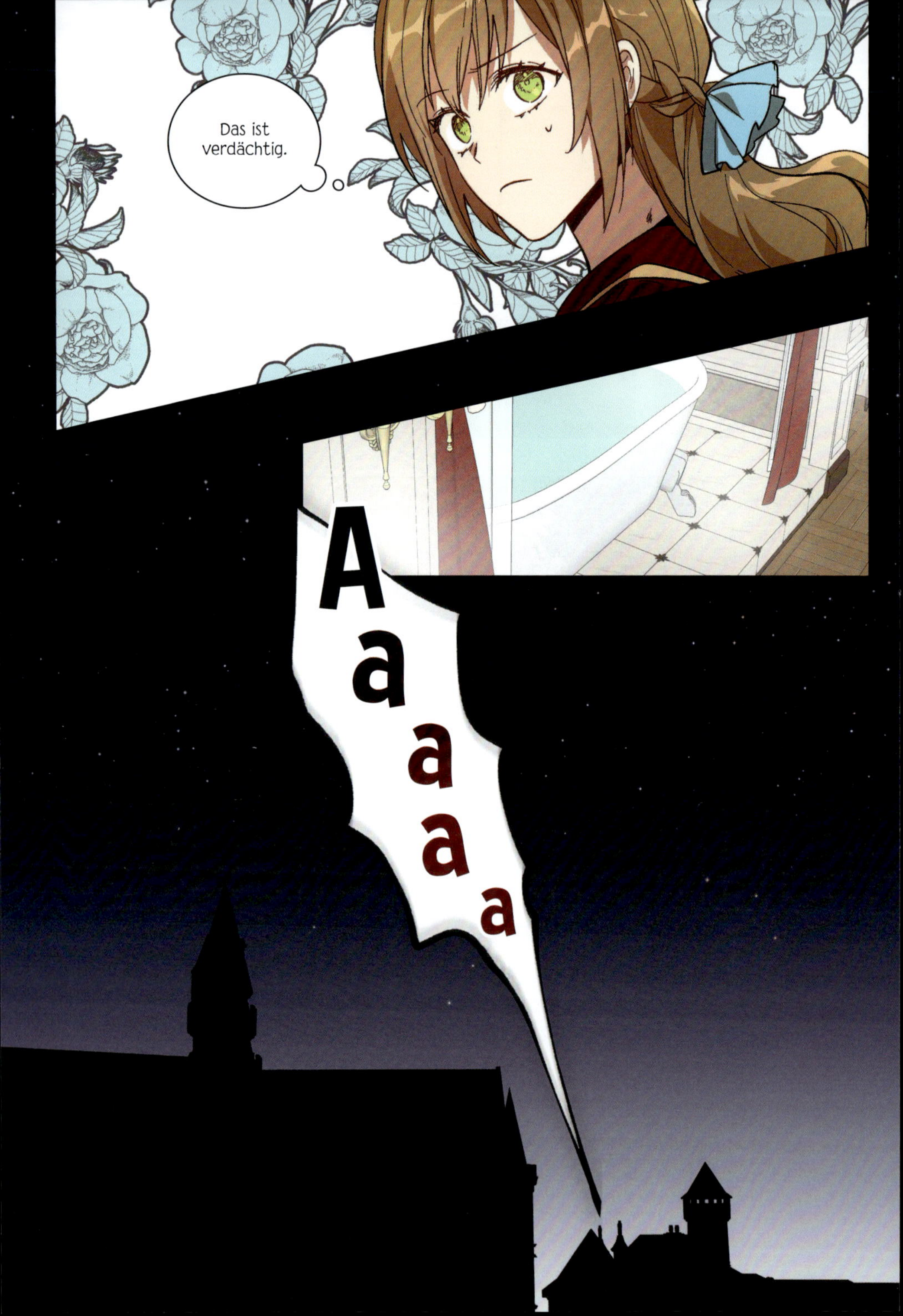

Das ist verdächtig.
Aaaaa

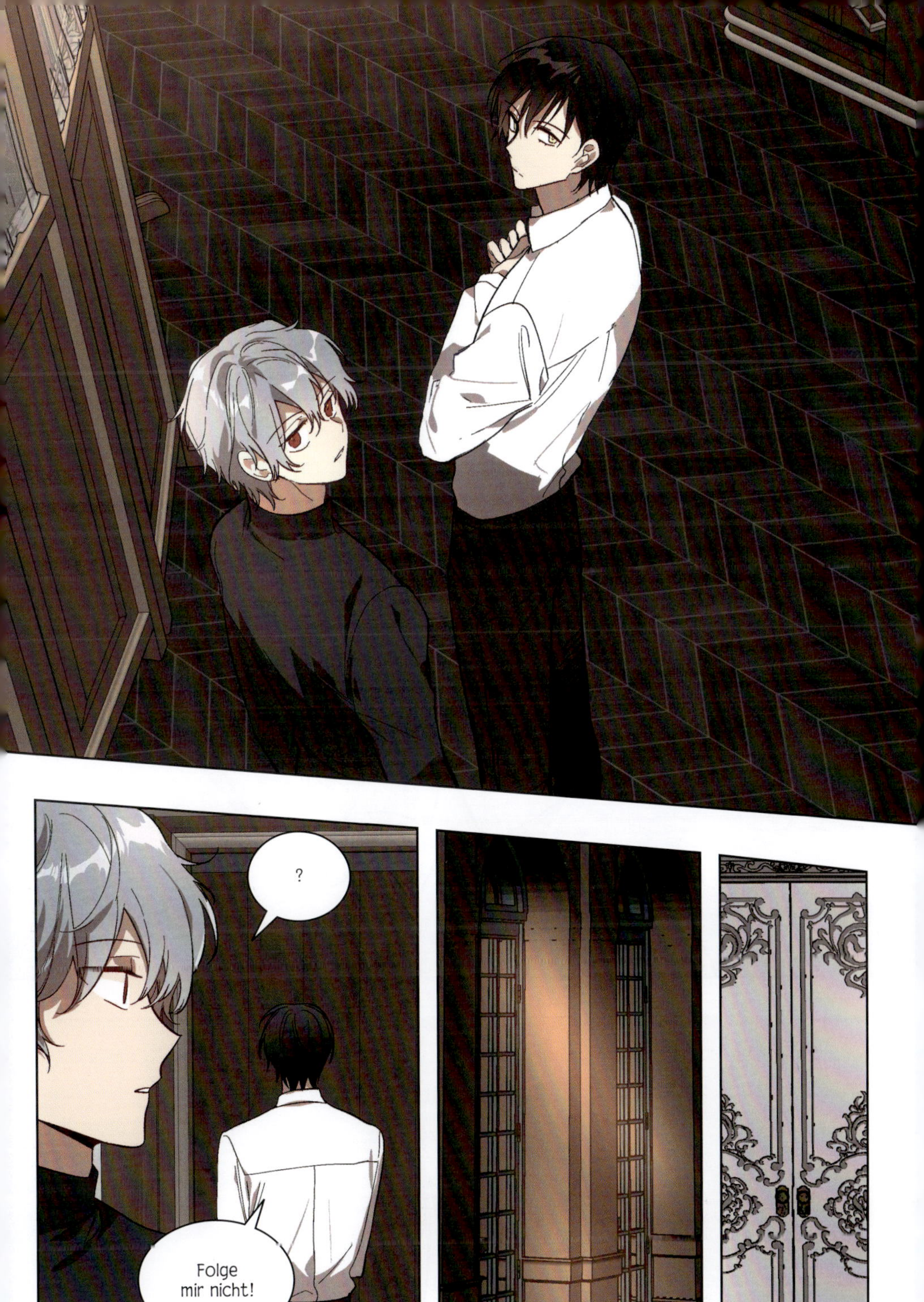
?
Folge mir nicht!

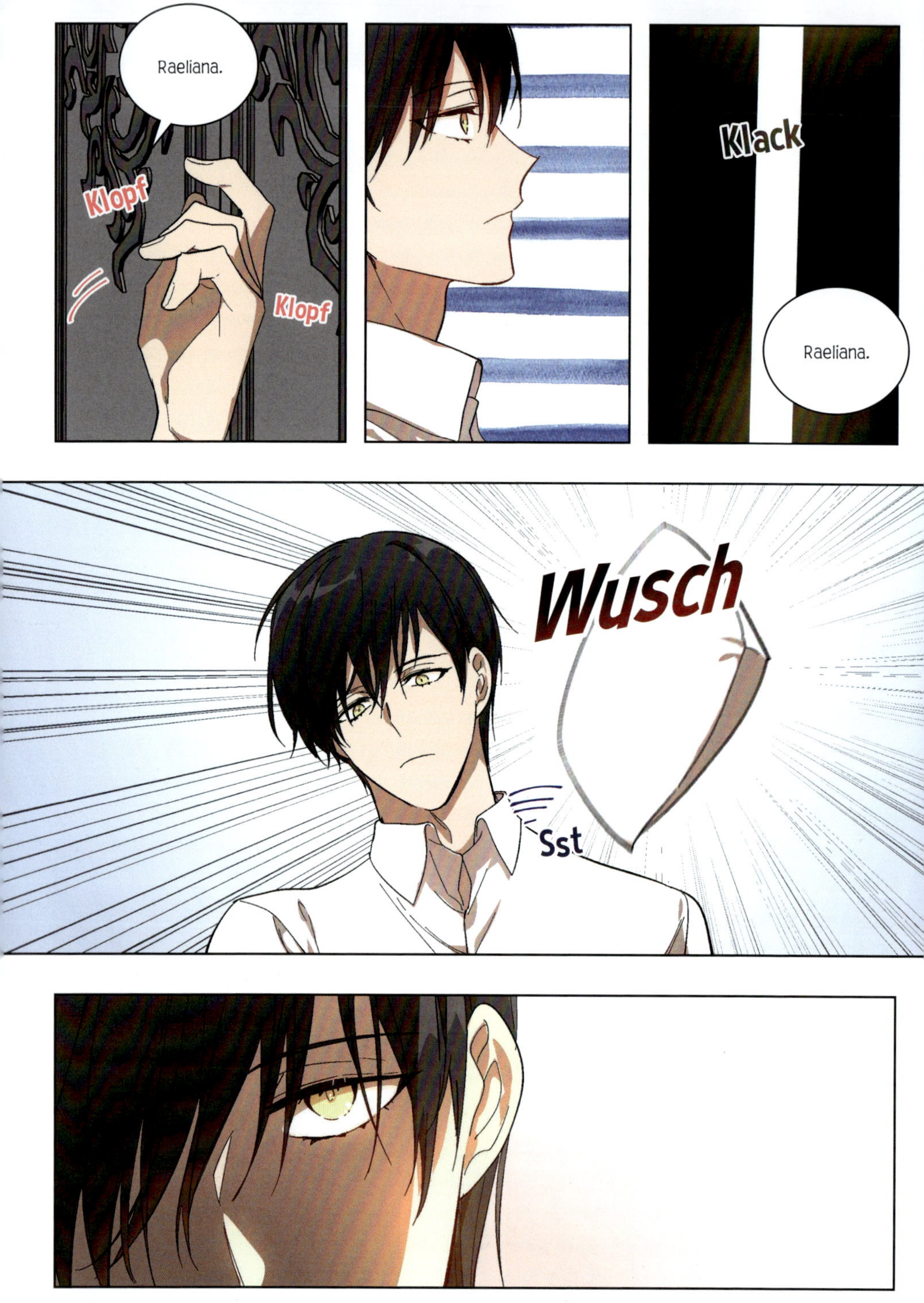
Raeliana.
Klopf
Klopf
Klack
Raeliana.
Wusch
Sst

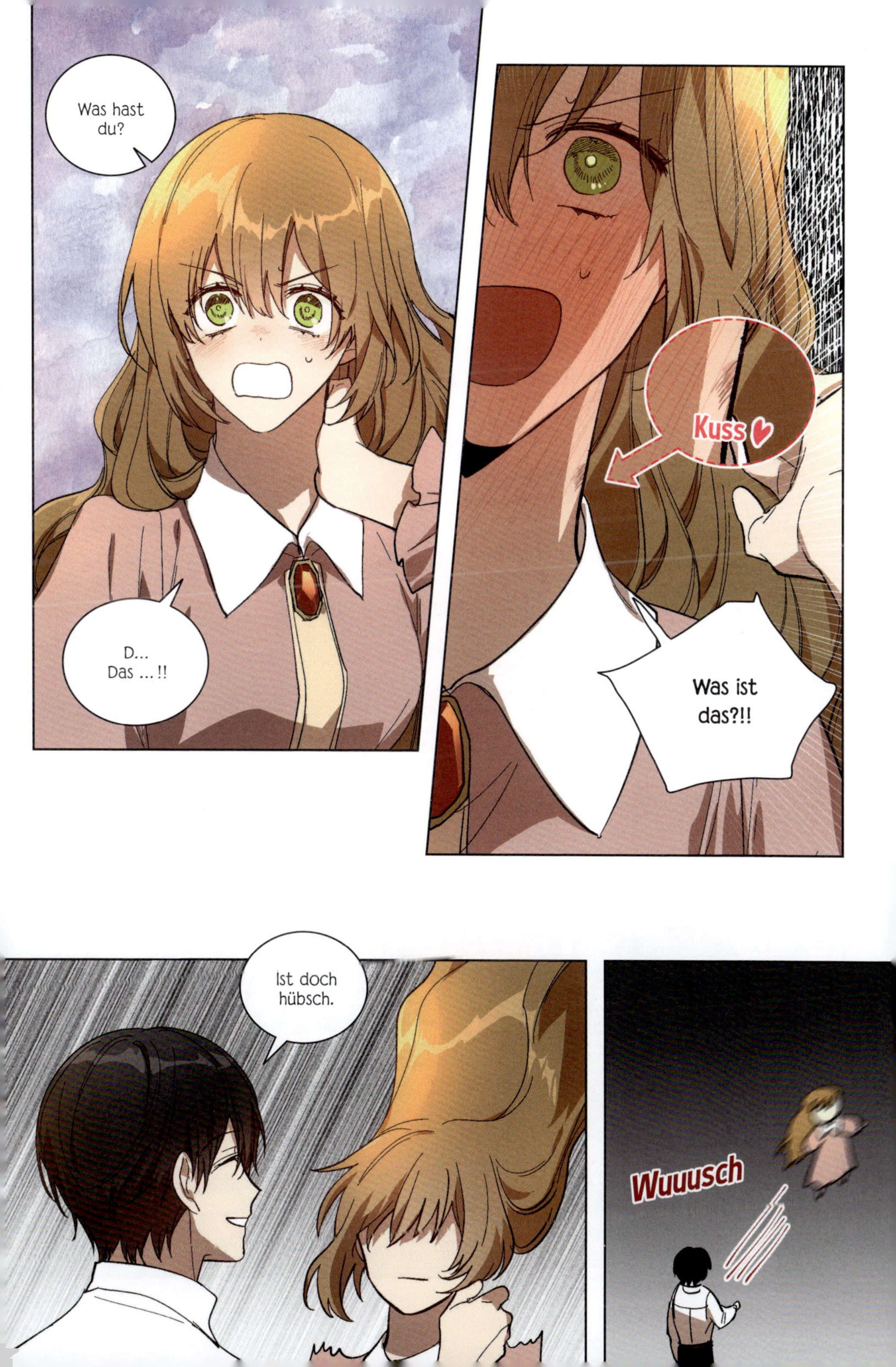
Was hast du?
D... Das ... !!
Kuss
Was ist das?!!
Ist doch hübsch.
Wuuusch

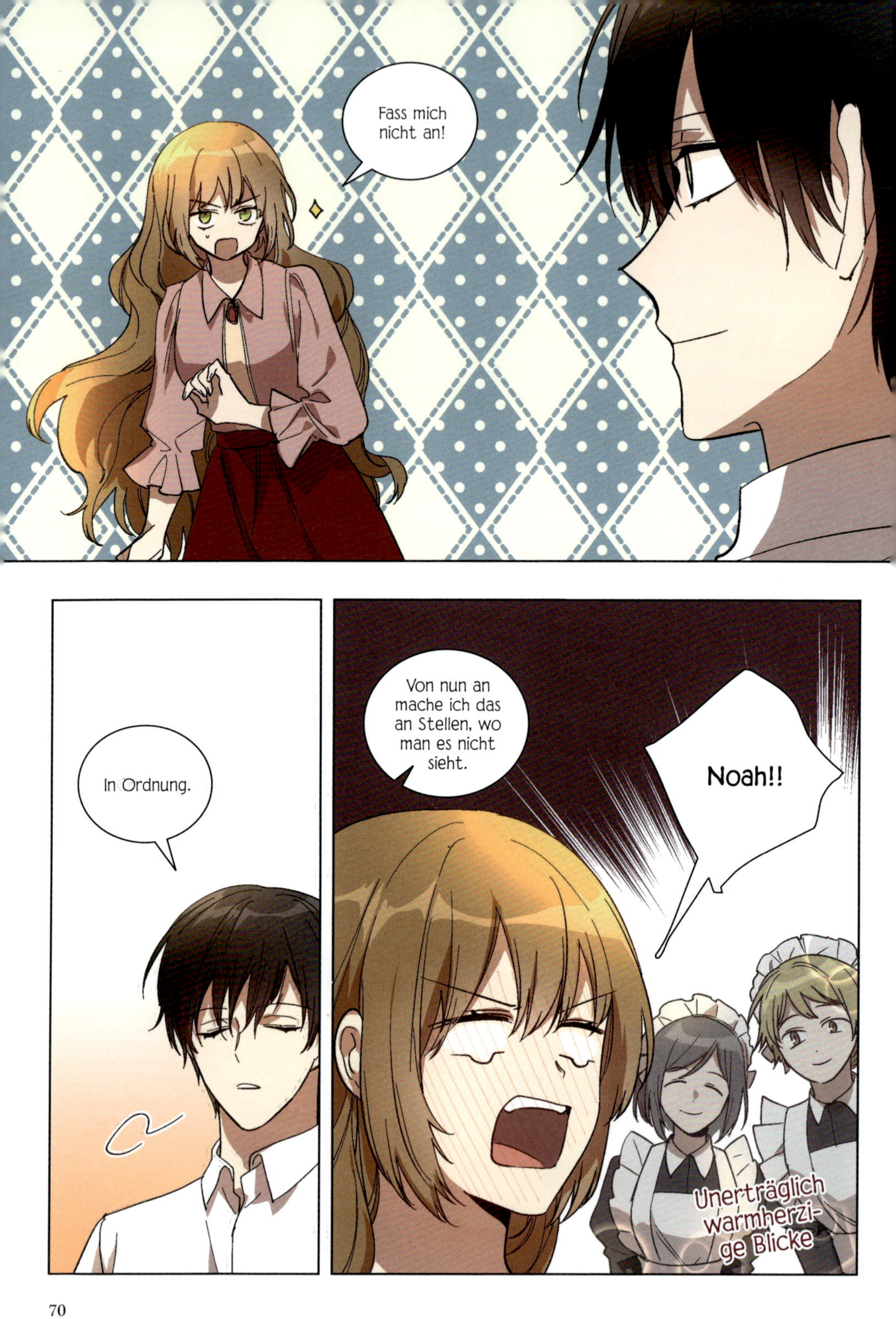
Fass mich nicht an!
In Ordnung.
Von nun an mache ich das an Stellen, wo man es nicht sieht.
Noah!!
Unerträglich warmherzige Blicke

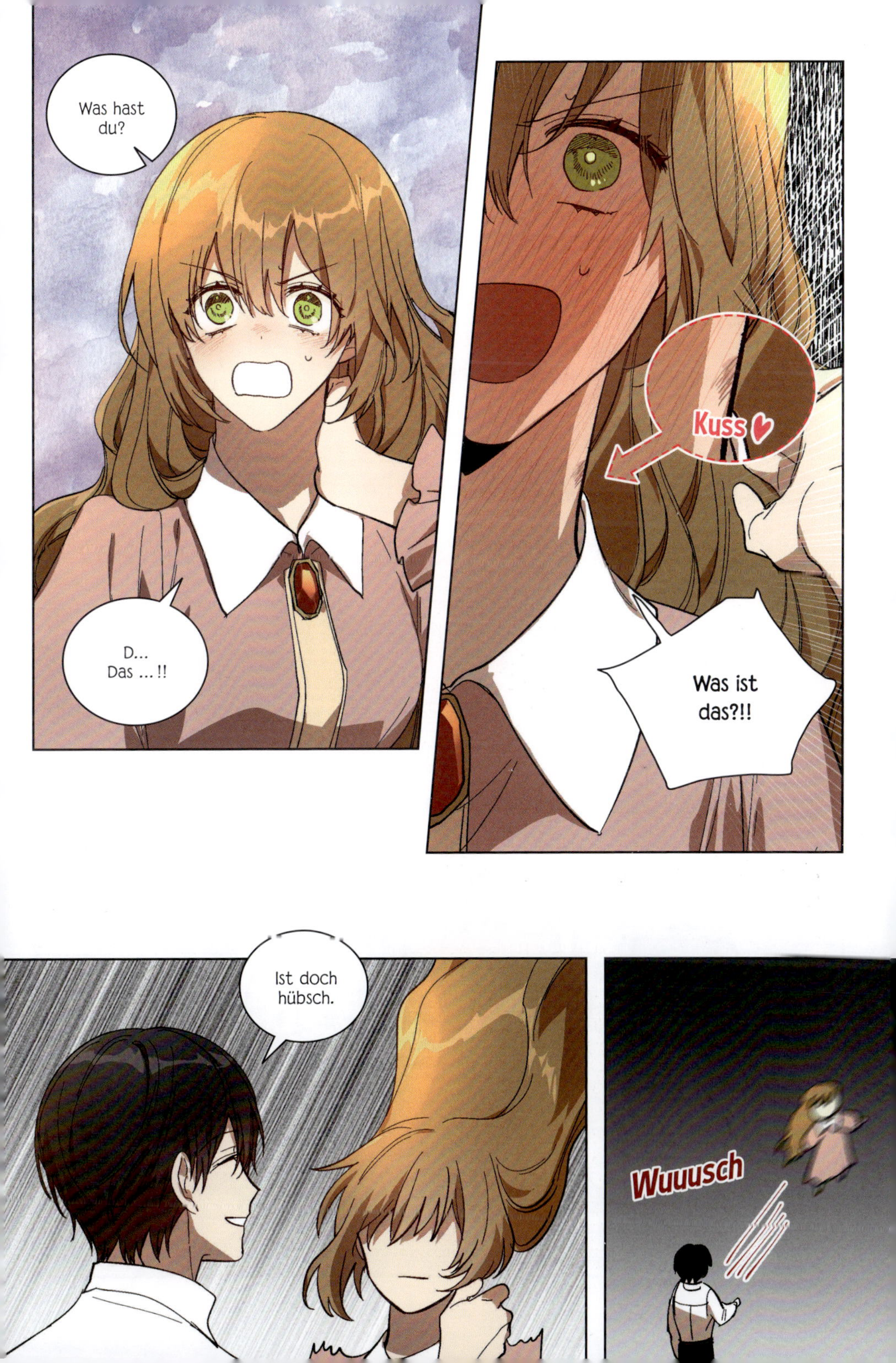
Was hast du?
D... Das ... !!
Kuss
Was ist das?!!
Ist doch hübsch.
Wuuusch

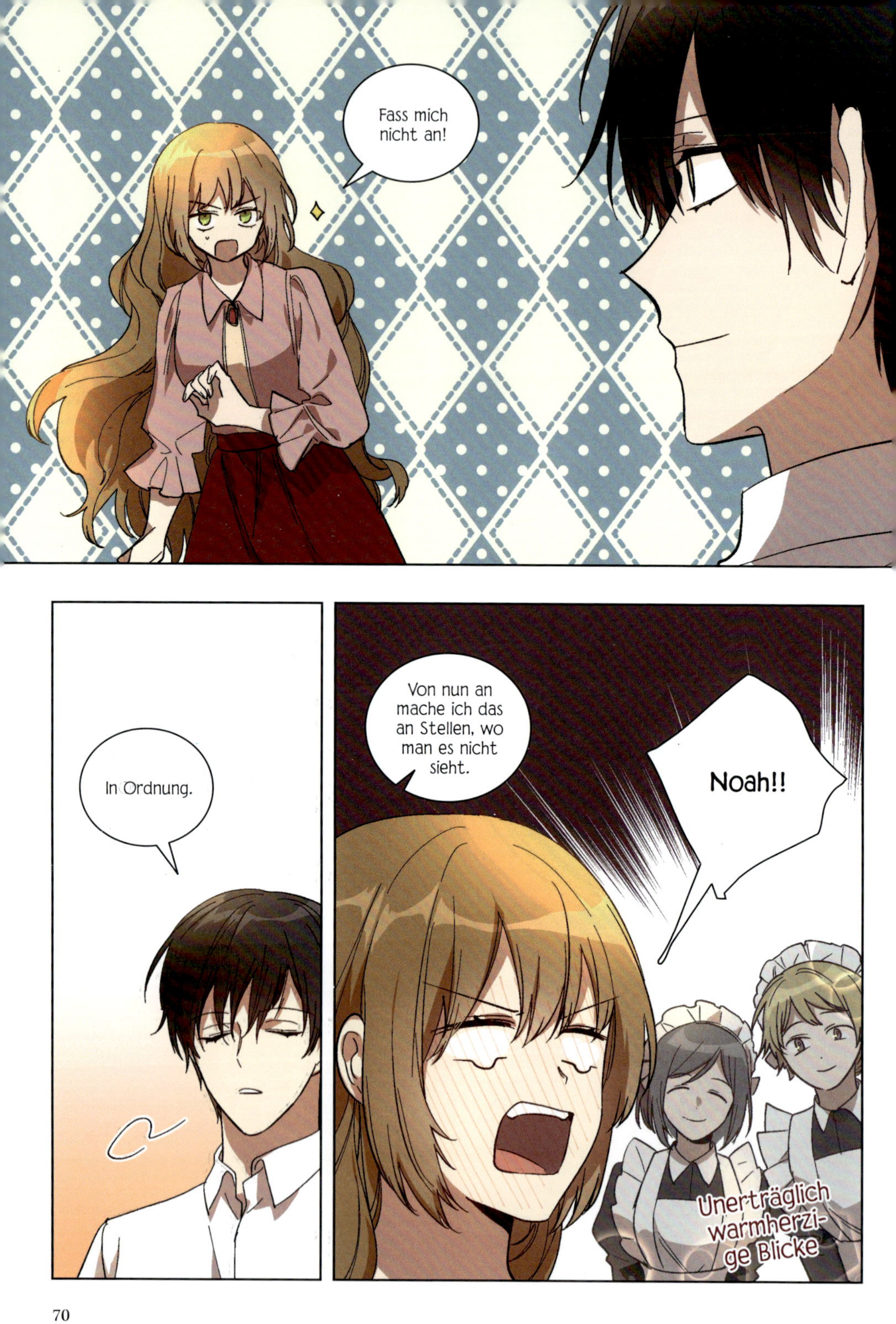
Fass mich nicht an!
In Ordnung.
Von nun an mache ich das an Stellen, wo man es nicht sieht.
Noah!!
Unerträglich warmherzige Blicke

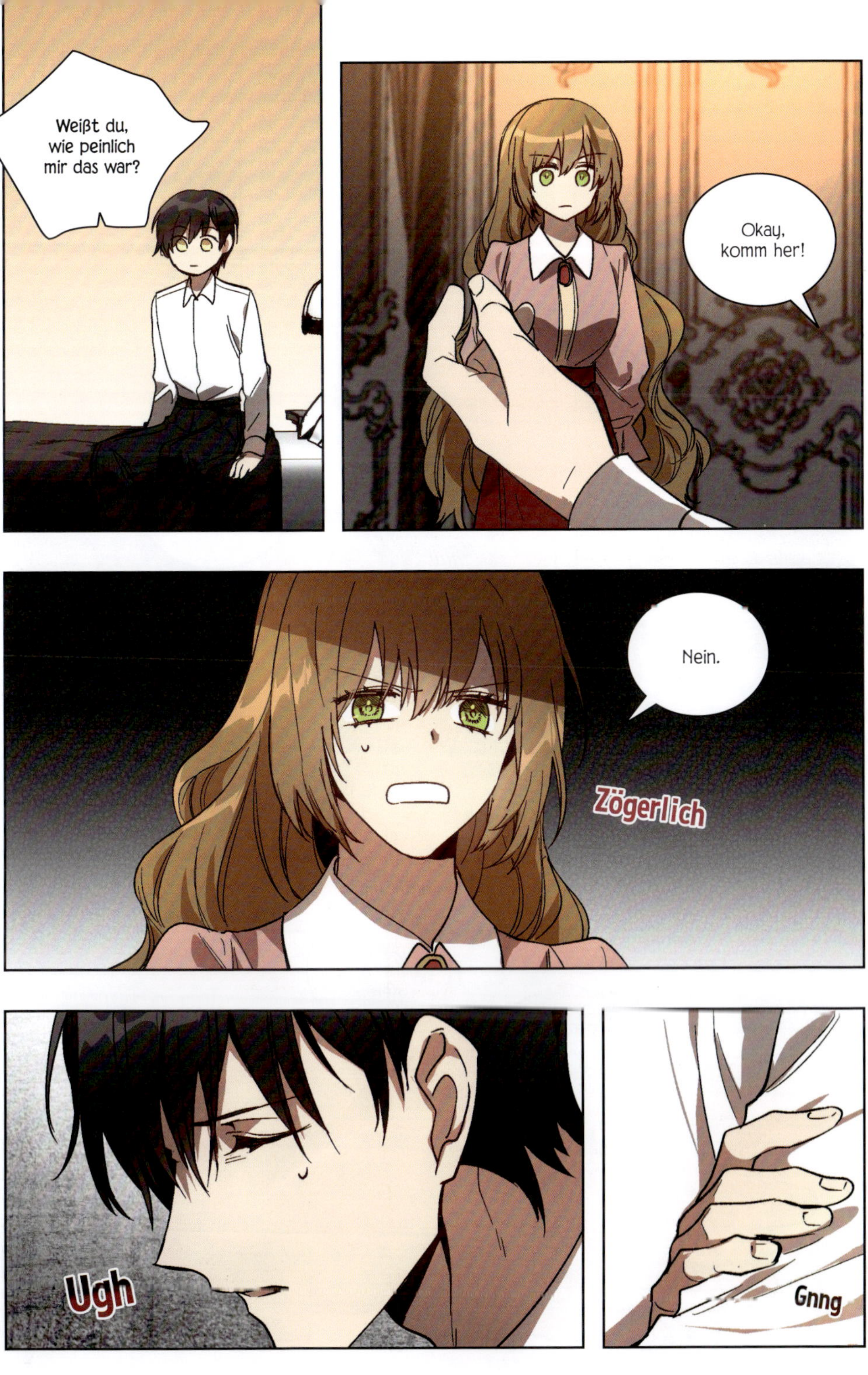
Weißt du, wie peinlich mir das war?
Okay, komm her!
Nein.
Zögerlich
Ugh
Gnng

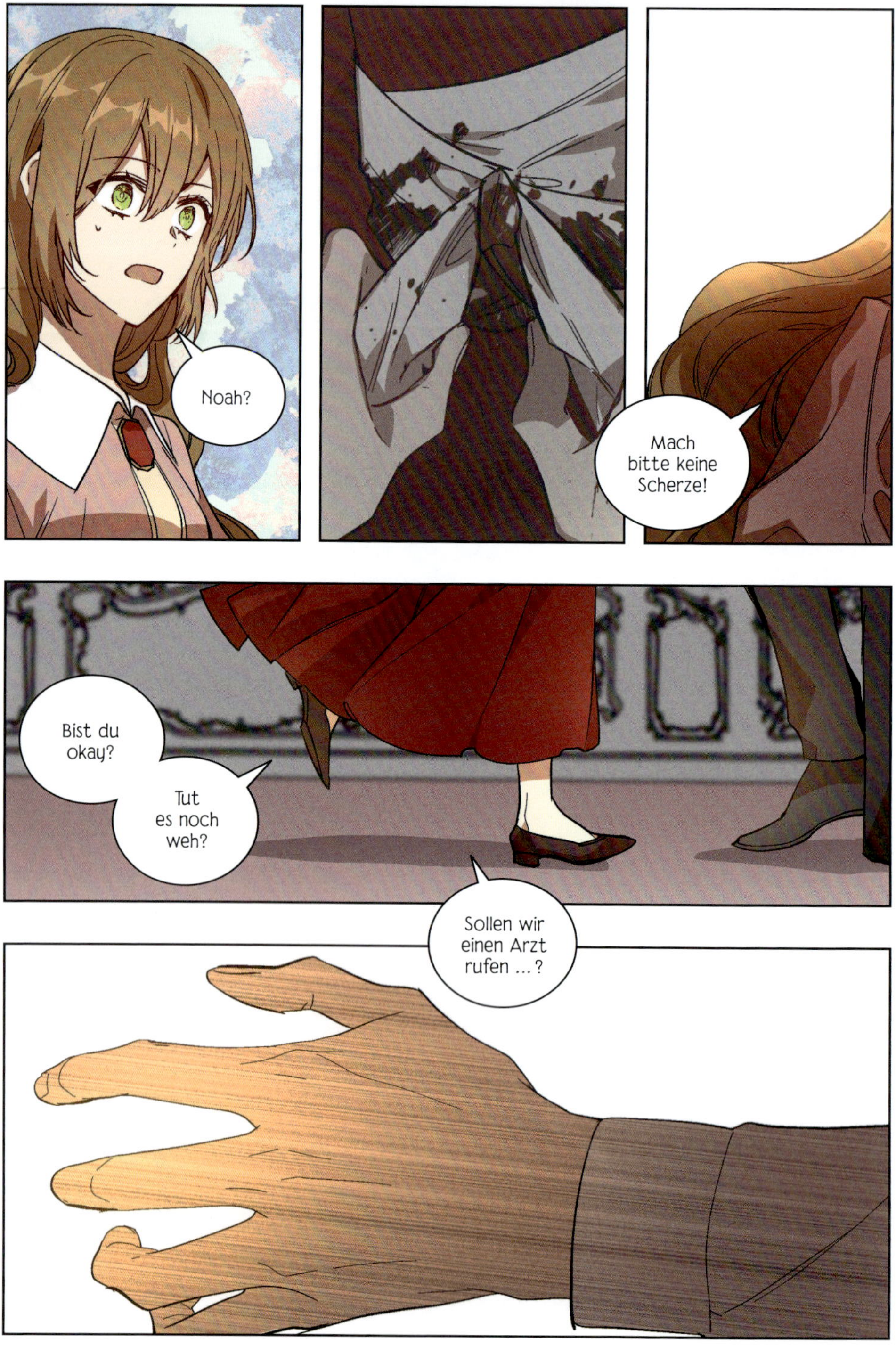
Noah?
Mach bitte keine Scherze!
Bist du okay?
Tut es noch weh?
Sollen wir einen Arzt rufen …?

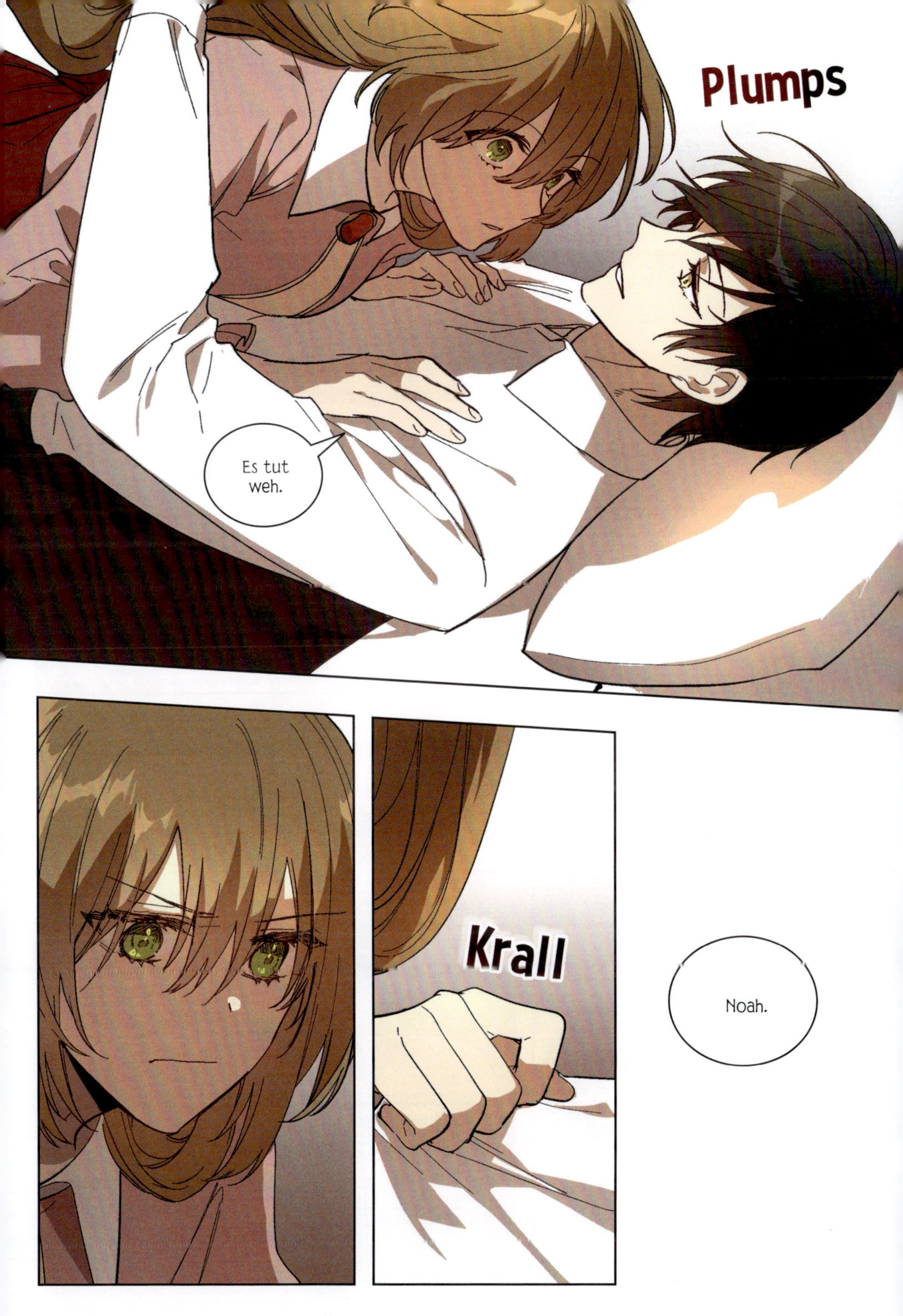

Plumps
Es tut weh.
Krall
Noah.

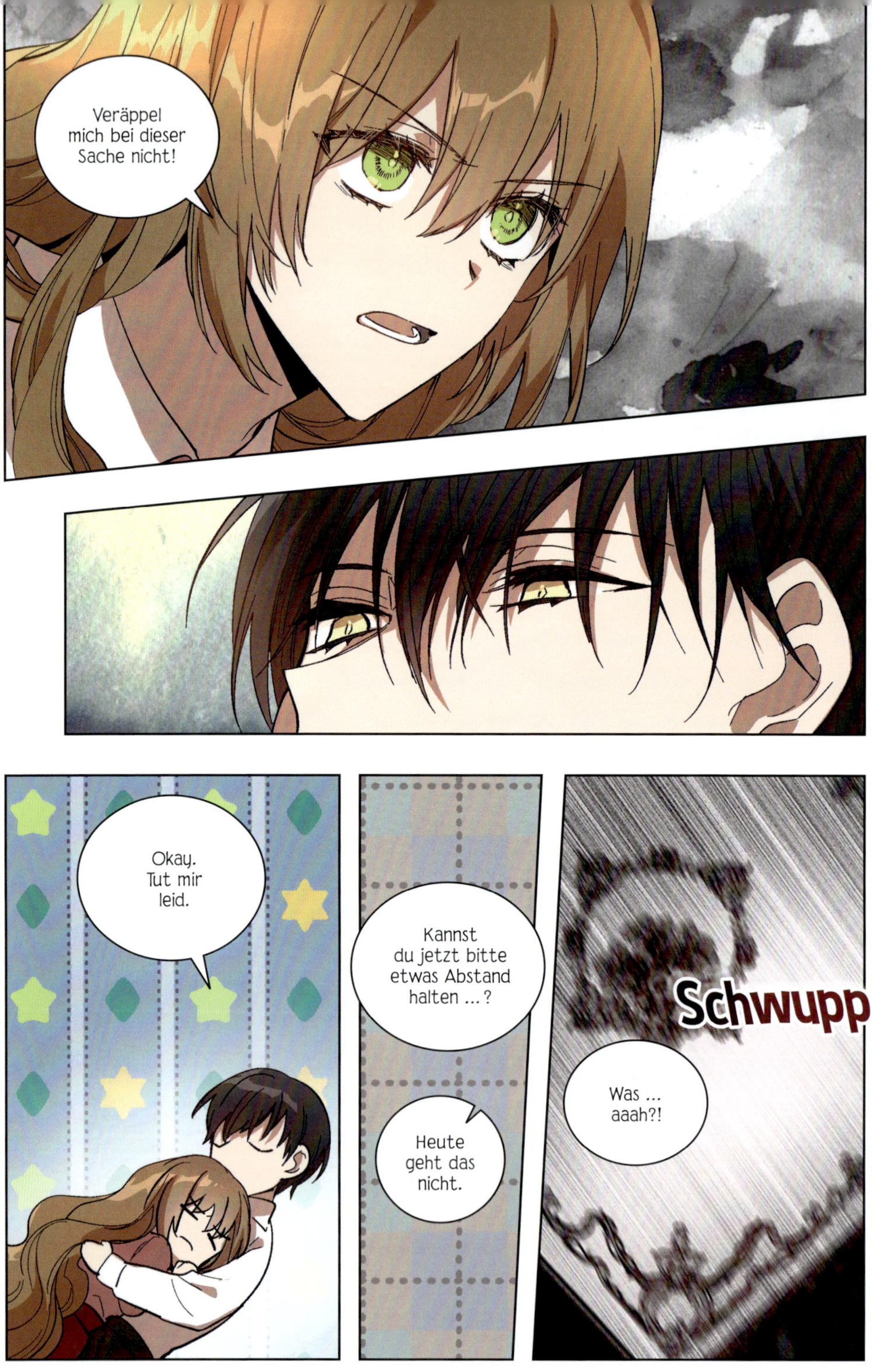
Veräppel mich bei dieser Sache nicht!
Okay. Tut mir leid.
Kannst du jetzt bitte etwas Abstand halten ...?
Heute geht das nicht.
Schwupp
Was ... aaah?!

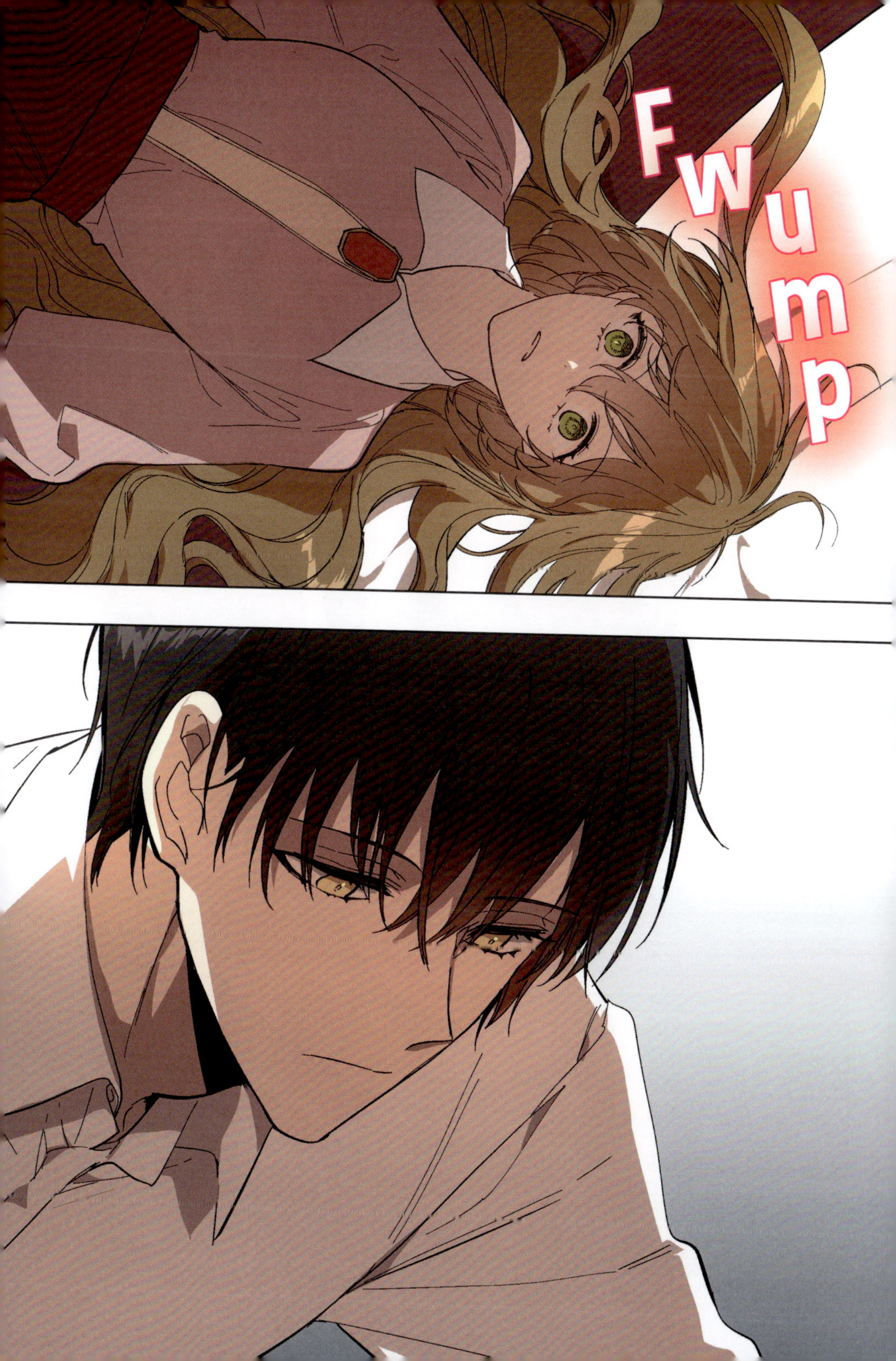
Fwump

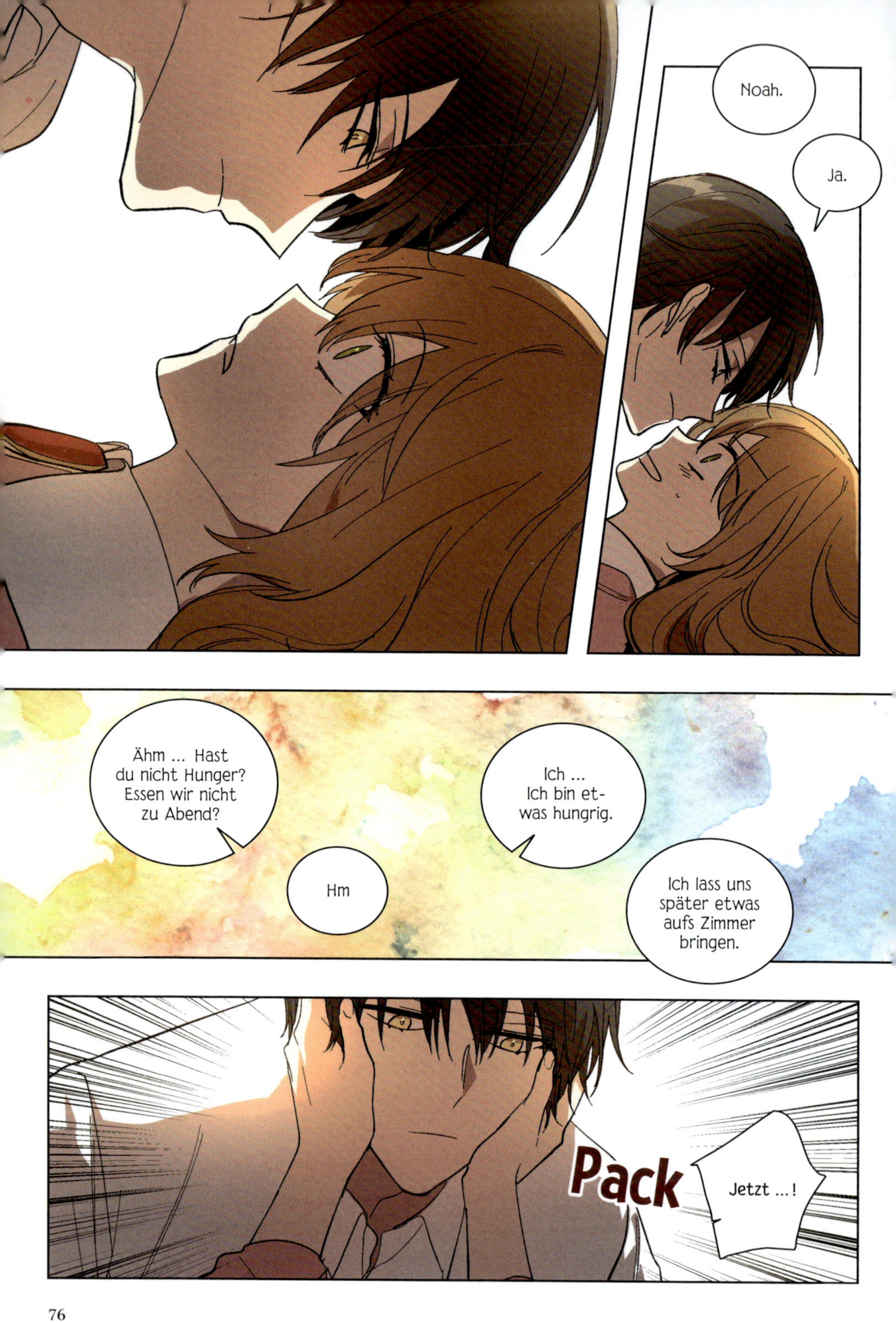
Noah.
Ja.
Ähm ... Hast du nicht Hunger? Essen wir nicht zu Abend?
Hm
Ich ... Ich bin etwas hungrig.
Ich lass uns später etwas aufs Zimmer bringen.
Pack
Jetzt ...!

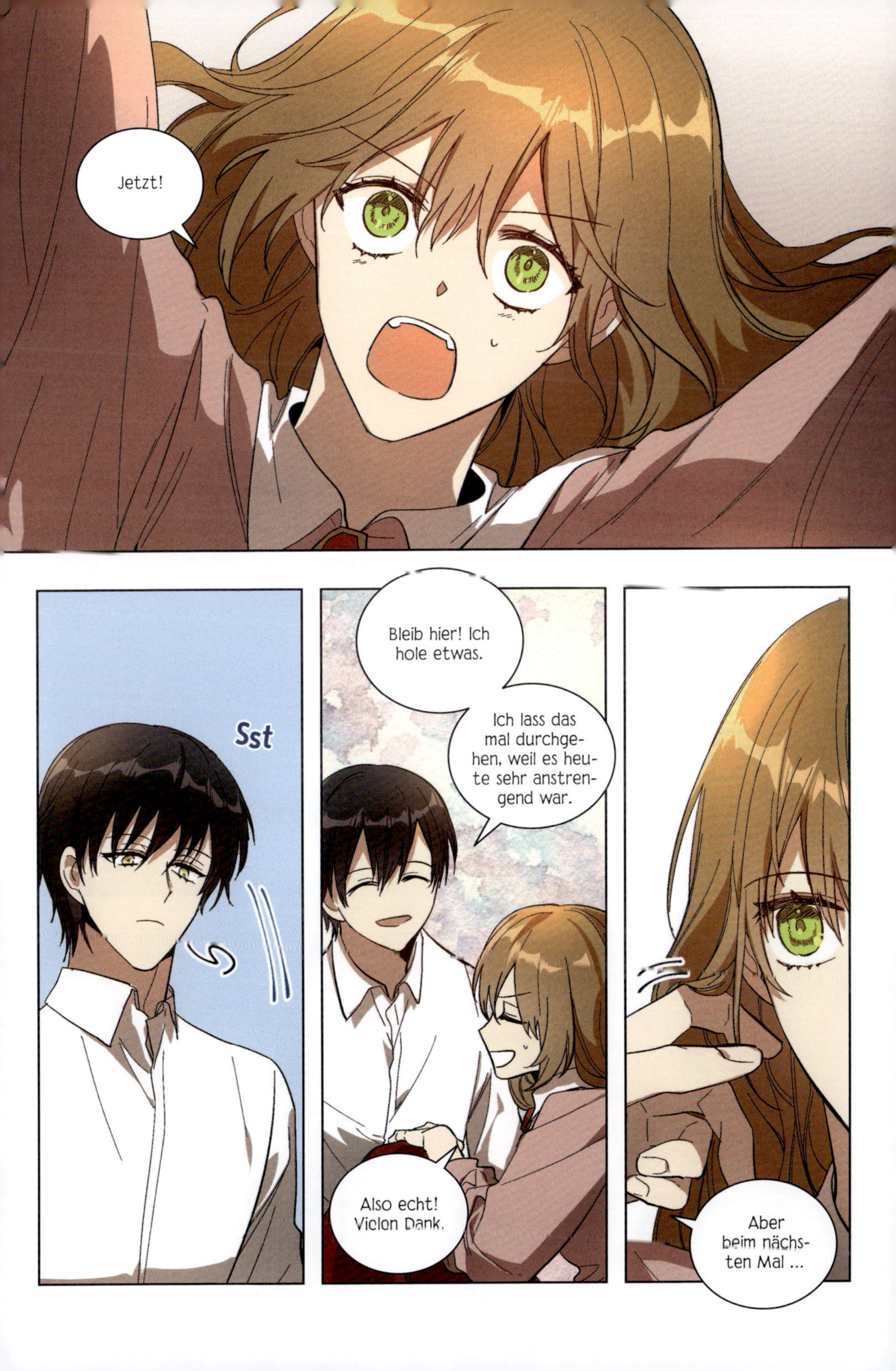
Jetzt!
Sst
Bleib hier! Ich hole etwas.
Ich lass das mal durchgehen, weil es heute sehr anstrengend war.
Also echt! Vielen Dank.
Aber beim nächsten Mal ...

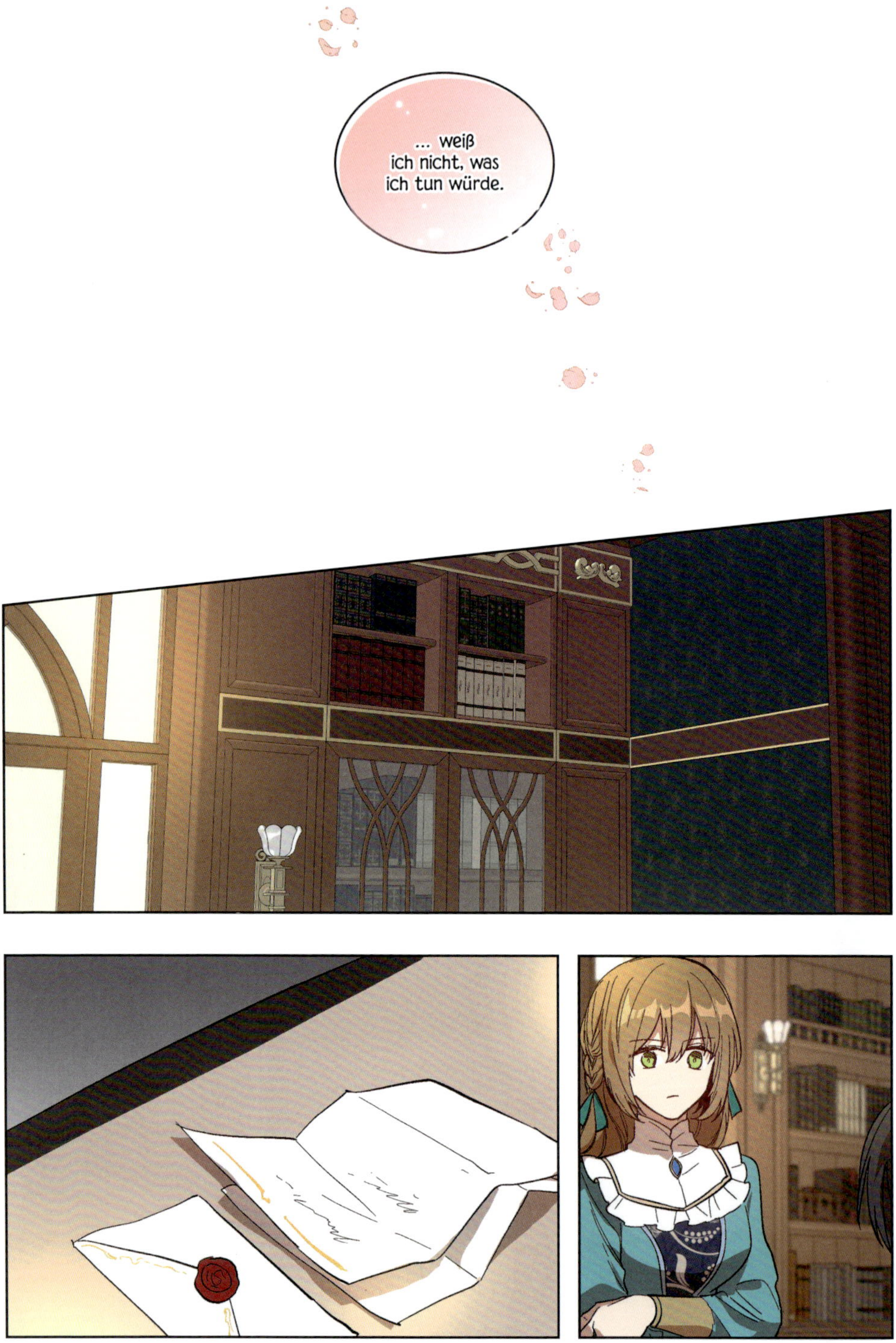
... weiß ich nicht, was ich tun würde.

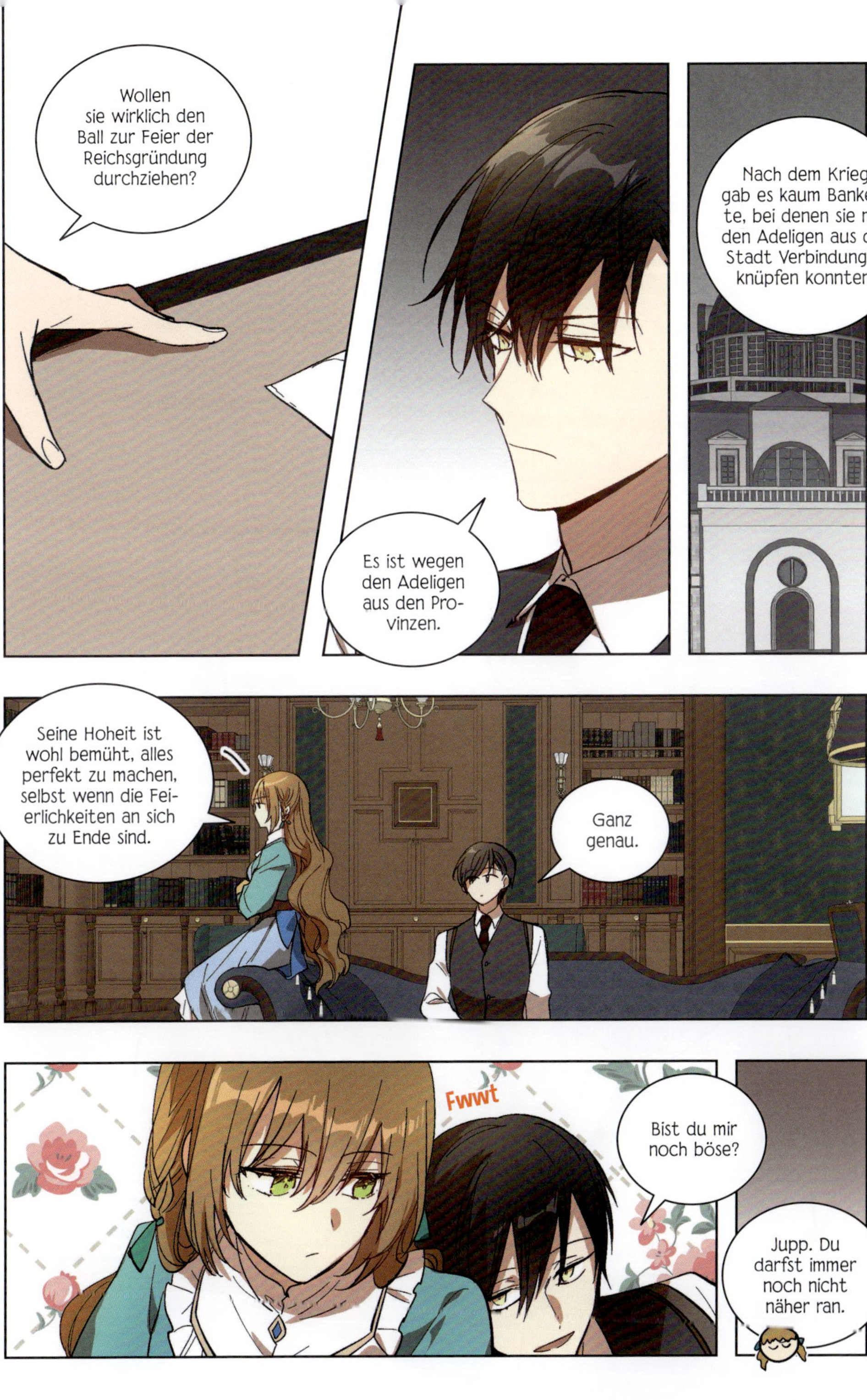
Wollen sie wirklich den Ball zur Feier der Reichsgründung durchziehen?
Es ist wegen den Adeligen aus den Provinzen.
Nach dem Krieg gab es kaum Bankette, bei denen sie mit den Adeligen aus der Stadt Verbindungen knüpfen konnten.
Seine Hoheit ist wohl bemüht, alles perfekt zu machen, selbst wenn die Feierlichkeiten an sich zu Ende sind.
Ganz genau.
Fwwt
Bist du mir noch böse?
Jupp. Du darfst immer noch nicht näher ran.

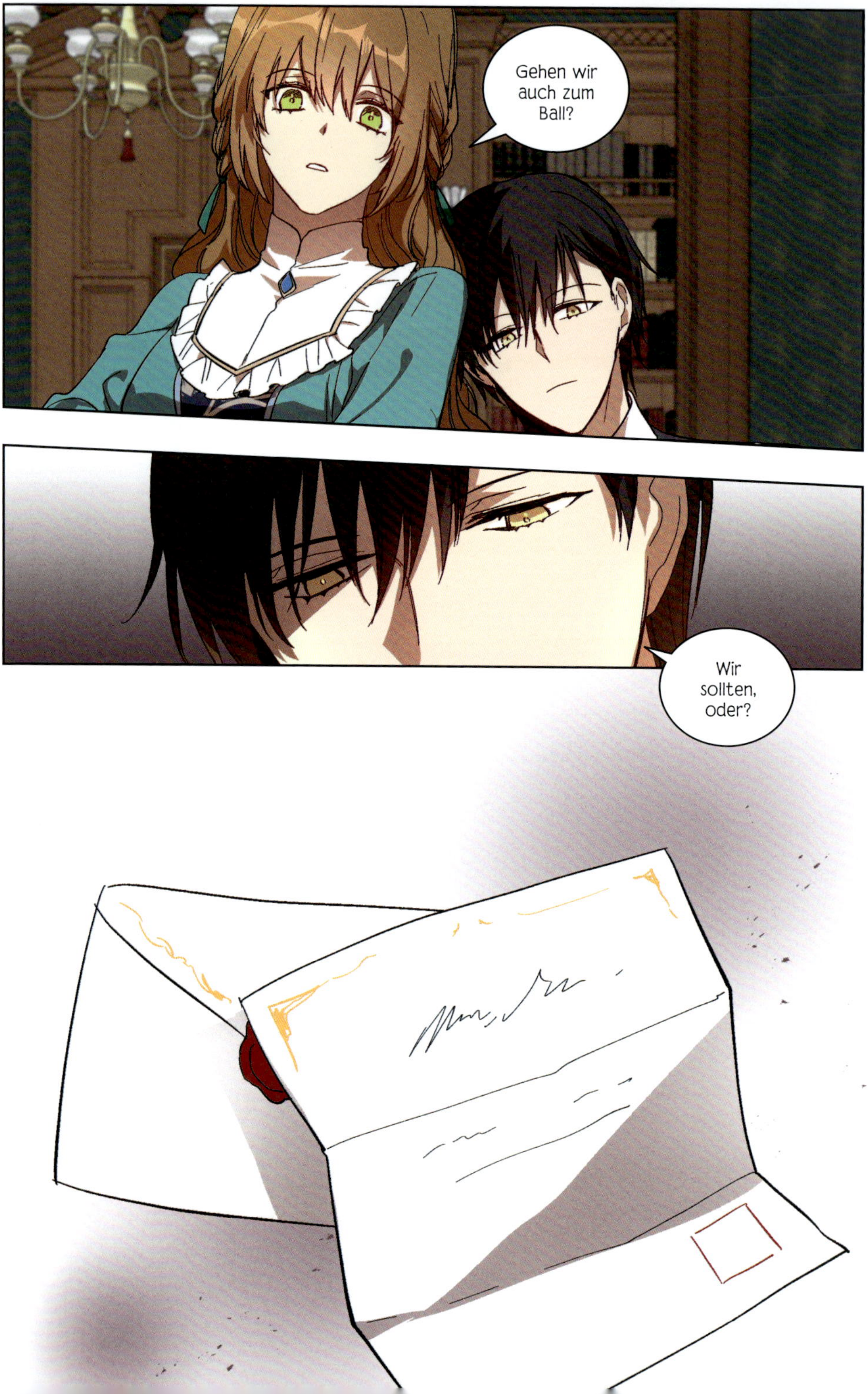
Gehen wir auch zum Ball?
Wir sollten, oder?

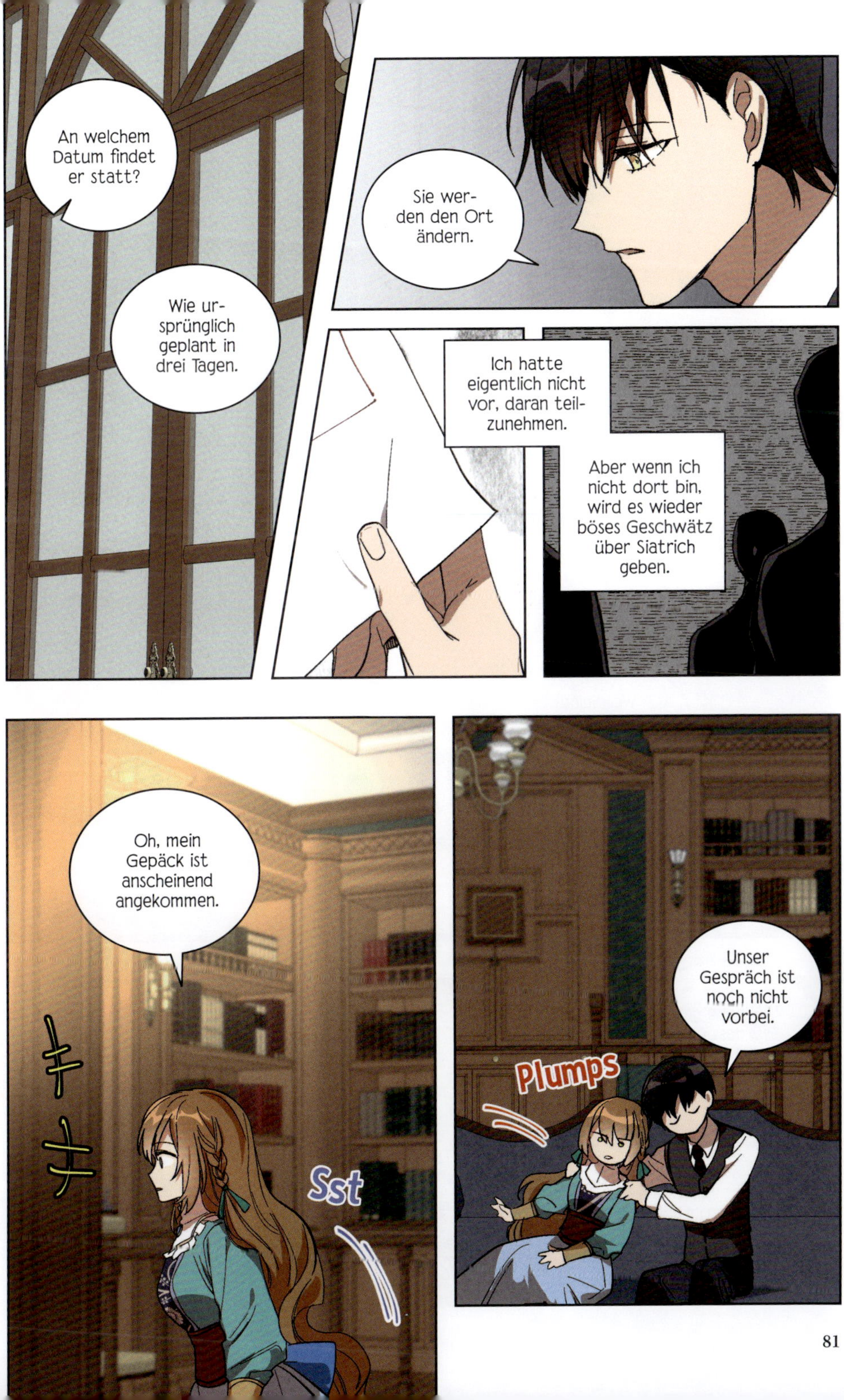
An welchem Datum findet er statt?
Sie werden den Ort ändern.
Wie ursprünglich geplant in drei Tagen.
Ich hatte eigentlich nicht vor, daran teilzunehmen.
Aber wenn ich nicht dort bin, wird es wieder böses Geschwätz über Siatrich geben.
Oh, mein Gepäck ist anscheinend angekommen.
Sst
Plumps
Unser Gespräch ist noch nicht vorbei.

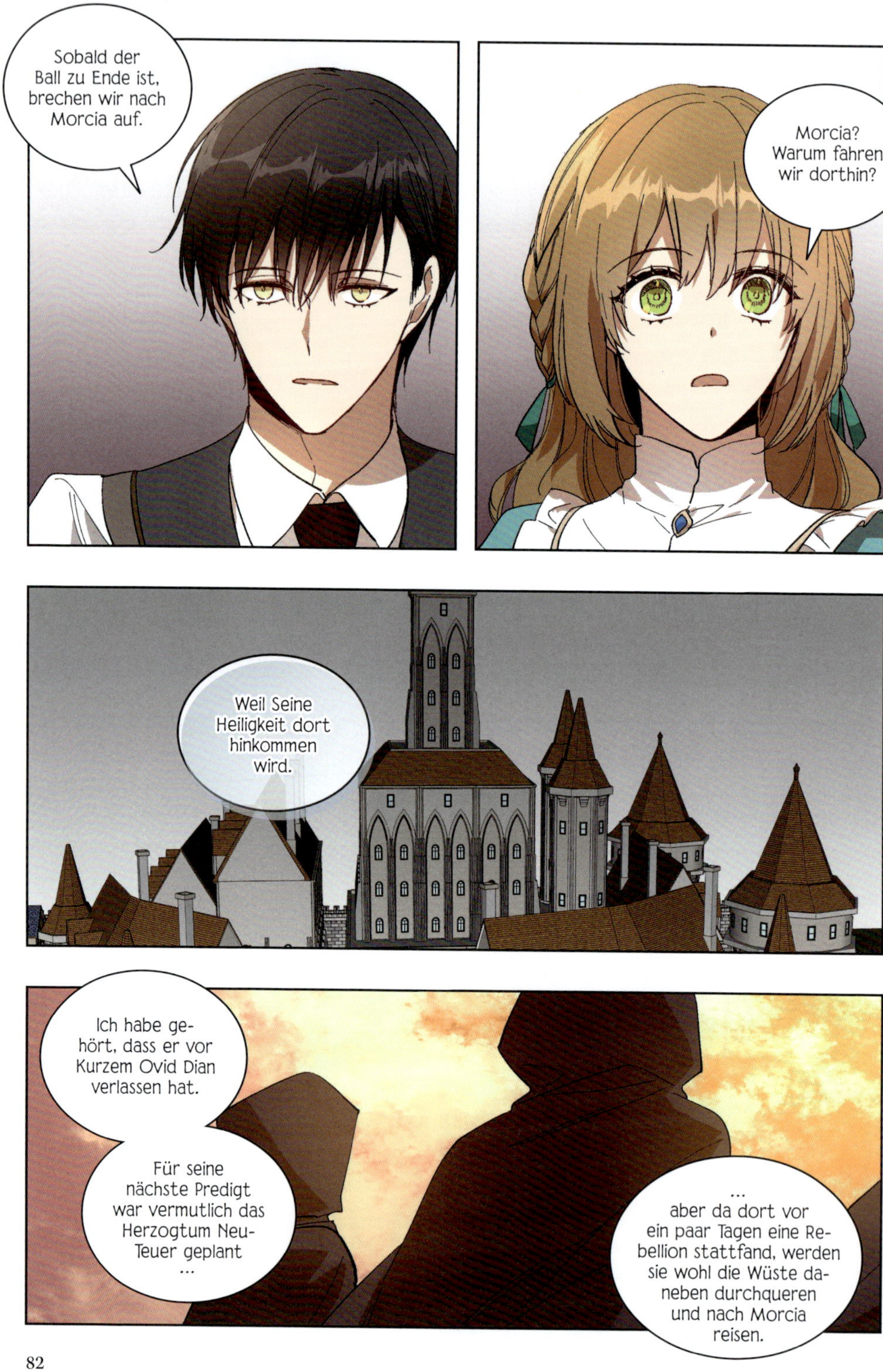
Sobald der Ball zu Ende ist, brechen wir nach Morcia auf.
Morcia? Warum fahren wir dorthin?
Weil Seine Heiligkeit dort hinkommen wird.
Ich habe gehört, dass er vor Kurzem Ovid Dian verlassen hat.
Für seine nächste Predigt war vermutlich das Herzogtum Neu-Teuer geplant …
… aber da dort vor ein paar Tagen eine Rebellion stattfand, werden sie wohl die Wüste daneben durchqueren und nach Morcia reisen.

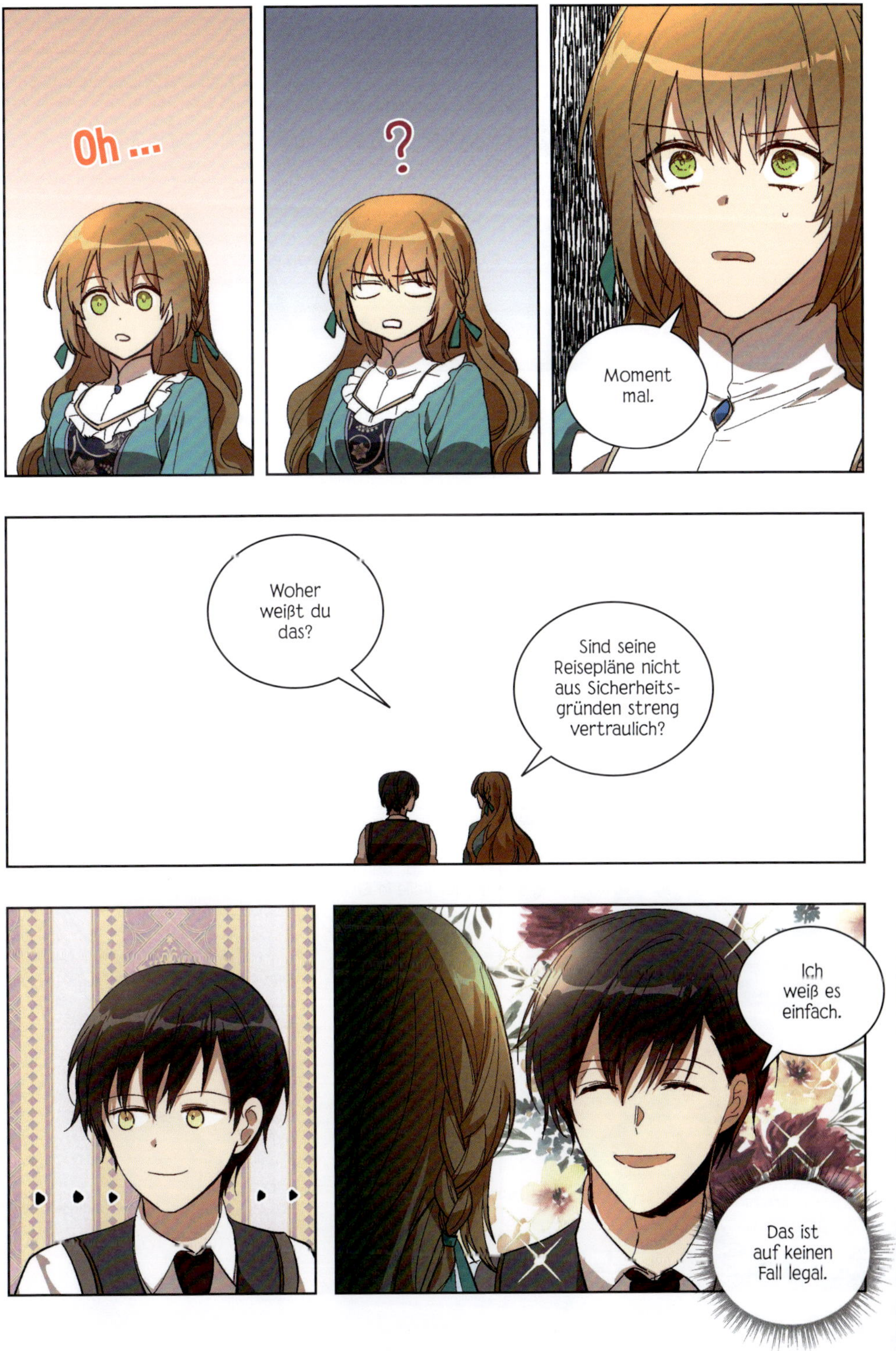
Oh ...
?
Moment mal.
Woher weißt du das?
Sind seine Reisepläne nicht aus Sicherheitsgründen streng vertraulich?
Ich weiß es einfach.
Das ist auf keinen Fall legal.

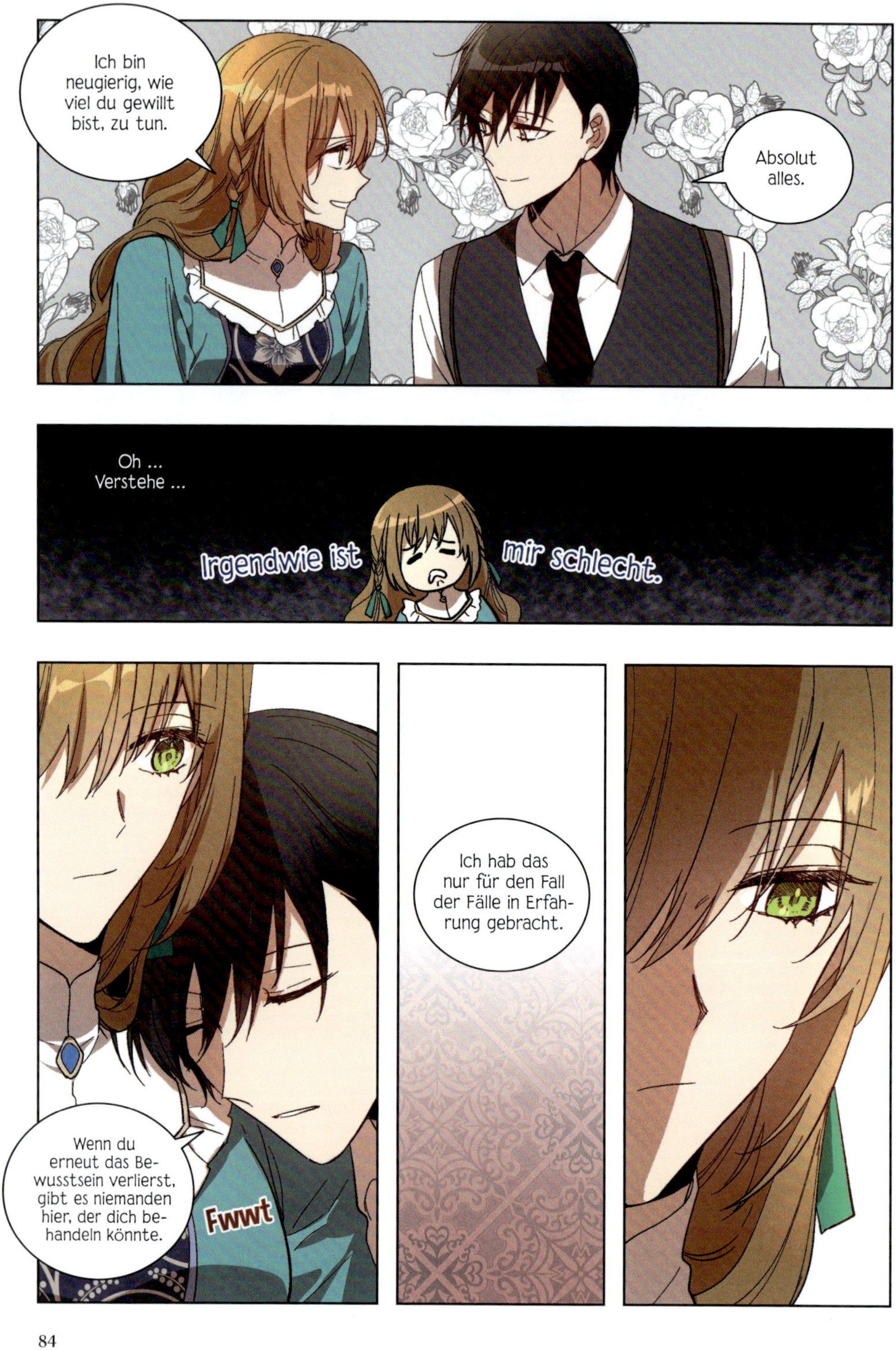

Ich bin neugierig, wie viel du gewillt bist, zu tun.
Absolut alles.
Oh ... Verstehe ...
Irgendwie ist mir schlecht.
Wenn du erneut das Bewusstsein verlierst, gibt es niemanden hier, der dich behandeln könnte.
Fwwt
Ich hab das nur für den Fall der Fälle in Erfahrung gebracht.

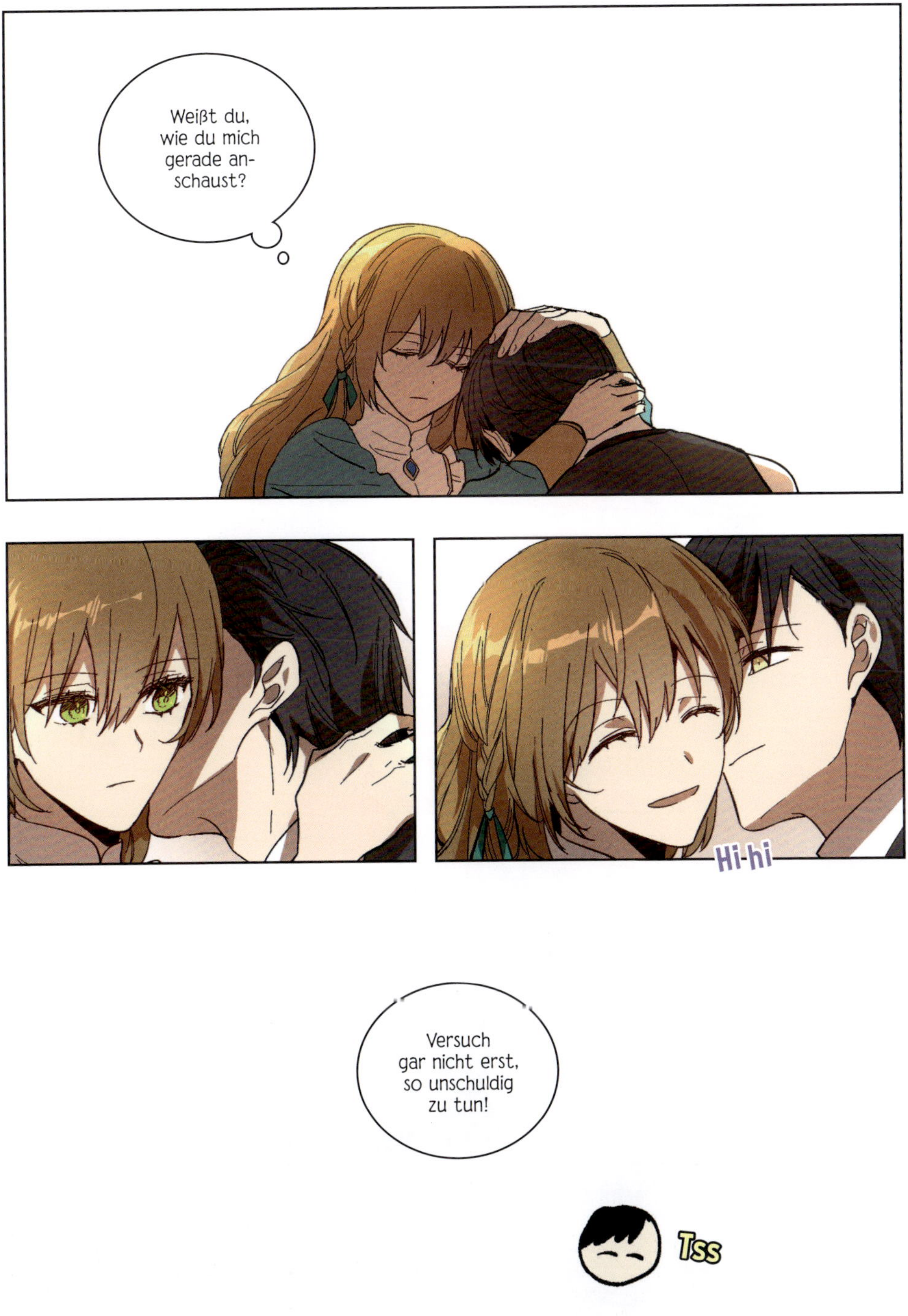
Weißt du, wie du mich gerade anschaust?
Hi-hi
Versuch gar nicht erst, so unschuldig zu tun!
Tss

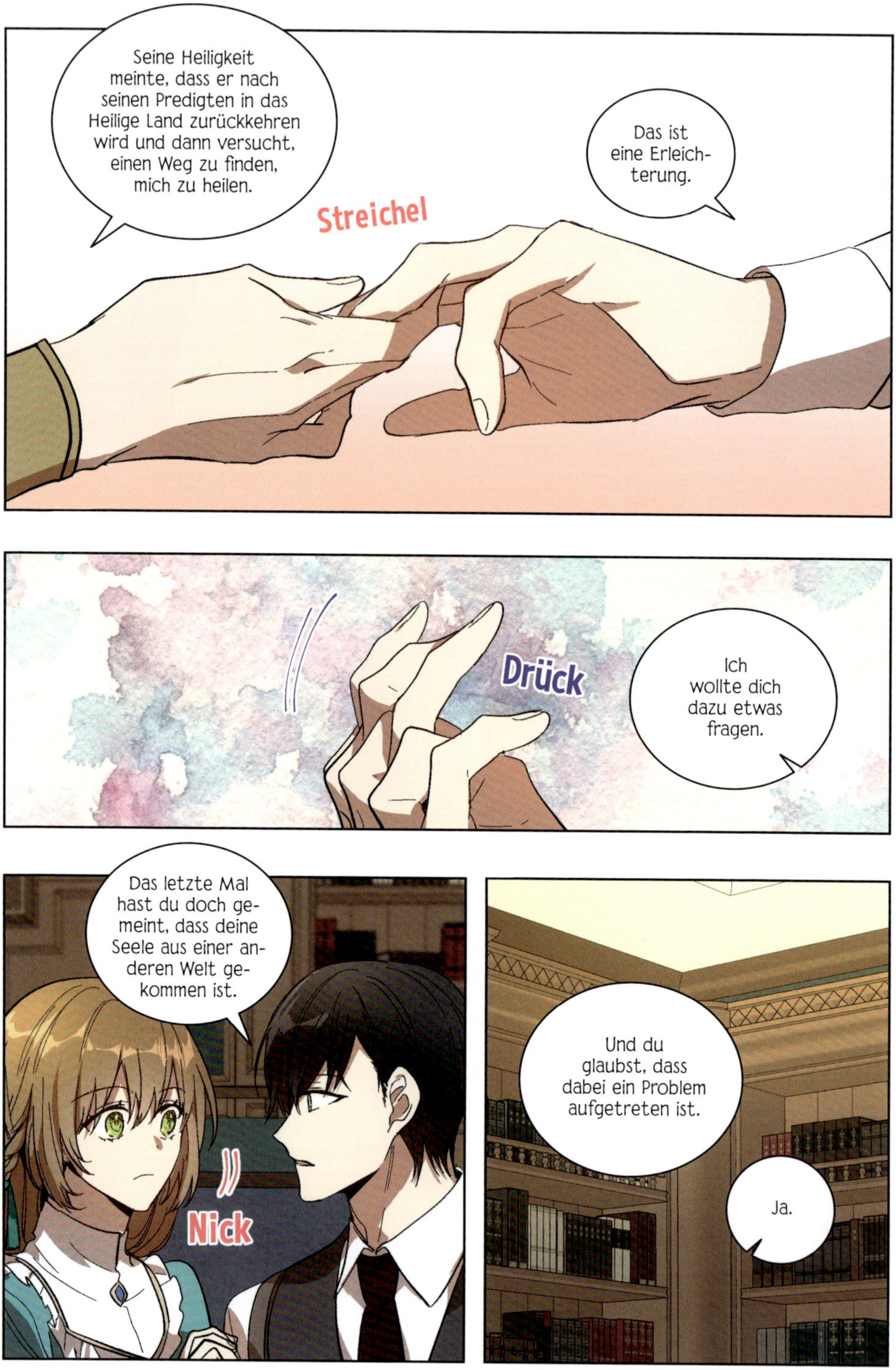
Seine Heiligkeit meinte, dass er nach seinen Predigten in das Heilige Land zurückkehren wird und dann versucht, einen Weg zu finden, mich zu heilen.
Streichel
Das ist eine Erleichterung.
Drück
Ich wollte dich dazu etwas fragen.
Das letzte Mal hast du doch gemeint, dass deine Seele aus einer anderen Welt gekommen ist.
Nick
Und du glaubst, dass dabei ein Problem aufgetreten ist.
Ja.

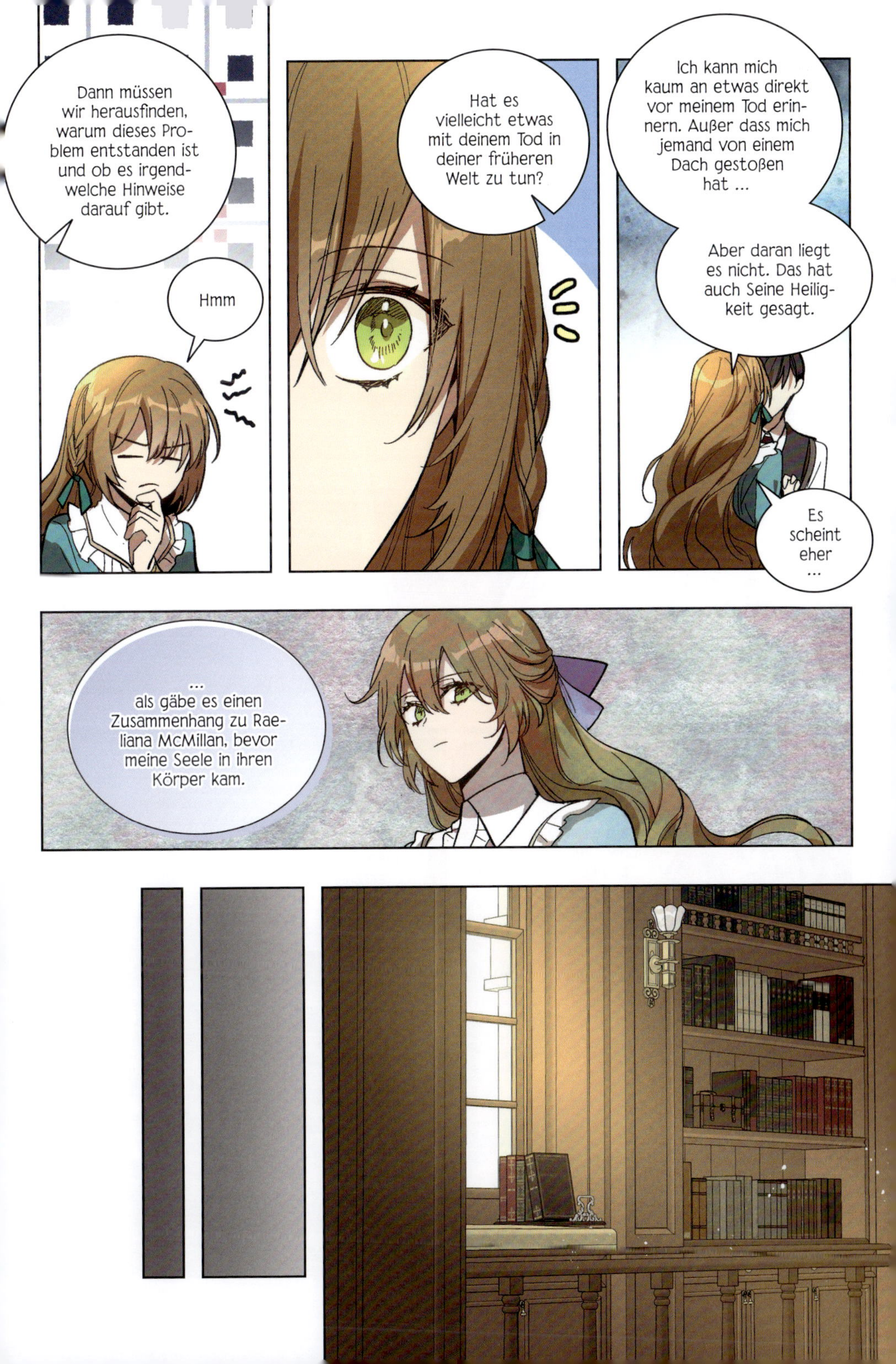
Dann müssen wir herausfinden, warum dieses Problem entstanden ist und ob es irgendwelche Hinweise darauf gibt.
Hmm
Hat es vielleicht etwas mit deinem Tod in deiner früheren Welt zu tun?
Ich kann mich kaum an etwas direkt vor meinem Tod erinnern. Außer dass mich jemand von einem Dach gestoßen hat …
Aber daran liegt es nicht. Das hat auch Seine Heiligkeit gesagt.
Es scheint eher …
… als gäbe es einen Zusammenhang zu Raeliana McMillan, bevor meine Seele in ihren Körper kam.

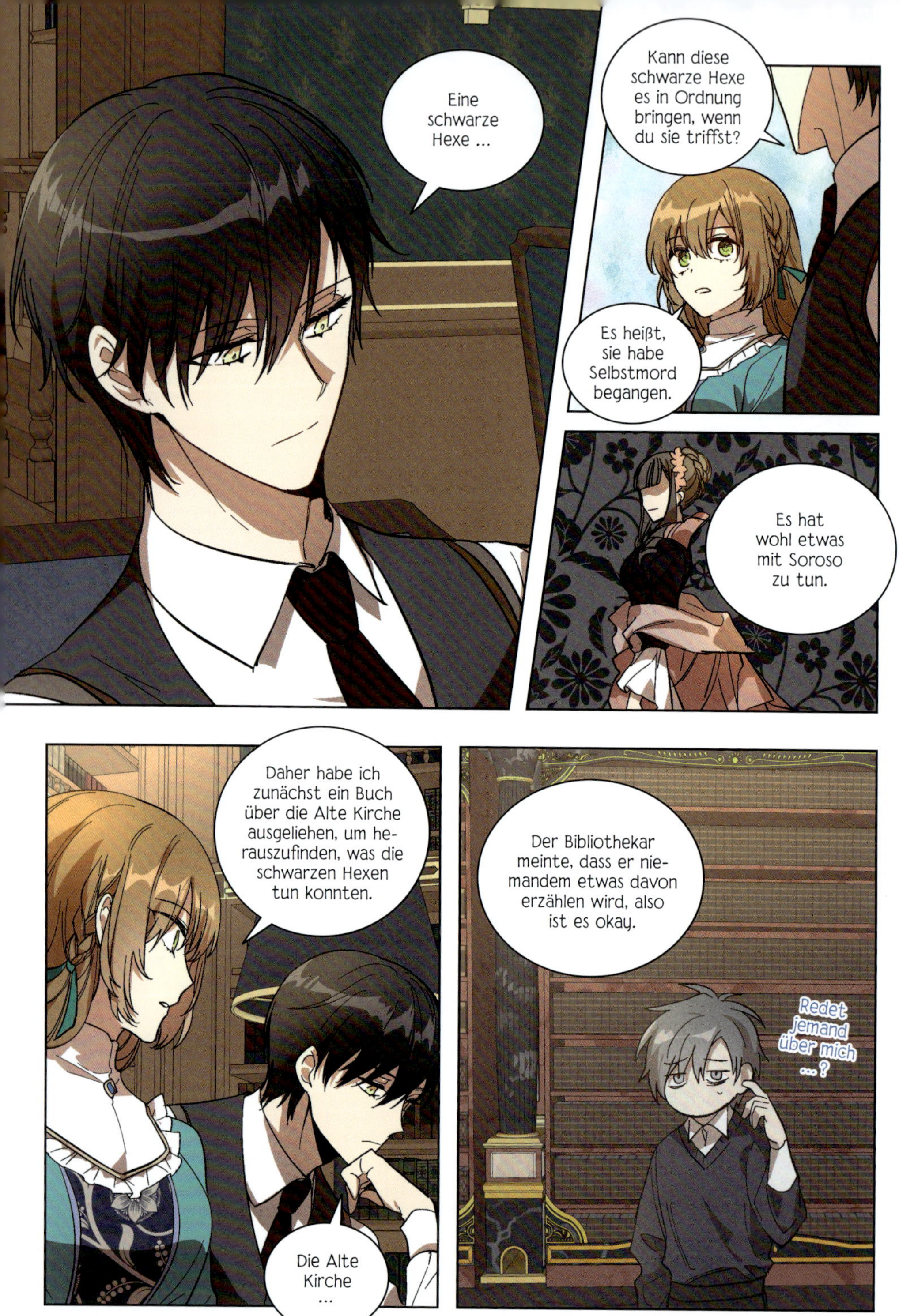
Eine schwarze Hexe ...
Kann diese schwarze Hexe es in Ordnung bringen, wenn du sie triffst?
Es heißt, sie habe Selbstmord begangen.
Es hat wohl etwas mit Soroso zu tun.
Daher habe ich zunächst ein Buch über die Alte Kirche ausgeliehen, um herauszufinden, was die schwarzen Hexen tun konnten.
Die Alte Kirche ...
Der Bibliothekar meinte, dass er niemandem etwas davon erzählen wird, also ist es okay.
Redet jemand über mich ...?

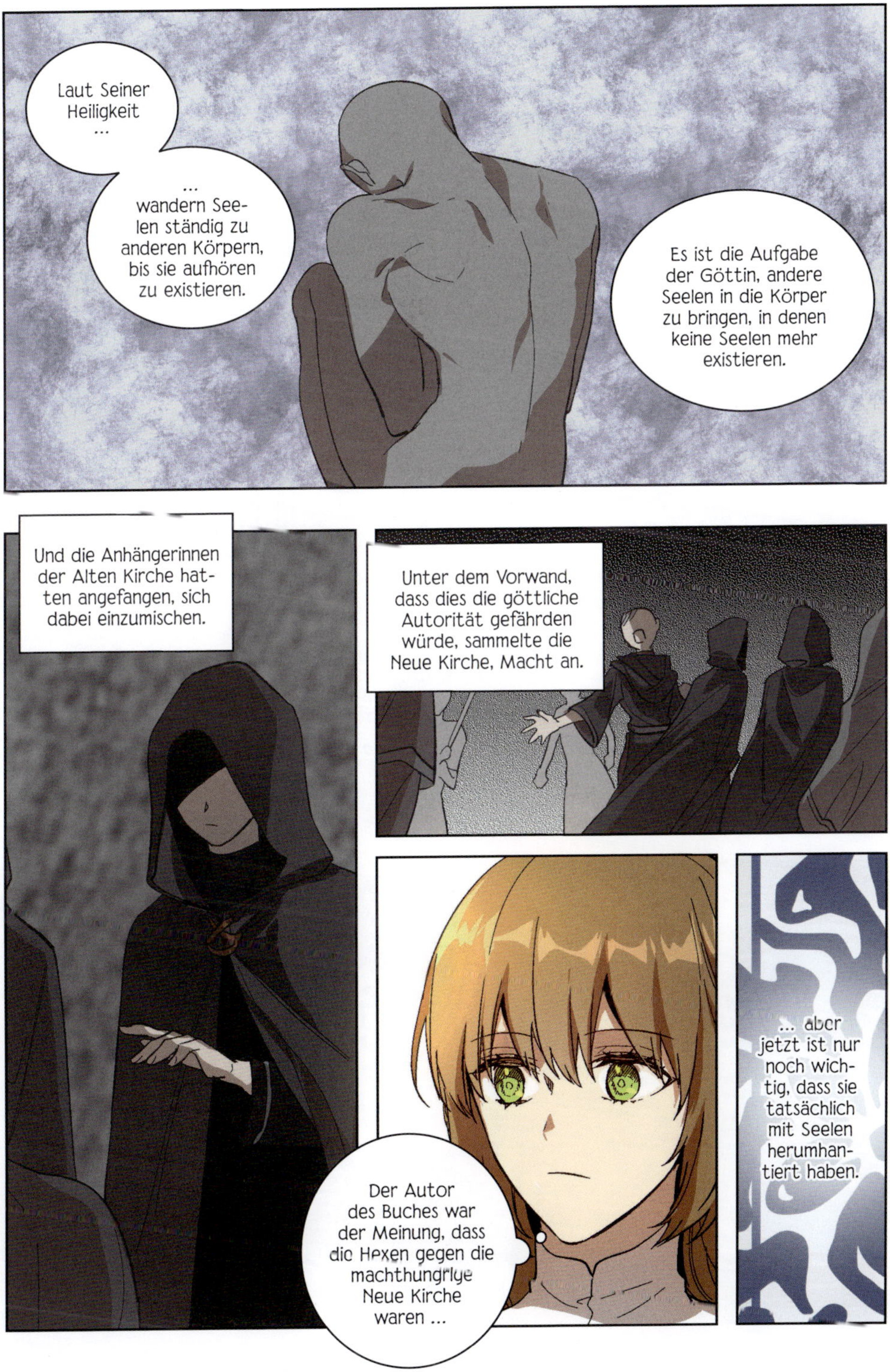
Laut Seiner Heiligkeit ...
... wandern Seelen ständig zu anderen Körpern, bis sie aufhören zu existieren.
Es ist die Aufgabe der Göttin, andere Seelen in die Körper zu bringen, in denen keine Seelen mehr existieren.
Und die Anhängerinnen der Alten Kirche hatten angefangen, sich dabei einzumischen.
Unter dem Vorwand, dass dies die göttliche Autorität gefährden würde, sammelte die Neue Kirche, Macht an.
Der Autor des Buches war der Meinung, dass die Hexen gegen die machthungrige Neue Kirche waren ...
... aber jetzt ist nur noch wichtig, dass sie tatsächlich mit Seelen herumhantiert haben.

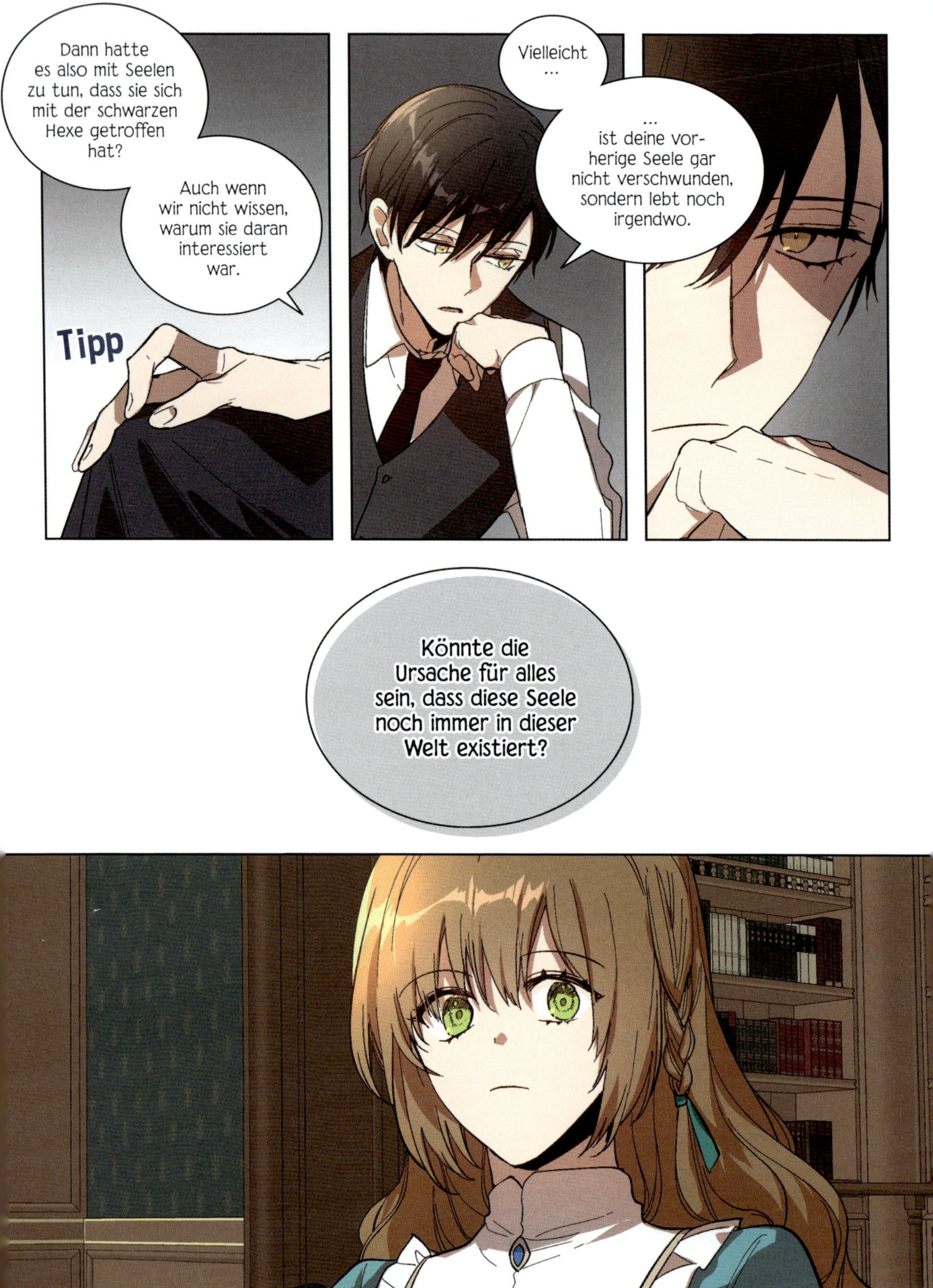
Dann hatte es also mit Seelen zu tun, dass sie sich mit der schwarzen Hexe getroffen hat?
Auch wenn wir nicht wissen, warum sie daran interessiert war.
Tipp
Vielleicht …
… ist deine vorherige Seele gar nicht verschwunden, sondern lebt noch irgendwo.
Könnte die Ursache für alles sein, dass diese Seele noch immer in dieser Welt existiert?

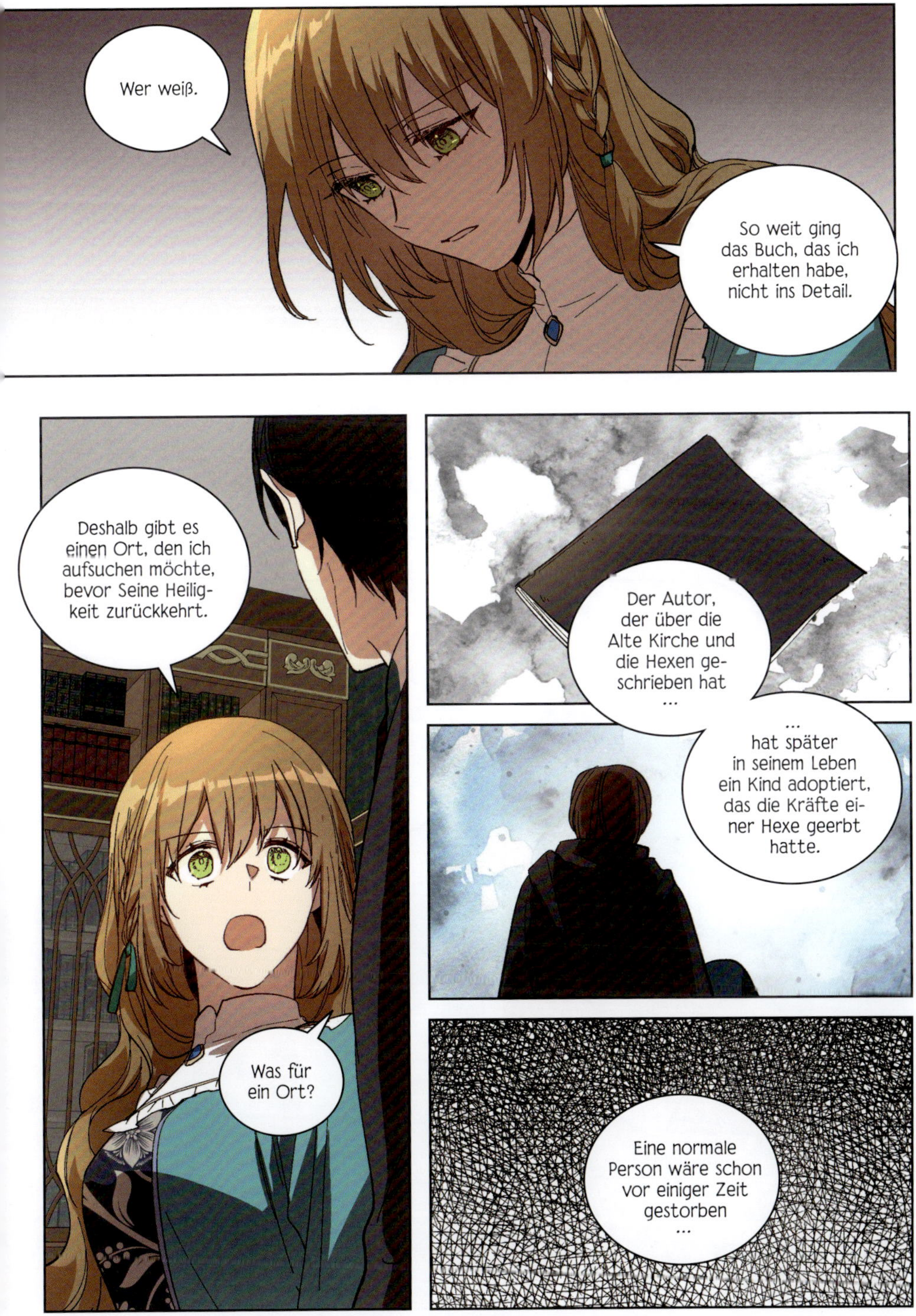

Wer weiß.
So weit ging das Buch, das ich erhalten habe, nicht ins Detail.
Deshalb gibt es einen Ort, den ich aufsuchen möchte, bevor Seine Heiligkeit zurückkehrt.
Was für ein Ort?
Der Autor, der über die Alte Kirche und die Hexen geschrieben hat …
… hat später in seinem Leben ein Kind adoptiert, das die Kräfte einer Hexe geerbt hatte.
Eine normale Person wäre schon vor einiger Zeit gestorben …

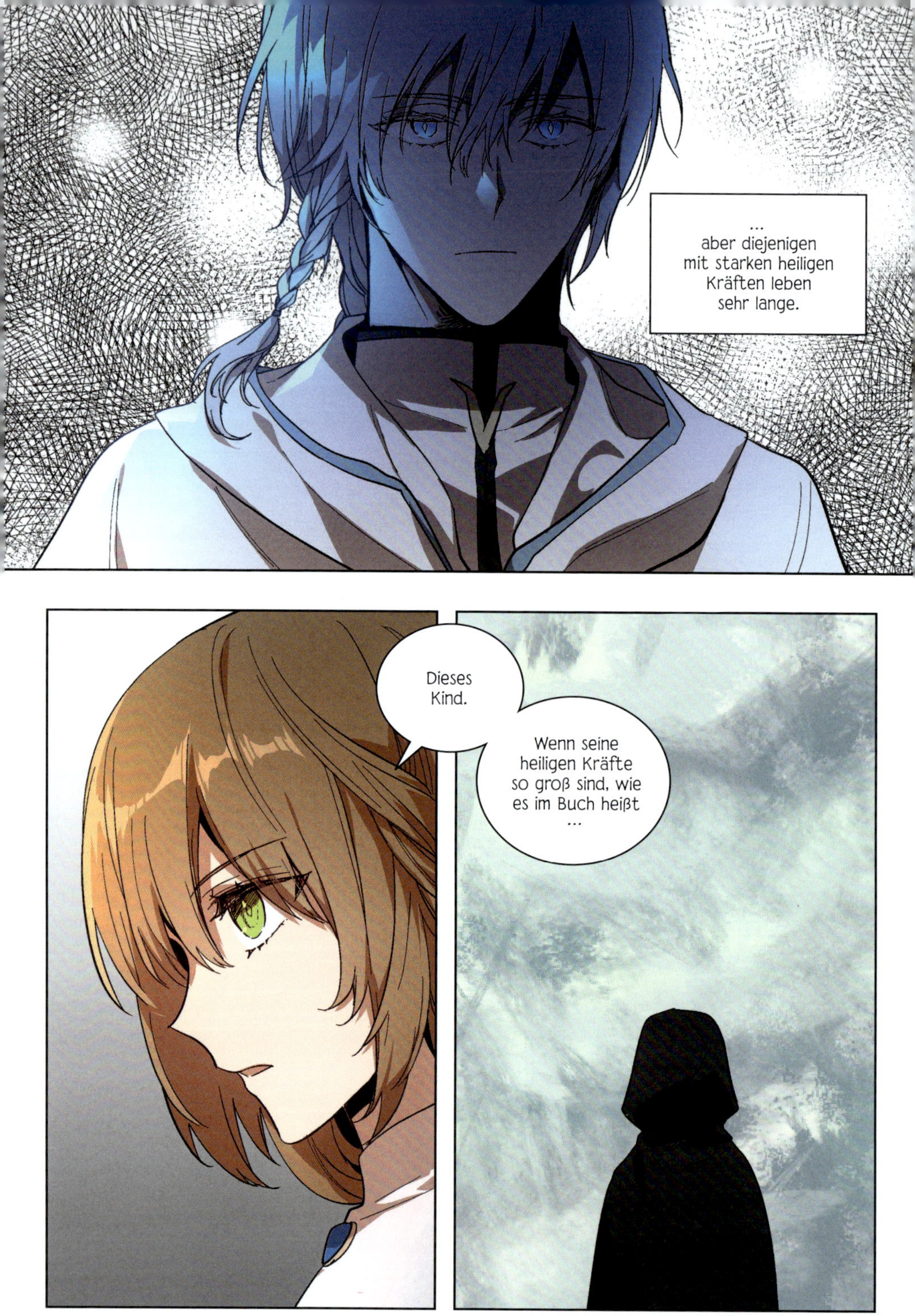
... aber diejenigen mit starken heiligen Kräften leben sehr lange.
Dieses Kind.
Wenn seine heiligen Kräfte so groß sind, wie es im Buch heißt ...

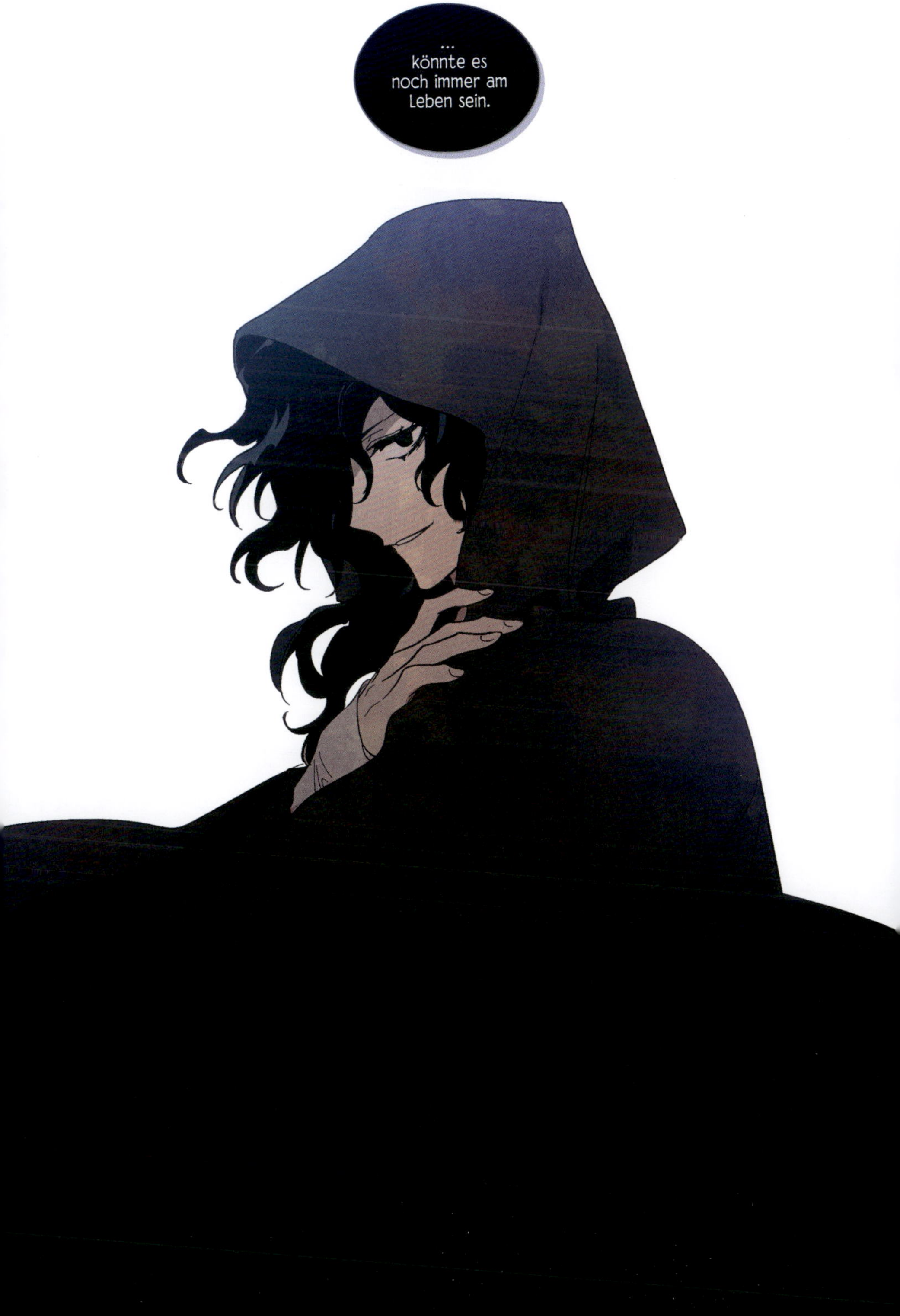
... könnte es noch immer am Leben sein.

Kapitel 19

Beatrice

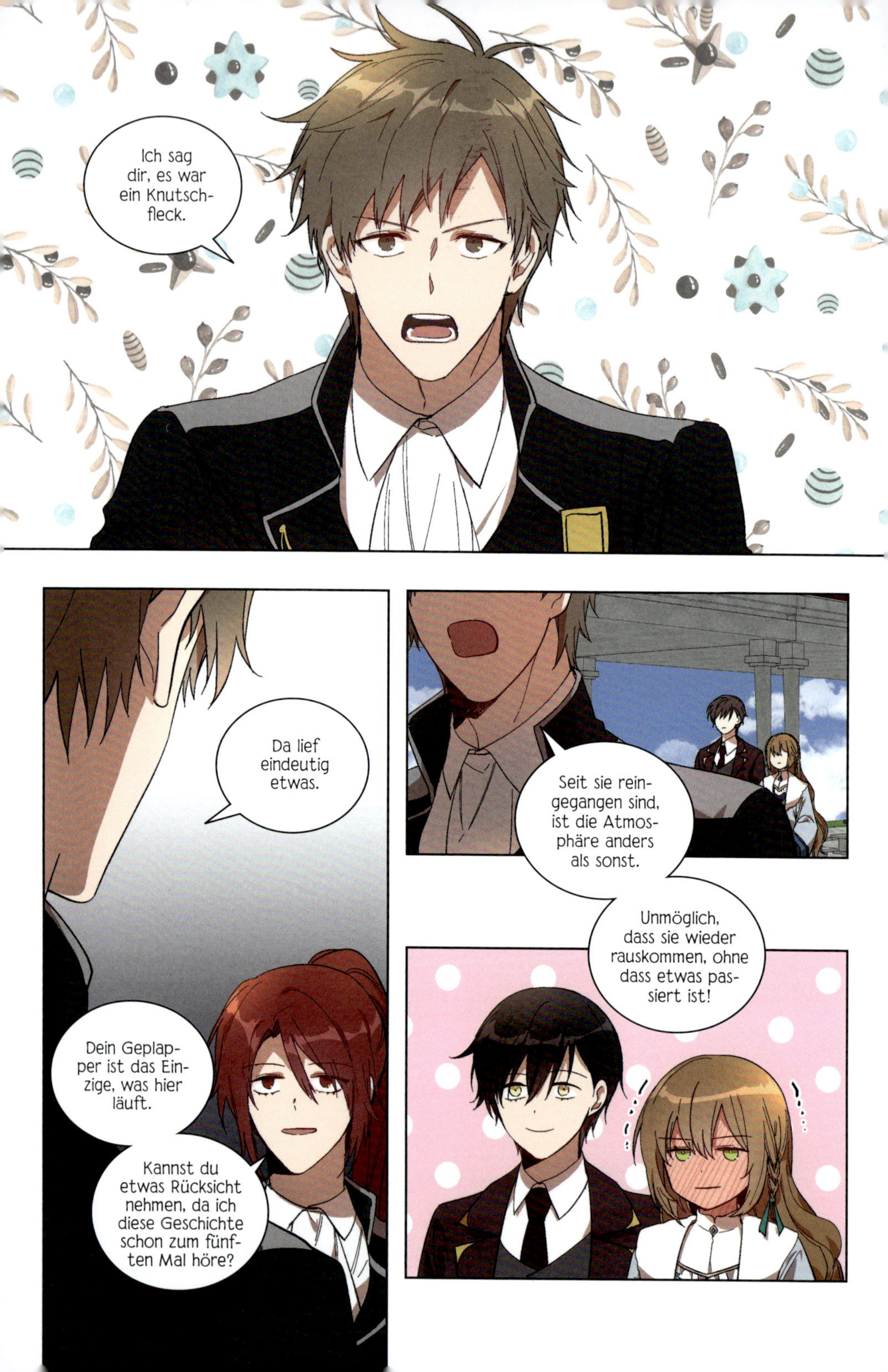
Ich sag dir, es war ein Knutsch-fleck.
Seit sie rein-gegangen sind, ist die Atmos-phäre anders als sonst.
Unmöglich, dass sie wieder rauskommen, ohne dass etwas pas-siert ist!
Da lief eindeutig etwas.
Dein Geplap-per ist das Ein-zige, was hier läuft.
Kannst du etwas Rücksicht nehmen, da ich diese Geschichte schon zum fünf-ten Mal höre?

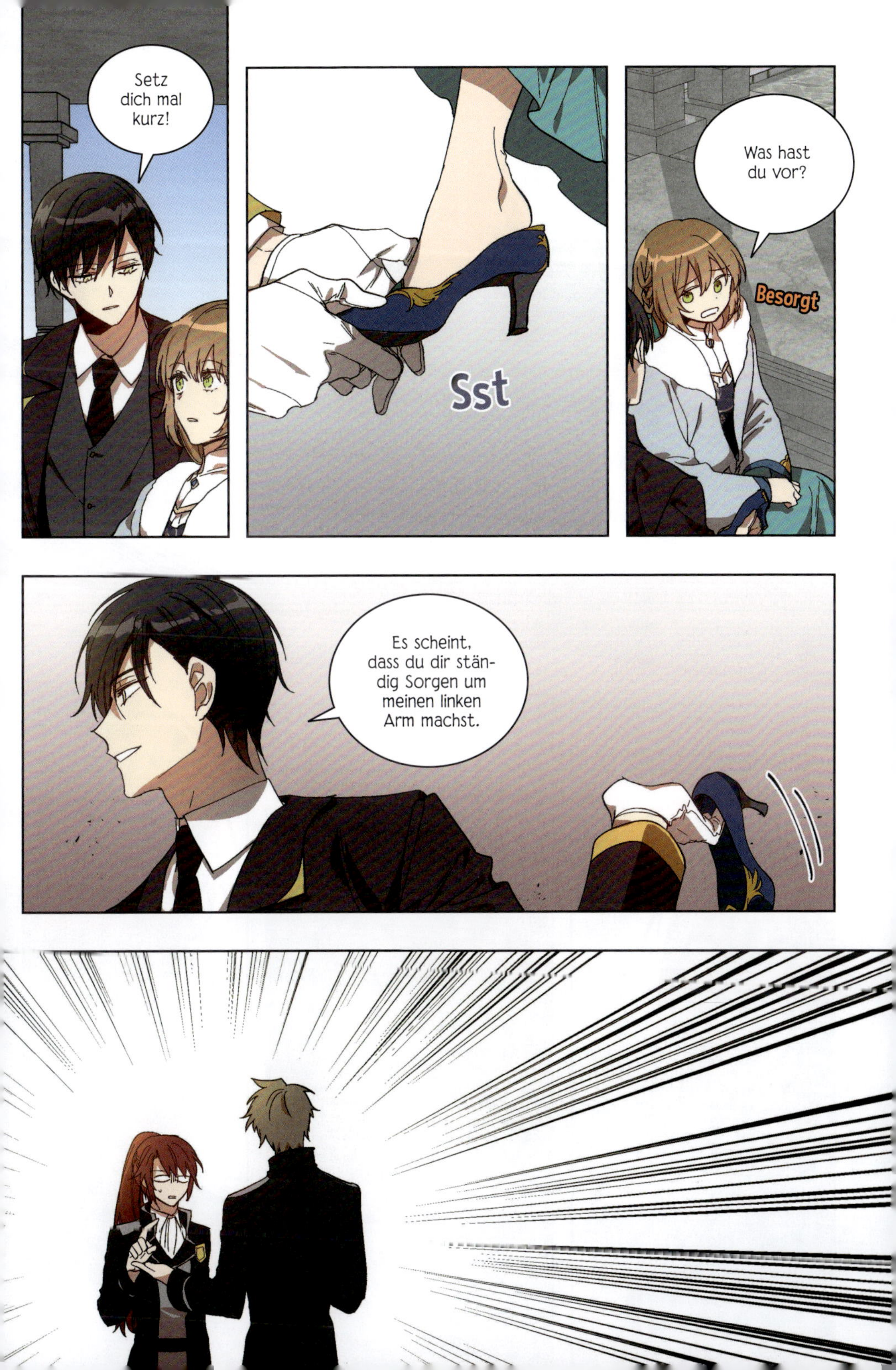
Setz dich mal kurz!
Sst
Was hast du vor?
Besorgt
Es scheint, dass du dir ständig Sorgen um meinen linken Arm machst.

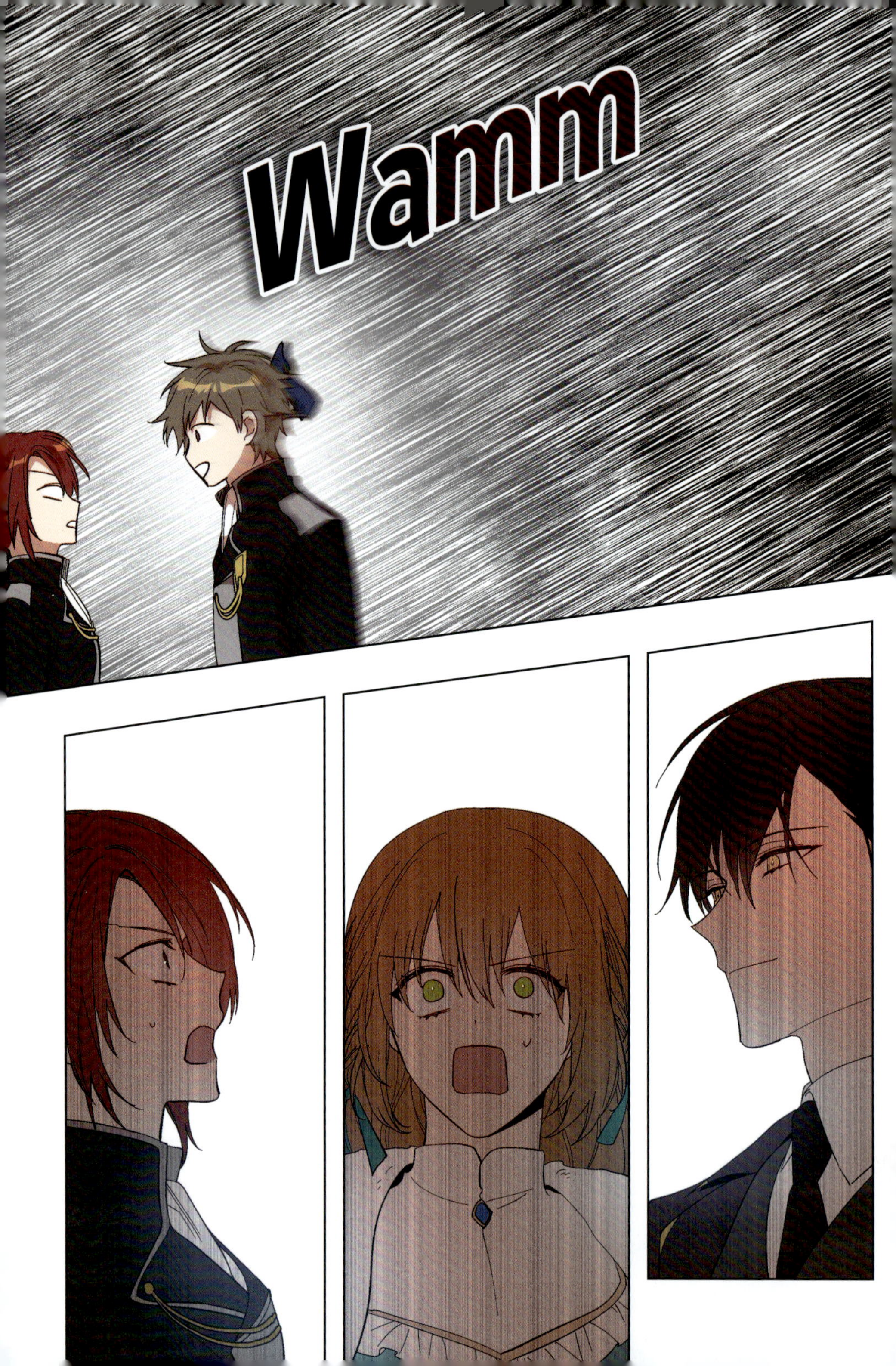
Wamm

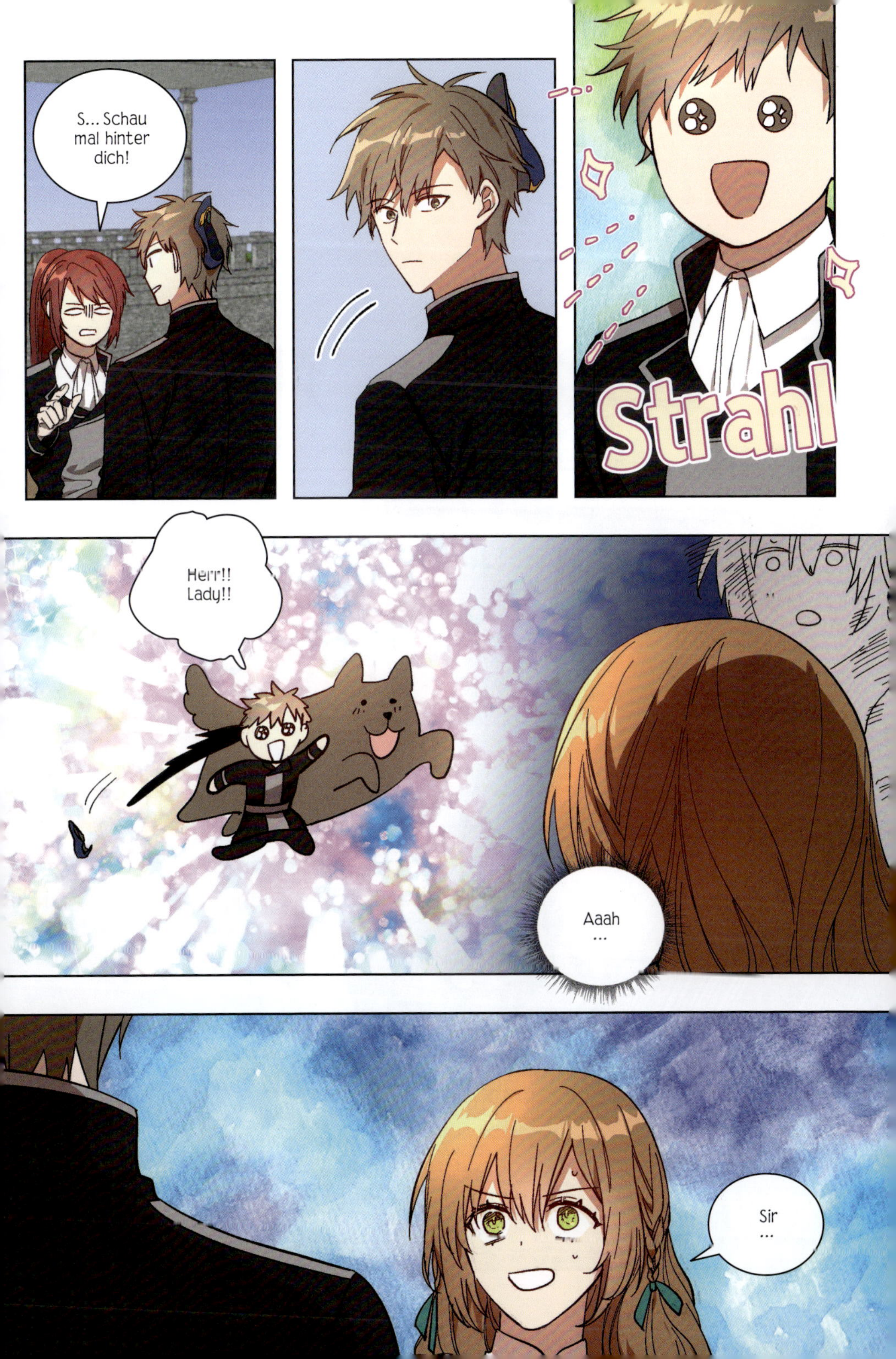
S... Schau mal hinter dich!
Strahl
Herr!! Lady!!
Aaah ...
Sir ...

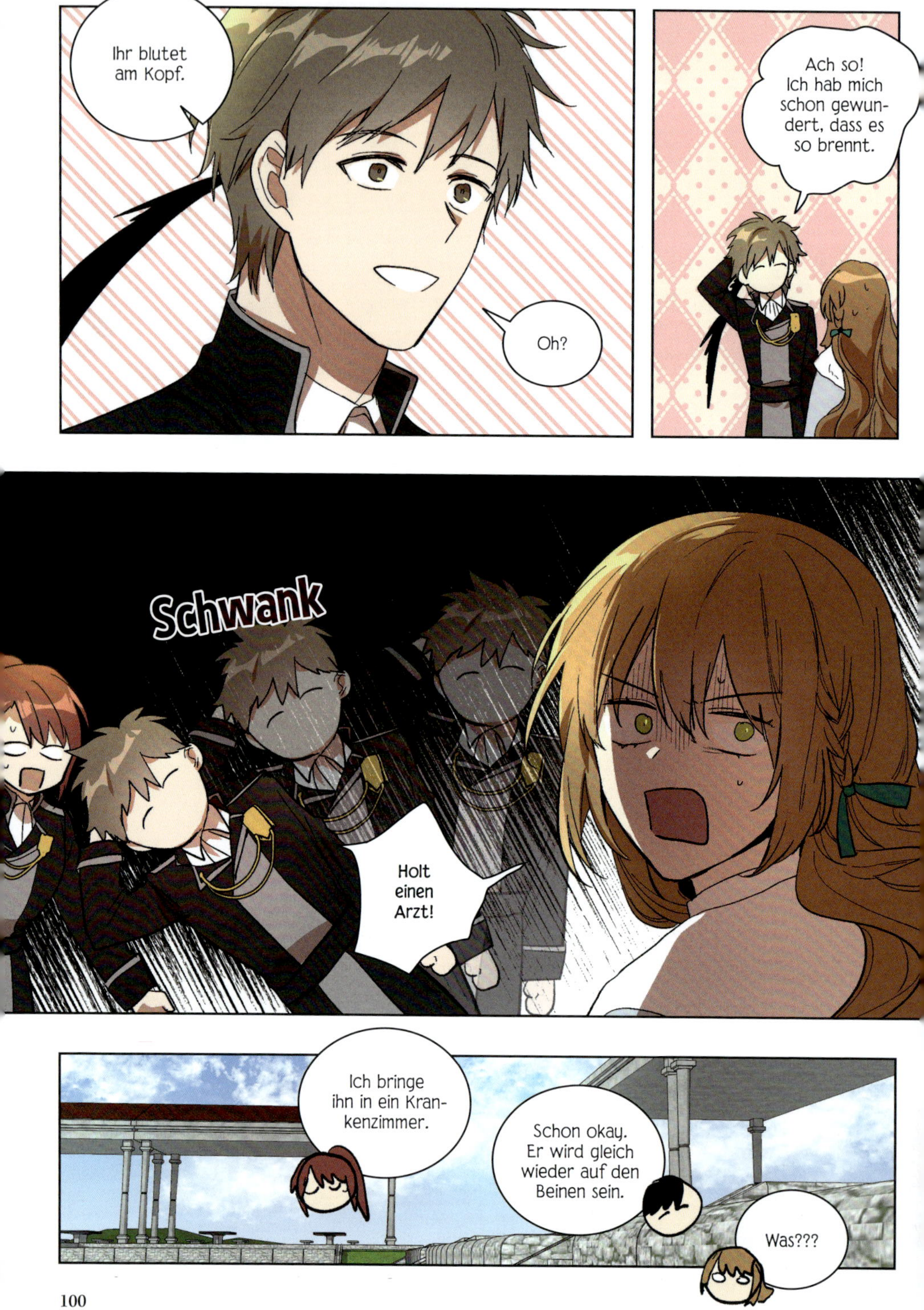
Ihr blutet am Kopf.
Oh?
Ach so! Ich hab mich schon gewundert, dass es so brennt.
Schwank
Holt einen Arzt!
Ich bringe ihn in ein Krankenzimmer.
Schon okay. Er wird gleich wieder auf den Beinen sein.
Was???

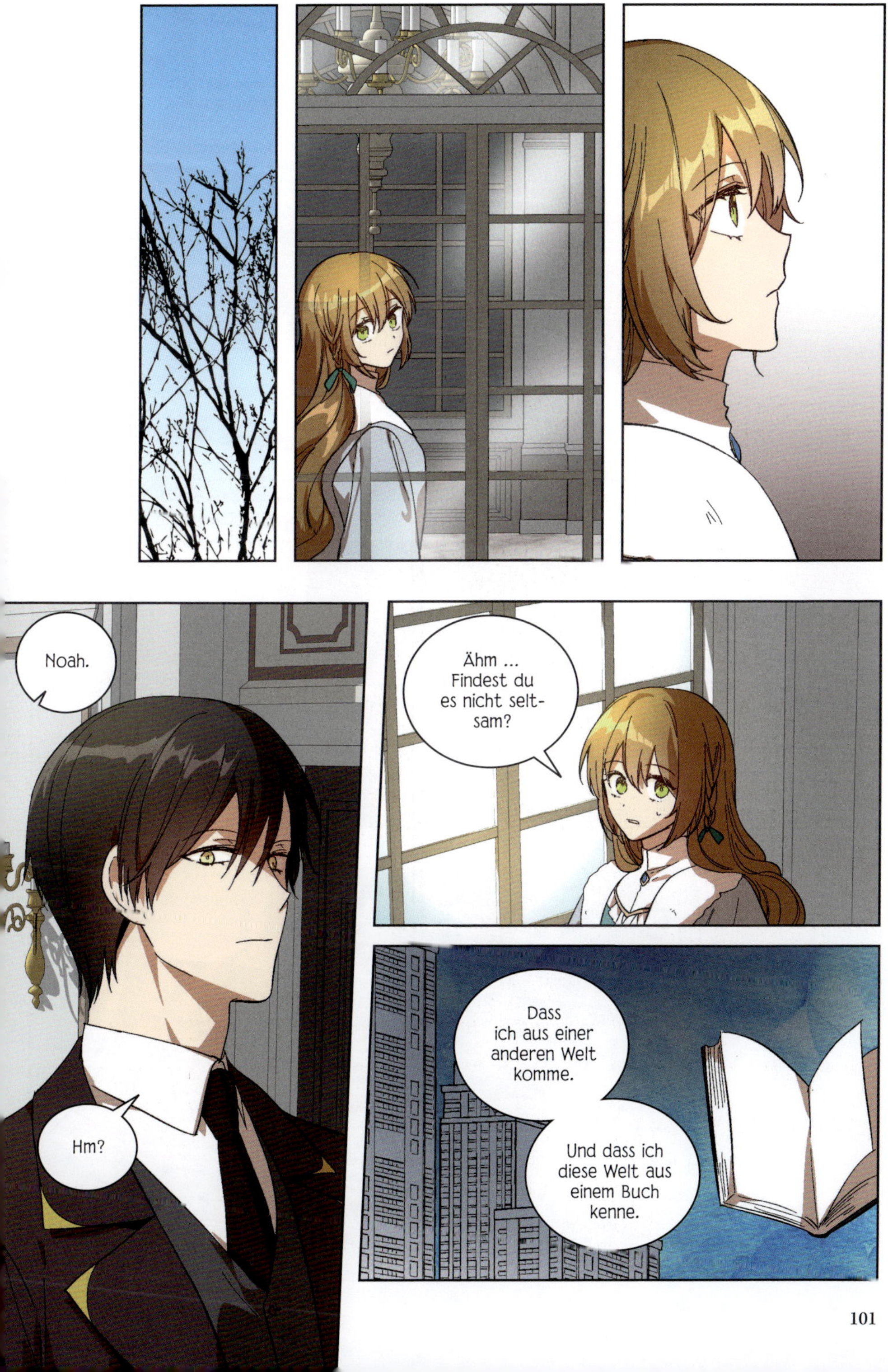
Noah.
Hm?
Ähm ... Findest du es nicht selt-sam?
Dass ich aus einer anderen Welt komme.
Und dass ich diese Welt aus einem Buch kenne.

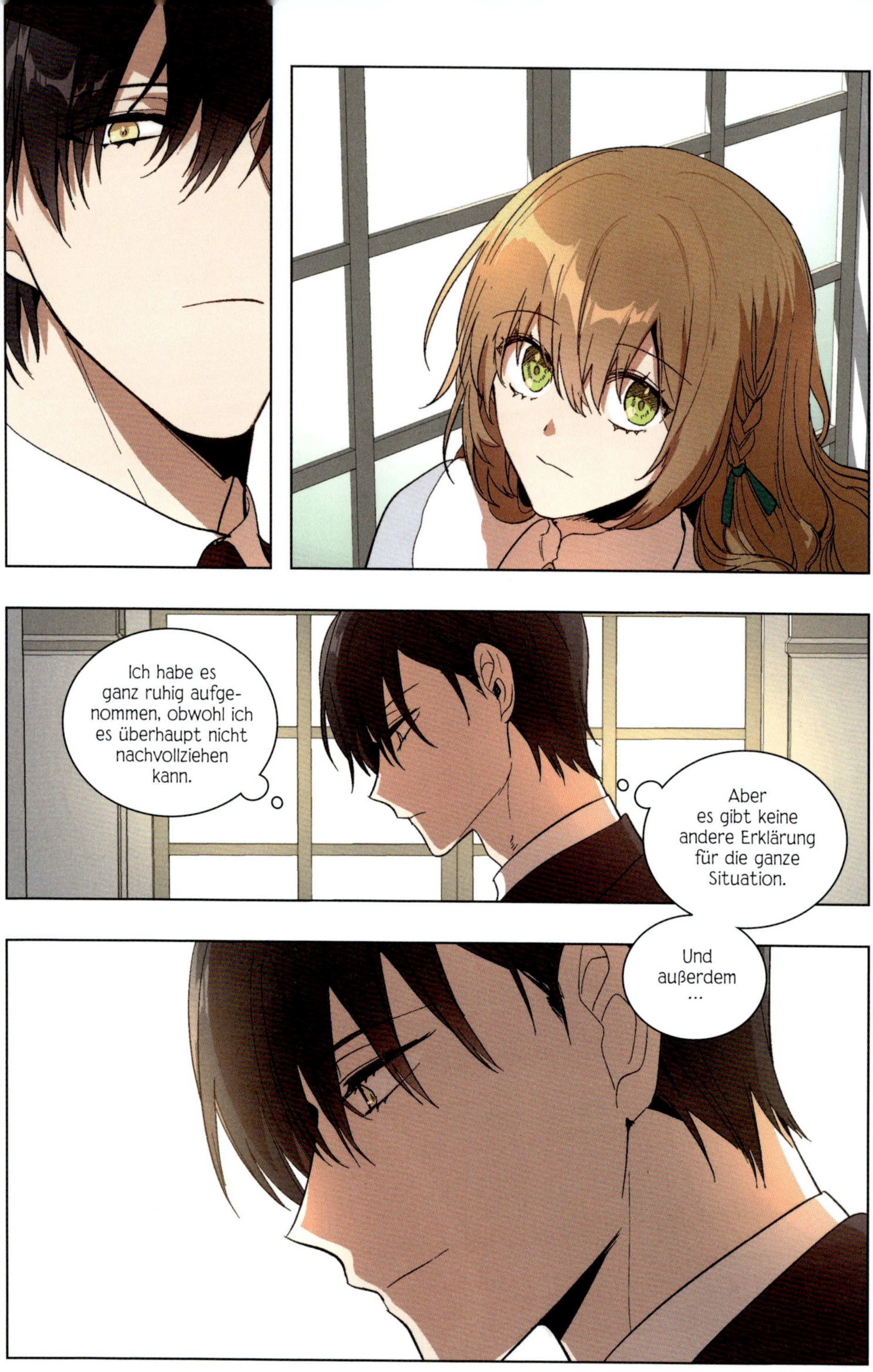
Ich habe es ganz ruhig aufgenommen, obwohl ich es überhaupt nicht nachvollziehen kann.
Aber es gibt keine andere Erklärung für die ganze Situation.
Und außerdem ...

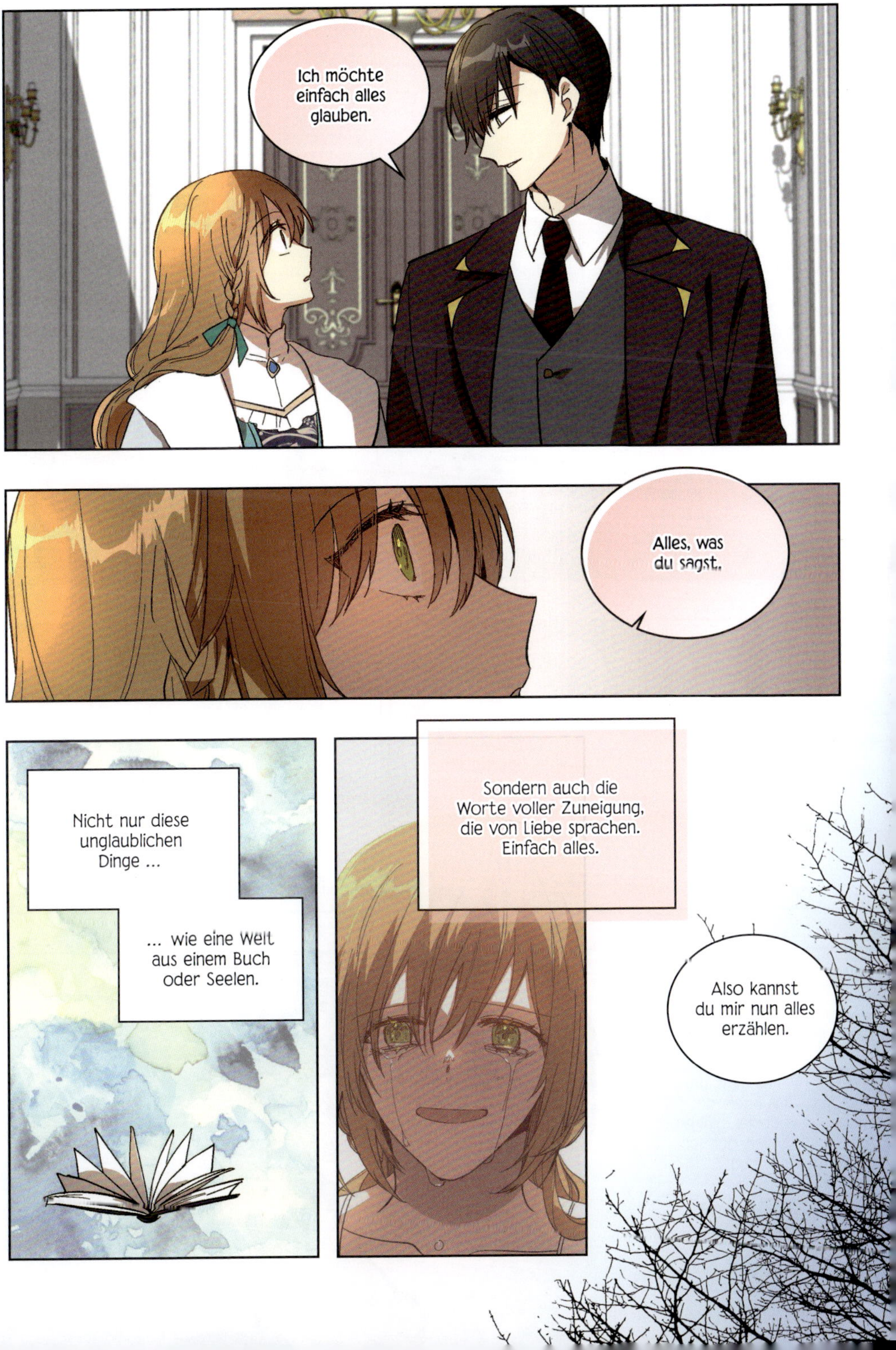
Ich möchte einfach alles glauben.
Alles, was du sagst.
Nicht nur diese unglaublichen Dinge ...
... wie eine Welt aus einem Buch oder Seelen.
Sondern auch die Worte voller Zuneigung, die von Liebe sprachen. Einfach alles.
Also kannst du mir nun alles erzählen.

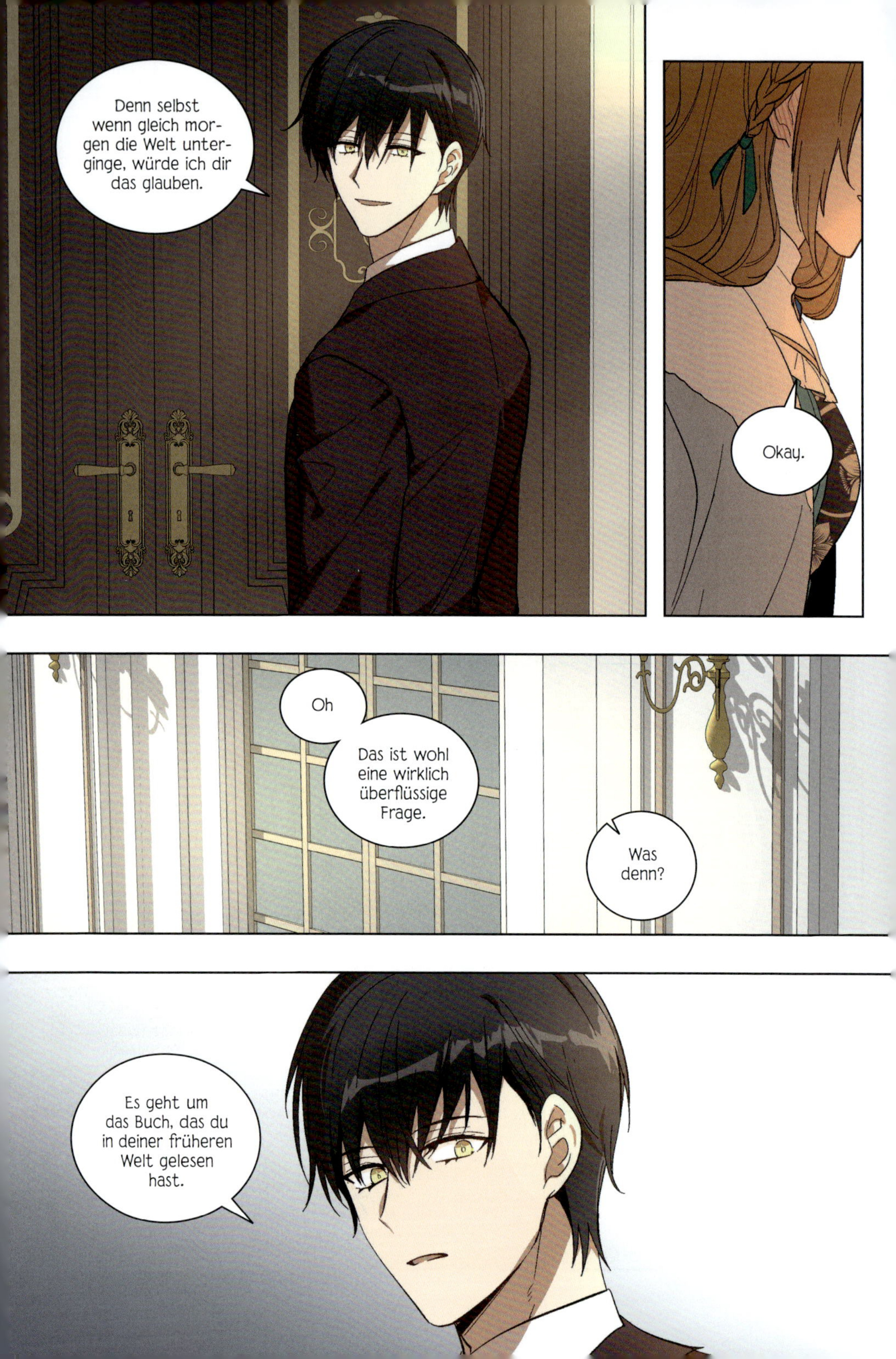
Denn selbst wenn gleich morgen die Welt unterginge, würde ich dir das glauben.
Okay.
Oh
Das ist wohl eine wirklich überflüssige Frage.
Was denn?
Es geht um das Buch, das du in deiner früheren Welt gelesen hast.

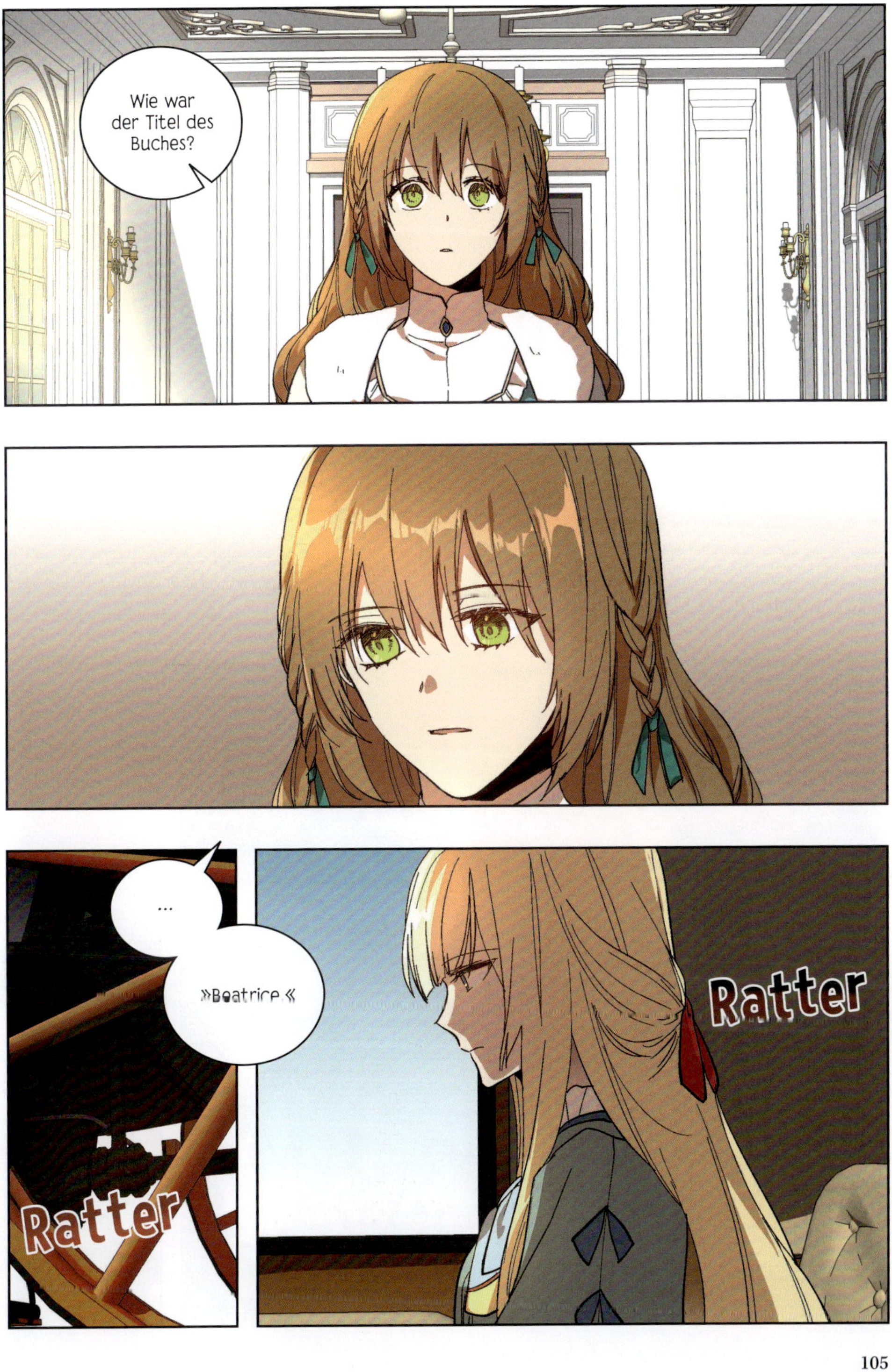
Wie war der Titel des Buches?
...
»Beatrice.«
Ratter
Ratter

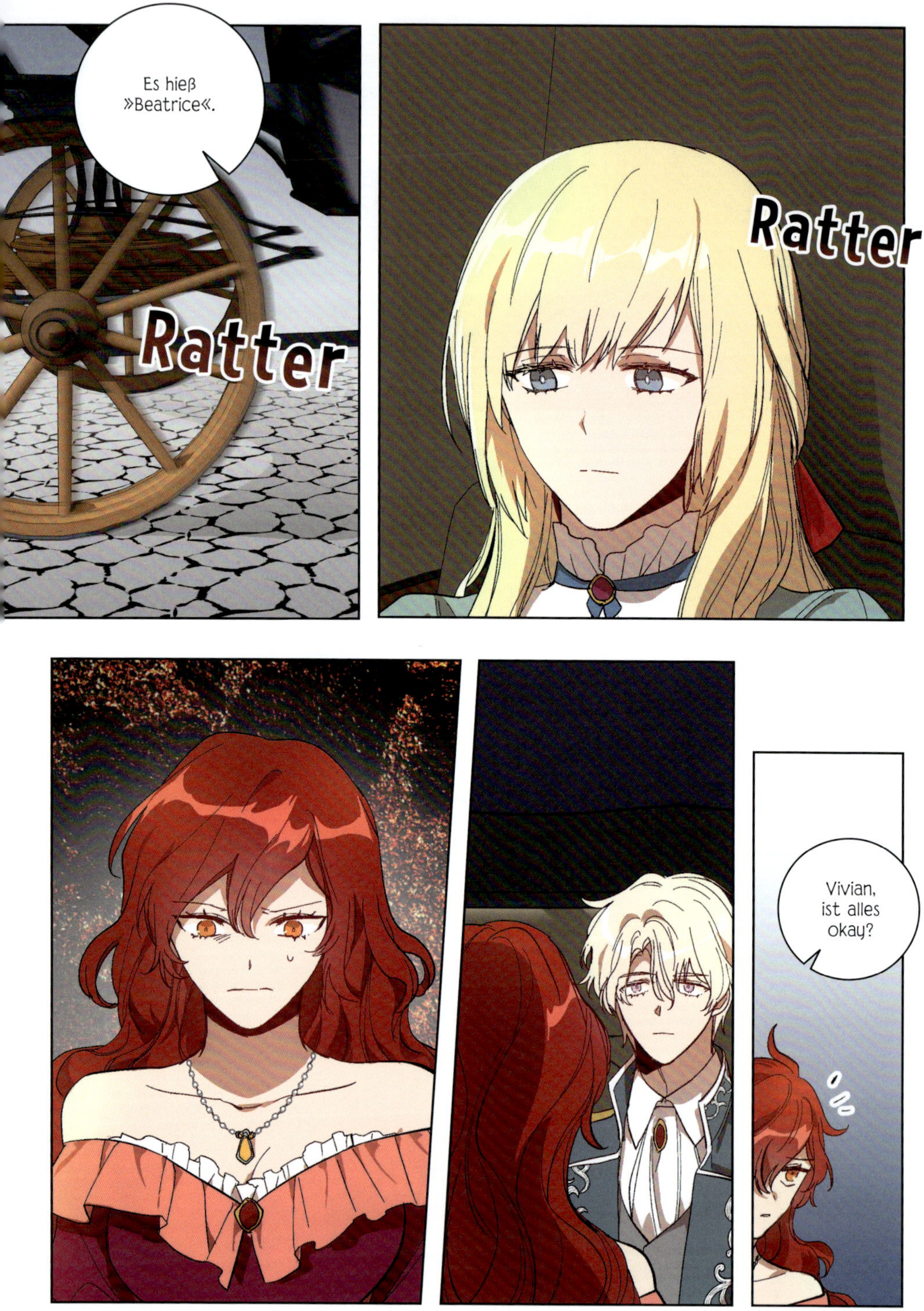
Es hieß »Beatrice«.
Ratter
Ratter
Vivian, ist alles okay?

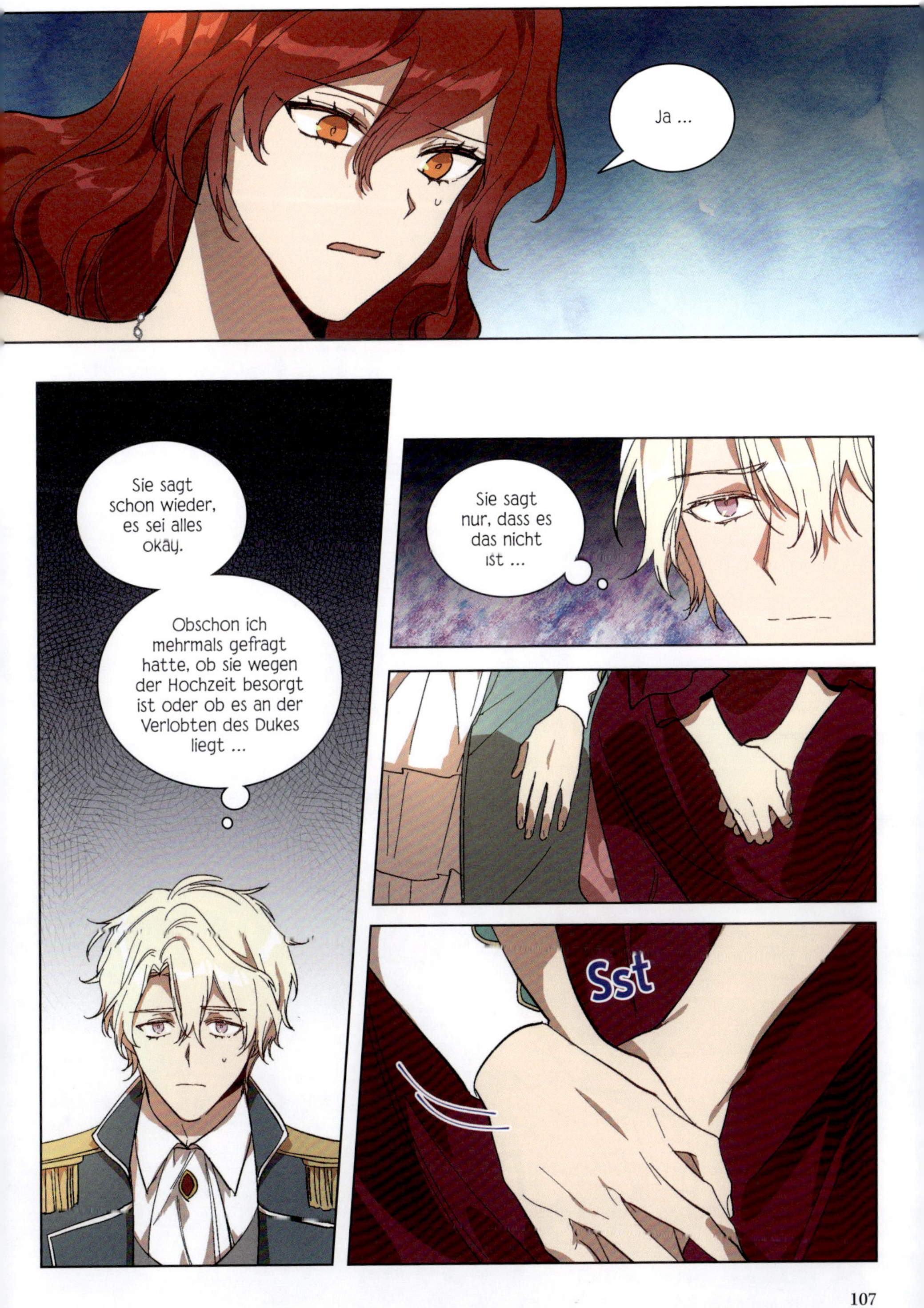
Ja ...
Sie sagt schon wieder, es sei alles okay.
Obschon ich mehrmals gefragt hatte, ob sie wegen der Hochzeit besorgt ist oder ob es an der Verlobten des Dukes liegt ...
Sie sagt nur, dass es das nicht ist ...
Sst

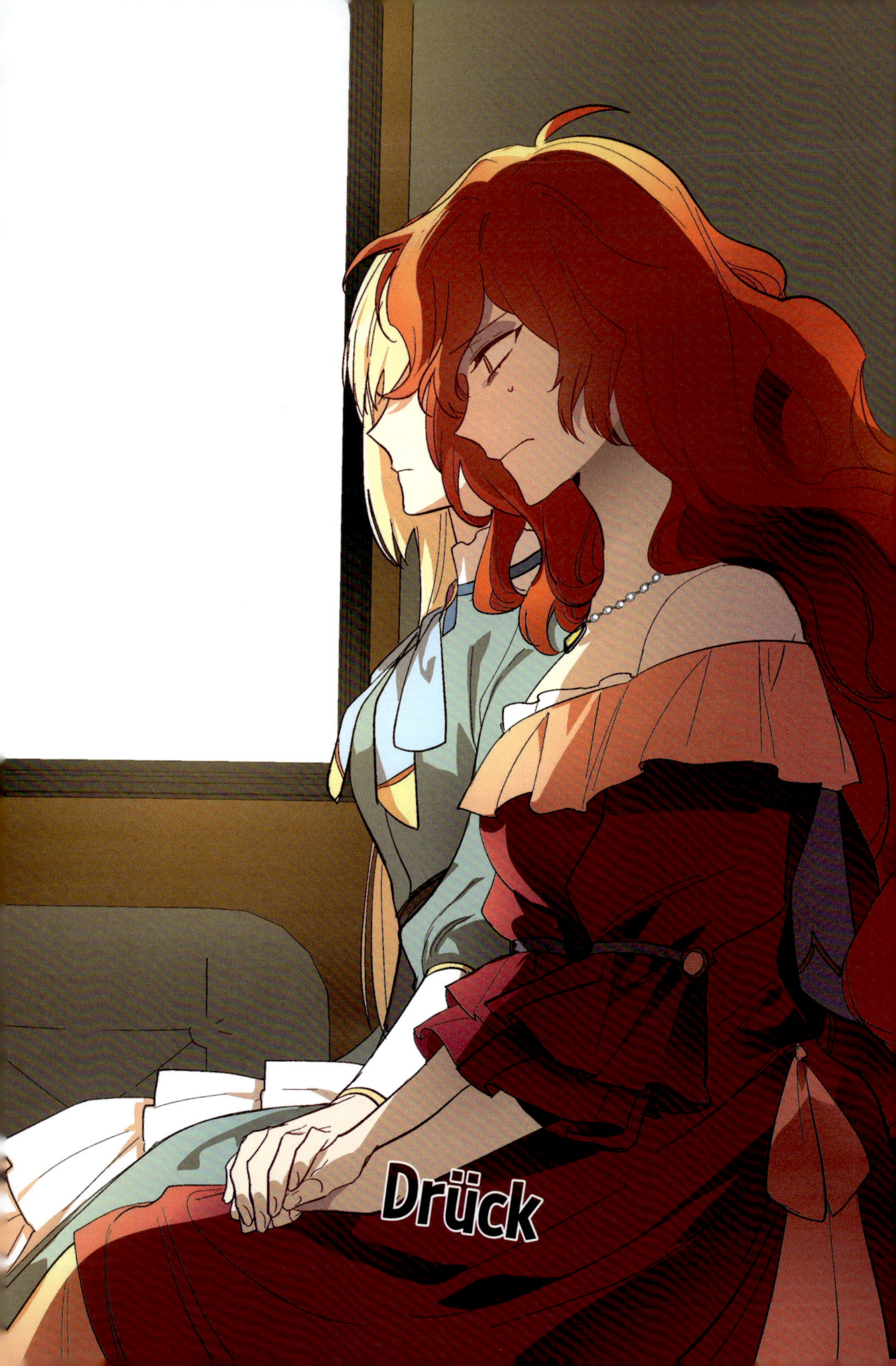
Drück

RAELIANA

Warum sie die Verlobte des Dukes wurde

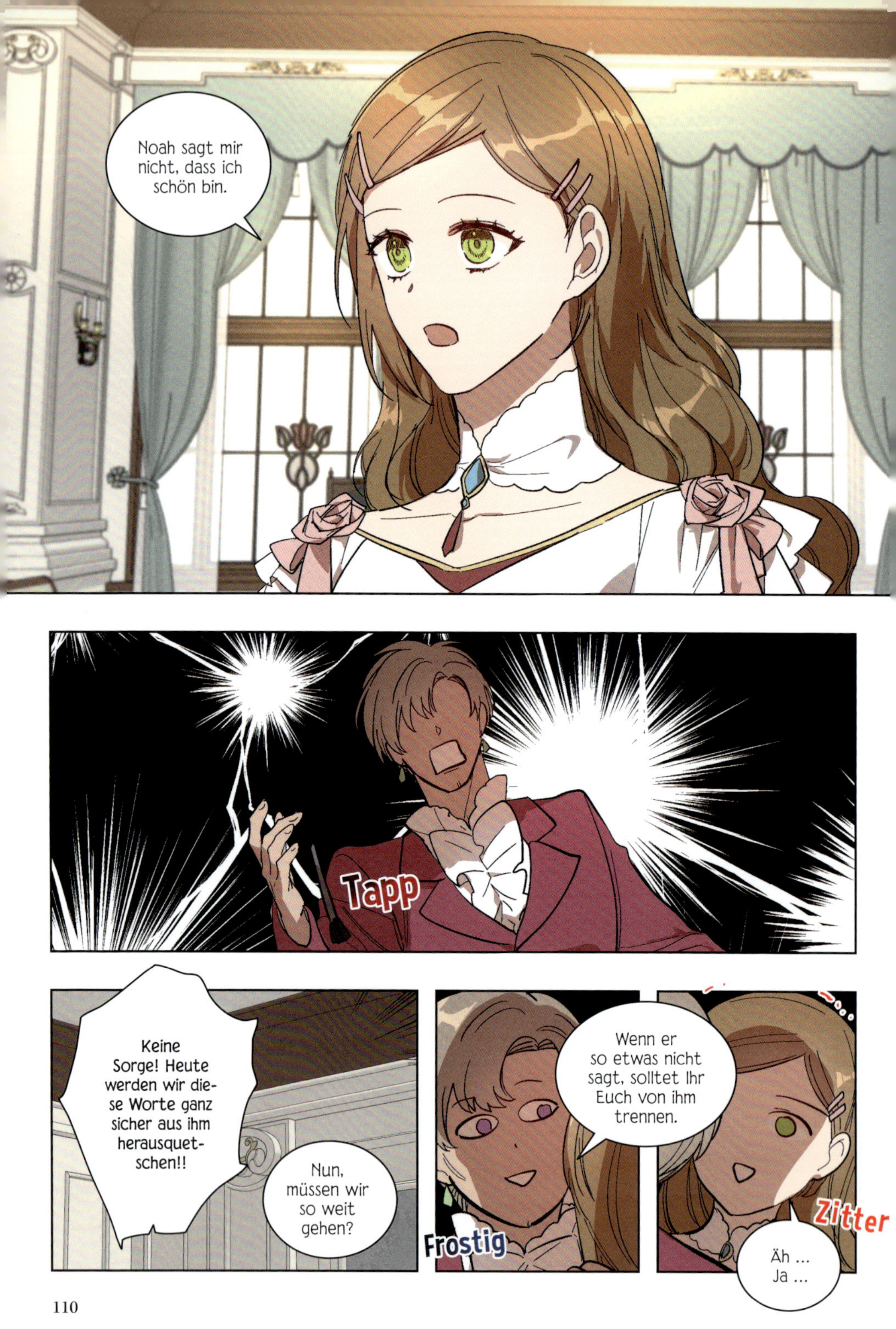

Noah sagt mir nicht, dass ich schön bin.
Tapp
Keine Sorge! Heute werden wir diese Worte ganz sicher aus ihm herausquetschen!!
Nun, müssen wir so weit gehen?
Wenn er so etwas nicht sagt, solltet Ihr Euch von ihm trennen.
Frostig
Zitter
Äh ... Ja ...

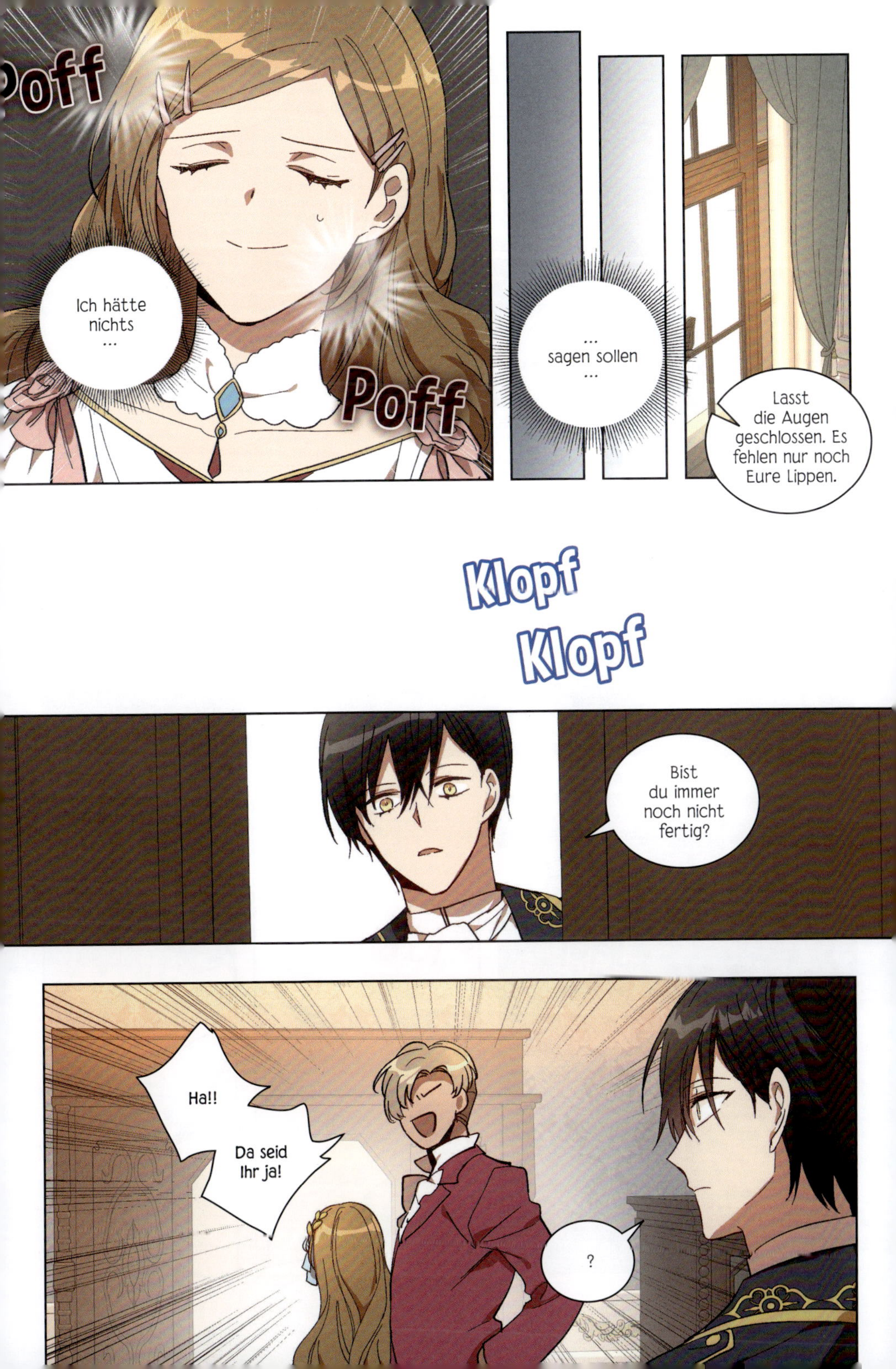
Poff
Ich hätte nichts …
Poff
… sagen sollen …
Lasst die Augen geschlossen. Es fehlen nur noch Eure Lippen.
Klopf
Klopf
Bist du immer noch nicht fertig?
Ha!!
Da seid Ihr ja!
?

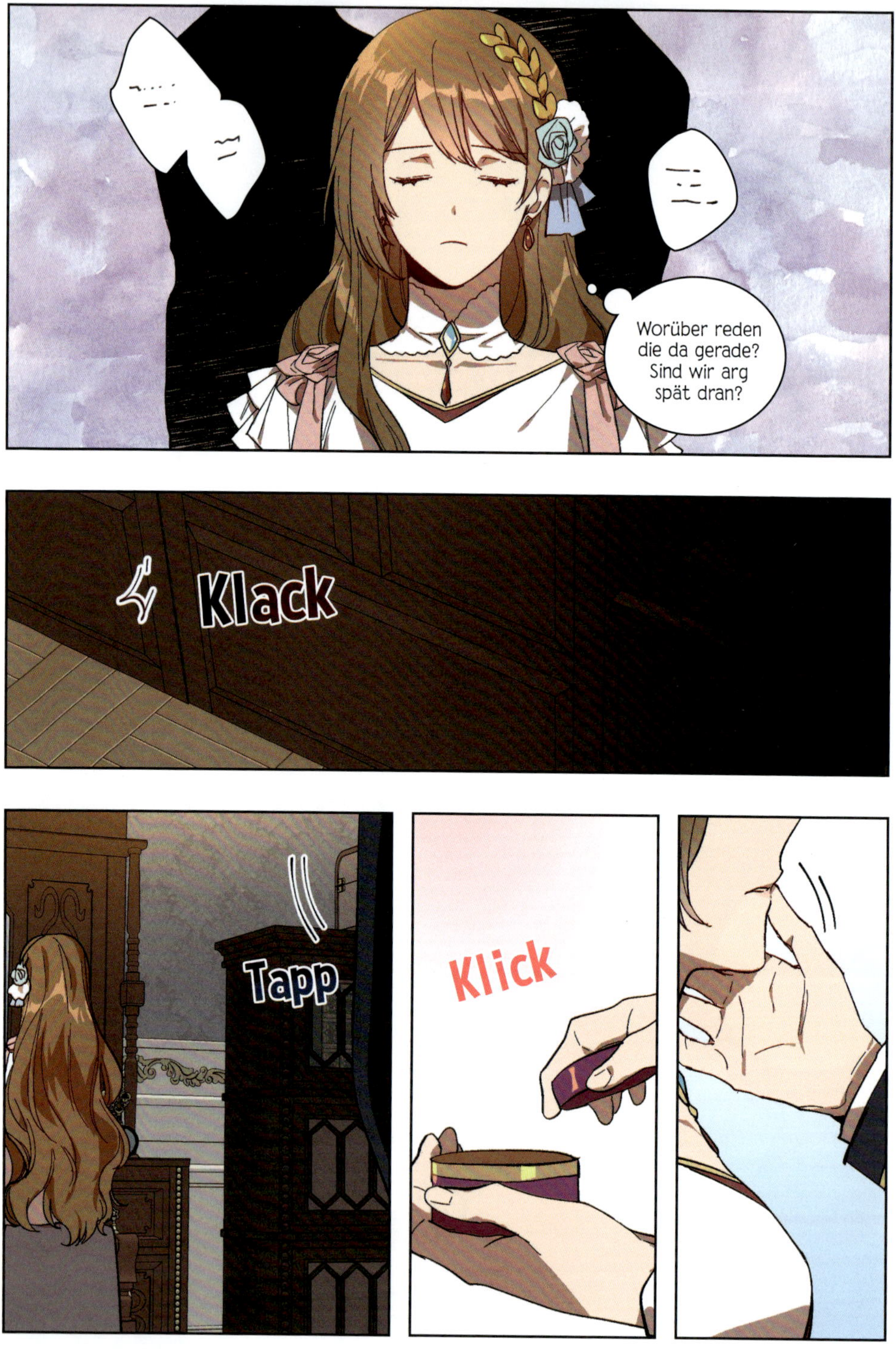
Worüber reden die da gerade? Sind wir arg spät dran?
Klack
Tapp
Klick

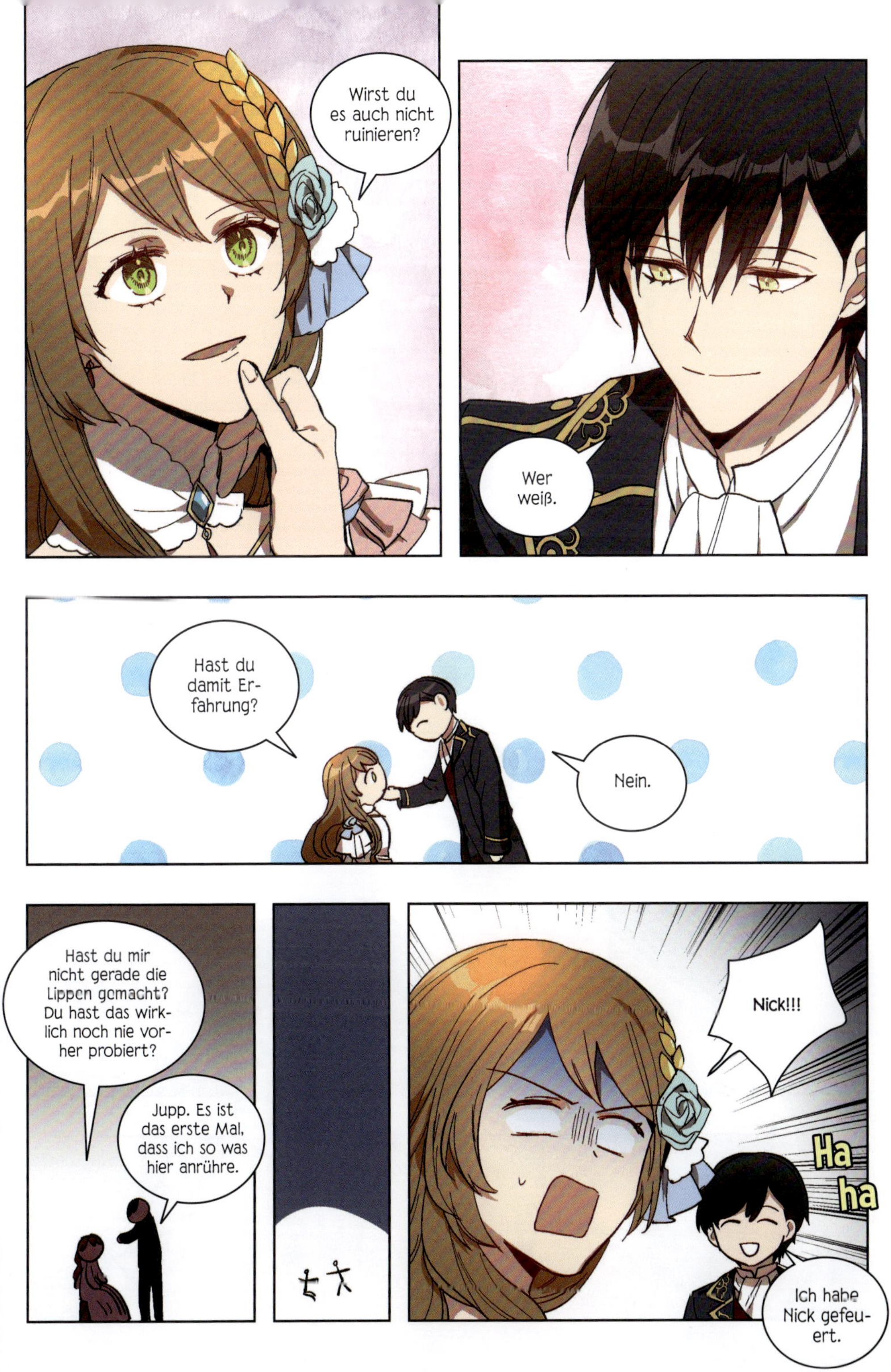

Wirst du es auch nicht ruinieren?
Wer weiß.
Hast du damit Erfahrung?
Nein.
Hast du mir nicht gerade die Lippen gemacht? Du hast das wirklich noch nie vorher probiert?
Jupp. Es ist das erste Mal, dass ich so was hier anrühre.
Nick!!!
Ha ha
Ich habe Nick gefeuert.

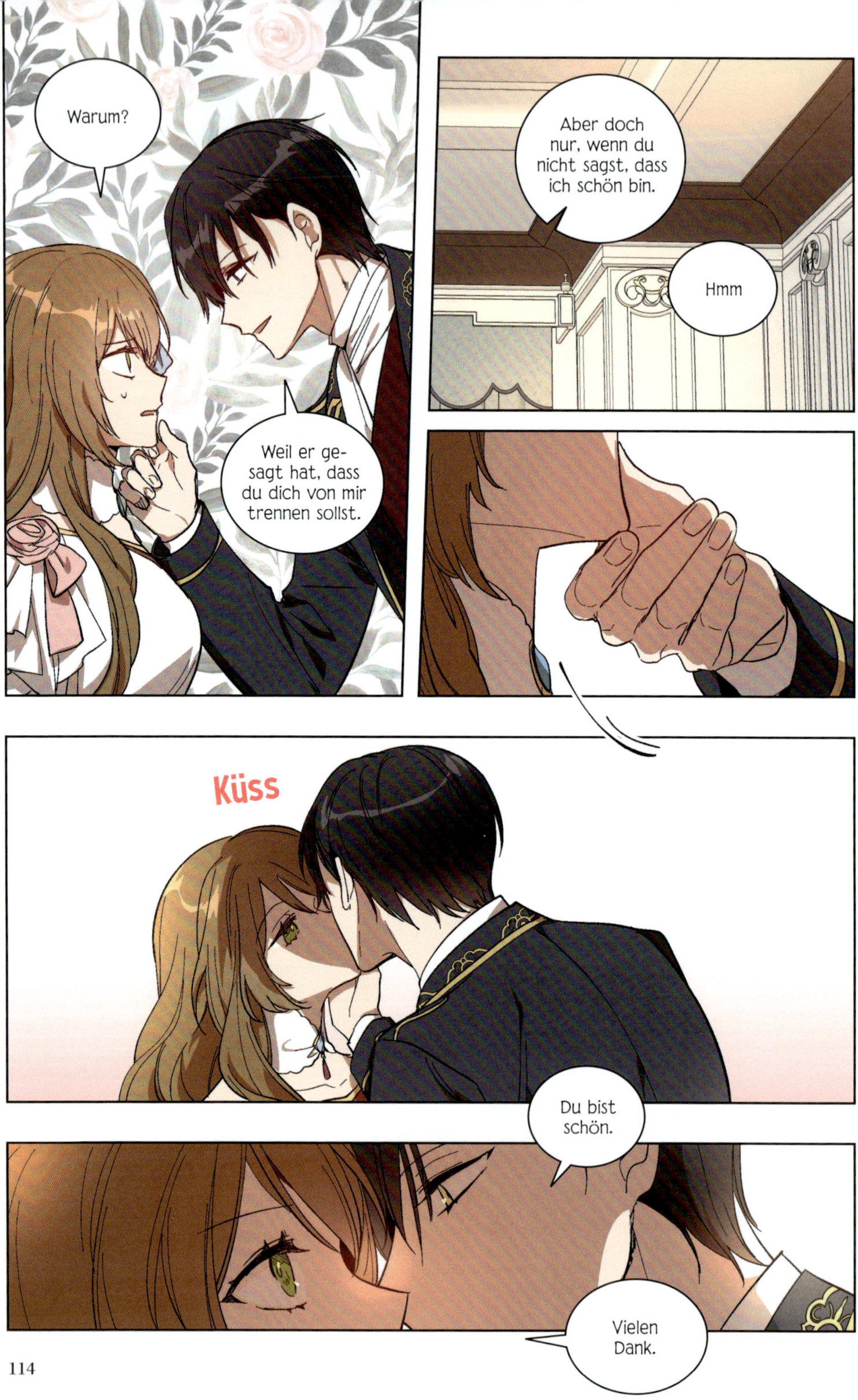
Warum?
Weil er gesagt hat, dass du dich von mir trennen sollst.
Aber doch nur, wenn du nicht sagst, dass ich schön bin.
Hmm
Küss
Du bist schön.
Vielen Dank.

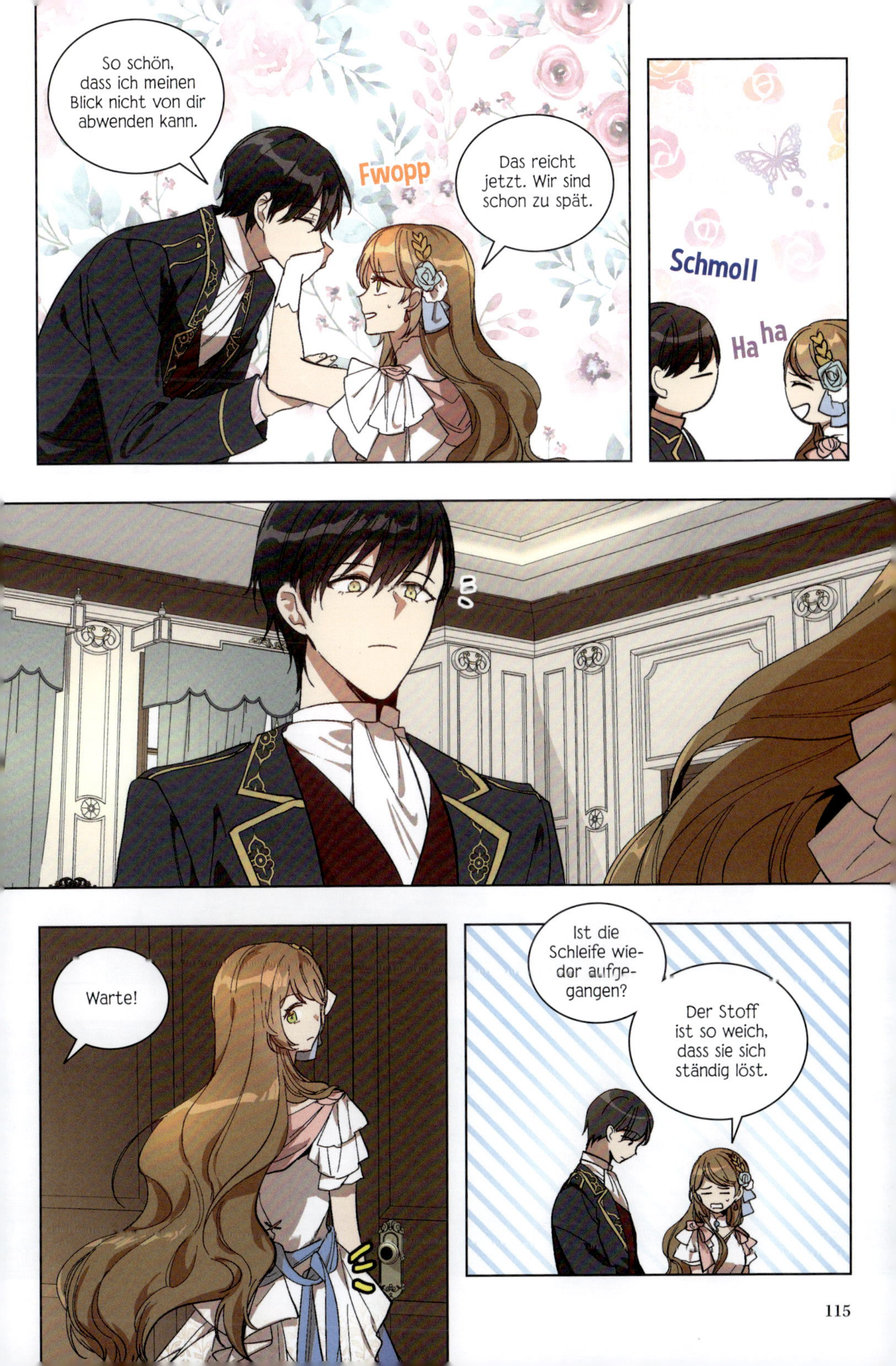
So schön, dass ich meinen Blick nicht von dir abwenden kann.
Fwopp
Das reicht jetzt. Wir sind schon zu spät.
Schmoll
Ha ha
Warte!
Ist die Schleife wieder aufgegangen?
Der Stoff ist so weich, dass sie sich ständig löst.

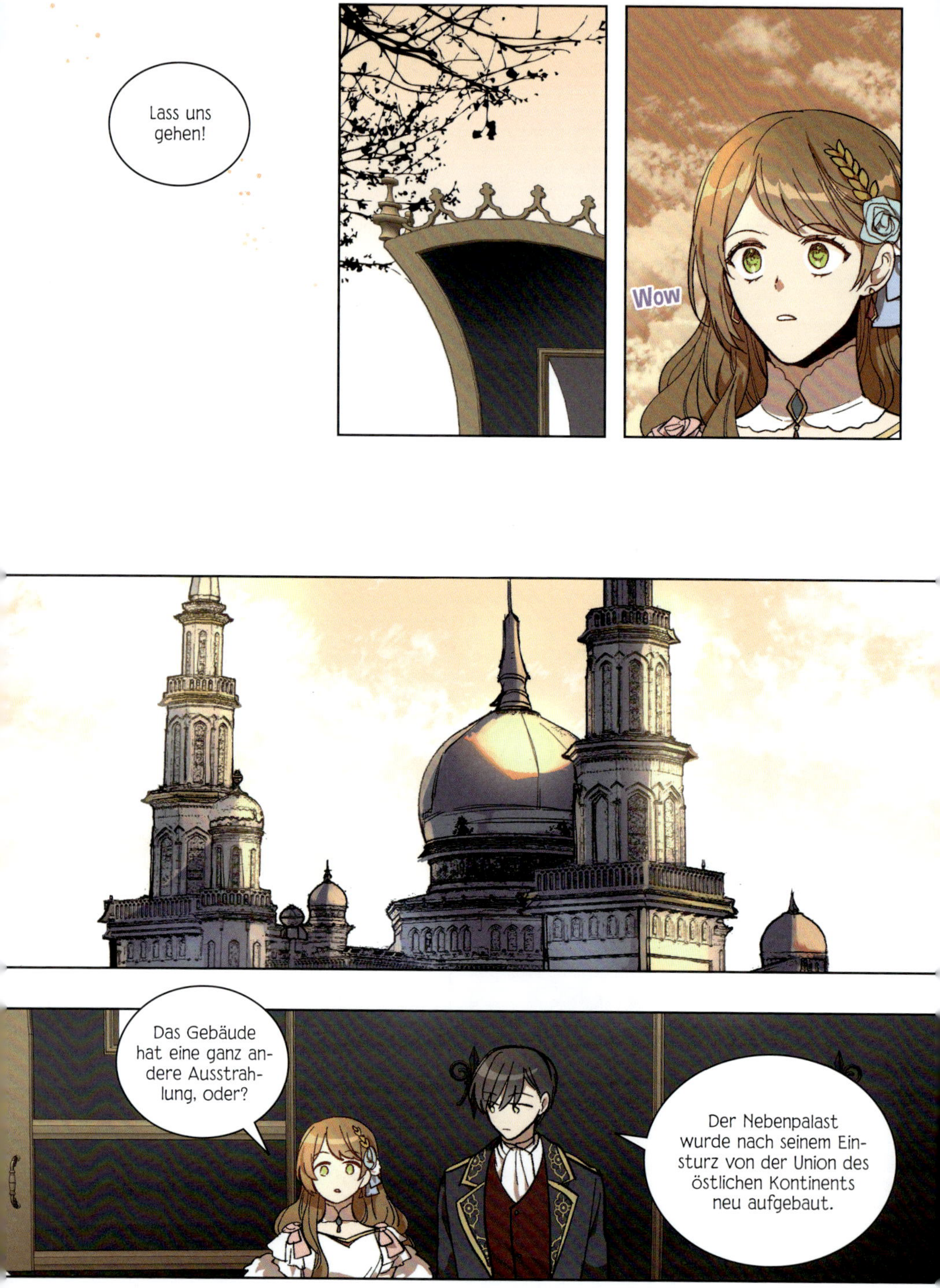
Lass uns gehen!
Wow
Das Gebäude hat eine ganz andere Ausstrahlung, oder?
Der Nebenpalast wurde nach seinem Einsturz von der Union des östlichen Kontinents neu aufgebaut.

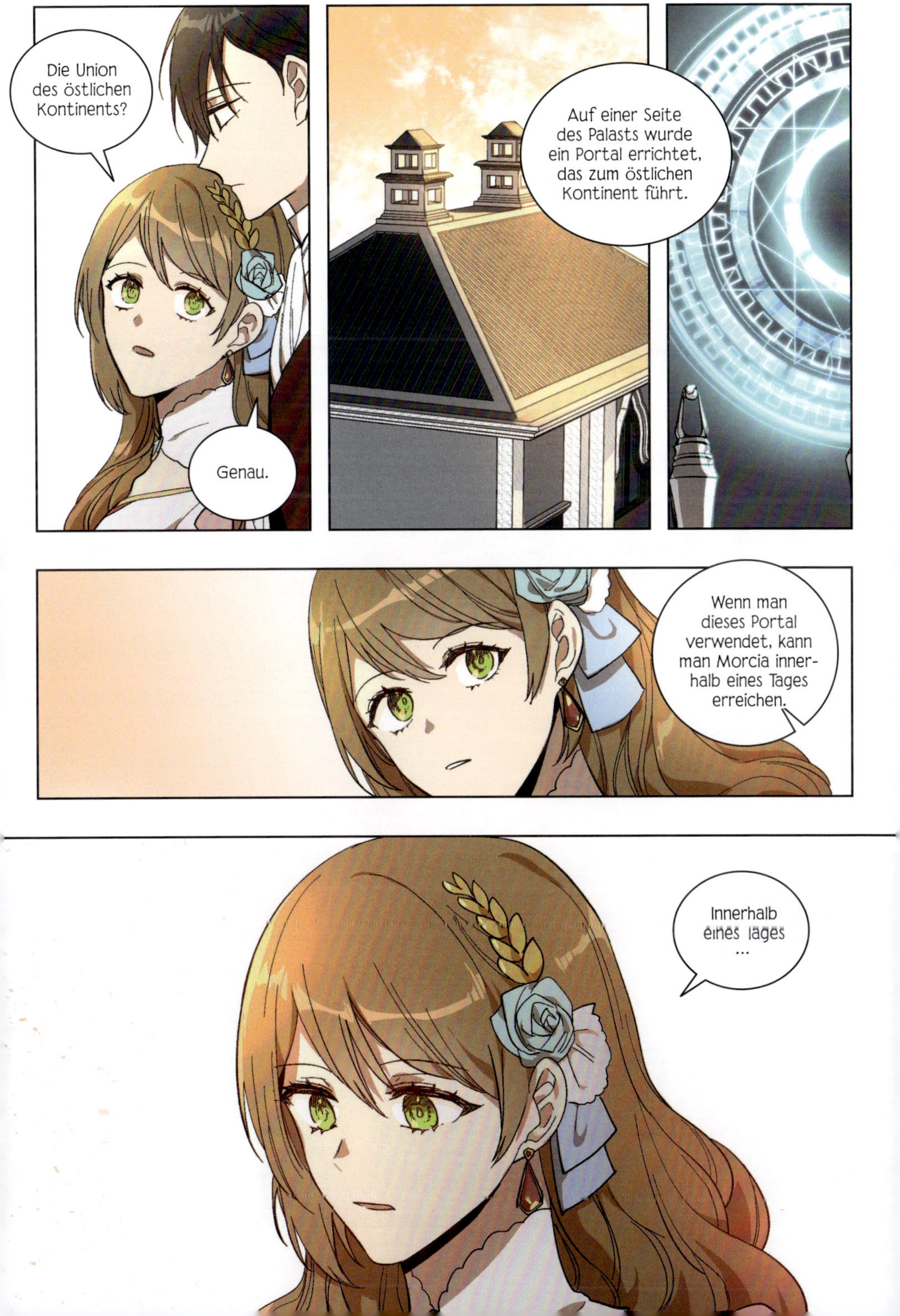

Die Union des östlichen Kontinents?
Genau.
Auf einer Seite des Palasts wurde ein Portal errichtet, das zum östlichen Kontinent führt.
Wenn man dieses Portal verwendet, kann man Morcia inner-halb eines Tages erreichen.
Innerhalb eines Tages ...

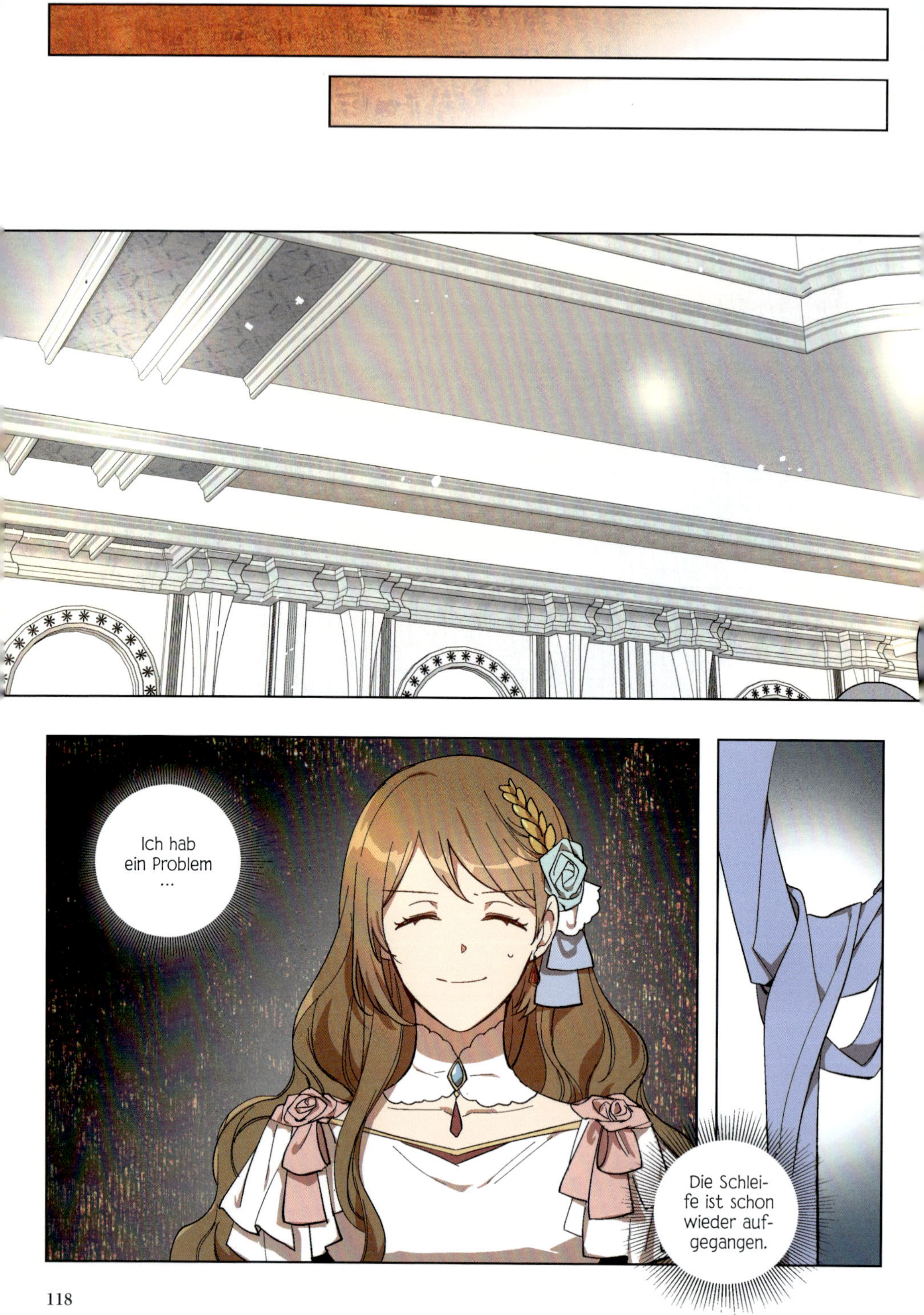
Ich hab ein Problem …
Die Schleife ist schon wieder aufgegangen.

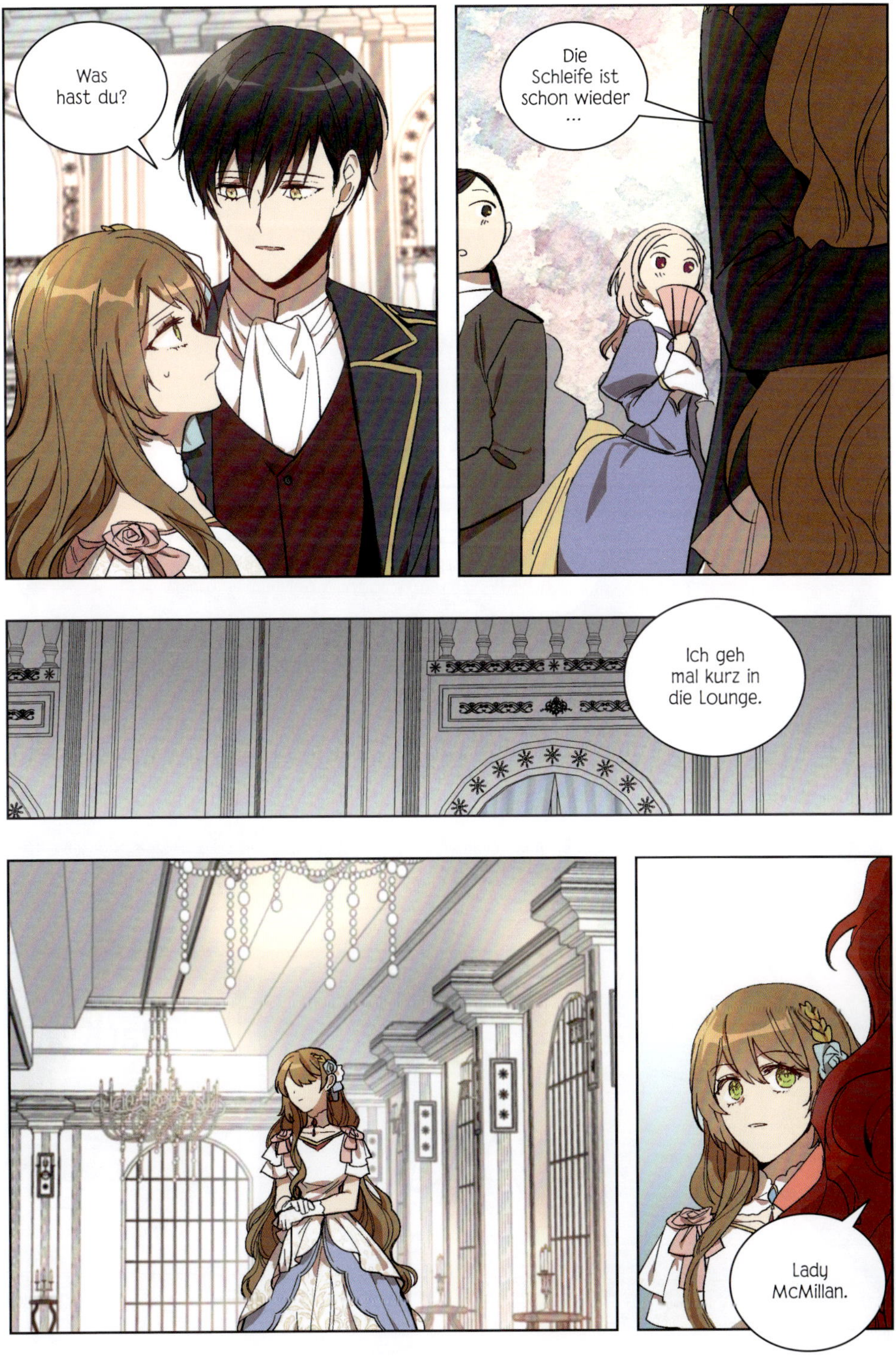
Was hast du?
Die Schleife ist schon wieder ...
Ich geh mal kurz in die Lounge.
Lady McMillan.

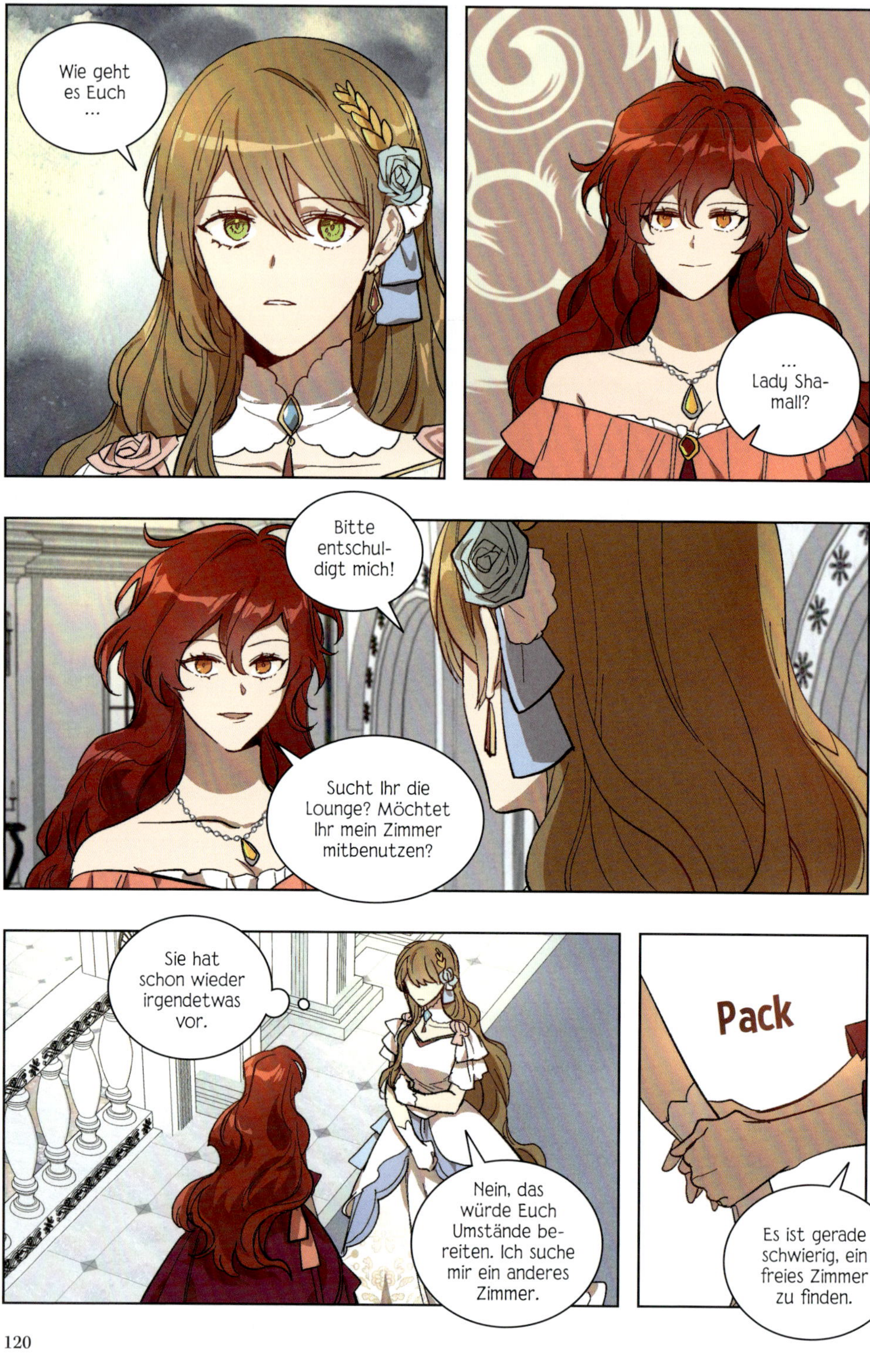
Wie geht es Euch …
… Lady Shamall?
Bitte entschuldigt mich!
Sucht Ihr die Lounge? Möchtet Ihr mein Zimmer mitbenutzen?
Sie hat schon wieder irgendetwas vor.
Nein, das würde Euch Umstände bereiten. Ich suche mir ein anderes Zimmer.
Pack
Es ist gerade schwierig, ein freies Zimmer zu finden.

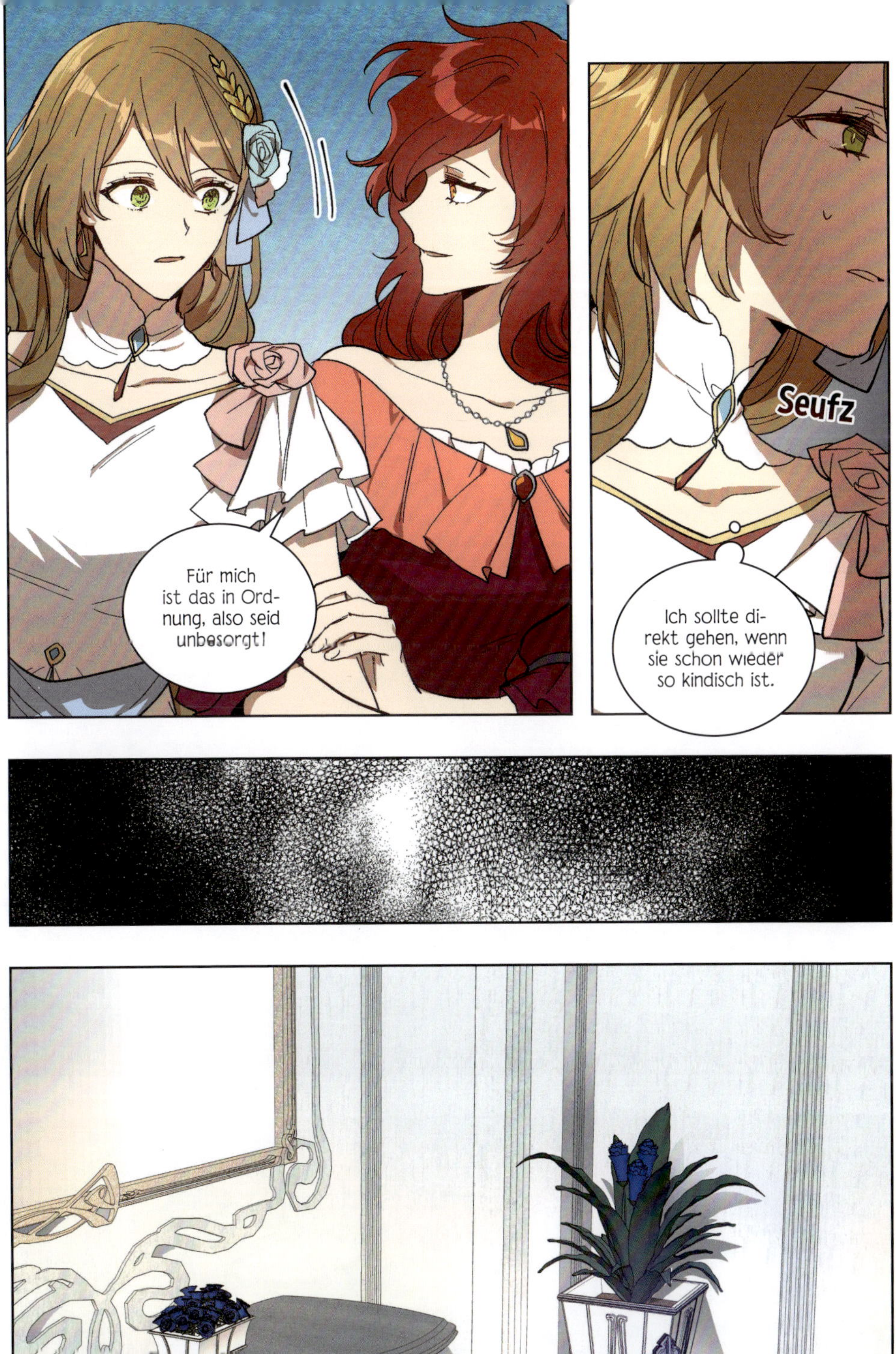
Für mich ist das in Ordnung, also seid unbesorgt!
Seufz
Ich sollte direkt gehen, wenn sie schon wieder so kindisch ist.

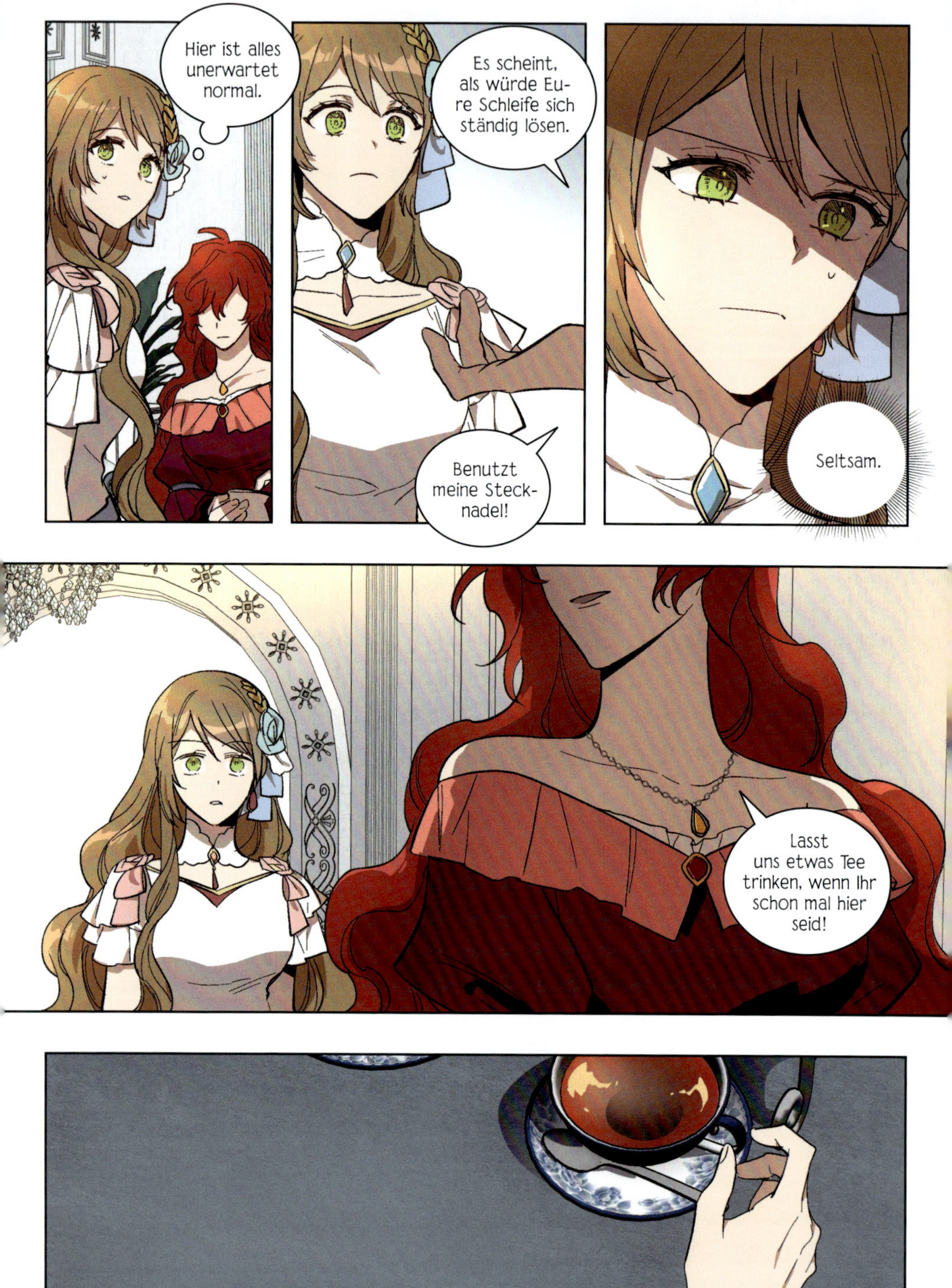
Hier ist alles unerwartet normal.
Es scheint, als würde Eure Schleife sich ständig lösen.
Benutzt meine Stecknadel!
Seltsam.
Lasst uns etwas Tee trinken, wenn Ihr schon mal hier seid!

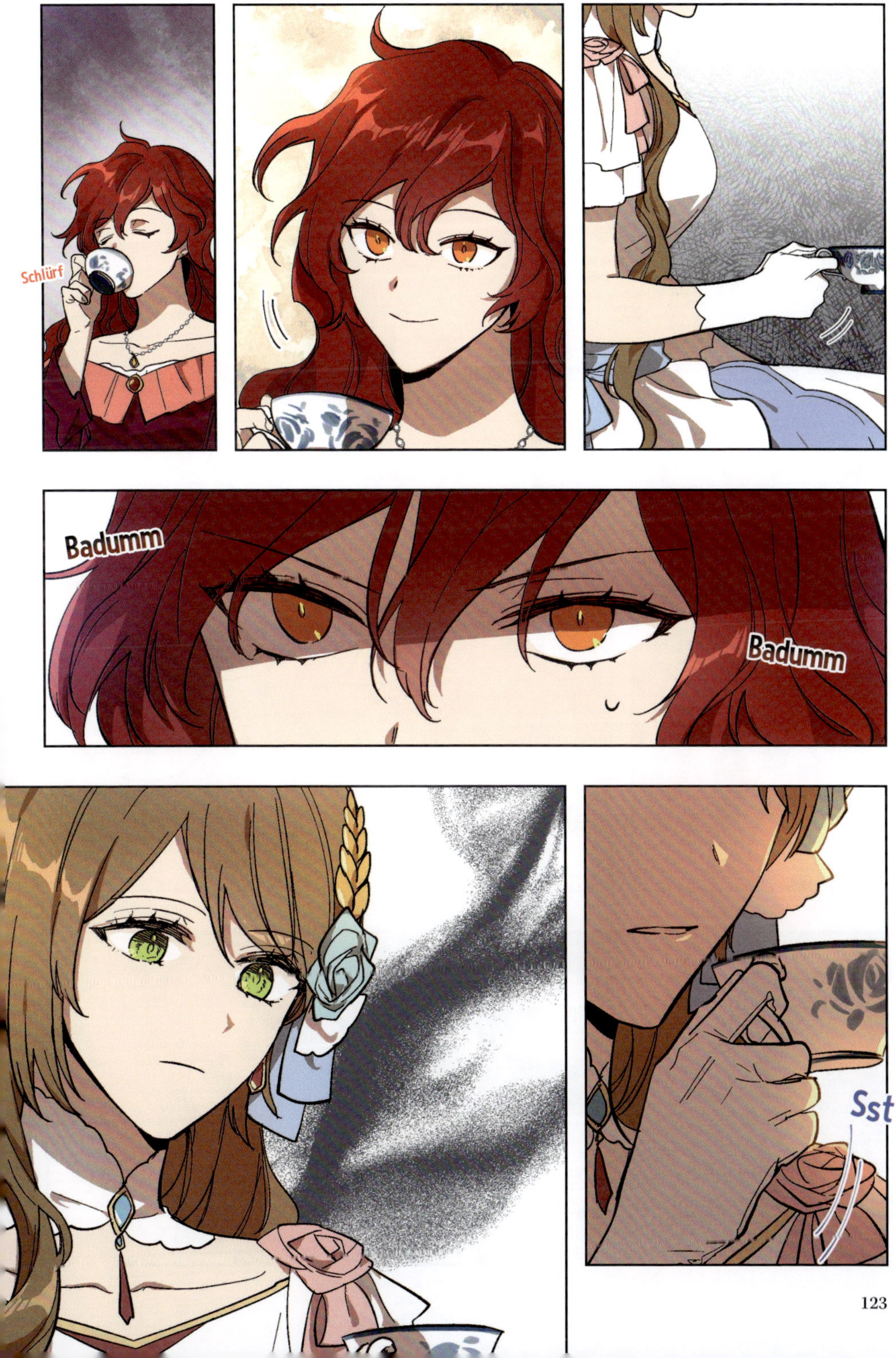
Schlürf
Badumm
Badumm
Sst

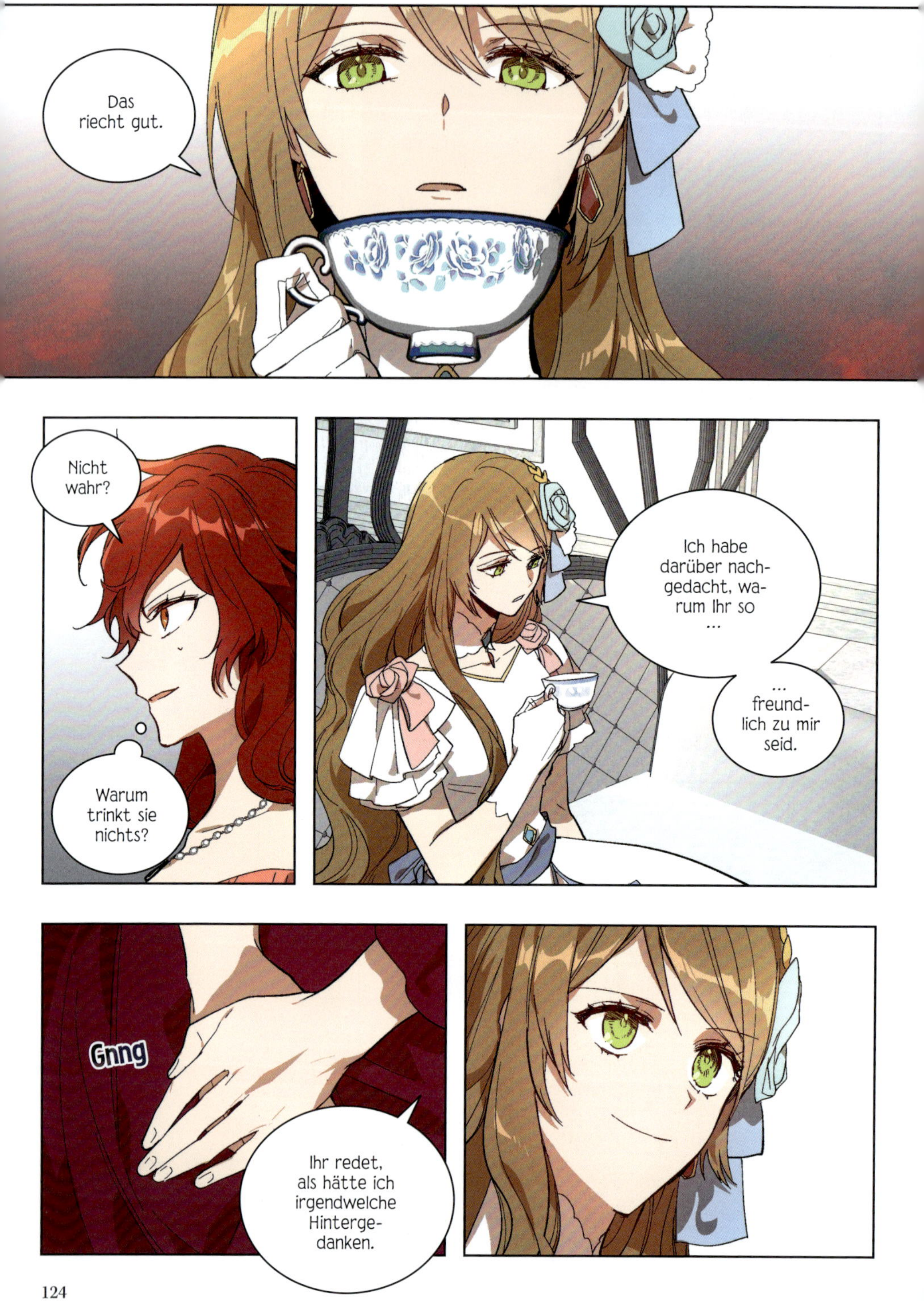
Das riecht gut.
Nicht wahr?
Warum trinkt sie nichts?
Ich habe darüber nachgedacht, warum Ihr so ...
... freundlich zu mir seid.
Gnng
Ihr redet, als hätte ich irgendwelche Hintergedanken.

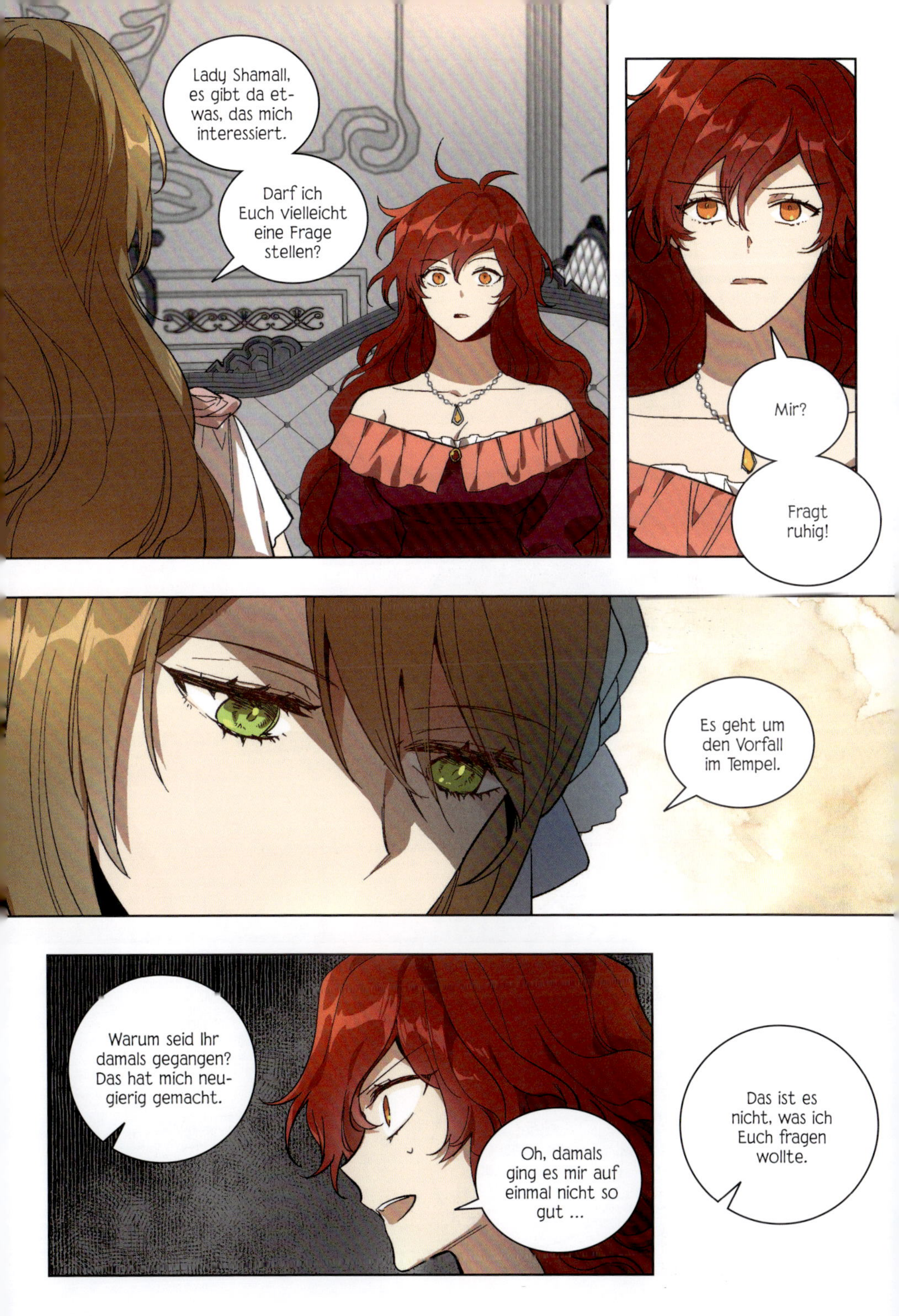
Lady Shamall, es gibt da etwas, das mich interessiert.
Darf ich Euch vielleicht eine Frage stellen?
Mir?
Fragt ruhig!
Es geht um den Vorfall im Tempel.
Warum seid Ihr damals gegangen? Das hat mich neugierig gemacht.
Oh, damals ging es mir auf einmal nicht so gut ...
Das ist es nicht, was ich Euch fragen wollte.

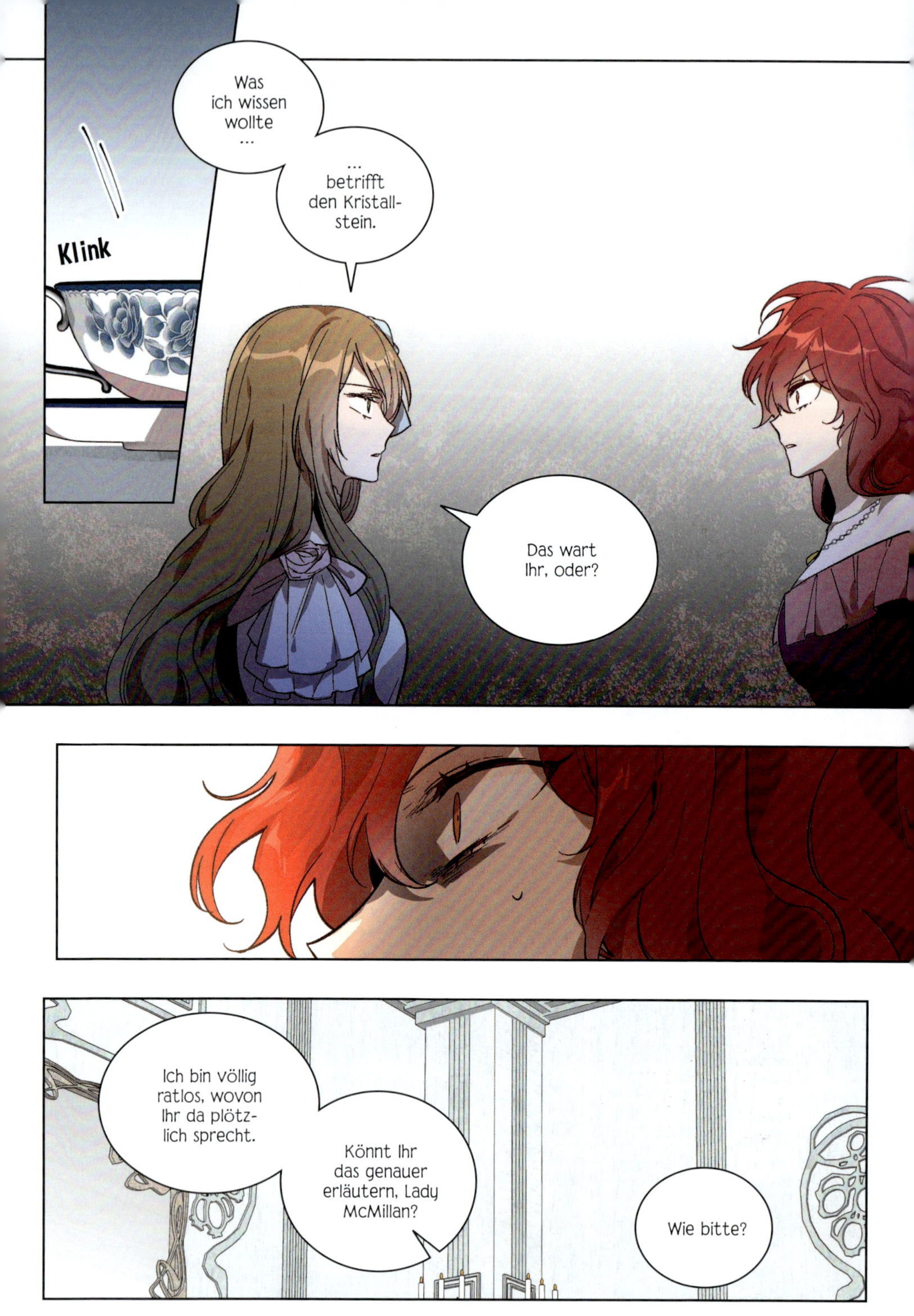
Klink
Was ich wissen wollte …
… betrifft den Kristallstein.
Das wart Ihr, oder?
Ich bin völlig ratlos, wovon Ihr da plötzlich sprecht.
Könnt Ihr das genauer erläutern, Lady McMillan?
Wie bitte?

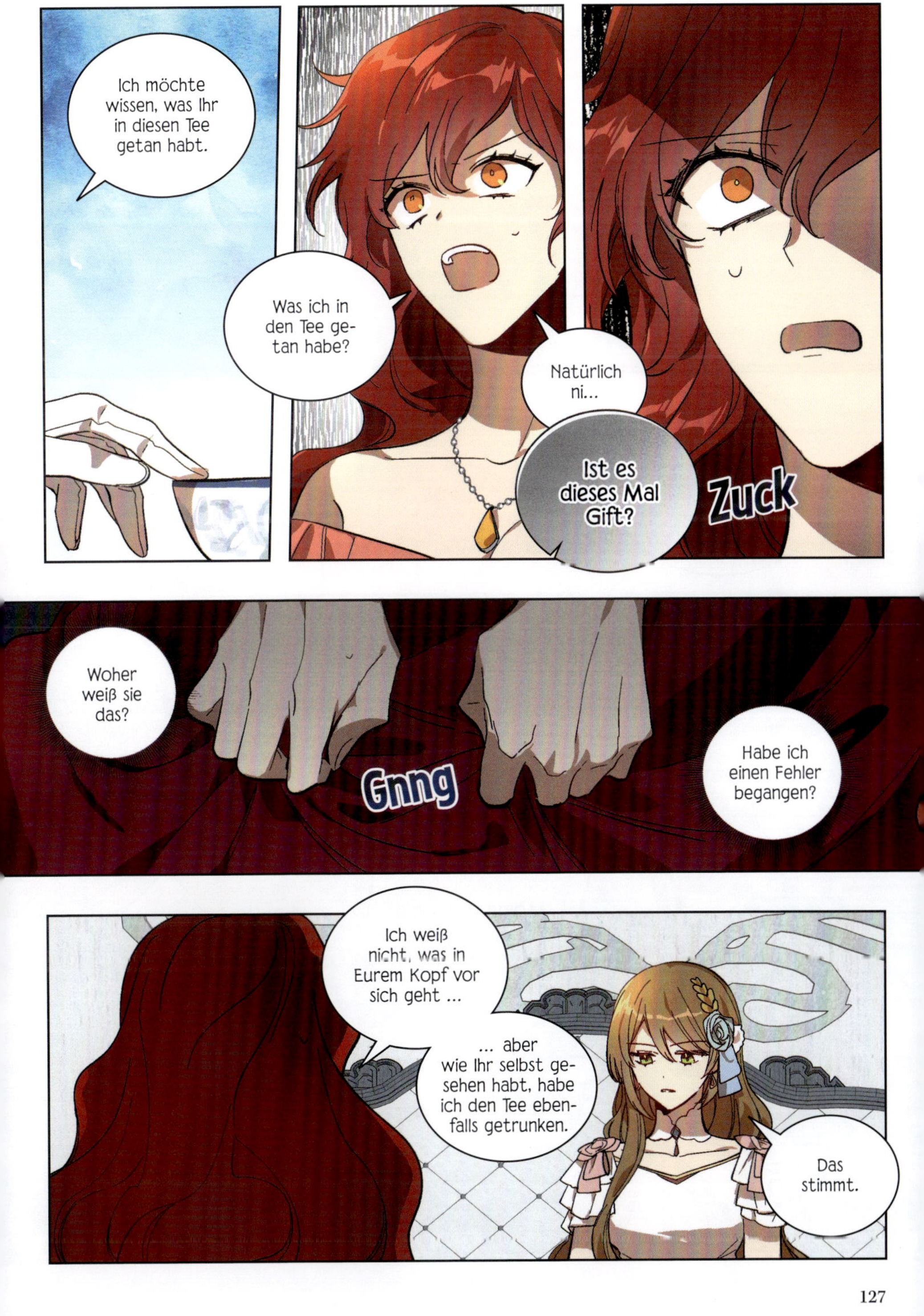
Ich möchte wissen, was Ihr in diesen Tee getan habt.
Was ich in den Tee getan habe?
Natürlich ni...
Ist es dieses Mal Gift?
Zuck
Woher weiß sie das?
Gnng
Habe ich einen Fehler begangen?
Ich weiß nicht, was in Eurem Kopf vor sich geht ...
... aber wie Ihr selbst gesehen habt, habe ich den Tee ebenfalls getrunken.
Das stimmt.

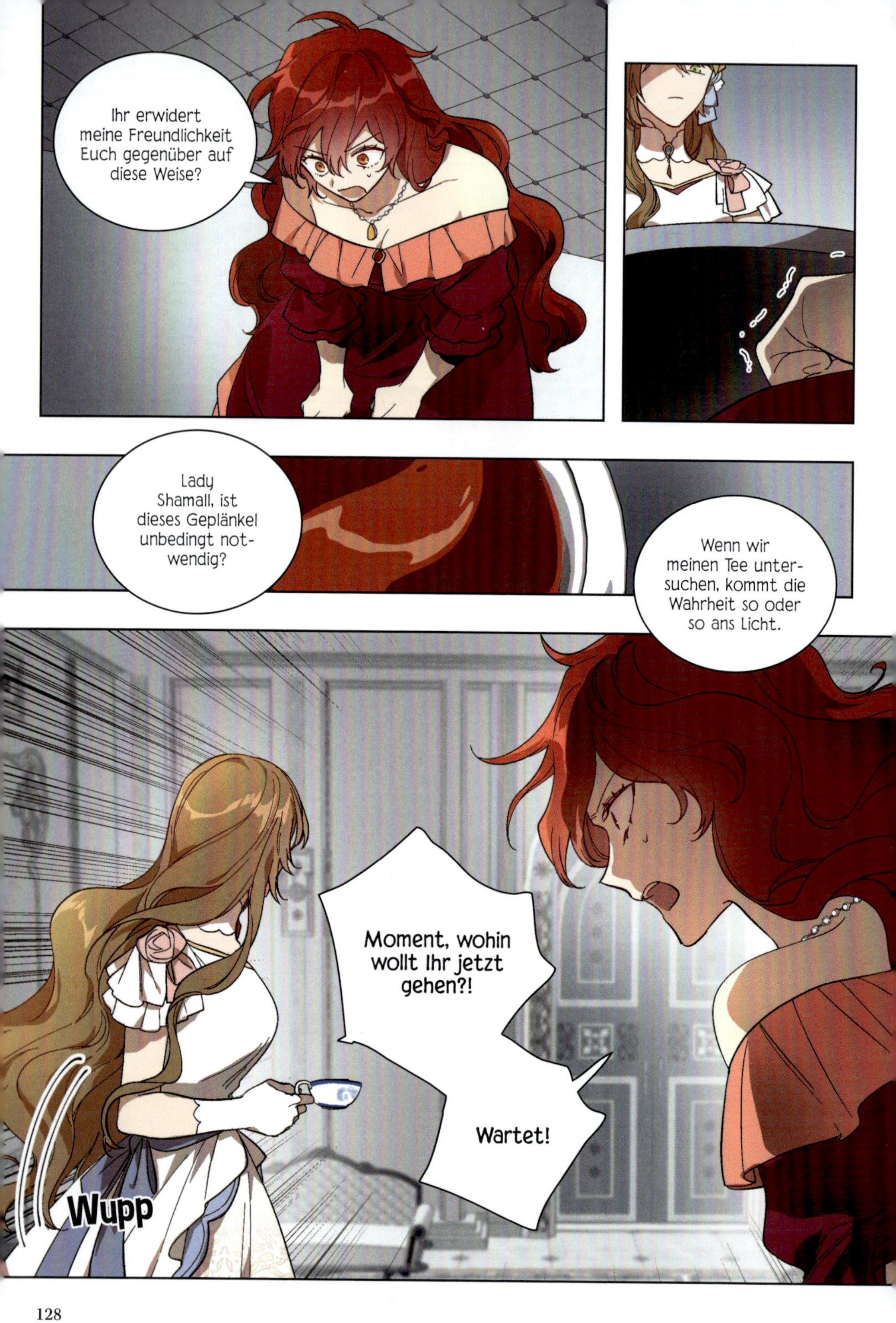
Ihr erwidert meine Freundlichkeit Euch gegenüber auf diese Weise?
Lady Shamall, ist dieses Geplänkel unbedingt not-wendig?
Wenn wir meinen Tee unter-suchen, kommt die Wahrheit so oder so ans Licht.
Moment, wohin wollt Ihr jetzt gehen?!
Wartet!
Wupp

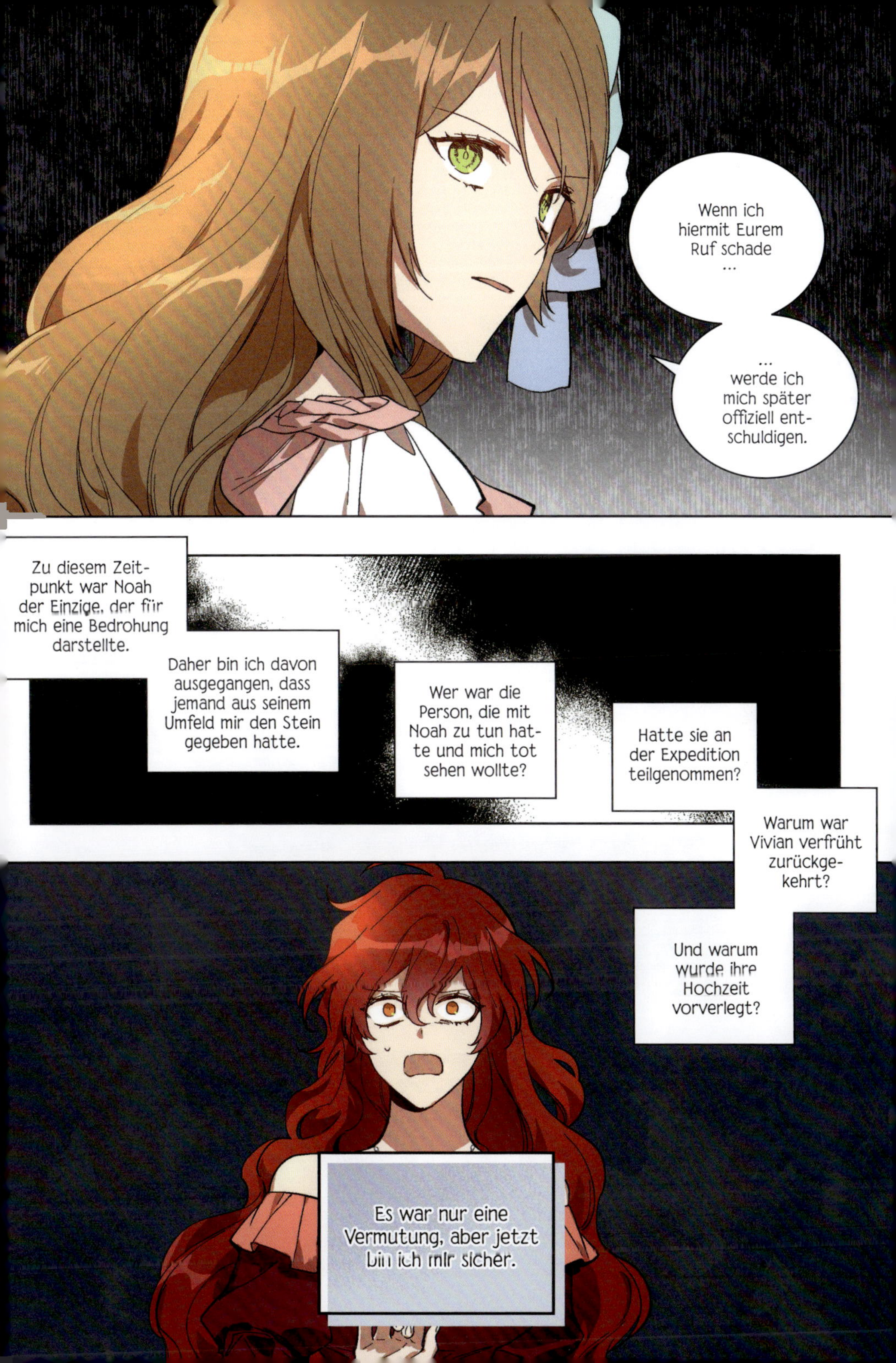

Wenn ich hiermit Eurem Ruf schade ...
... werde ich mich später offiziell entschuldigen.
Zu diesem Zeitpunkt war Noah der Einzige, der für mich eine Bedrohung darstellte.
Daher bin ich davon ausgegangen, dass jemand aus seinem Umfeld mir den Stein gegeben hatte.
Wer war die Person, die mit Noah zu tun hatte und mich tot sehen wollte?
Hatte sie an der Expedition teilgenommen?
Warum war Vivian verfrüht zurückgekehrt?
Und warum wurde ihre Hochzeit vorverlegt?
Es war nur eine Vermutung, aber jetzt bin ich mir sicher.

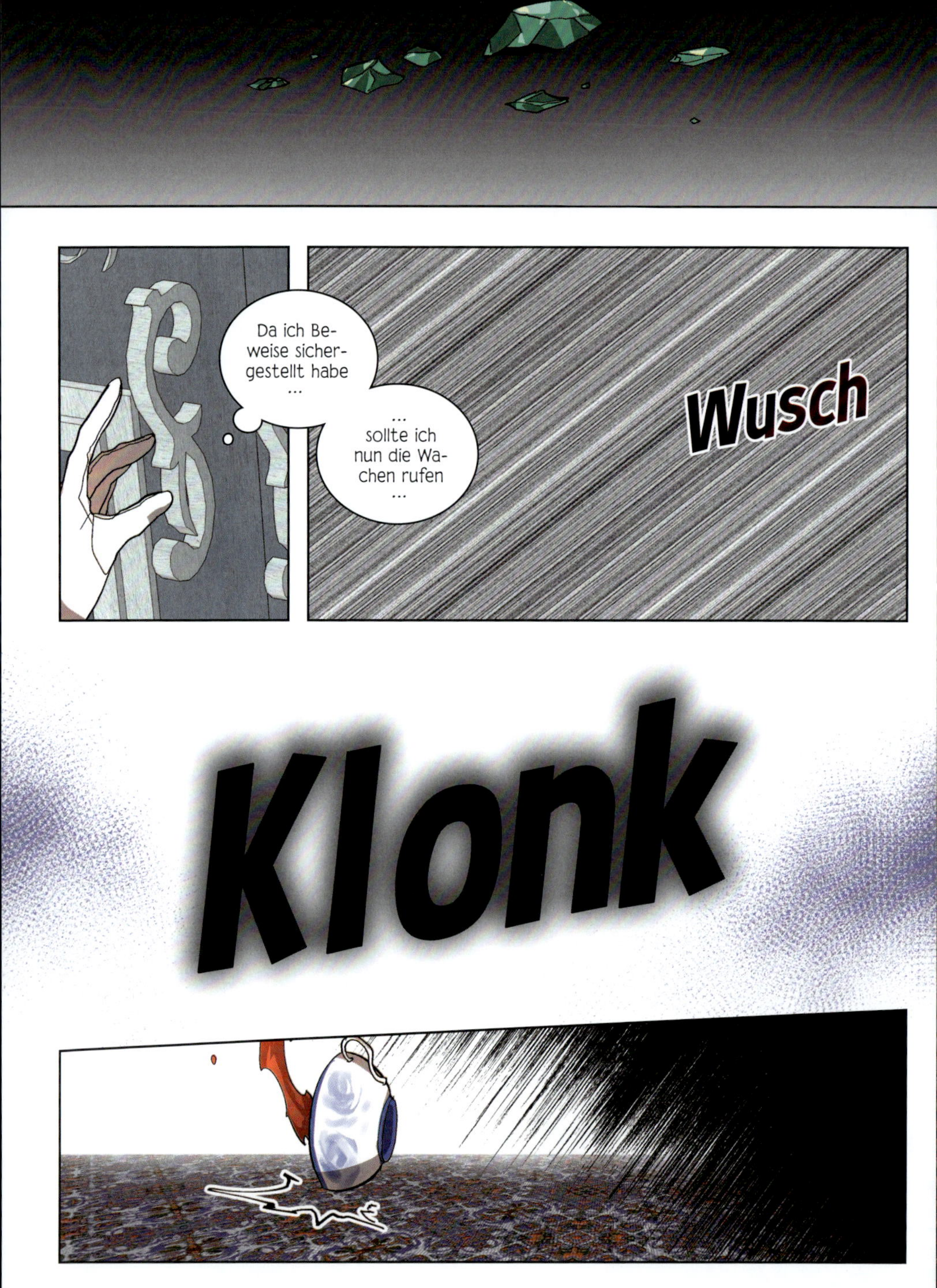
Da ich Beweise sichergestellt habe …
… sollte ich nun die Wachen rufen …
Wusch
Klonk

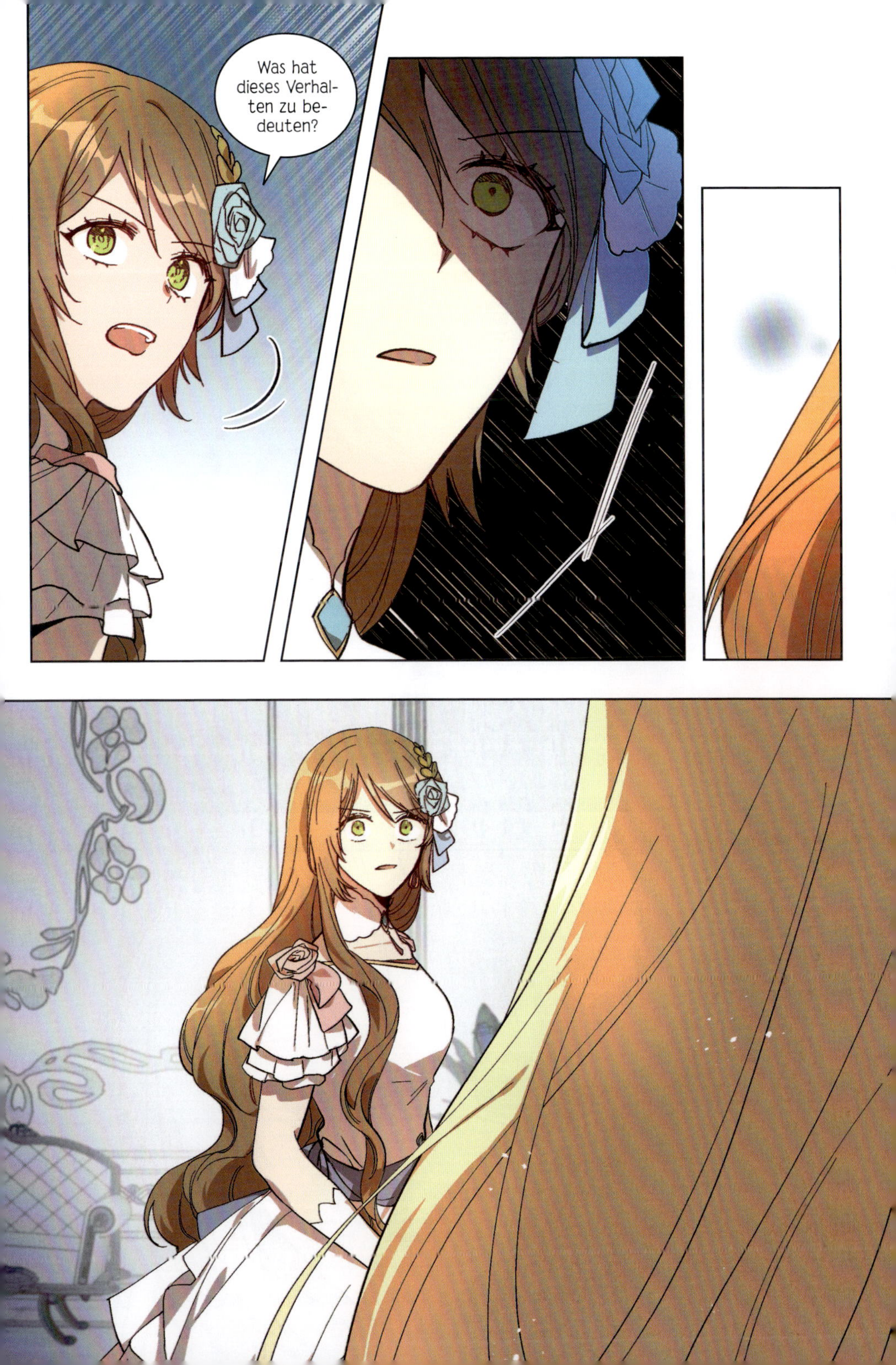
Was hat dieses Verhal-ten zu be-deuten?

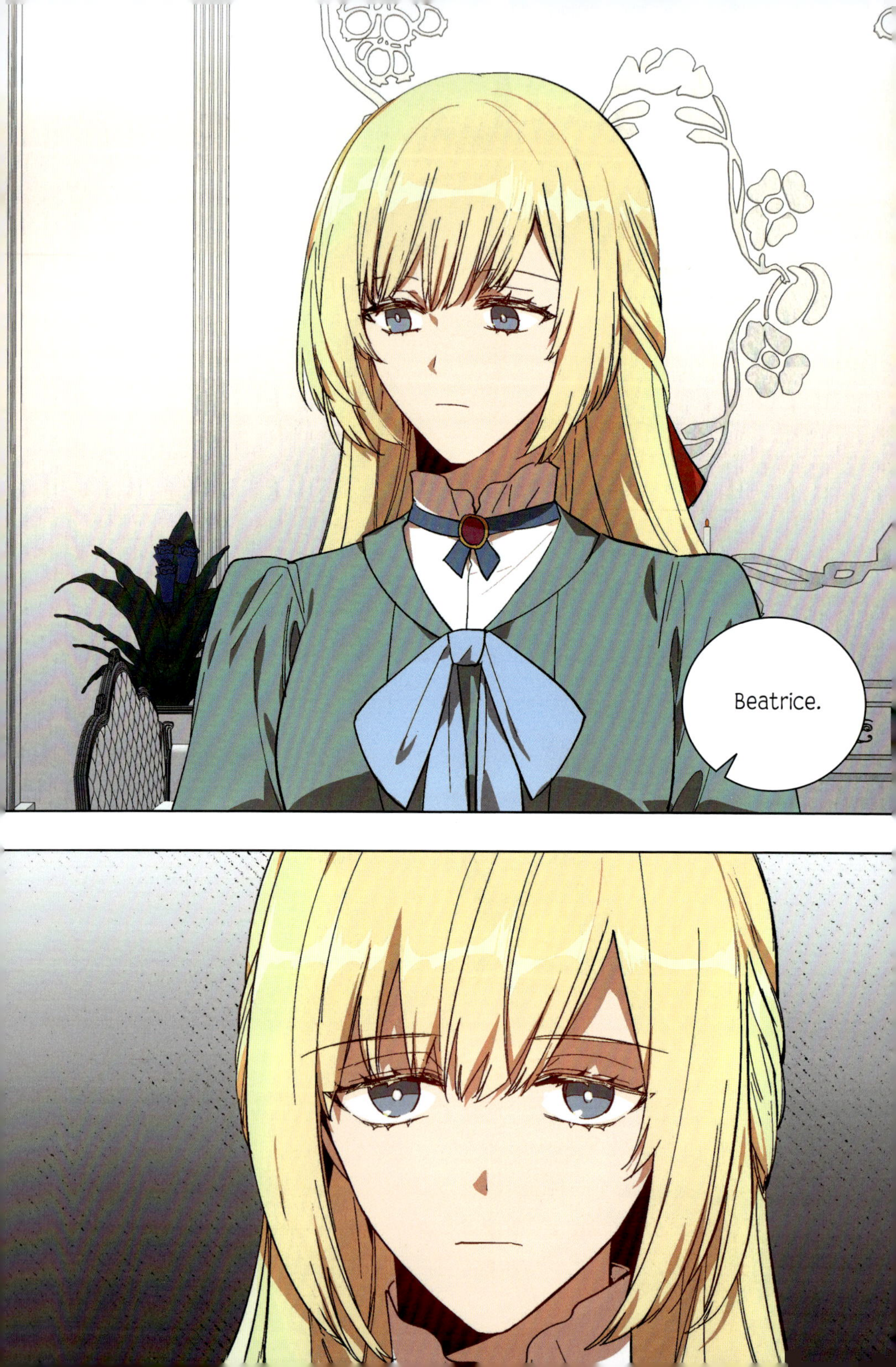
Beatrice.

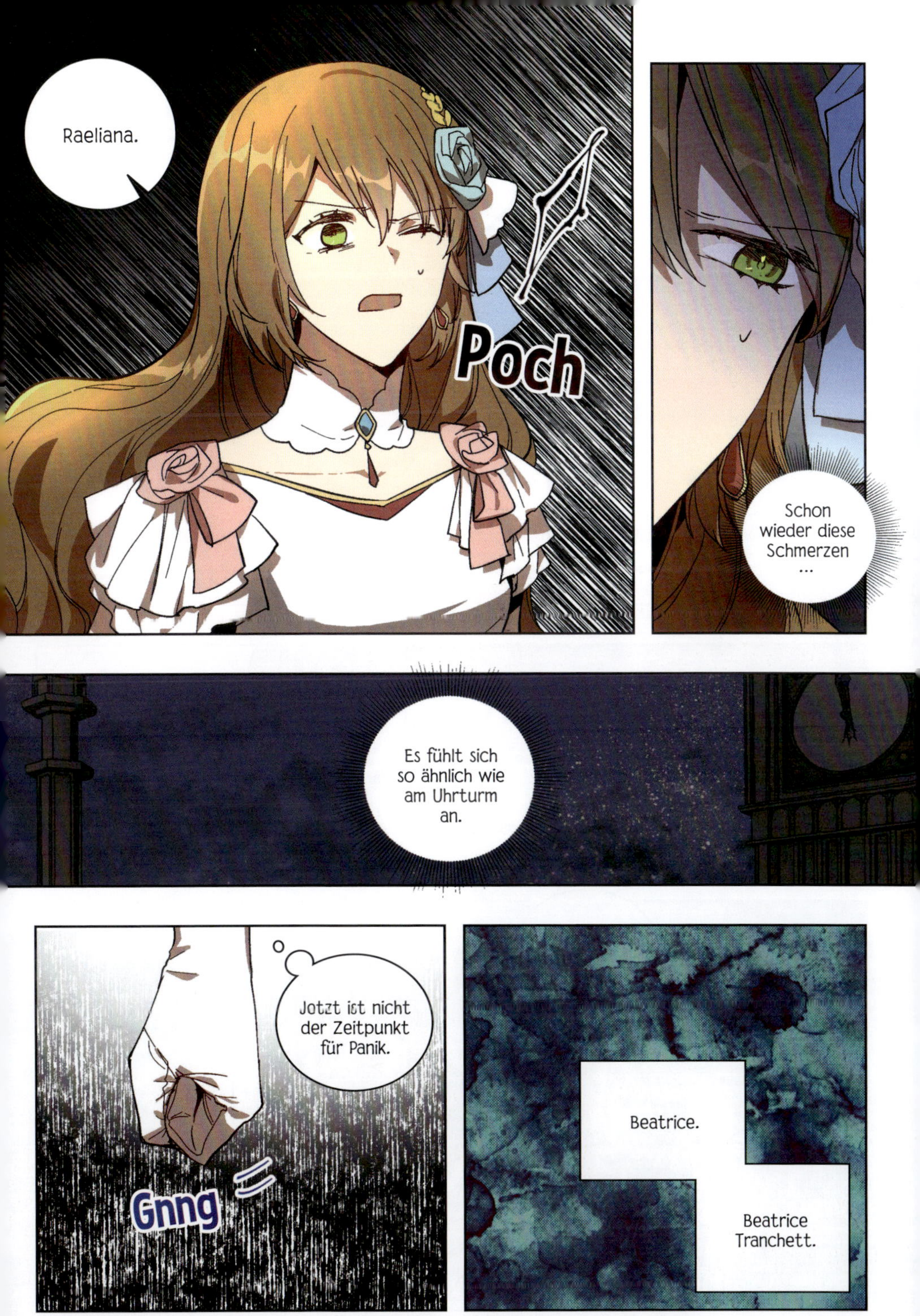
Raeliana.
Poch
Schon wieder diese Schmerzen ...
Es fühlt sich so ähnlich wie am Uhrturm an.
Jetzt ist nicht der Zeitpunkt für Panik.
Gnng
Beatrice.
Beatrice Tranchett.

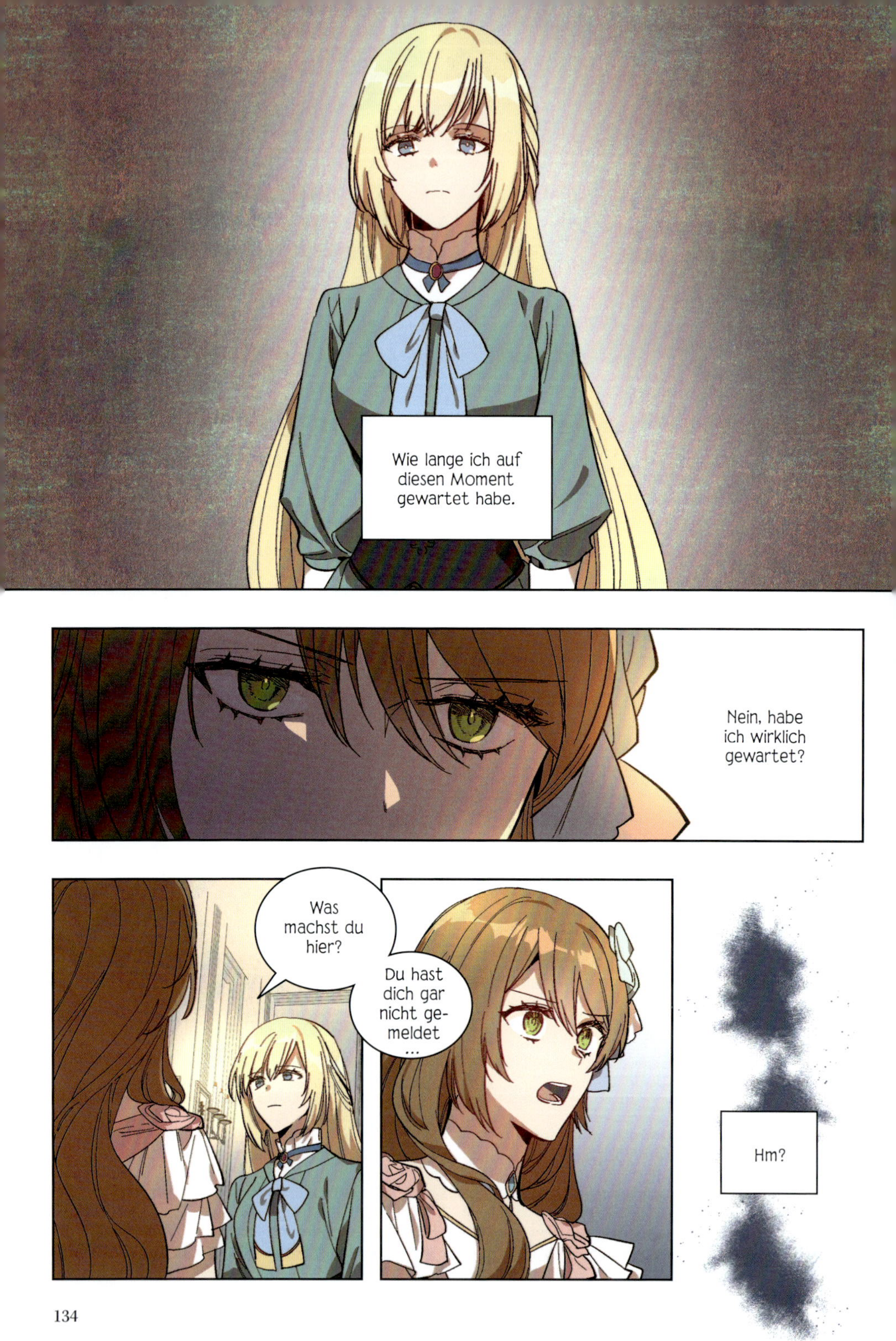

Wie lange ich auf diesen Moment gewartet habe.
Nein, habe ich wirklich gewartet?
Was machst du hier?
Du hast dich gar nicht gemeldet …
Hm?

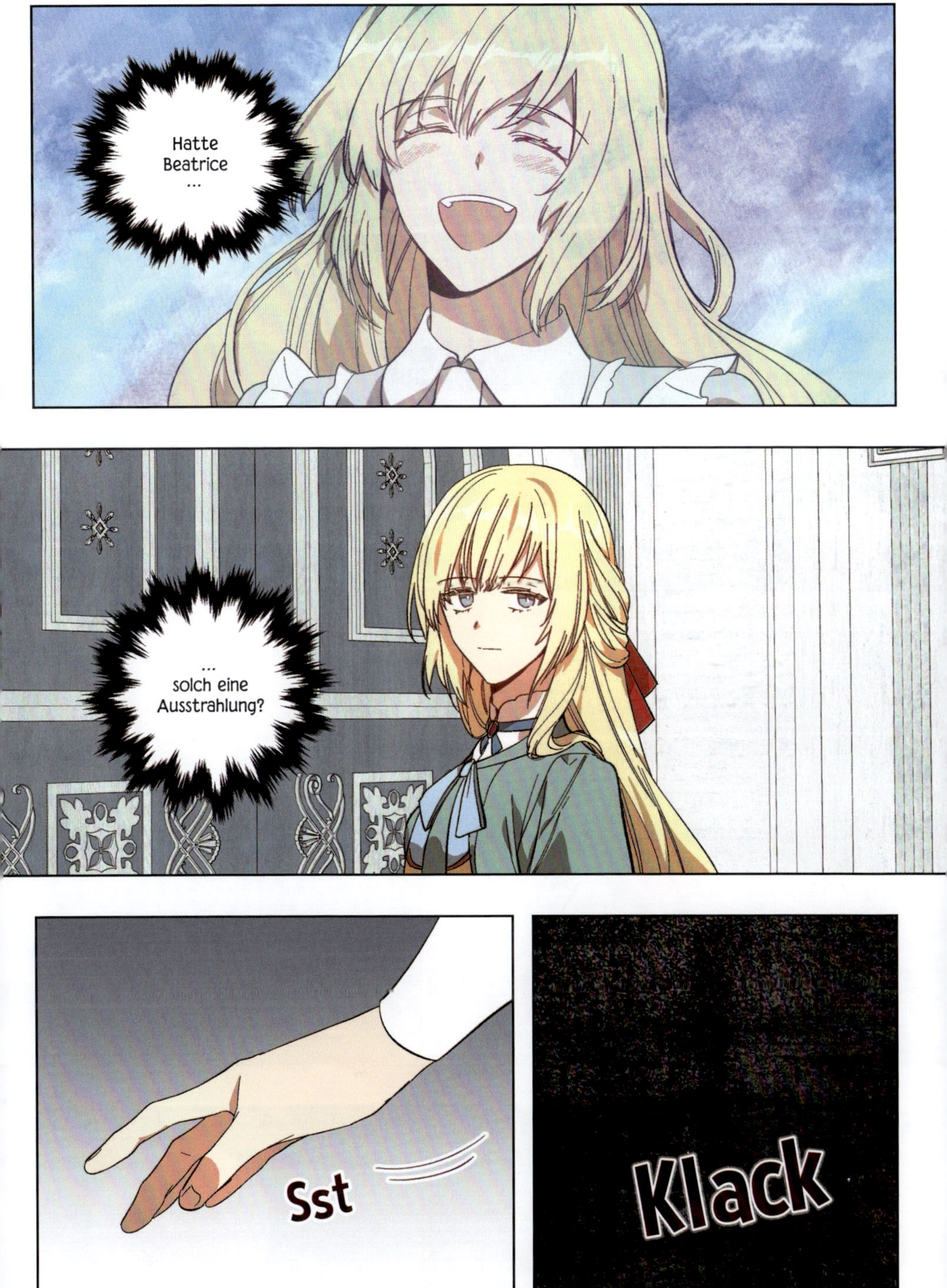
Hatte Beatrice …
… solch eine Ausstrahlung?
Sst
Klack

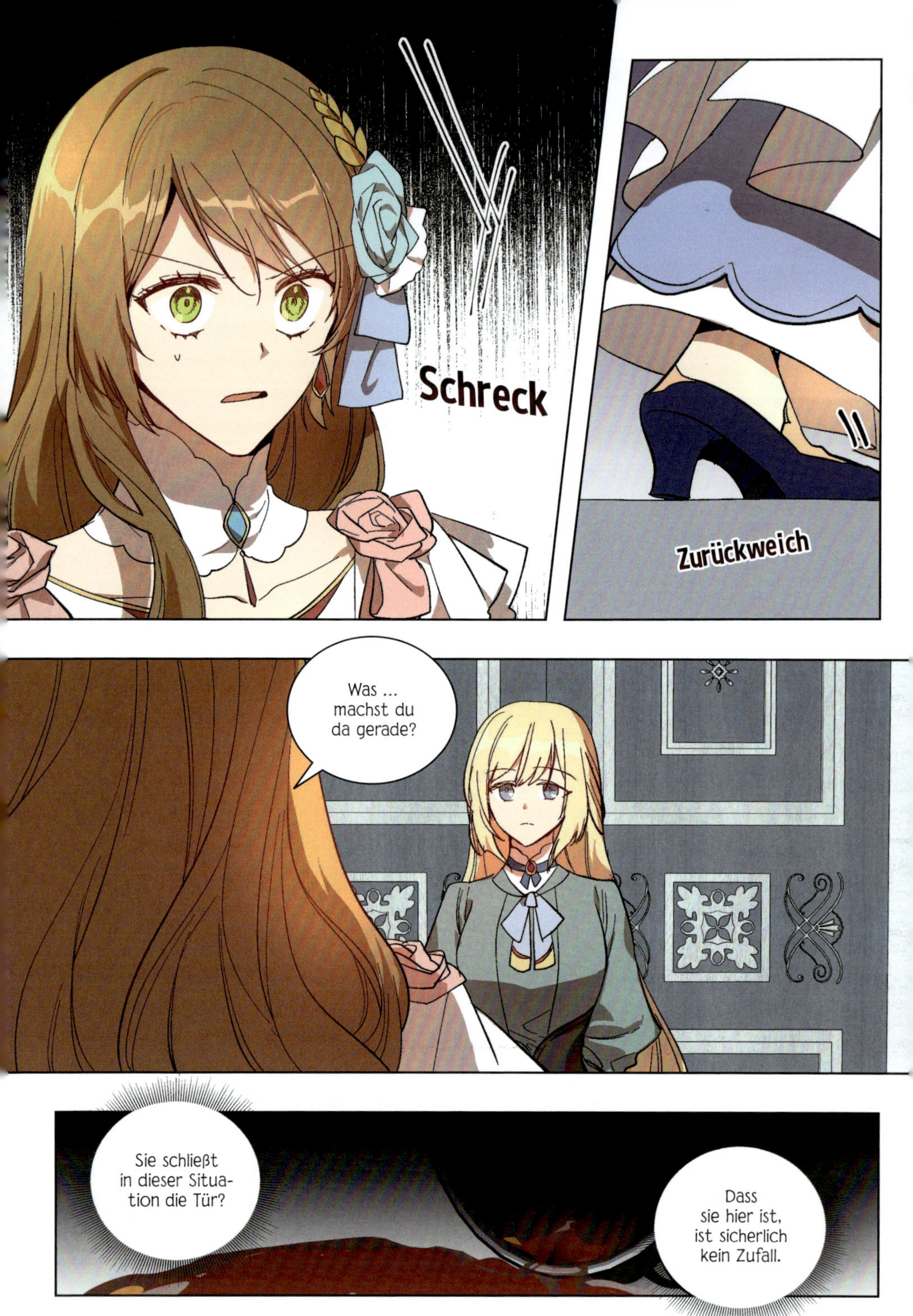
Schreck
Zurückweich
Was ... machst du da gerade?
Sie schließt in dieser Situation die Tür?
Dass sie hier ist, ist sicherlich kein Zufall.

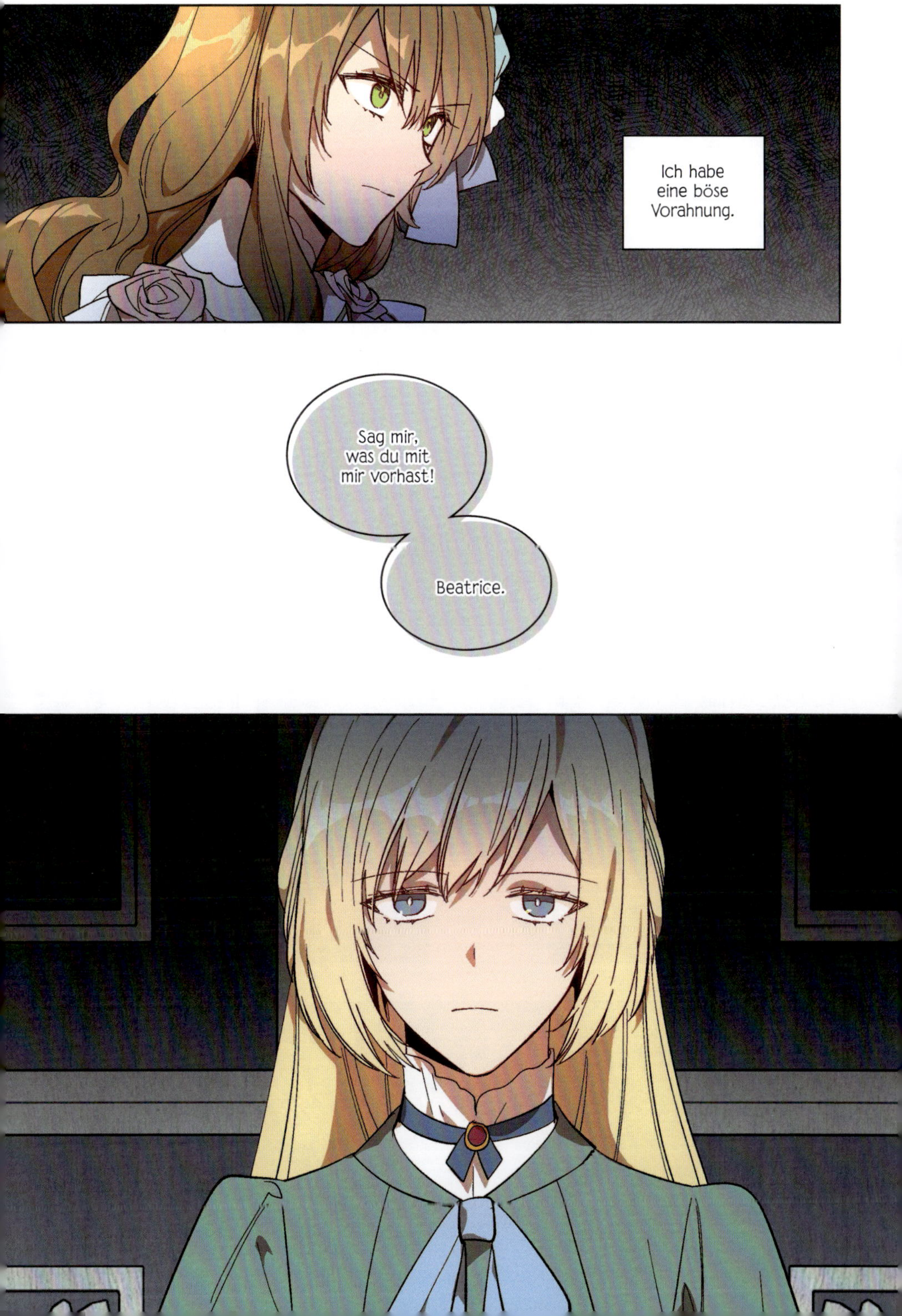
Ich habe eine böse Vorahnung.
Sag mir, was du mit mir vorhast!
Beatrice.

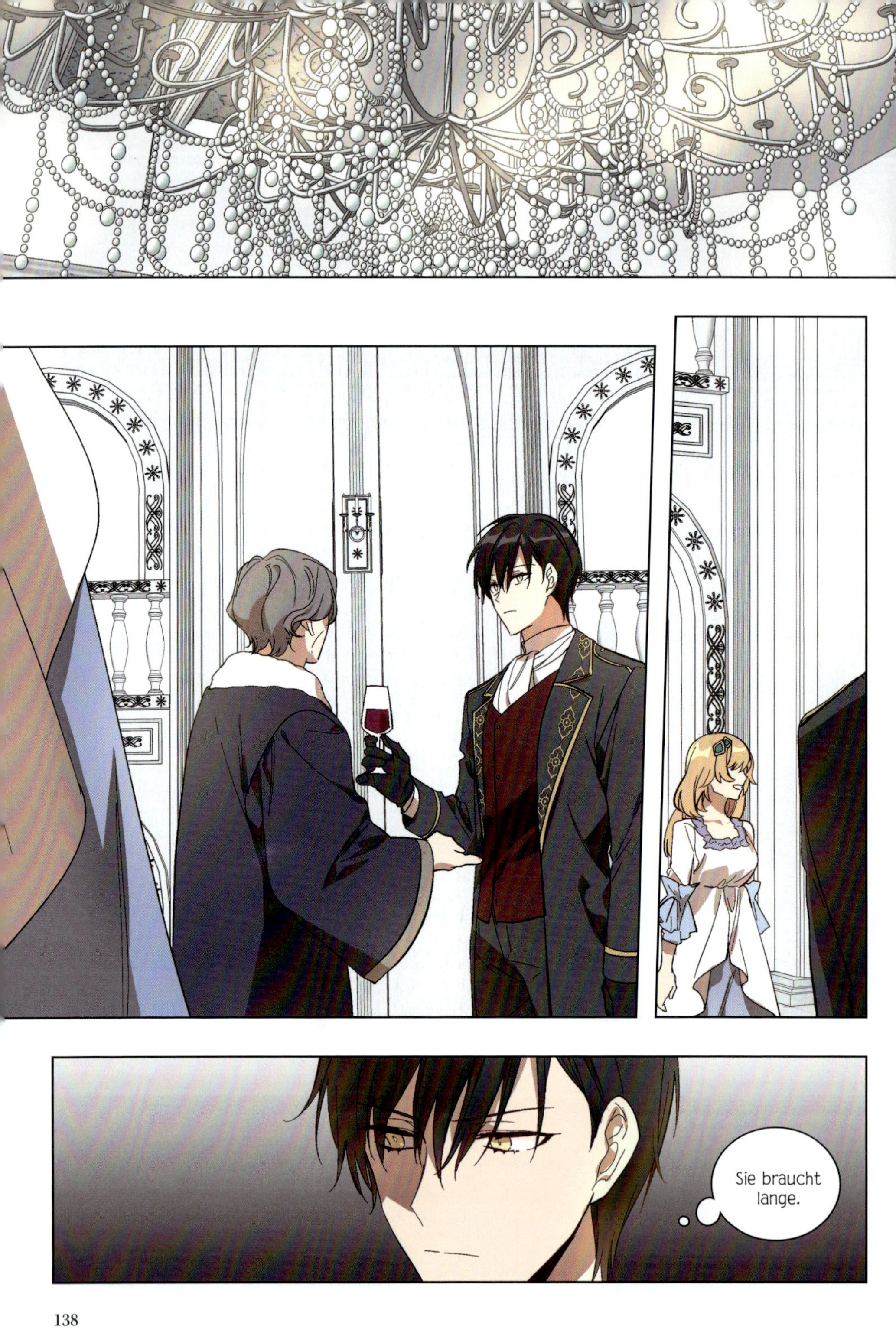
Sie braucht lange.

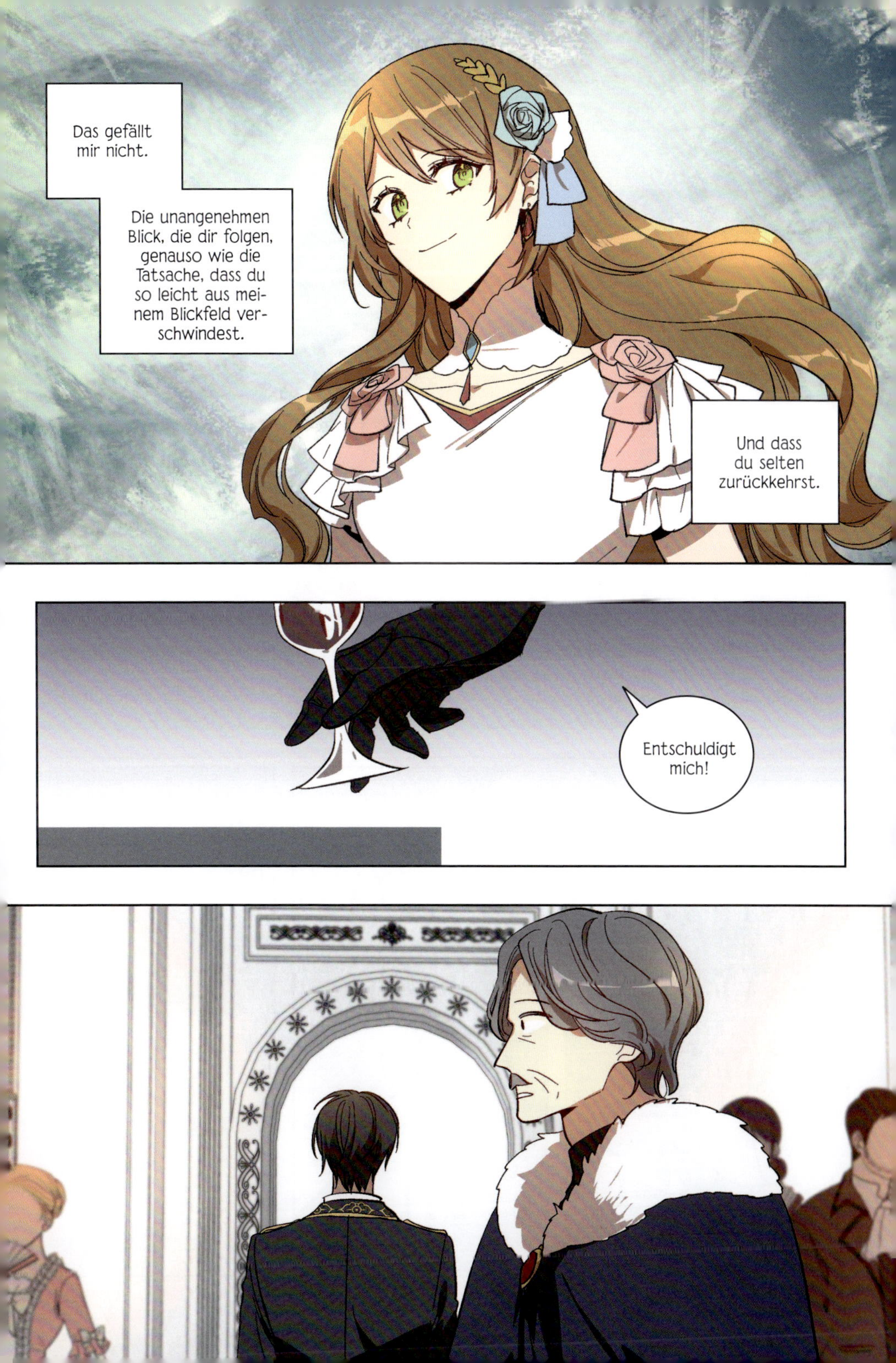
Das gefällt mir nicht.
Die unangenehmen Blick, die dir folgen, genauso wie die Tatsache, dass du so leicht aus meinem Blickfeld verschwindest.
Und dass du selten zurückkehrst.
Entschuldigt mich!

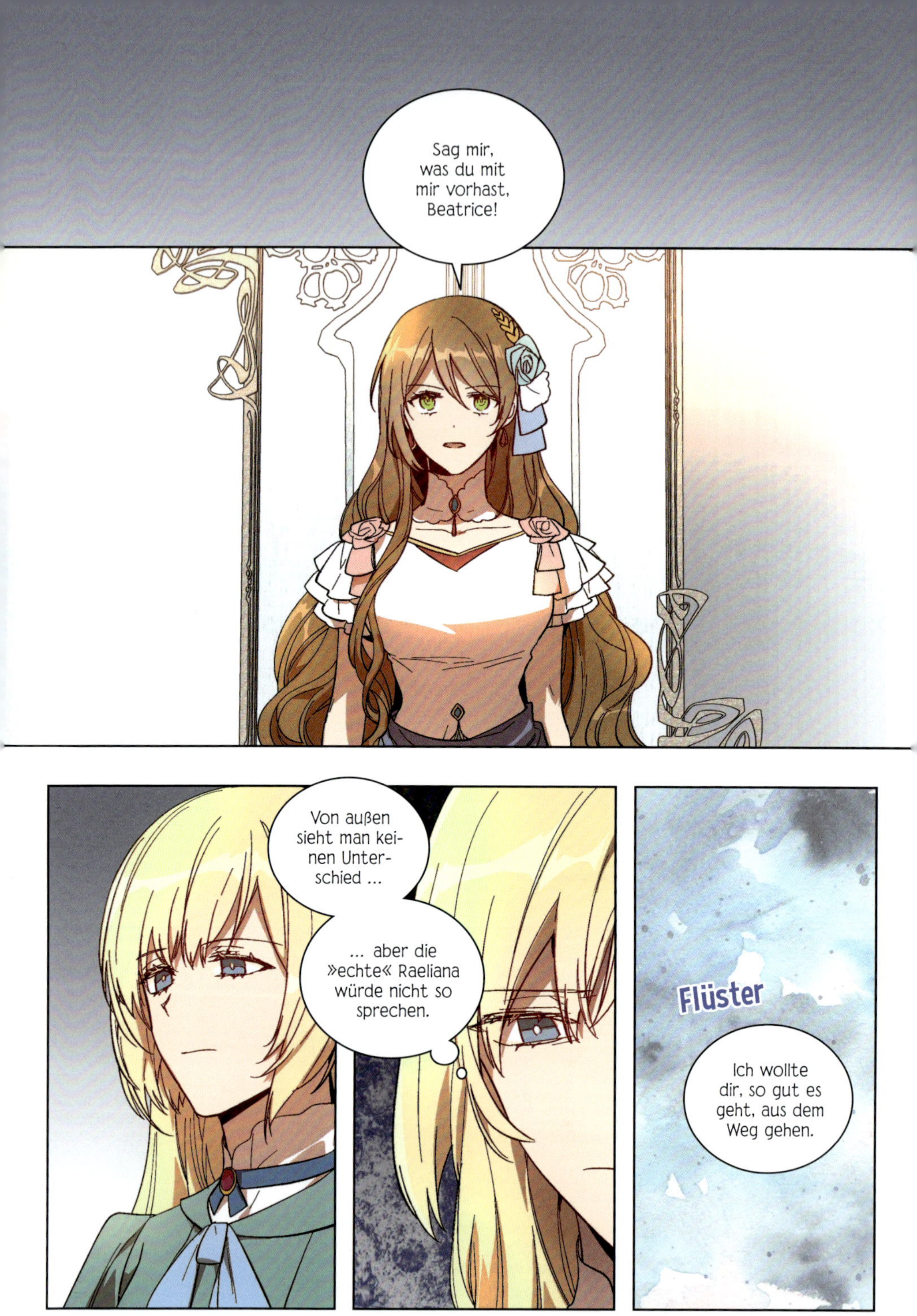
Sag mir, was du mit mir vorhast, Beatrice!
Von außen sieht man keinen Unterschied …
… aber die »echte« Raeliana würde nicht so sprechen.
Flüster
Ich wollte dir, so gut es geht, aus dem Weg gehen.

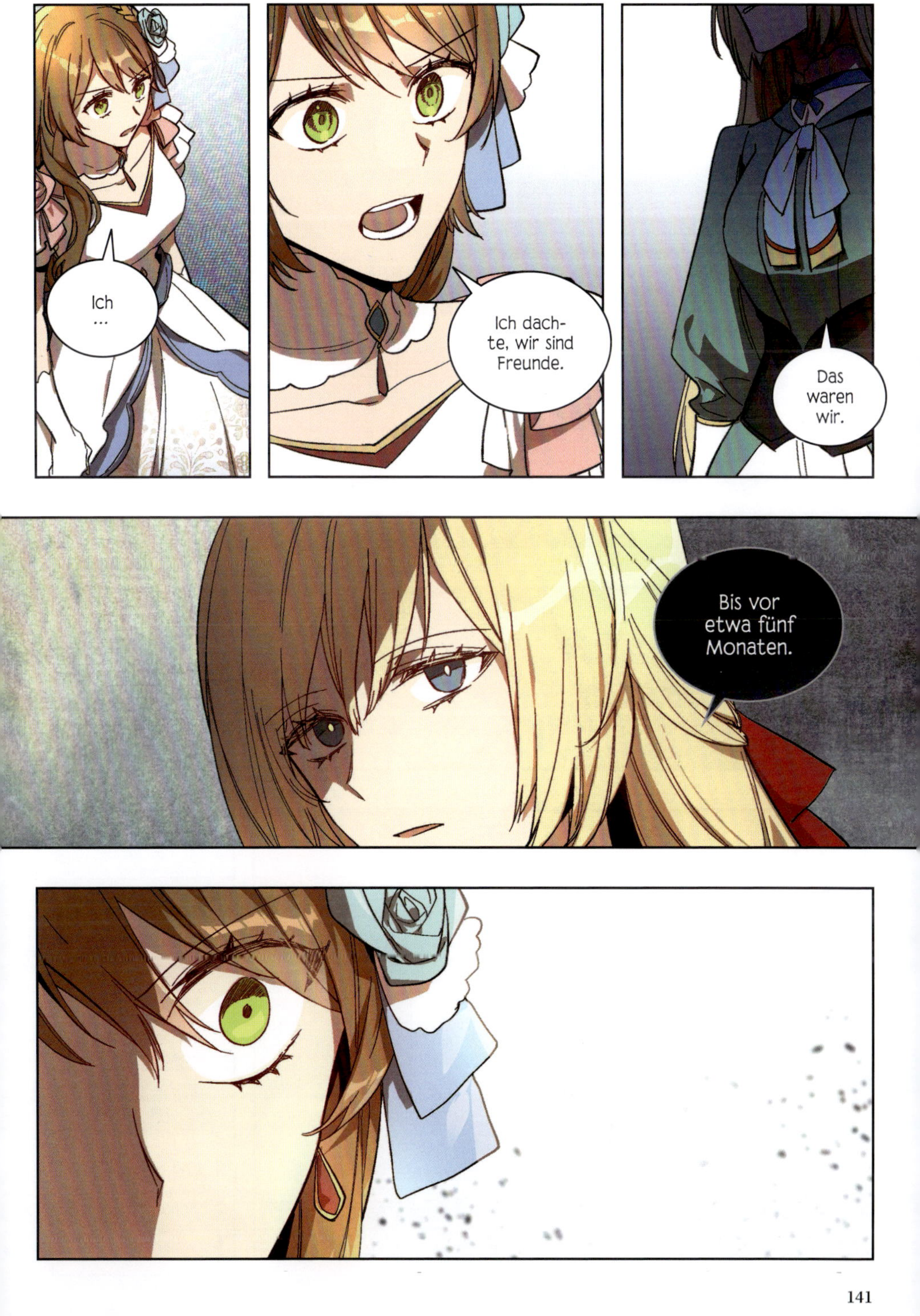
Ich ...
Ich dachte, wir sind Freunde.
Das waren wir.
Bis vor etwa fünf Monaten.

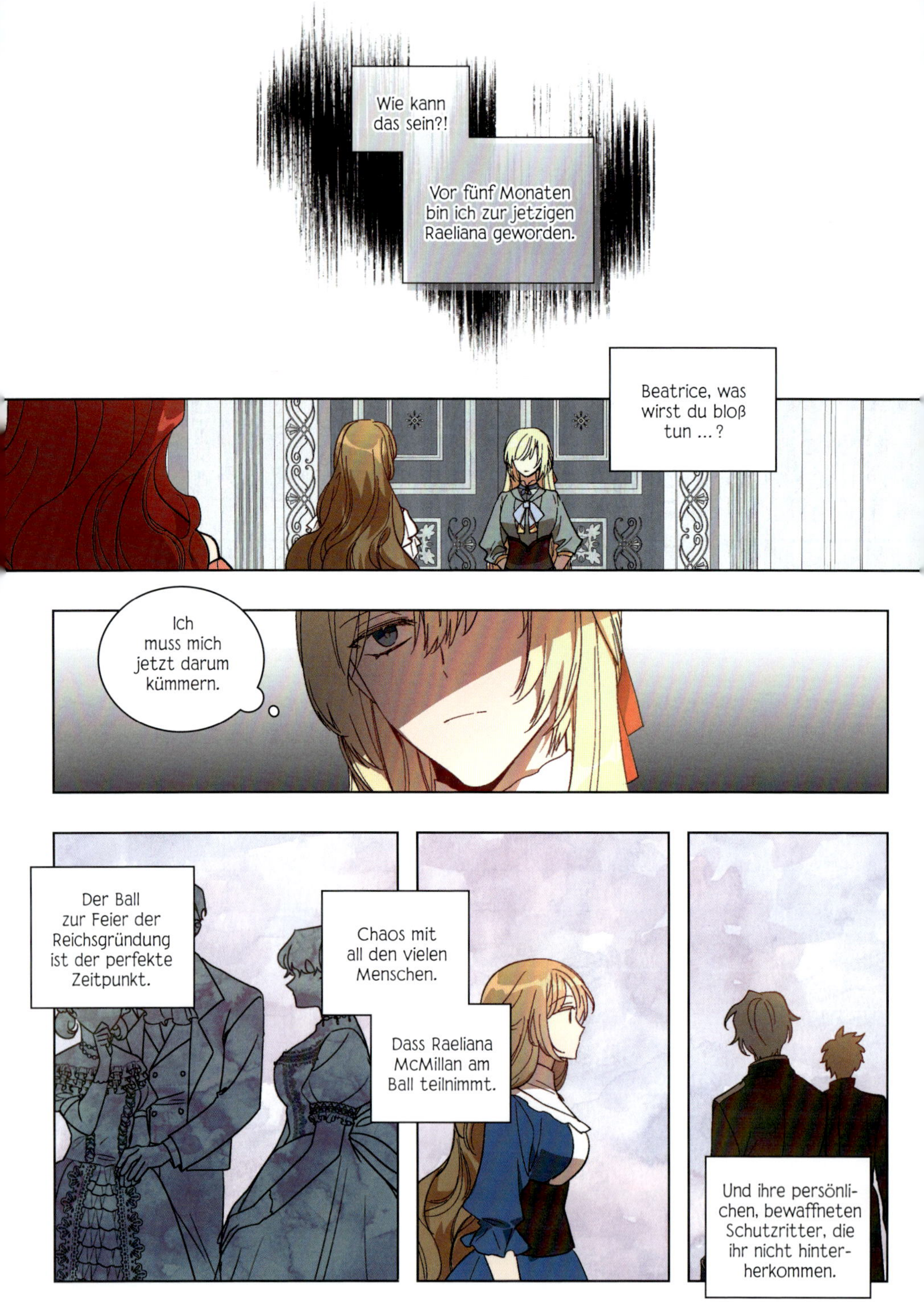
Wie kann das sein?!
Vor fünf Monaten bin ich zur jetzigen Raeliana geworden.
Beatrice, was wirst du bloß tun ...?
Ich muss mich jetzt darum kümmern.
Der Ball zur Feier der Reichsgründung ist der perfekte Zeitpunkt.
Chaos mit all den vielen Menschen.
Dass Raeliana McMillan am Ball teilnimmt.
Und ihre persönlichen, bewaffneten Schutzritter, die ihr nicht hinterherkommen.

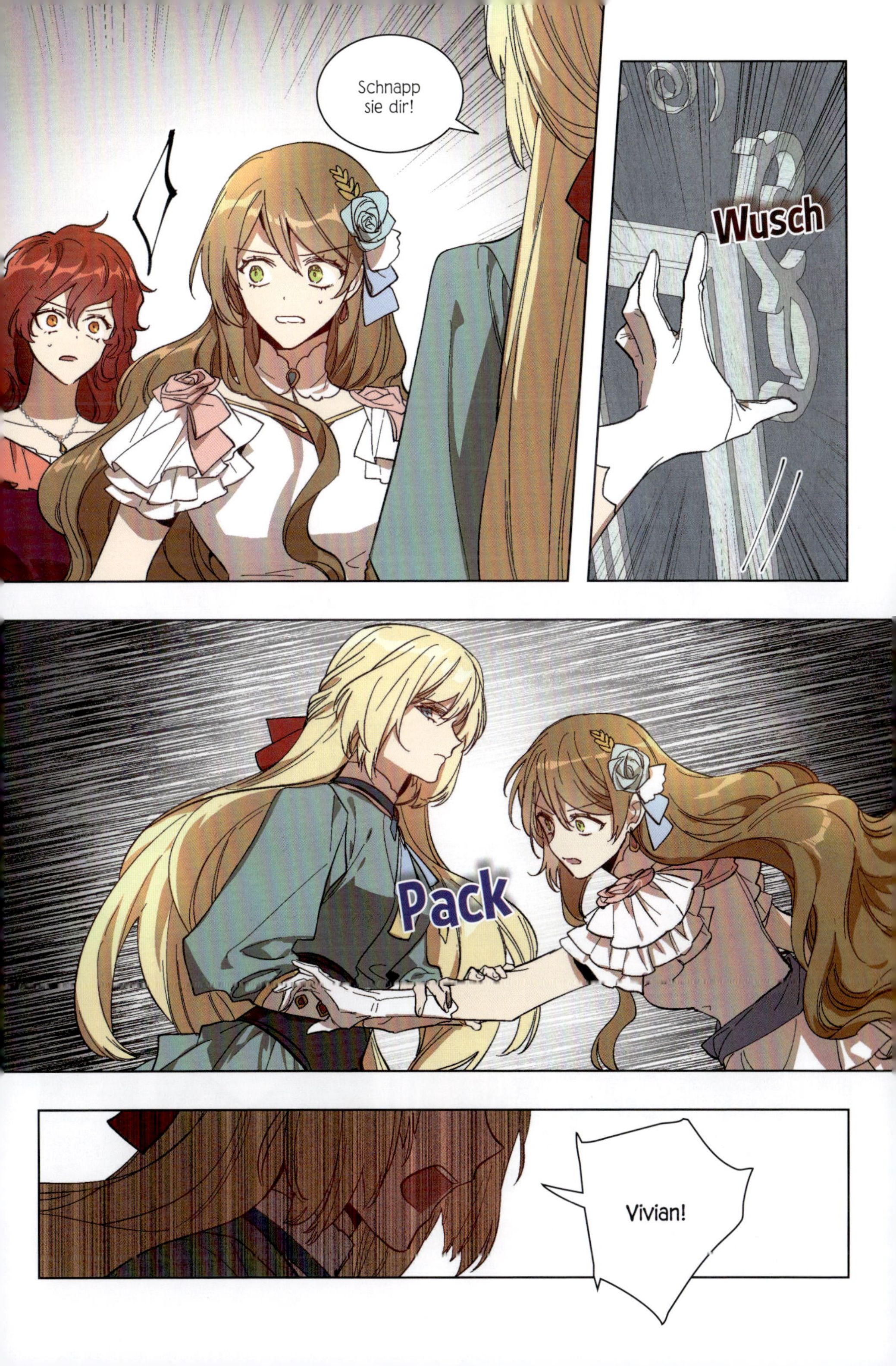
Schnapp sie dir!
Wusch
Pack
Vivian!

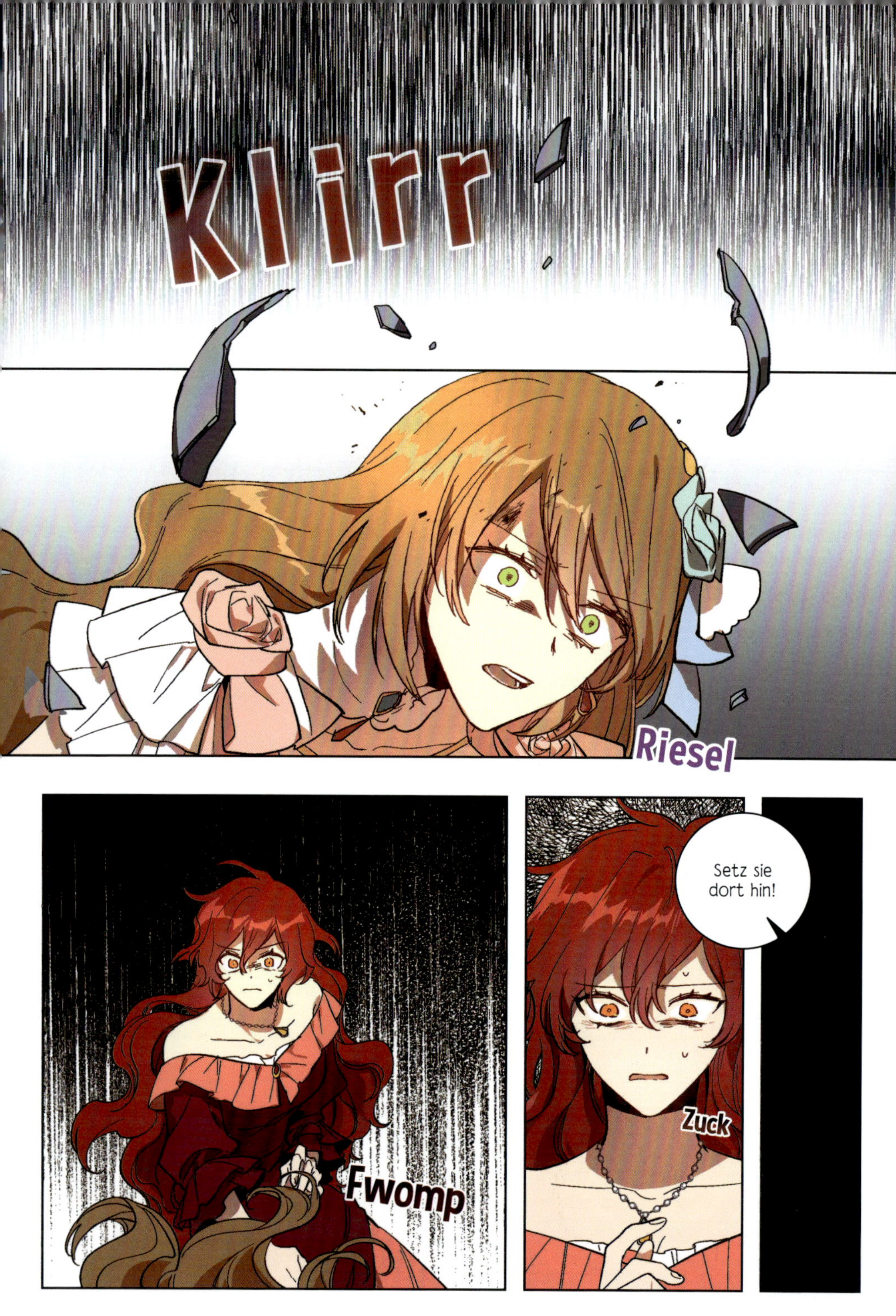
Klirr
Riesel
Fwomp
Setz sie dort hin!
Zuck

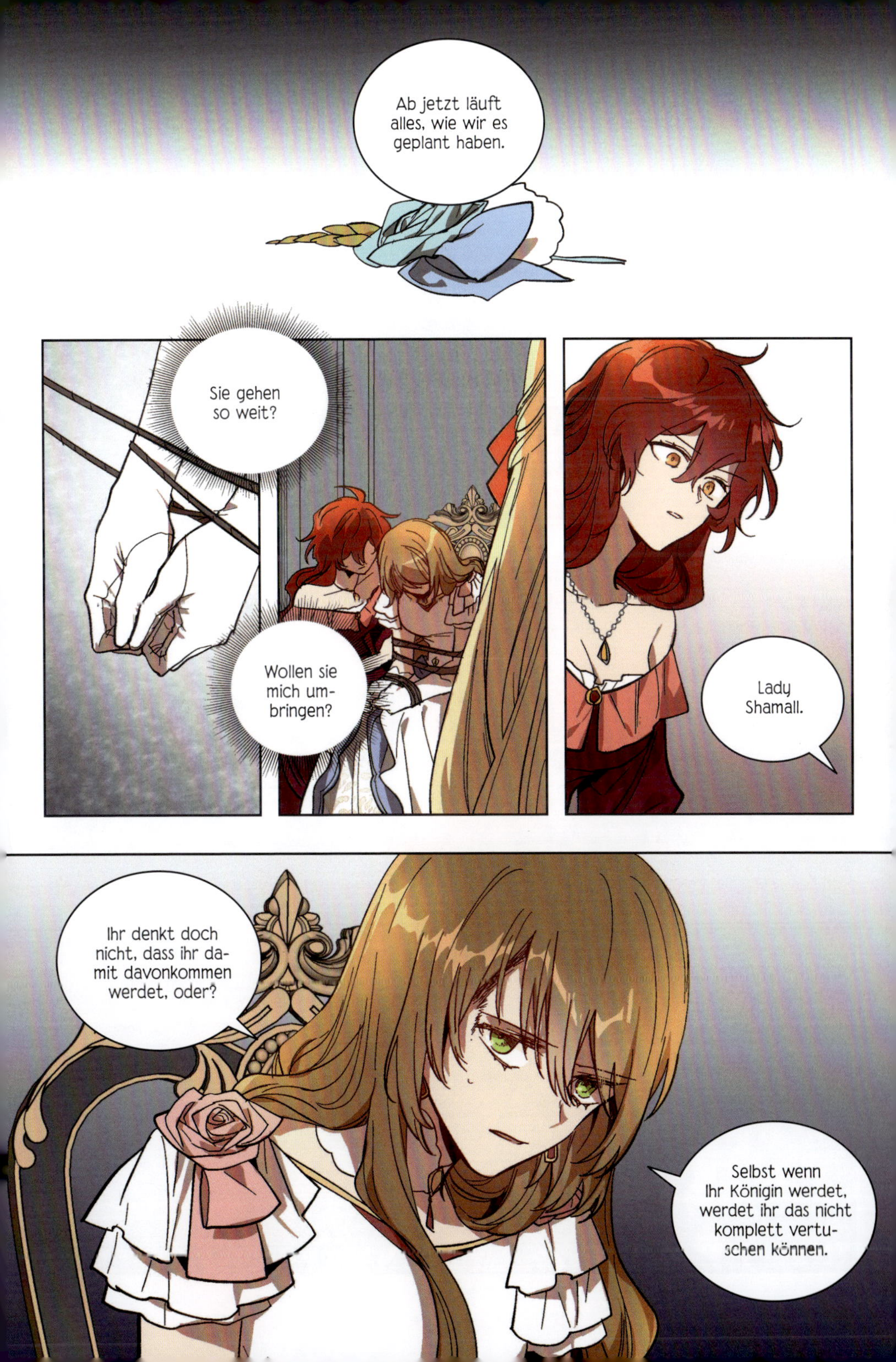
Ab jetzt läuft alles, wie wir es geplant haben.
Sie gehen so weit?
Wollen sie mich umbringen?
Lady Shamall.
Ihr denkt doch nicht, dass ihr damit davonkommen werdet, oder?
Selbst wenn Ihr Königin werdet, werdet ihr das nicht komplett vertuschen können.

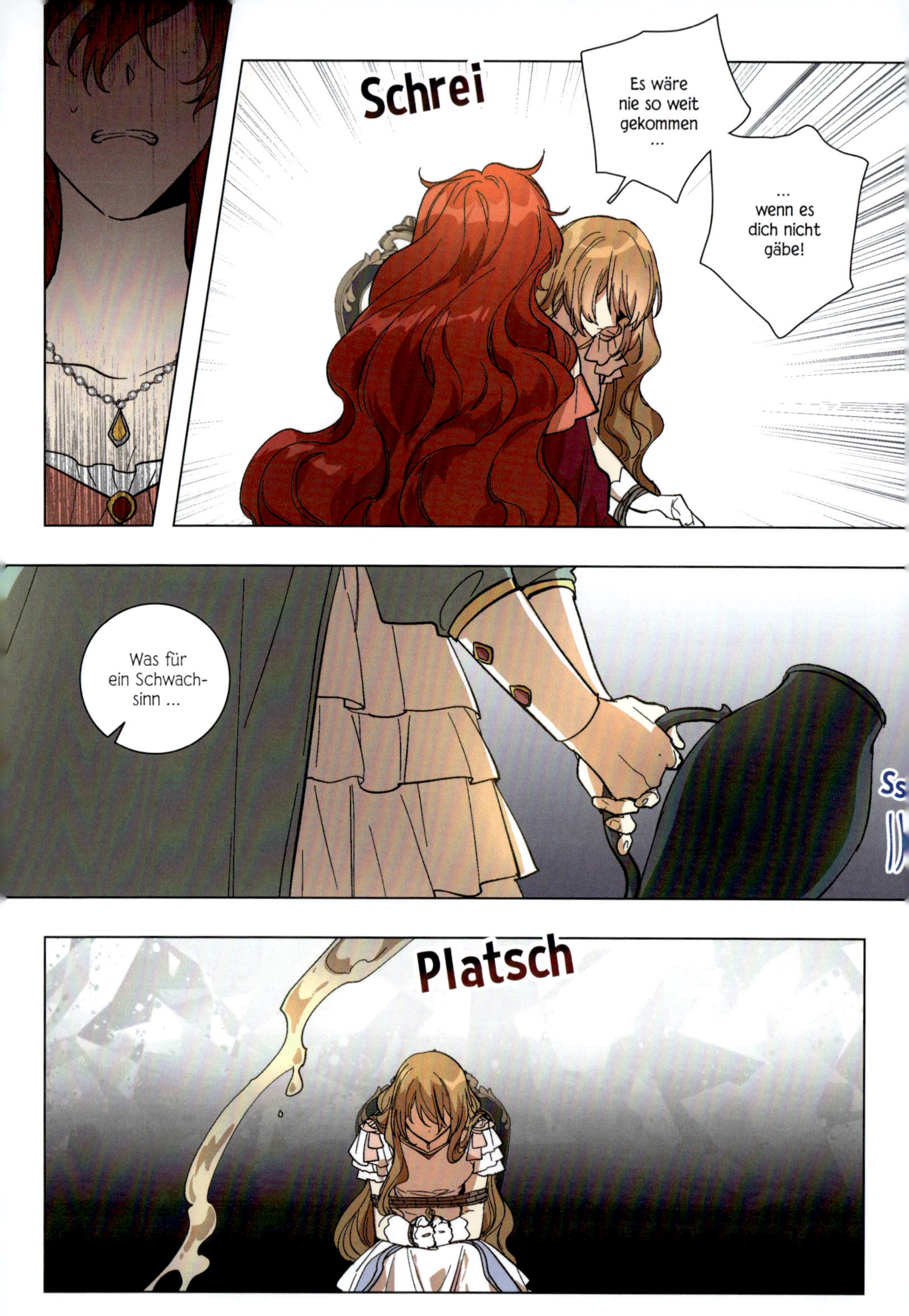
Schrei
Es wäre nie so weit gekommen ...
... wenn es dich nicht gäbe!
Was für ein Schwachsinn ...
Platsch

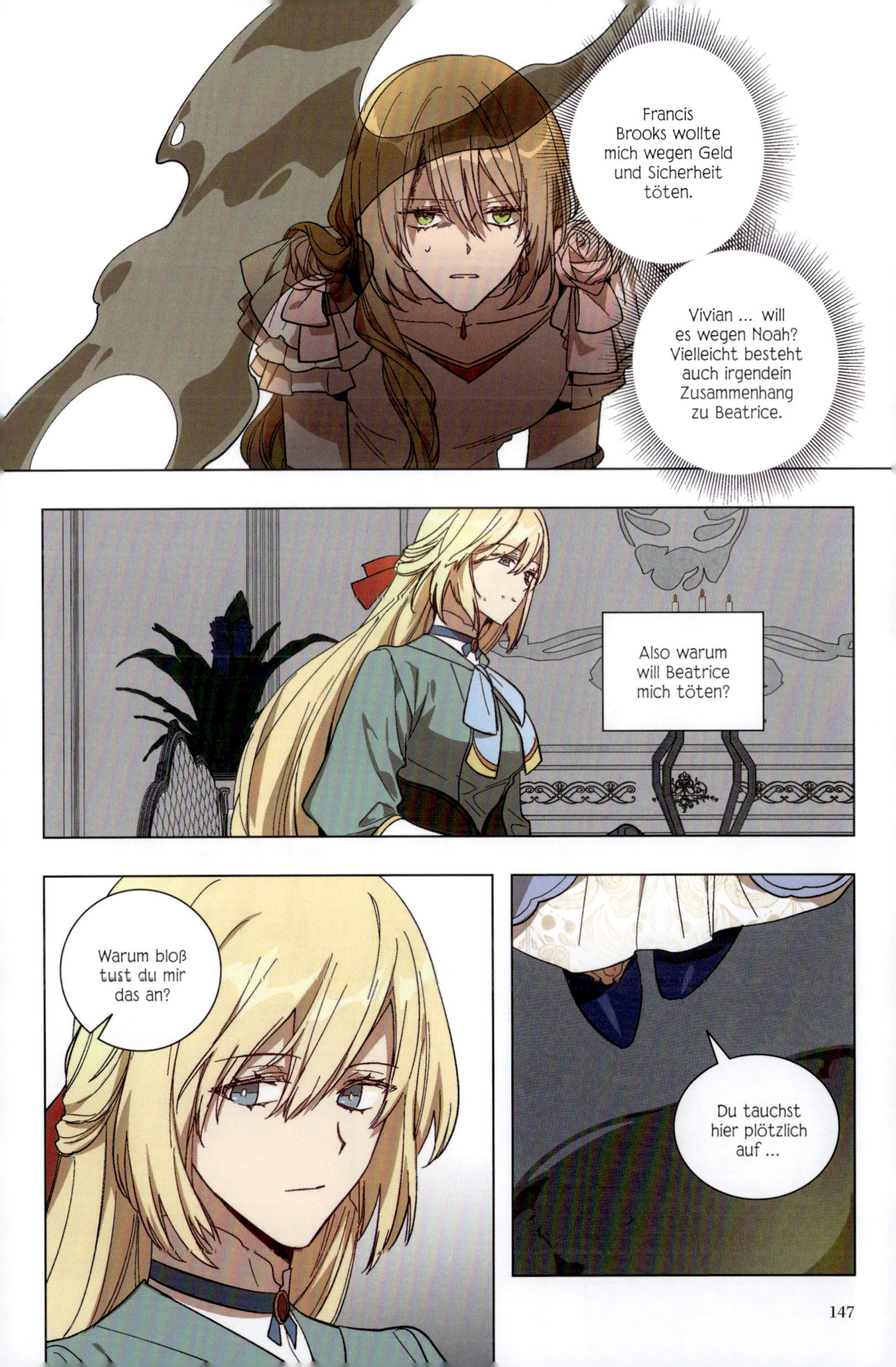
Francis Brooks wollte mich wegen Geld und Sicherheit töten.
Vivian ... will es wegen Noah? Vielleicht besteht auch irgendein Zusammenhang zu Beatrice.
Also warum will Beatrice mich töten?
Warum bloß tust du mir das an?
Du tauchst hier plötzlich auf ...

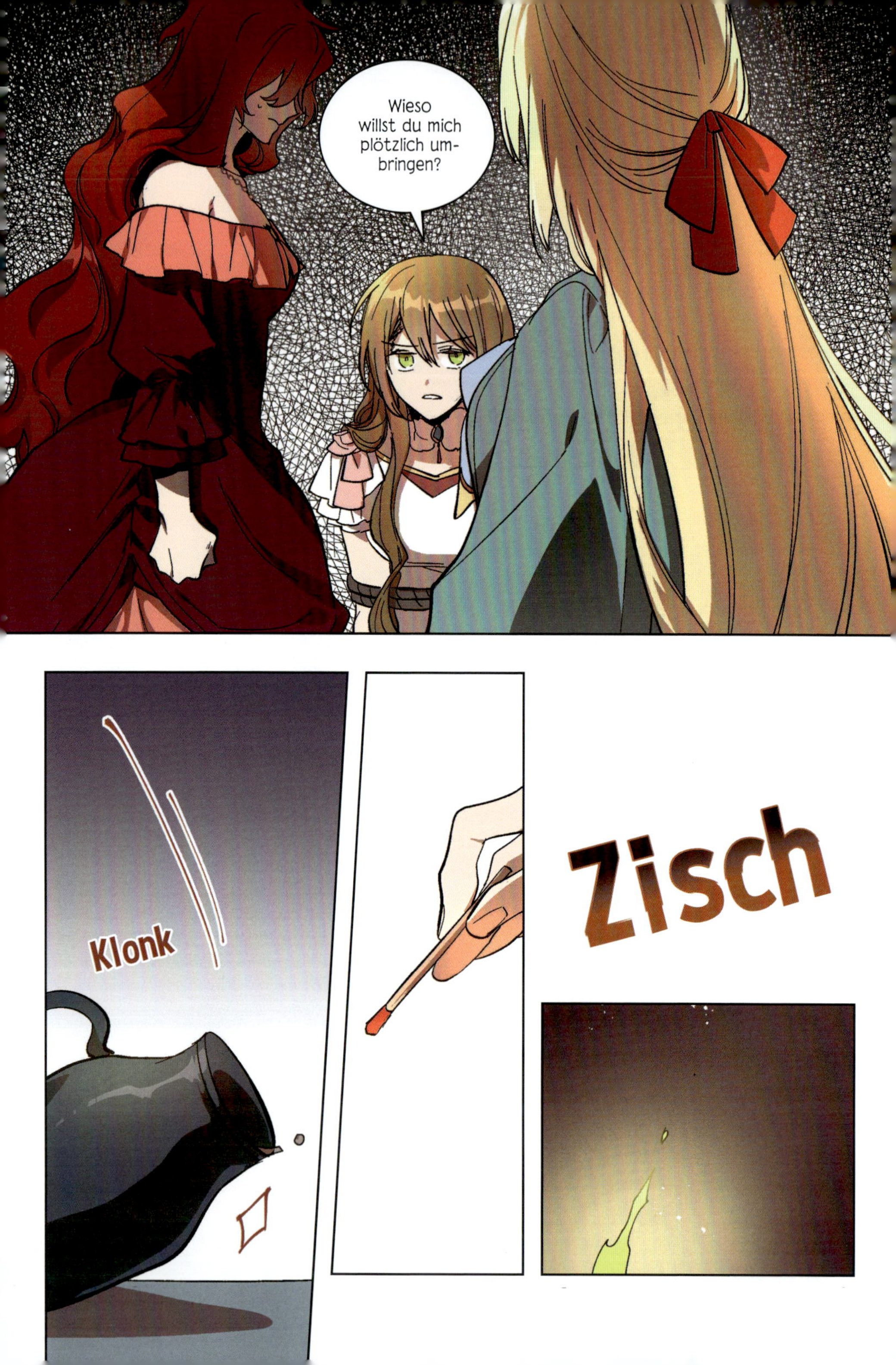
Wieso willst du mich plötzlich umbringen?
Klonk
Zisch

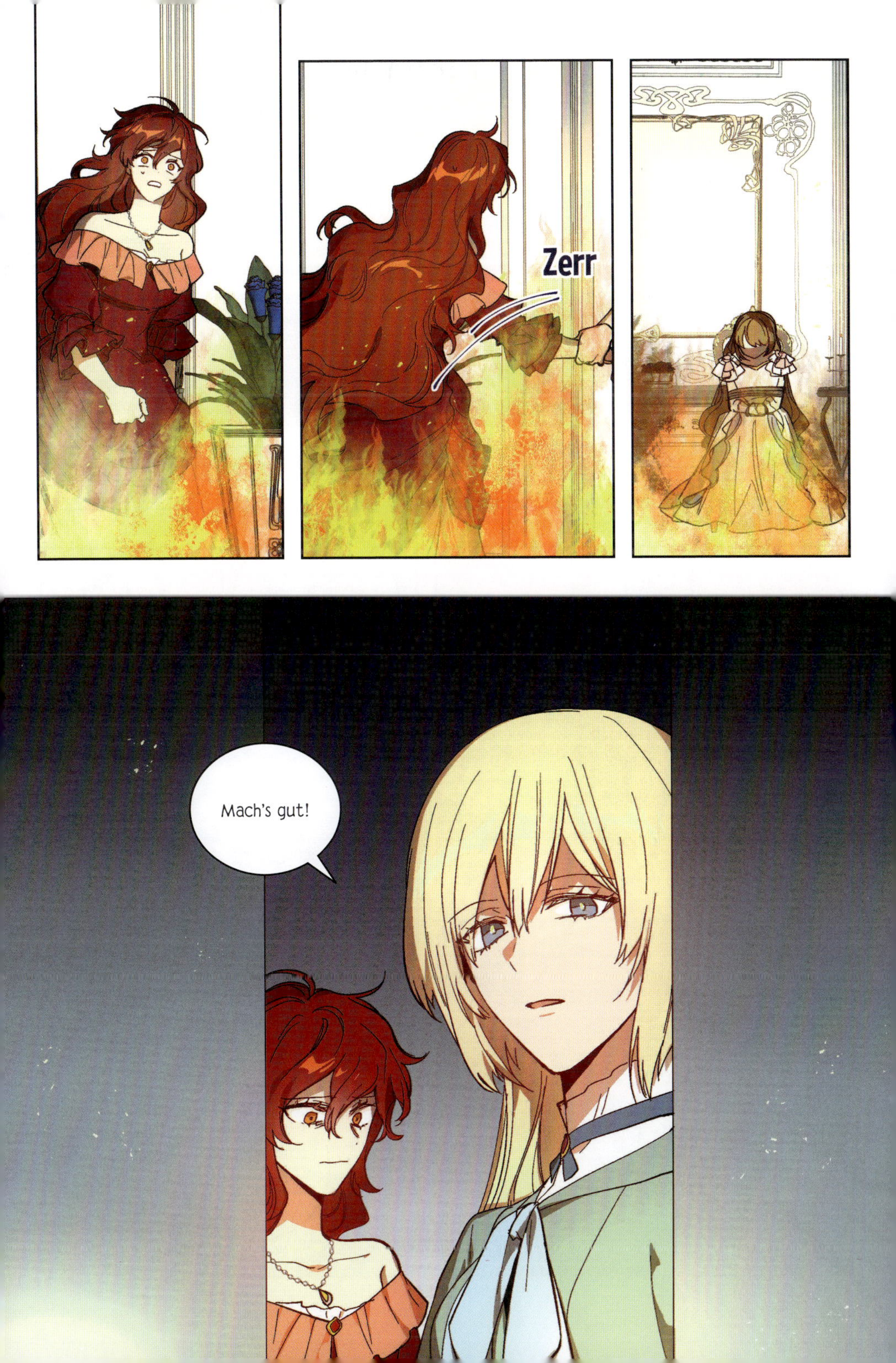

Zerr
Mach's gut!

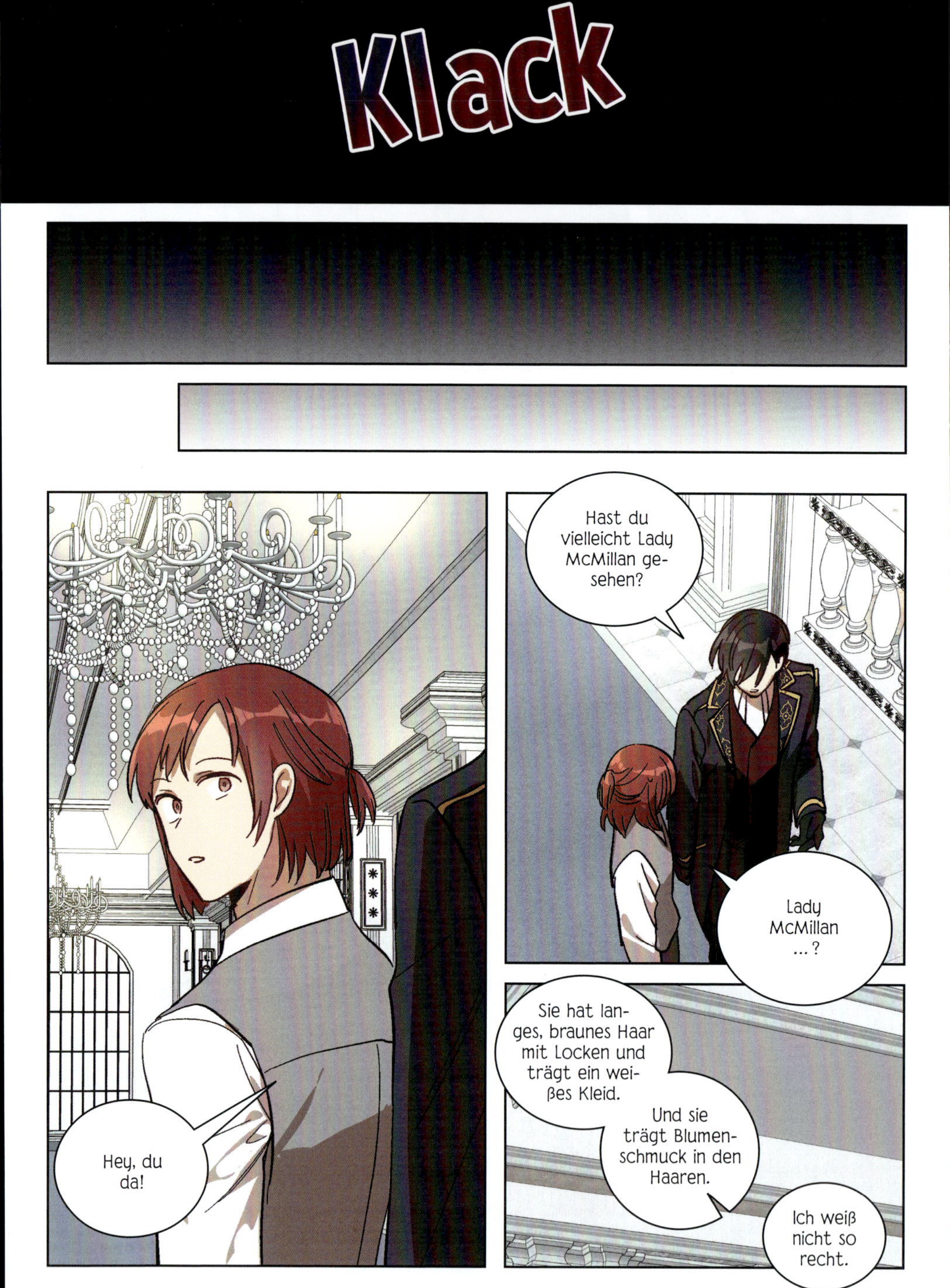
Klack
Hey, du da!
Hast du vielleicht Lady McMillan gesehen?
Lady McMillan …?
Sie hat langes, braunes Haar mit Locken und trägt ein weißes Kleid.
Und sie trägt Blumenschmuck in den Haaren.
Ich weiß nicht so recht.

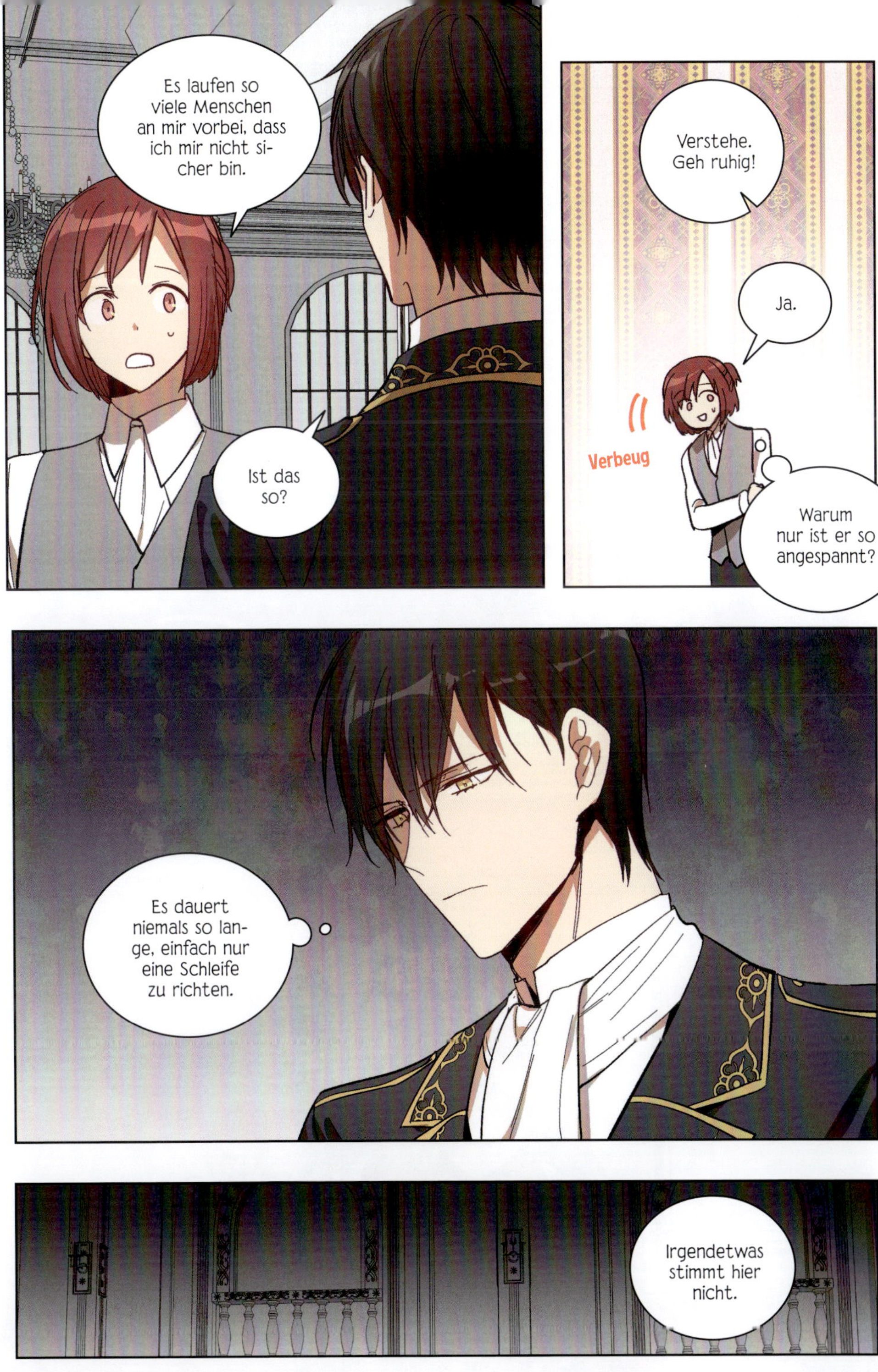
Es laufen so viele Menschen an mir vorbei, dass ich mir nicht sicher bin.
Ist das so?
Verstehe. Geh ruhig!
Ja.
Verbeug
Warum nur ist er so angespannt?
Es dauert niemals so lange, einfach nur eine Schleife zu richten.
Irgendetwas stimmt hier nicht.

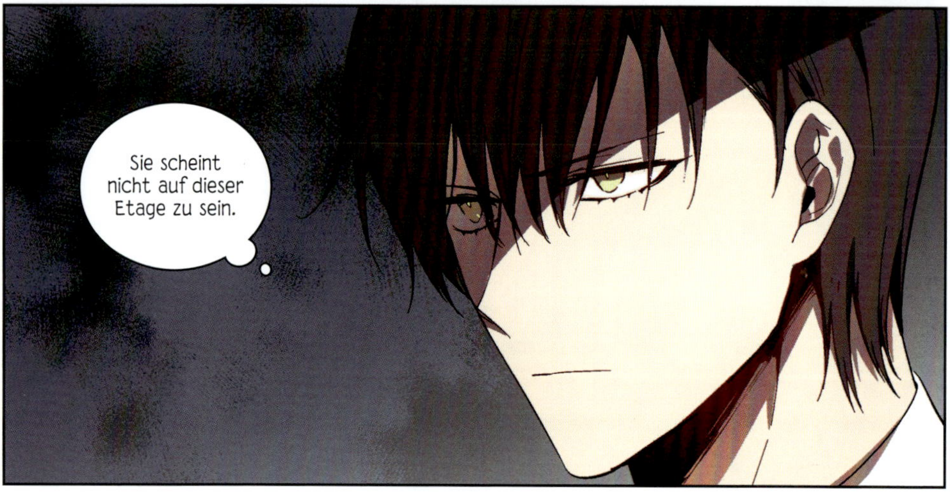
Sie scheint nicht auf dieser Etage zu sein.

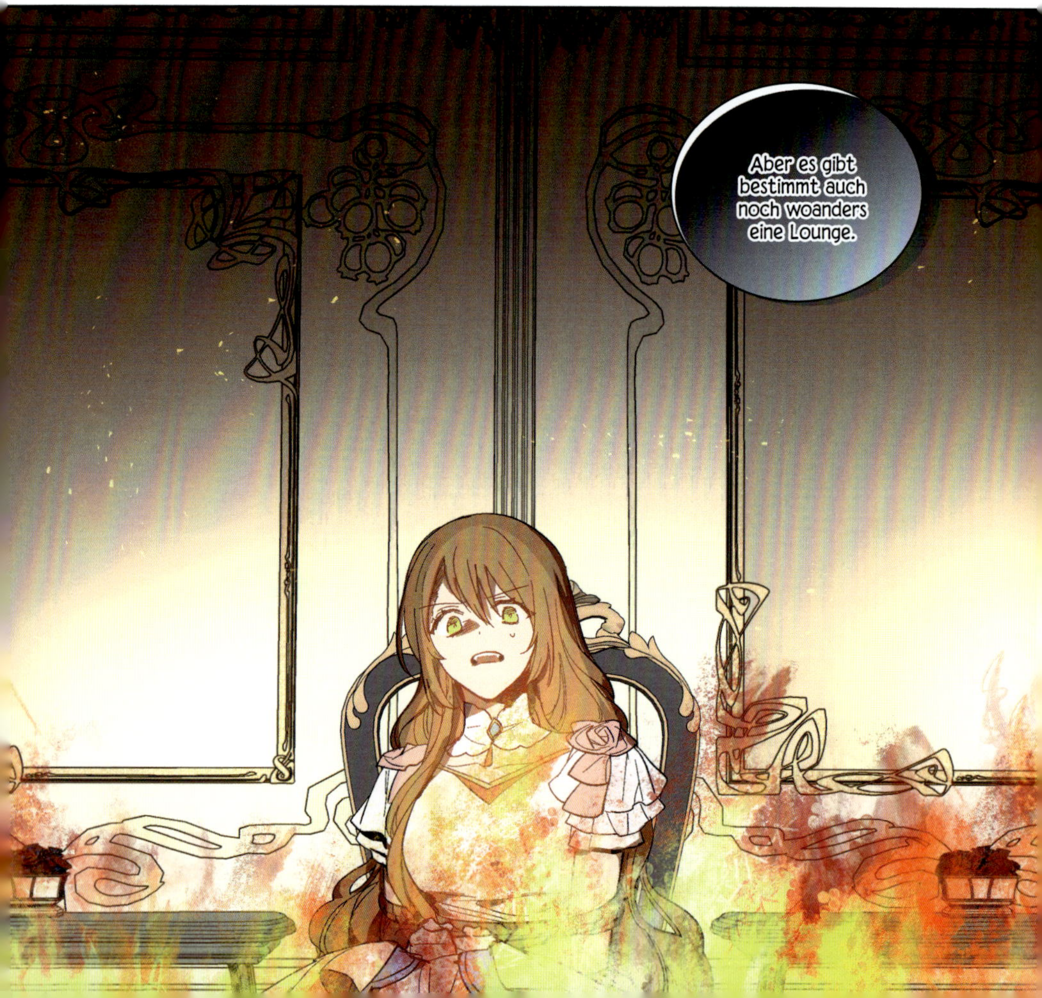
Aber es gibt bestimmt auch noch woanders eine Lounge.

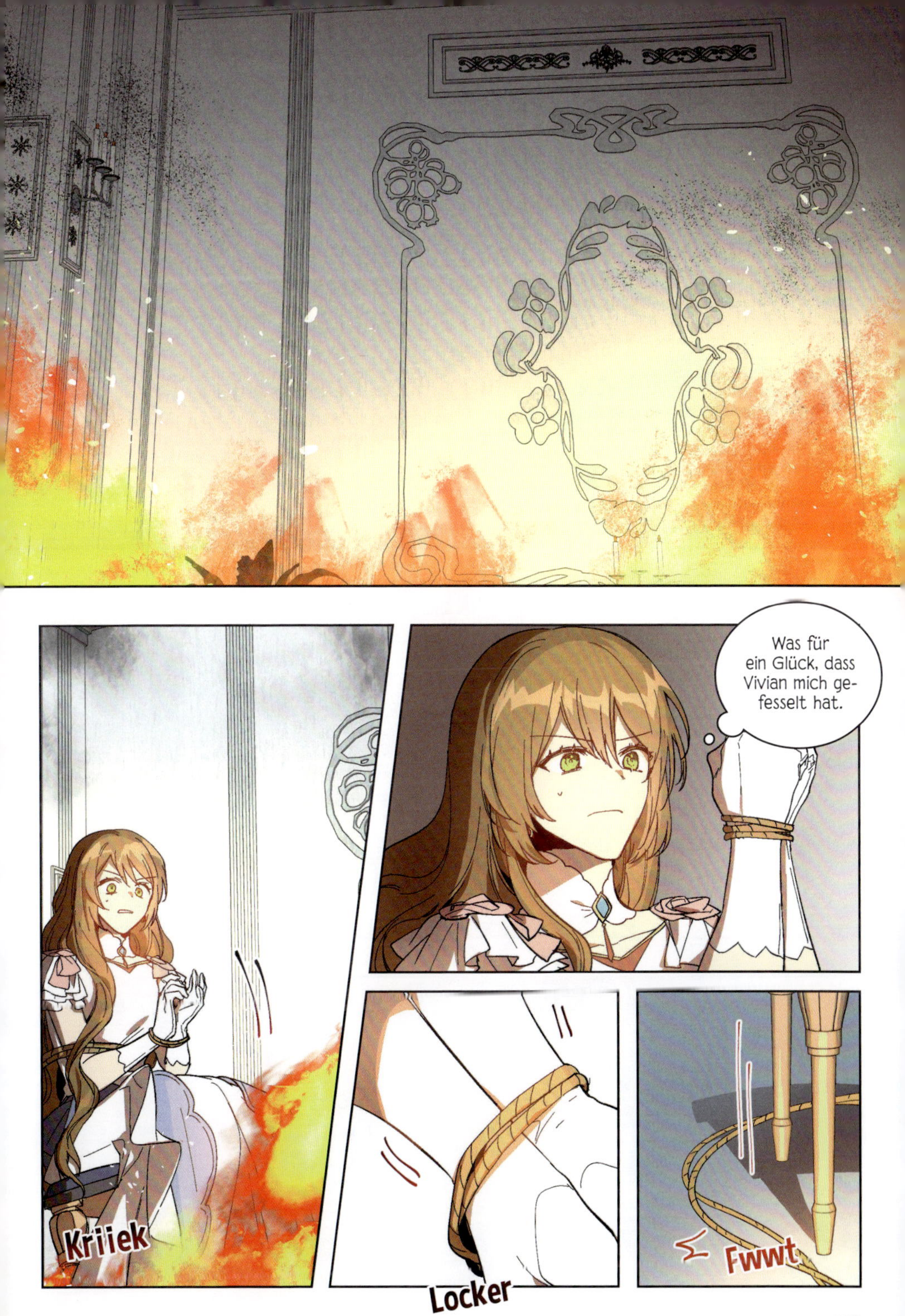
Was für ein Glück, dass Vivian mich gefesselt hat.
Kriiek
Locker
Fwwt

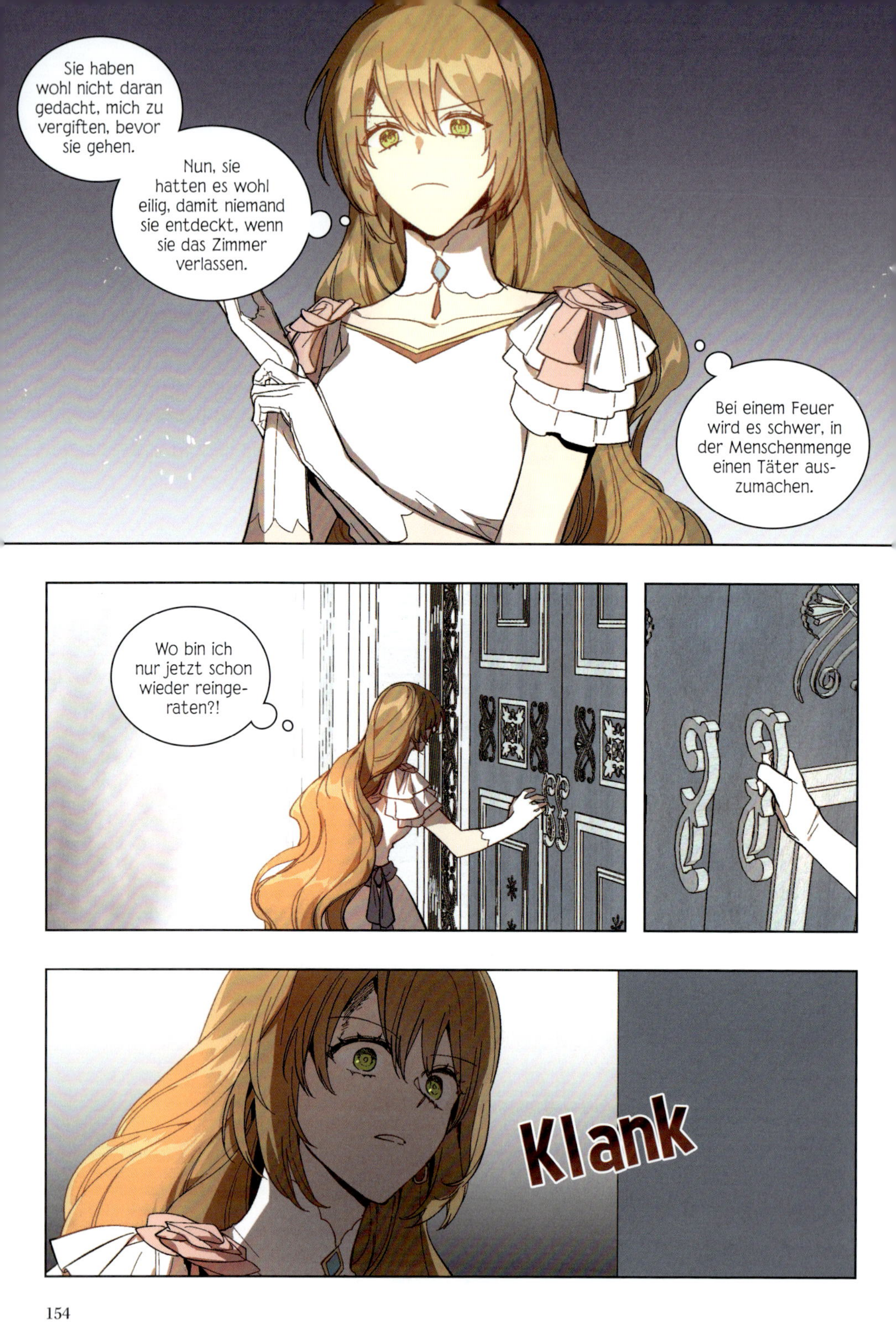
Sie haben wohl nicht daran gedacht, mich zu vergiften, bevor sie gehen.
Nun, sie hatten es wohl eilig, damit niemand sie entdeckt, wenn sie das Zimmer verlassen.
Bei einem Feuer wird es schwer, in der Menschenmenge einen Täter auszumachen.
Wo bin ich nur jetzt schon wieder reingeraten?!
Klank

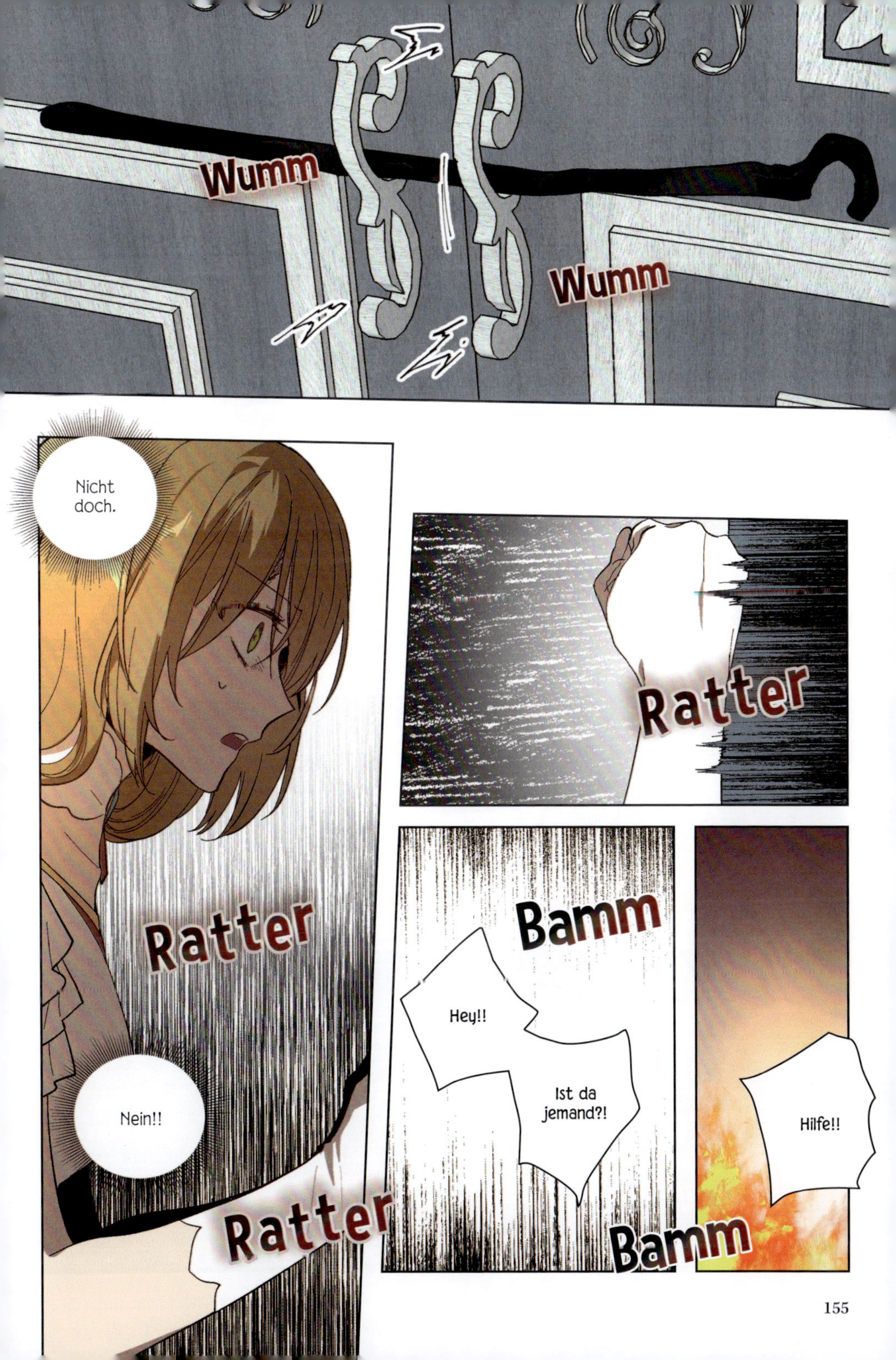
Wumm
Wumm
Nicht doch.
Ratter
Ratter
Nein!!
Ratter
Bamm
Hey!!
Ist da jemand?!
Bamm
Hilfe!!

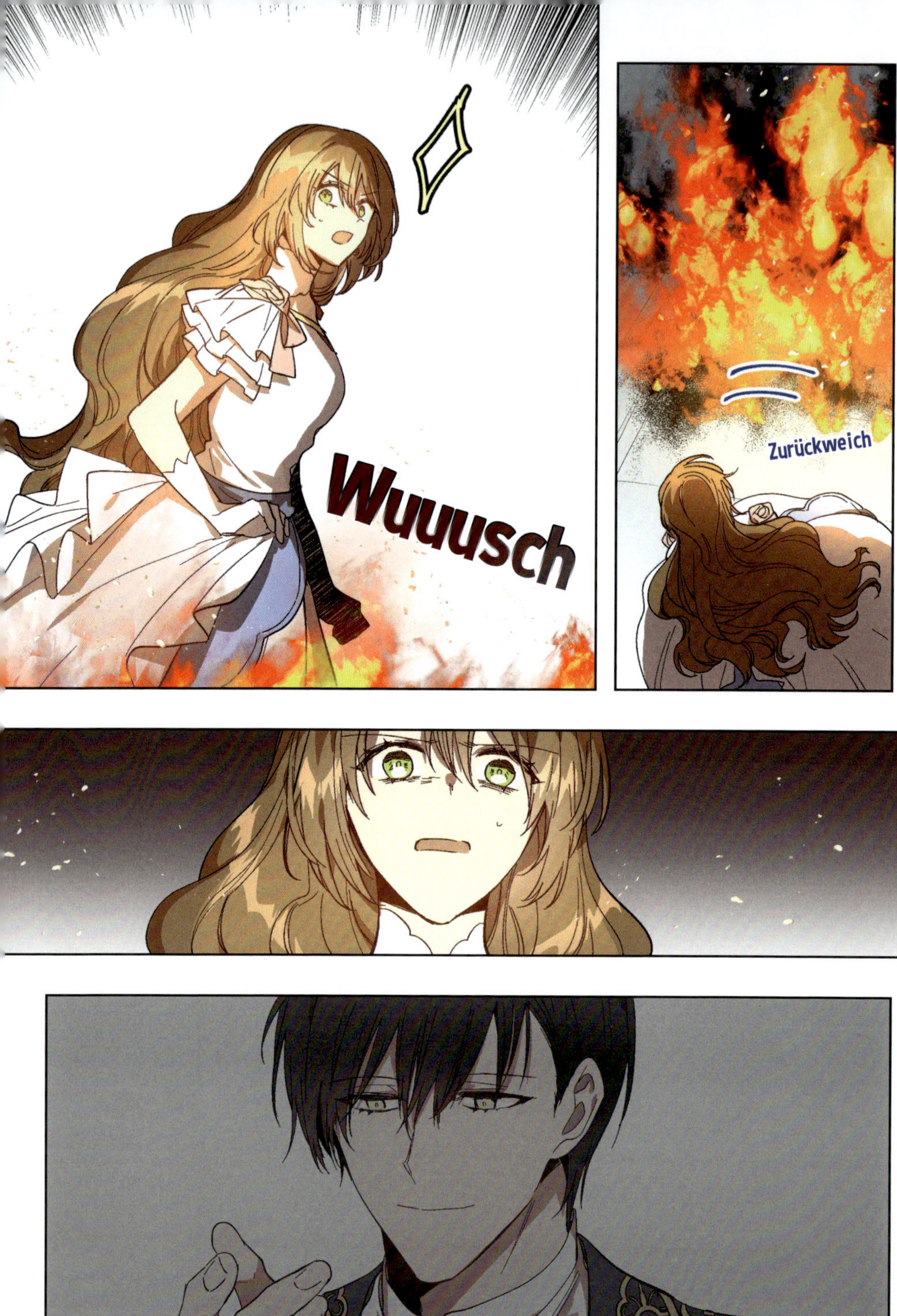
Wuuusch
Zurückweich

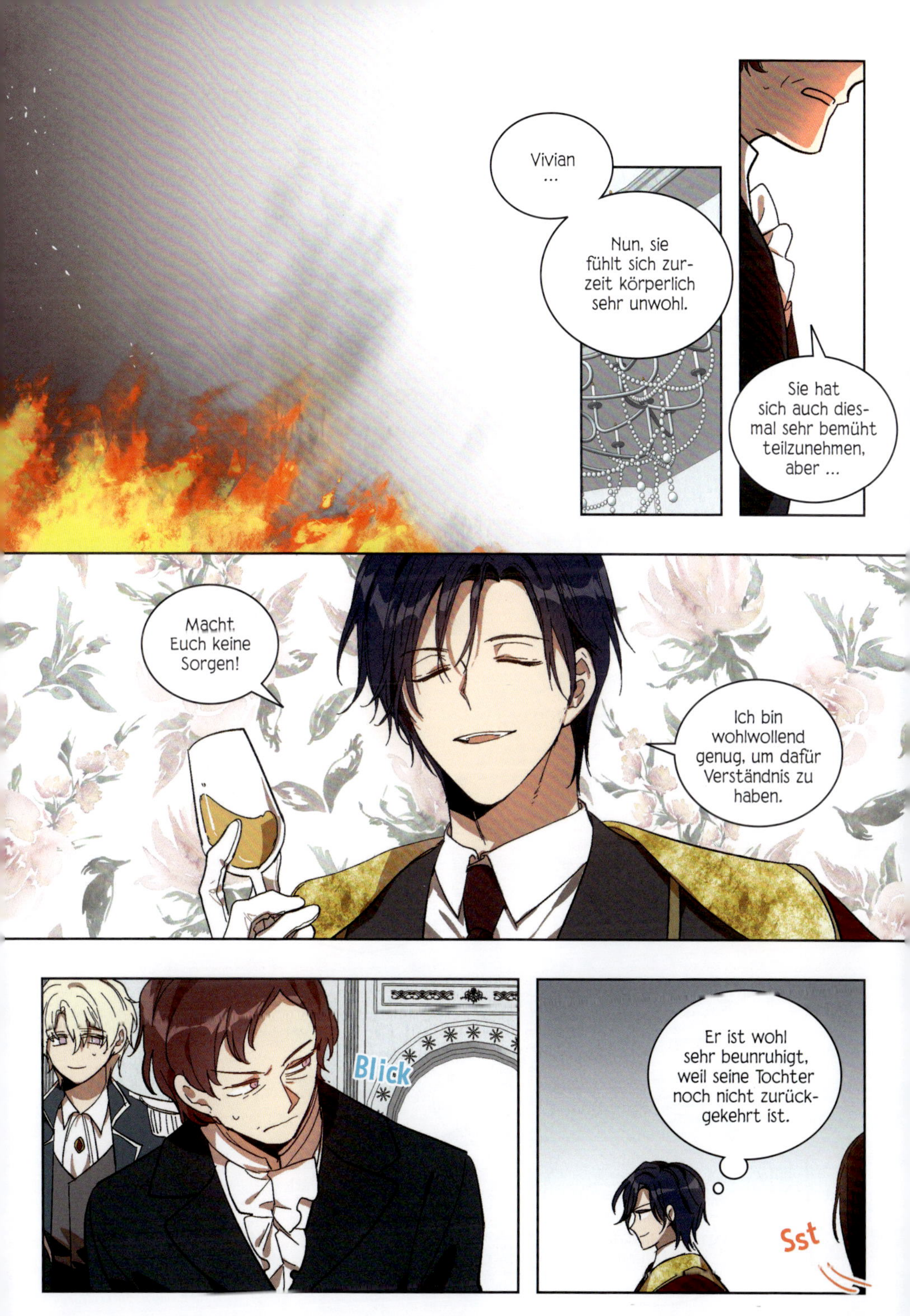

Vivian …
Nun, sie fühlt sich zurzeit körperlich sehr unwohl.
Sie hat sich auch diesmal sehr bemüht teilzunehmen, aber …
Macht Euch keine Sorgen!
Ich bin wohlwollend genug, um dafür Verständnis zu haben.
Blick
Er ist wohl sehr beunruhigt, weil seine Tochter noch nicht zurückgekehrt ist.
Sst

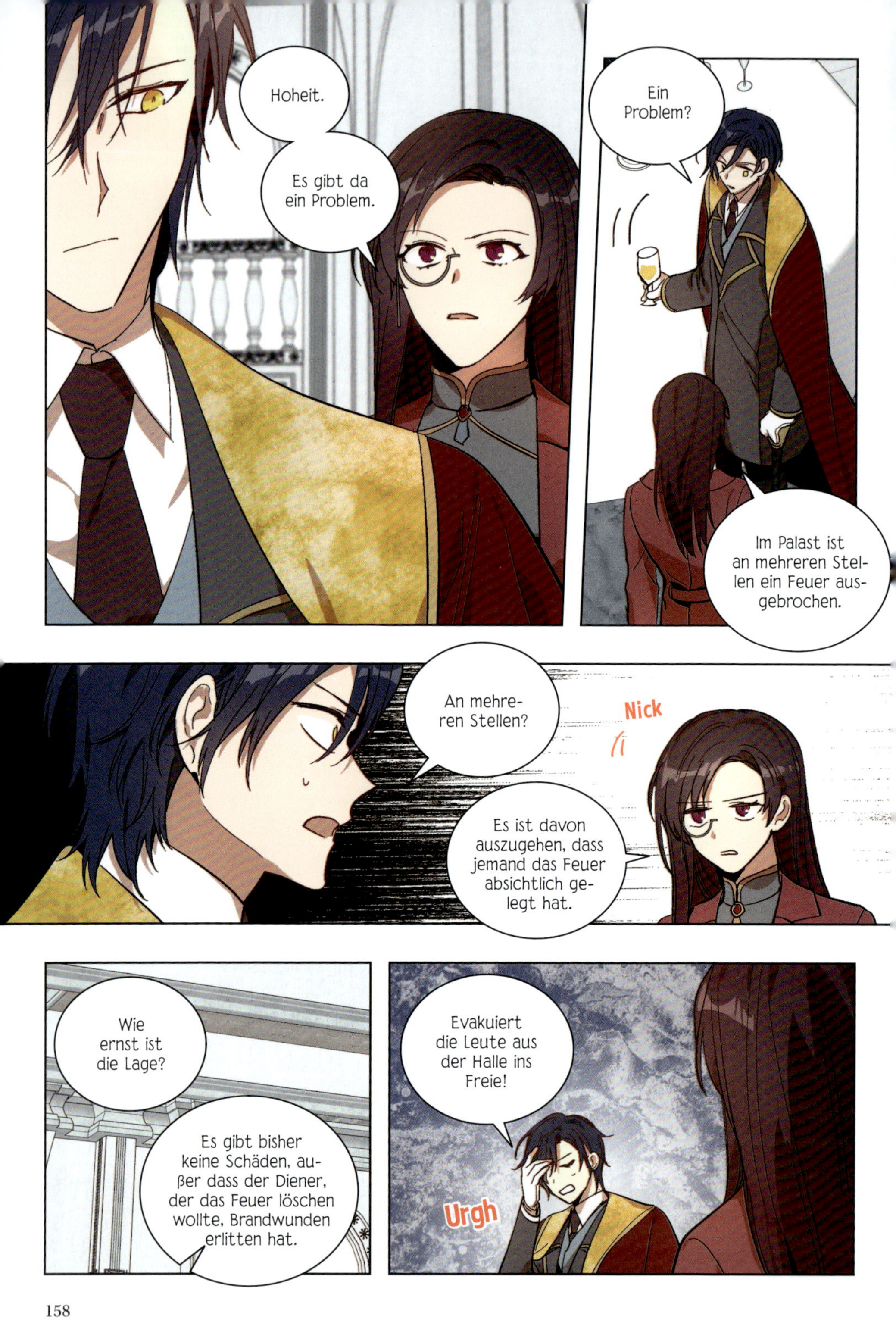
Hoheit.
Es gibt da ein Problem.
Ein Problem?
Im Palast ist an mehreren Stellen ein Feuer ausgebrochen.
An mehreren Stellen?
Nick
Es ist davon auszugehen, dass jemand das Feuer absichtlich gelegt hat.
Wie ernst ist die Lage?
Es gibt bisher keine Schäden, außer dass der Diener, der das Feuer löschen wollte, Brandwunden erlitten hat.
Evakuiert die Leute aus der Halle ins Freie!
Urgh

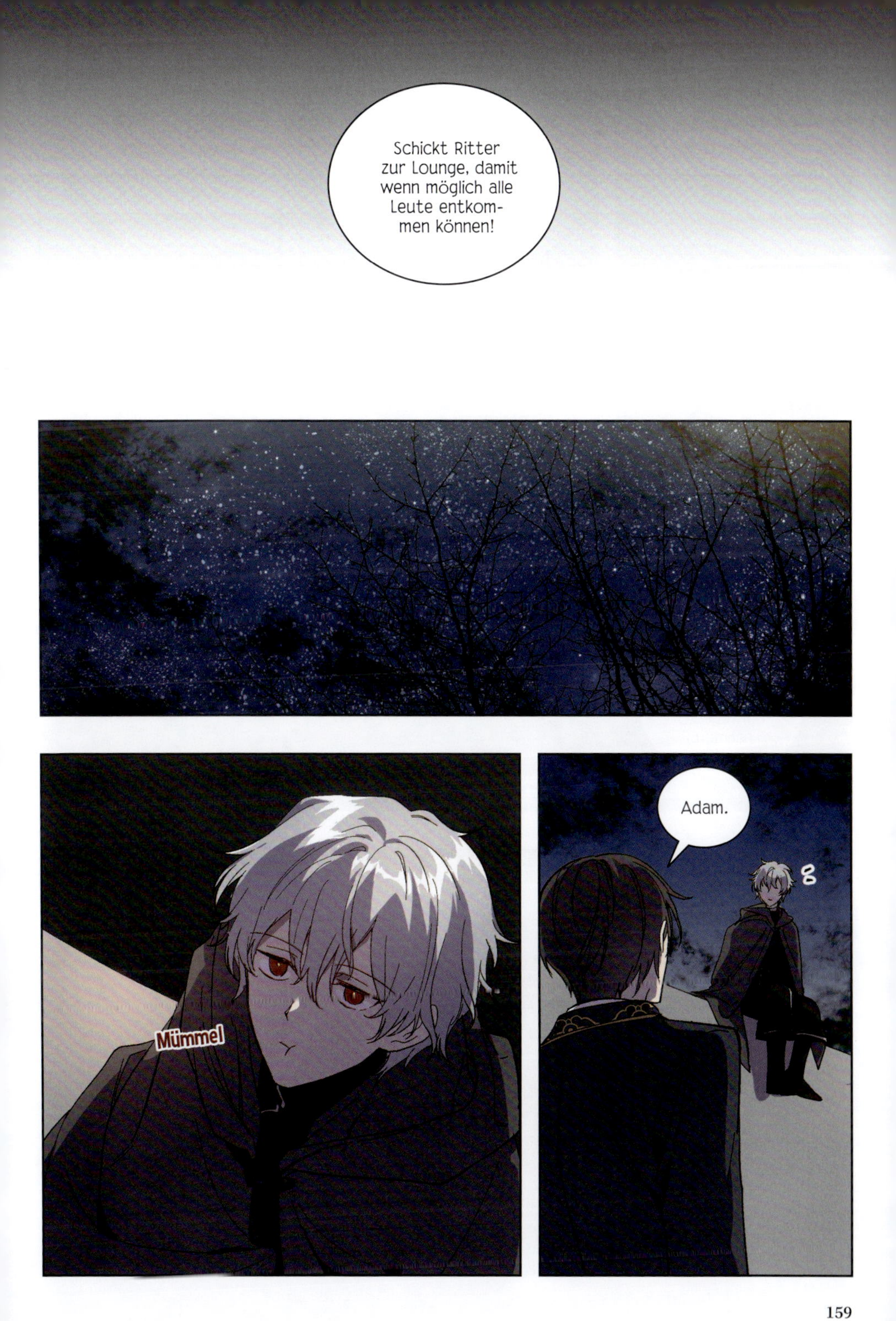
Schickt Ritter zur Lounge, damit wenn möglich alle Leute entkommen können!
Mümmel
Adam.

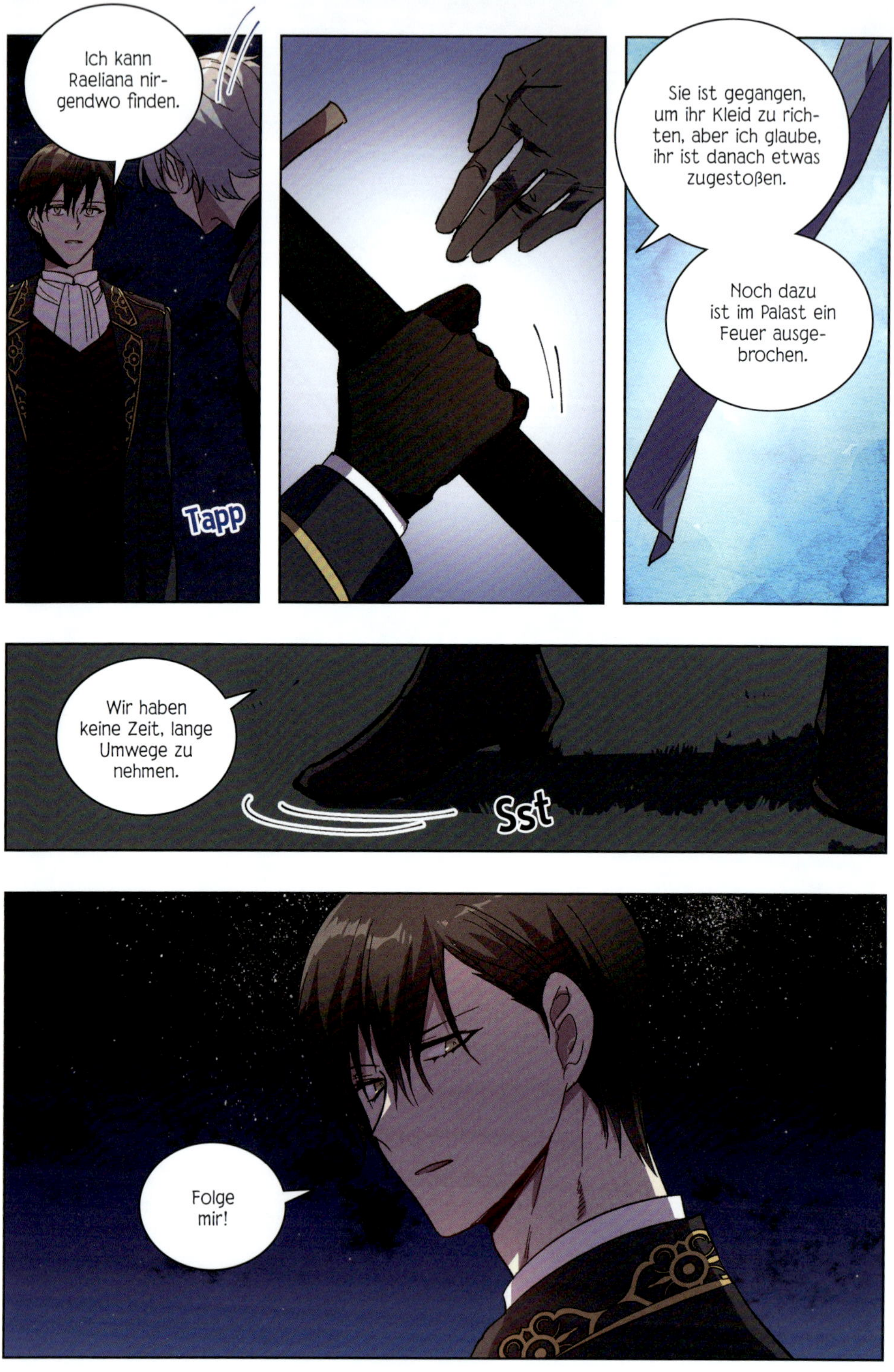
Ich kann Raeliana nirgendwo finden.
Tapp
Sie ist gegangen, um ihr Kleid zu richten, aber ich glaube, ihr ist danach etwas zugestoßen.
Noch dazu ist im Palast ein Feuer ausgebrochen.
Wir haben keine Zeit, lange Umwege zu nehmen.
Sst
Folge mir!

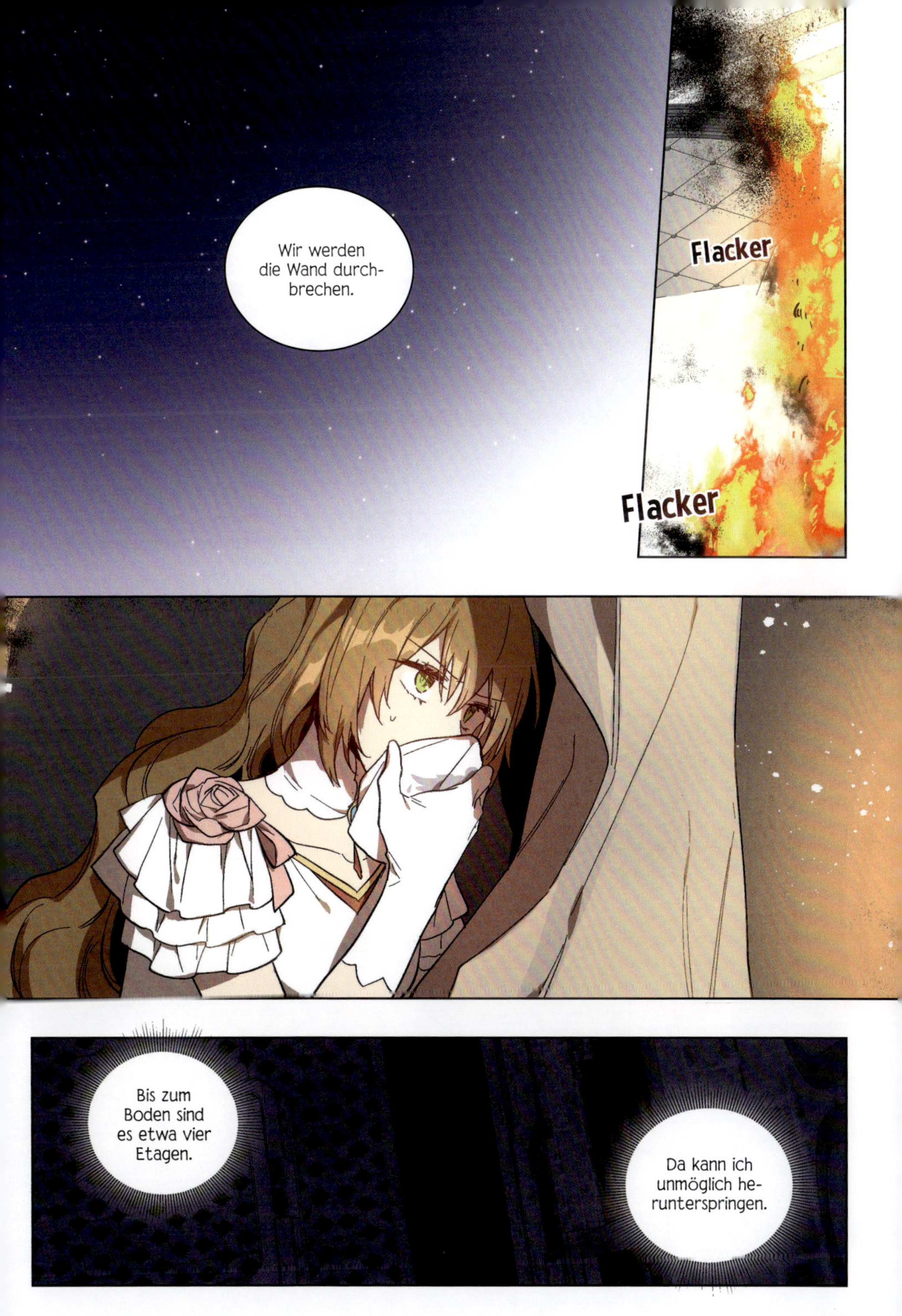

Wir werden die Wand durchbrechen.
Flacker
Flacker
Bis zum Boden sind es etwa vier Etagen.
Da kann ich unmöglich herunterspringen.

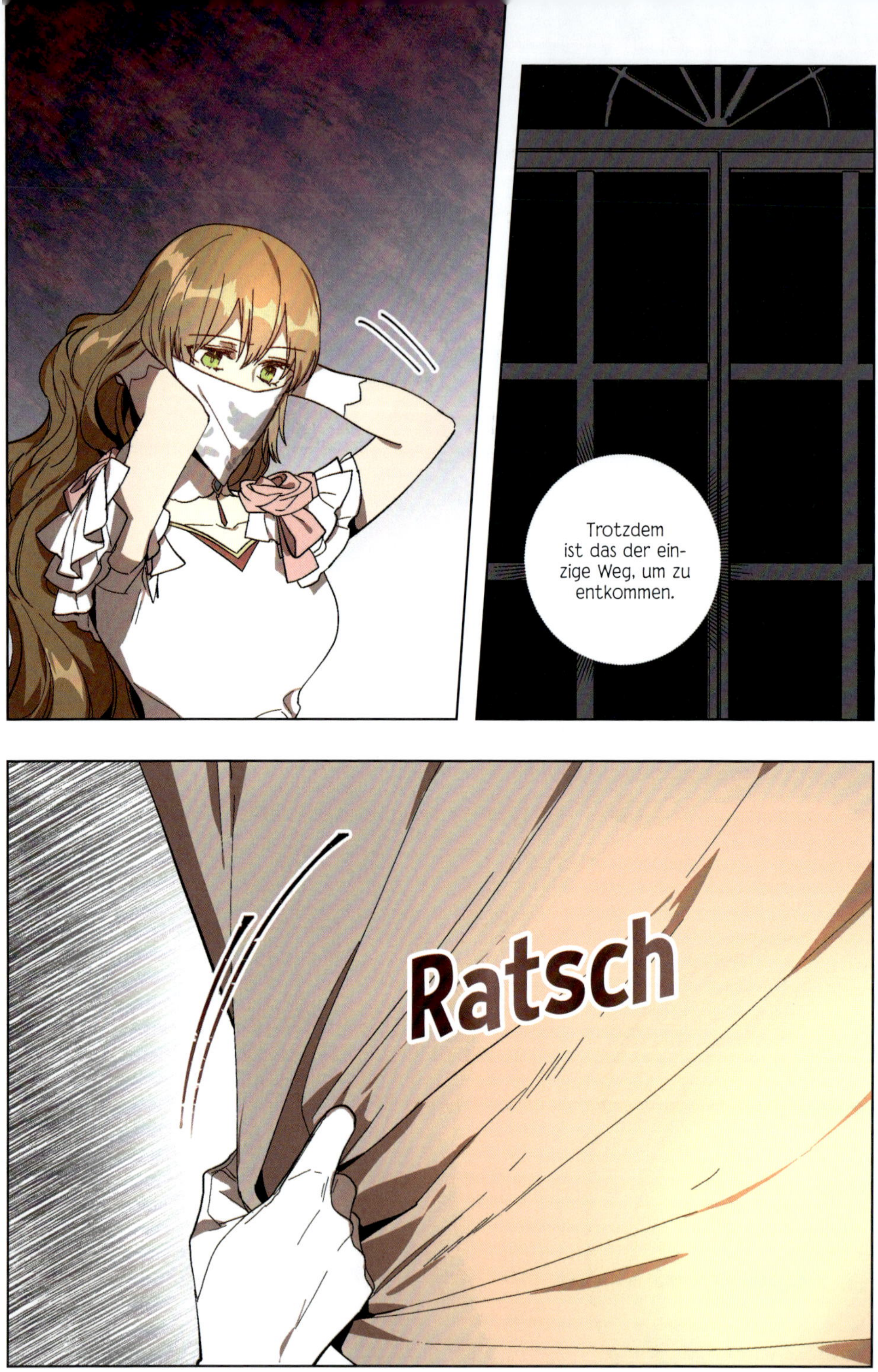
Trotzdem ist das der einzige Weg, um zu entkommen.
Ratsch

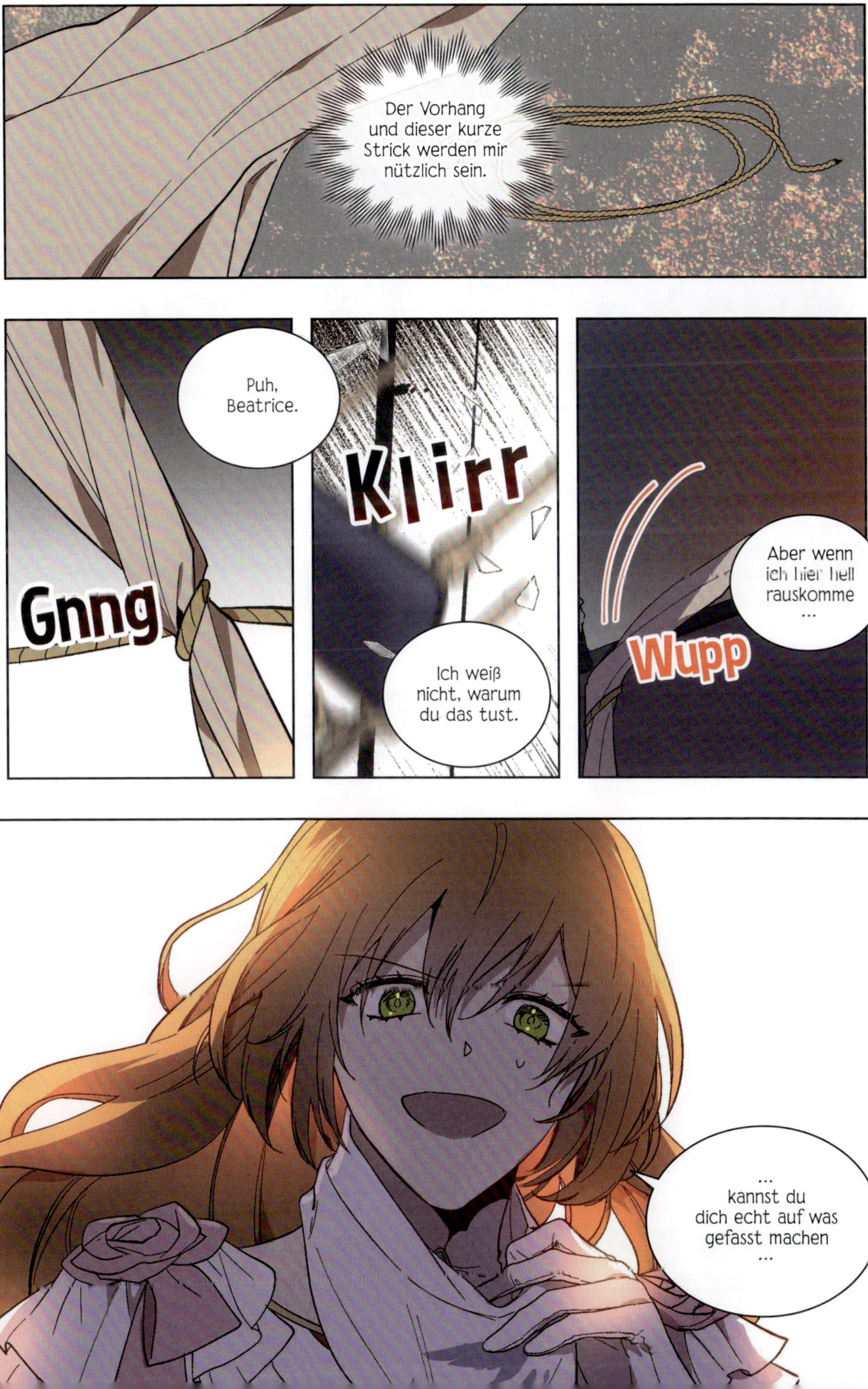

Der Vorhang und dieser kurze Strick werden mir nützlich sein.
Puh, Beatrice.
Gnng
Klirr
Ich weiß nicht, warum du das tust.
Wupp
Aber wenn ich hier heil rauskomme …
… kannst du dich echt auf was gefasst machen …

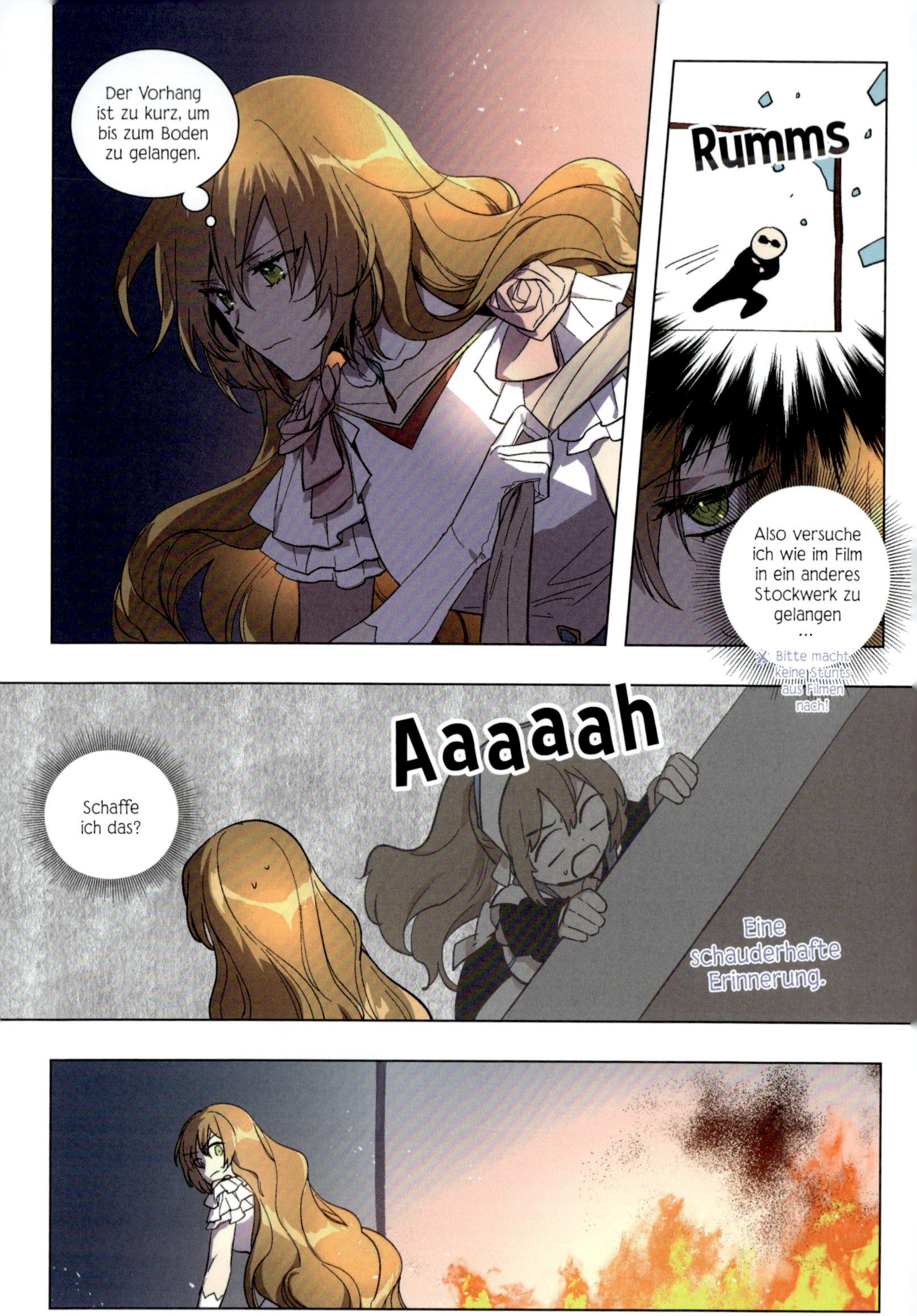

Der Vorhang ist zu kurz, um bis zum Boden zu gelangen.
Rumms
Also versuche ich wie im Film in ein anderes Stockwerk zu gelangen …
※ Bitte macht keine Stunts aus Filmen nach!
Schaffe ich das?
Aaaaah
Eine schauderhafte Erinnerung.

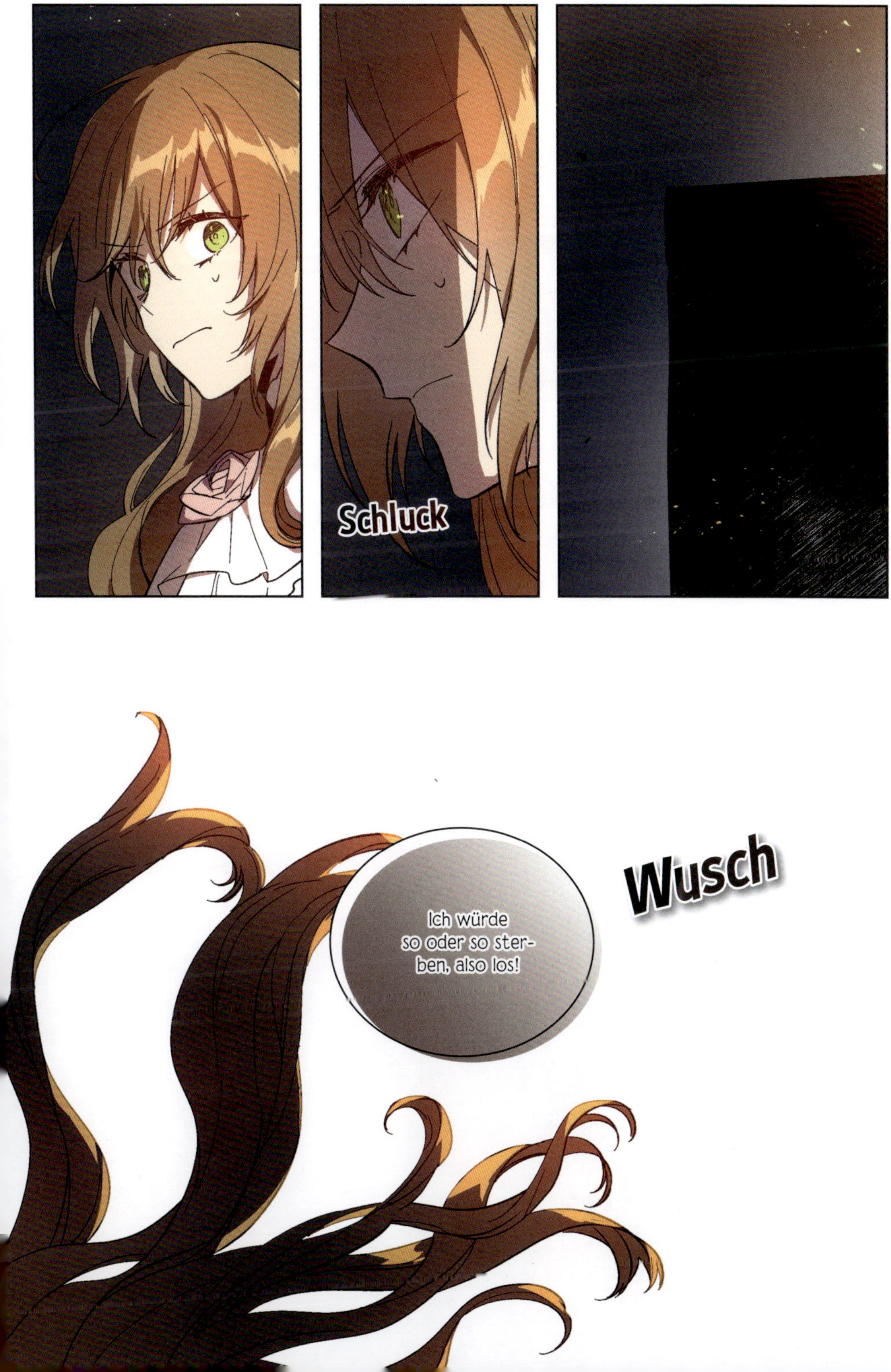
Schluck
Wusch
Ich würde so oder so sterben, also los!

Raeliana

Warum sie die Verlobte
des Dukes wurde

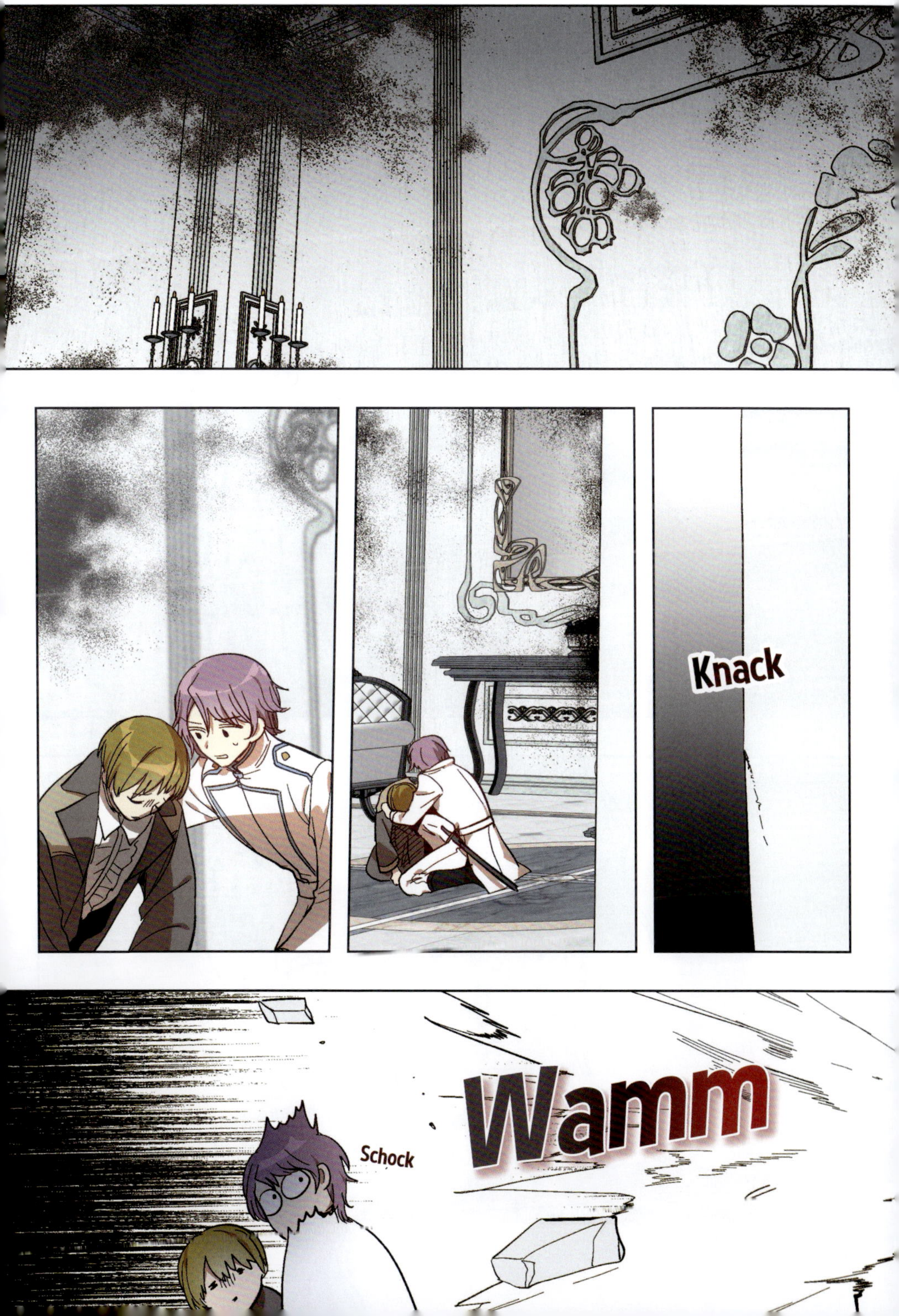
Knack
Schock
Wamm

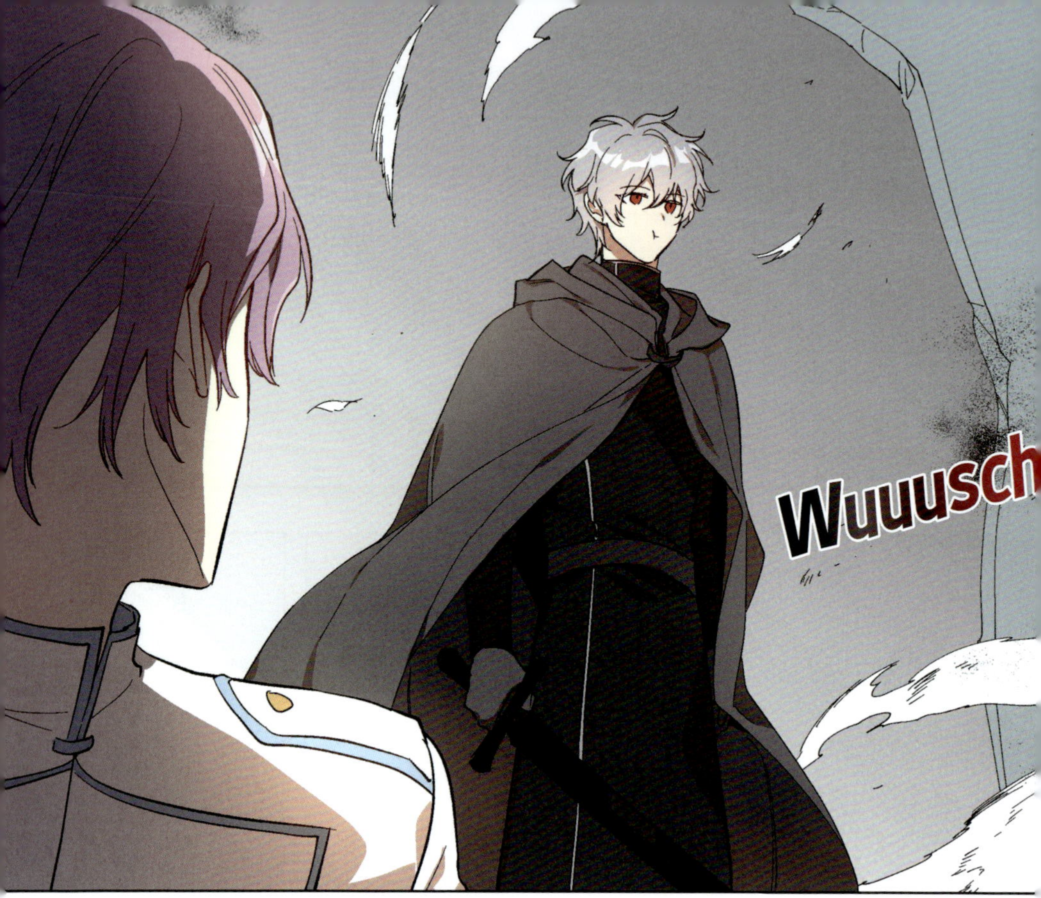
Wuuusch

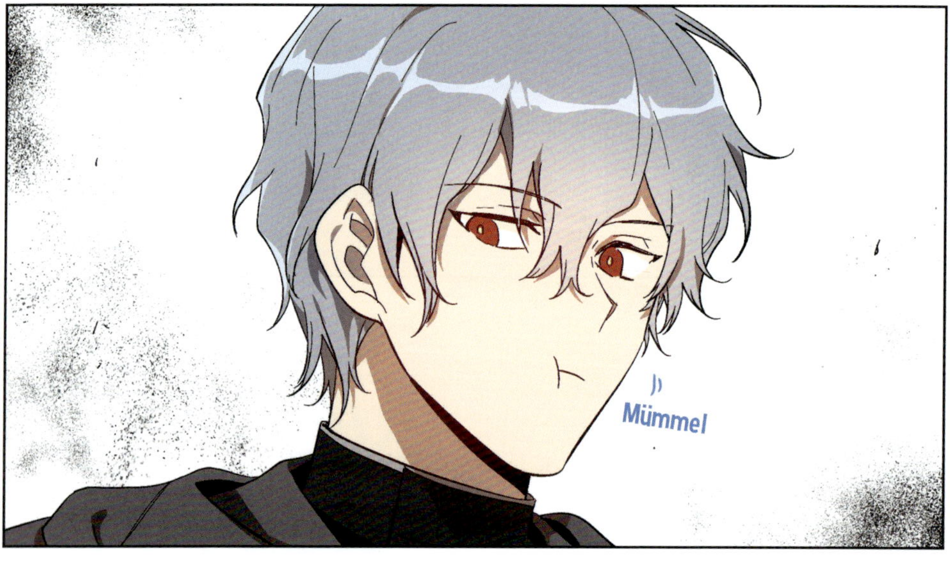
Mümmel

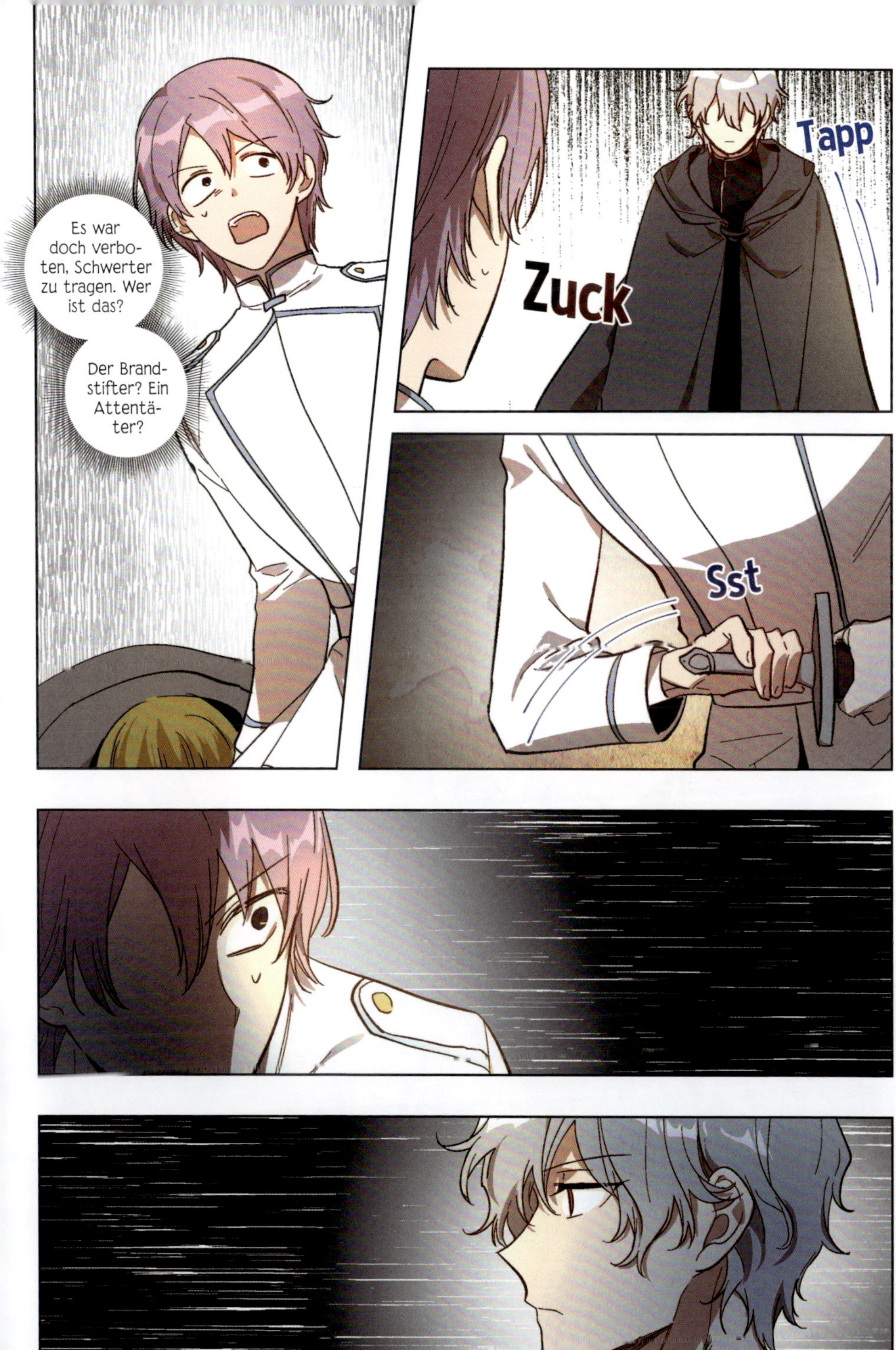
Es war doch verboten, Schwerter zu tragen. Wer ist das?
Der Brandstifter? Ein Attentäter?
Tapp
Zuck
Sst

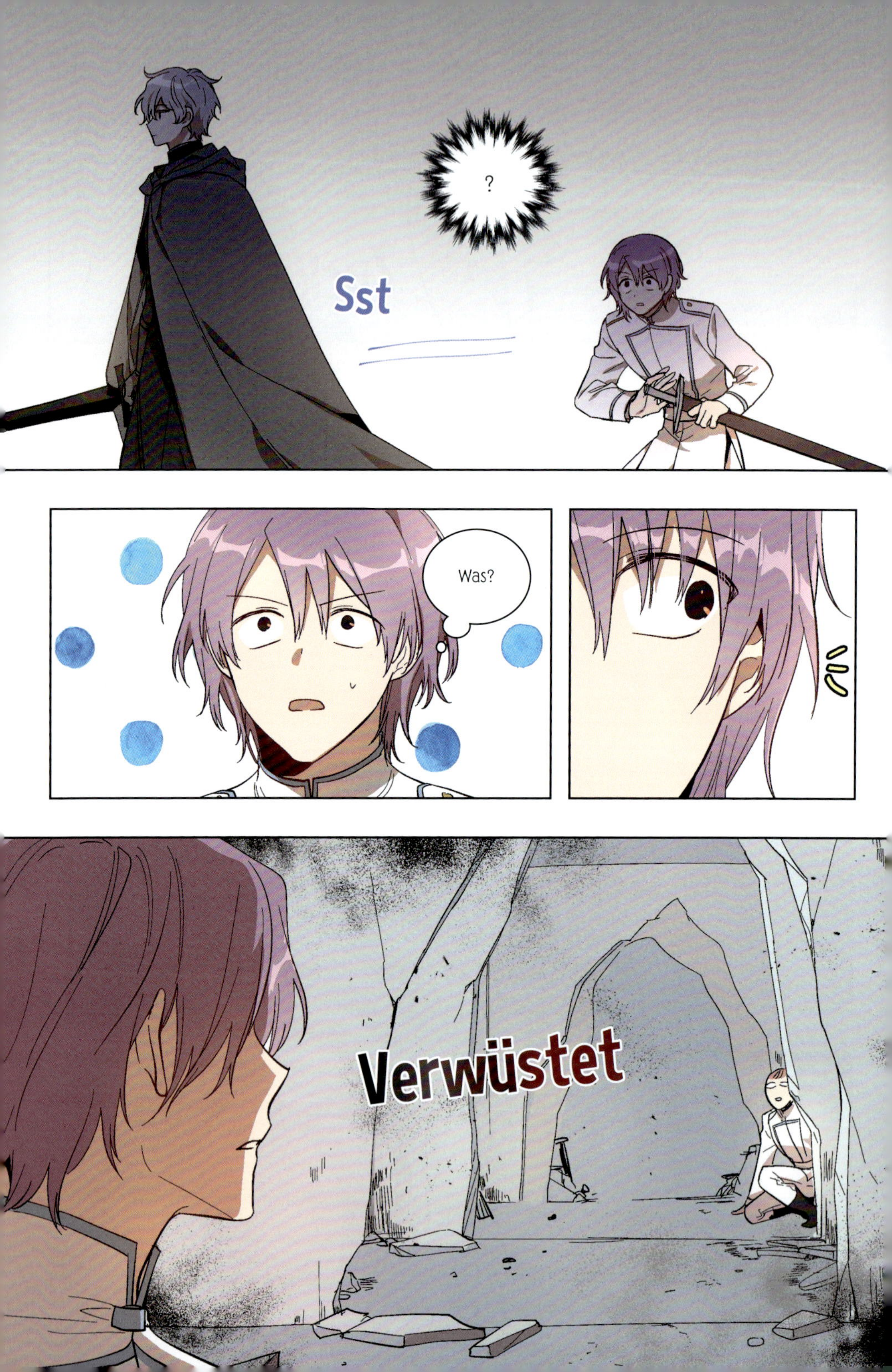
?
Sst
Was?
Verwüstet

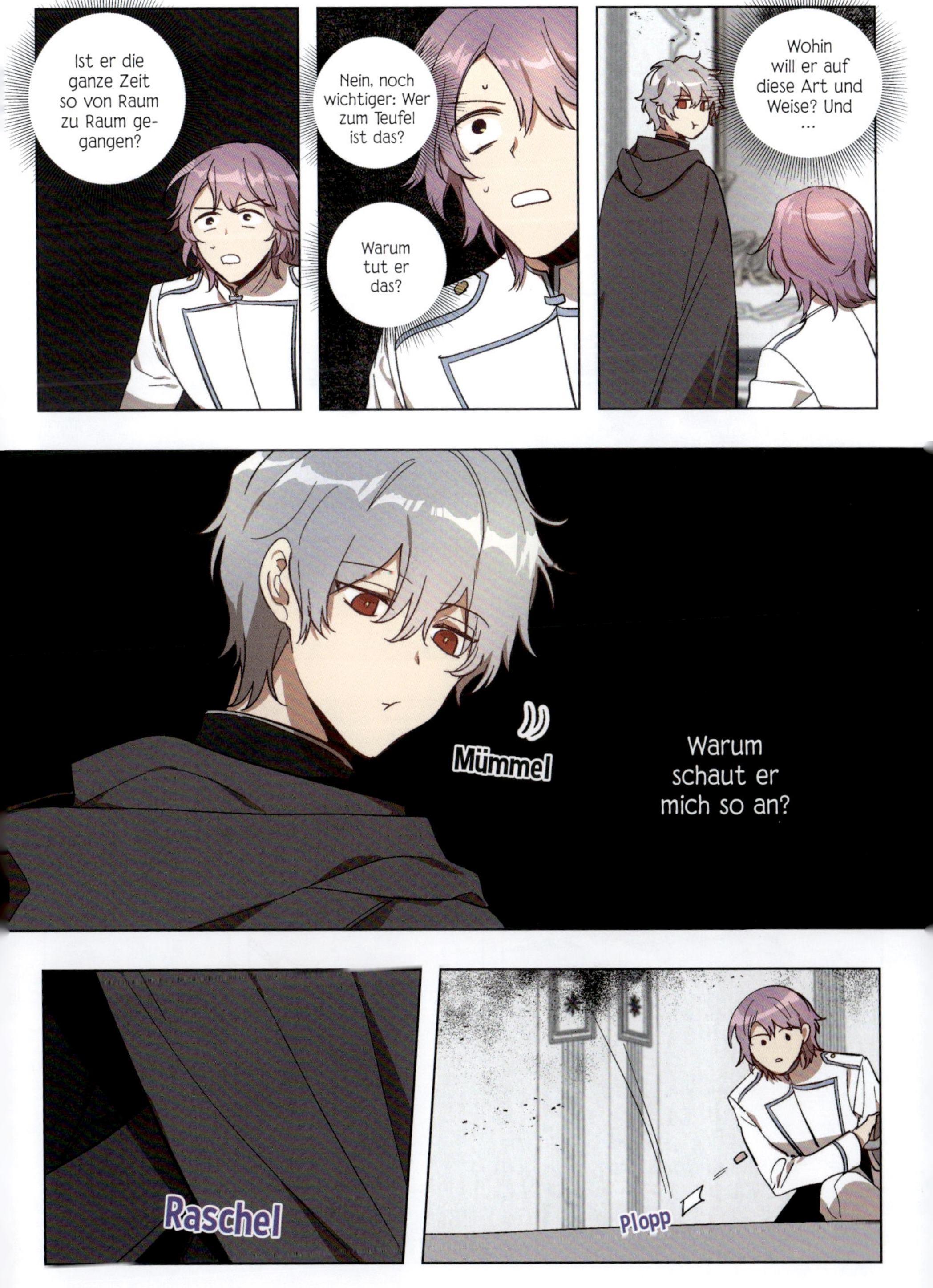
Ist er die ganze Zeit so von Raum zu Raum gegangen?
Nein, noch wichtiger: Wer zum Teufel ist das?
Warum tut er das?
Wohin will er auf diese Art und Weise? Und ...
Mümmel
Warum schaut er mich so an?
Raschel
Plopp

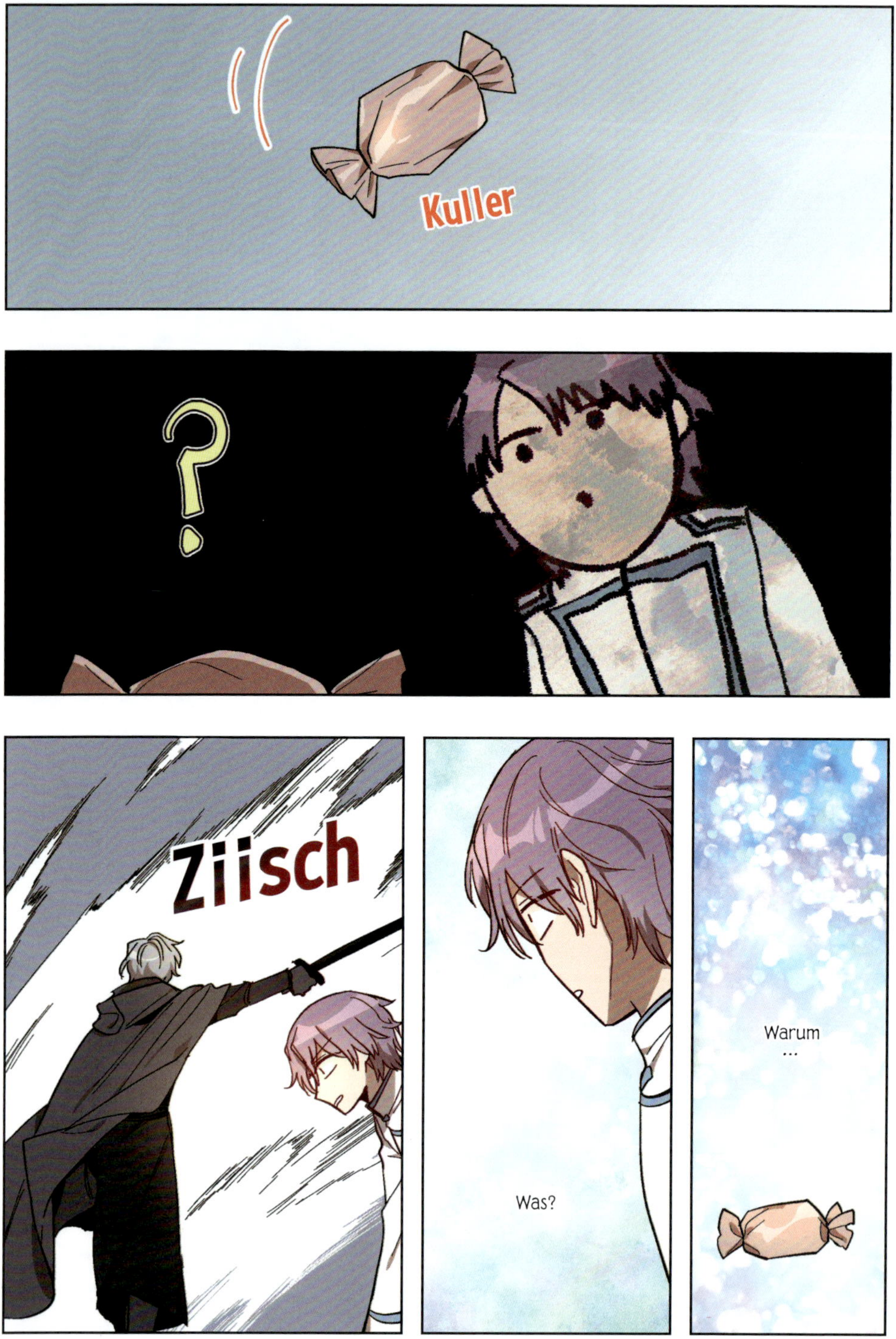
Kuller
?
Ziisch
Was?
Warum
...

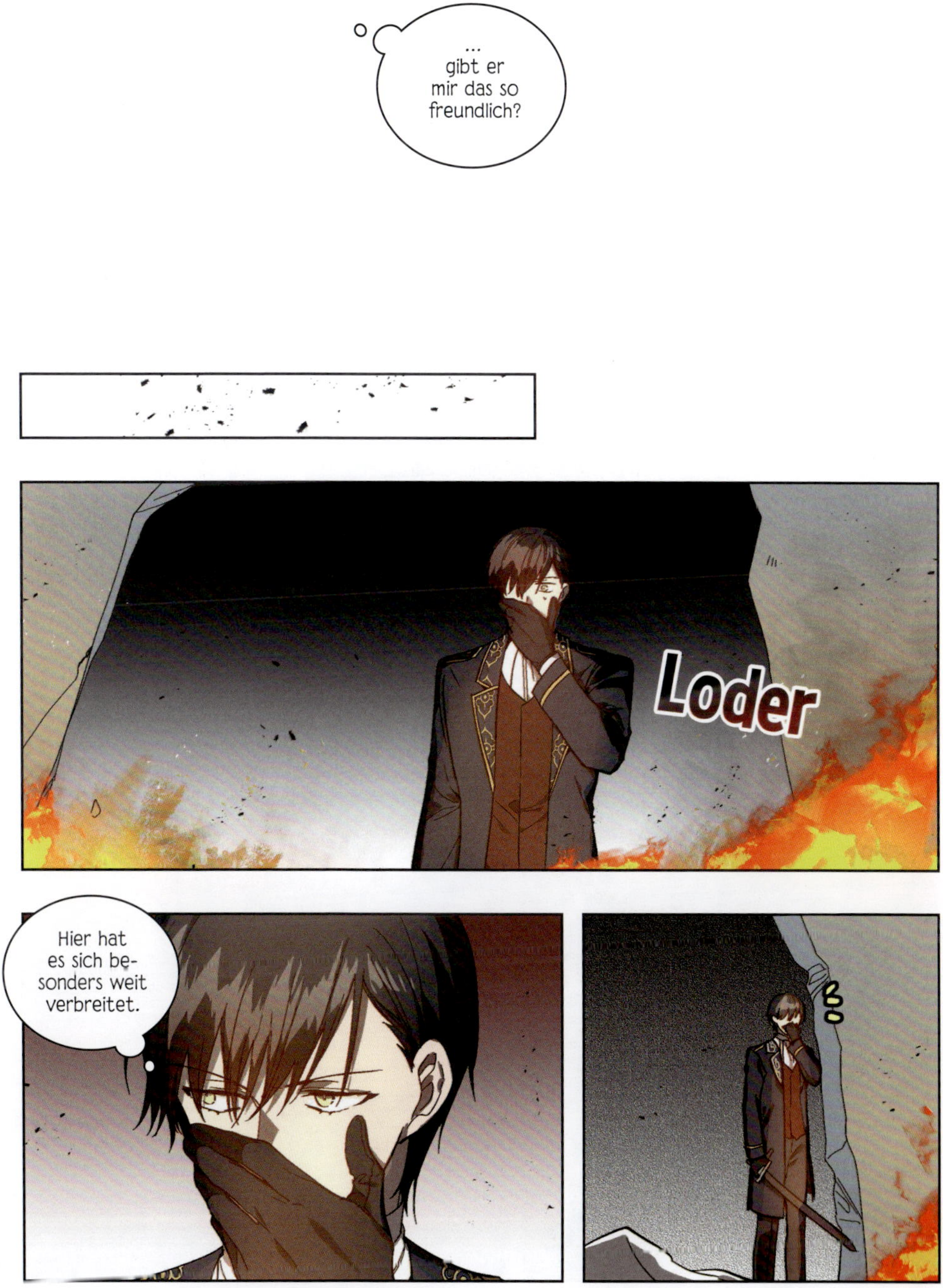
… gibt er mir das so freundlich?
Loder
Hier hat es sich besonders weit verbreitet.

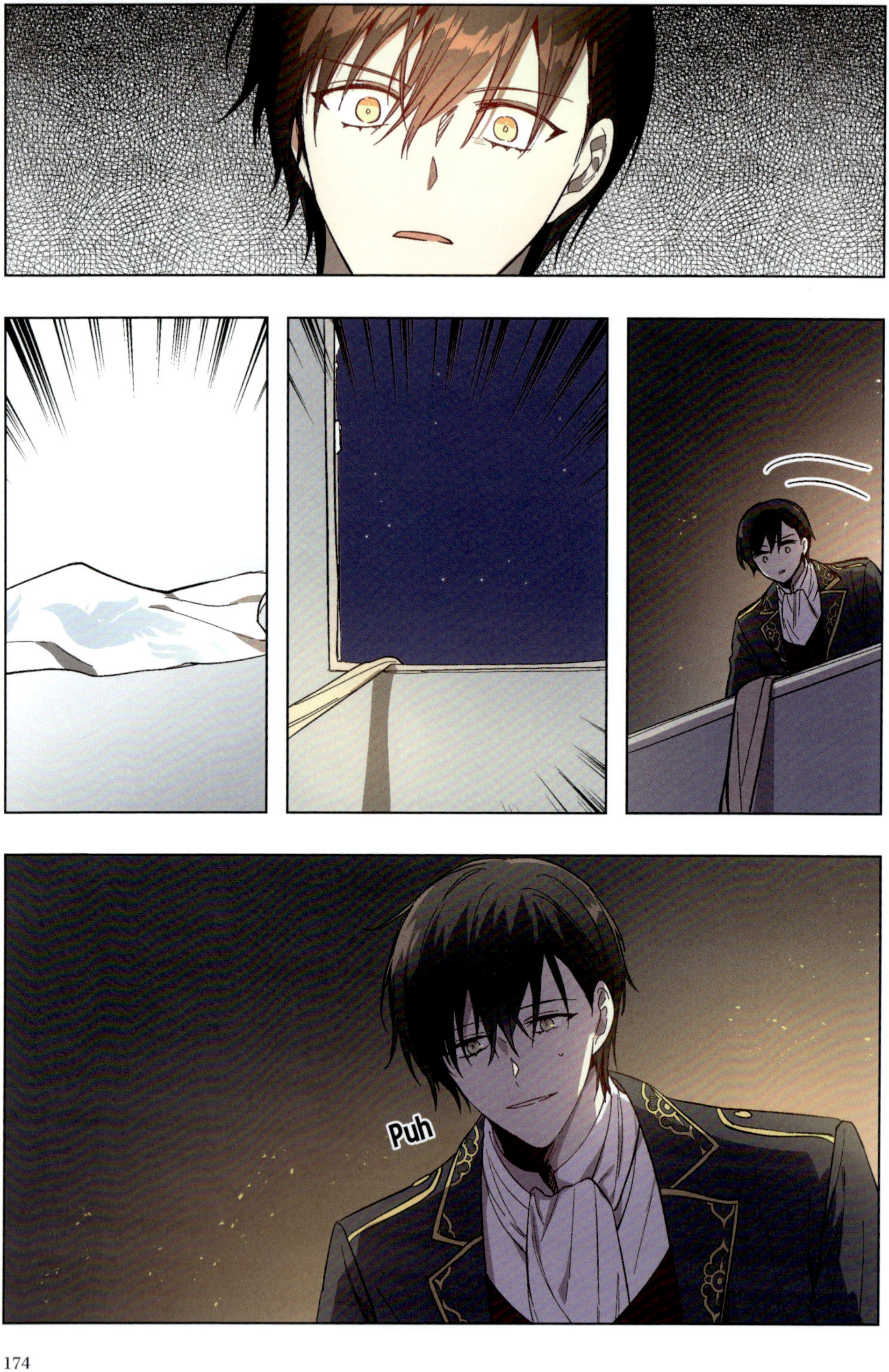
Puh

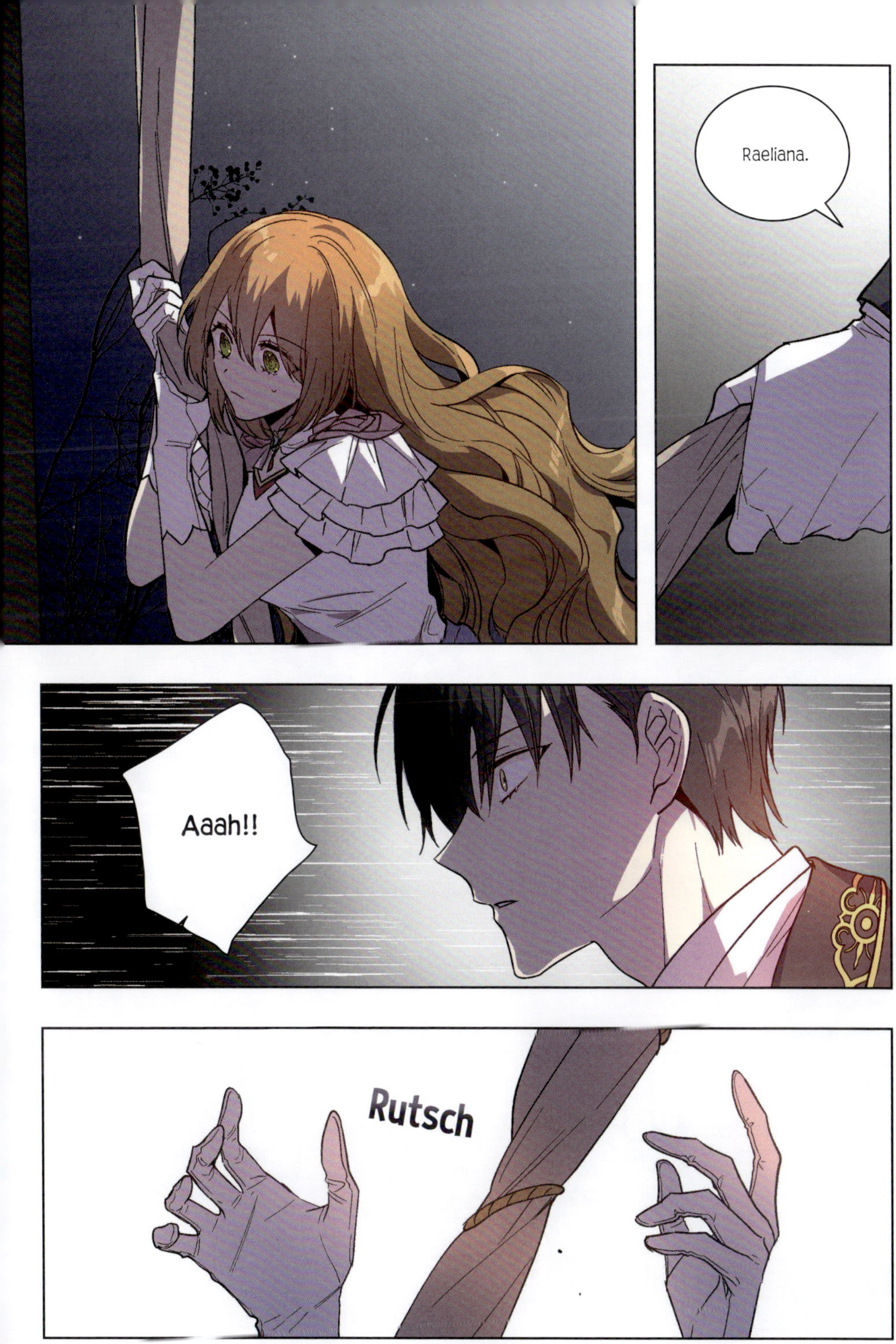
Raeliana.
Aaah!!
Rutsch

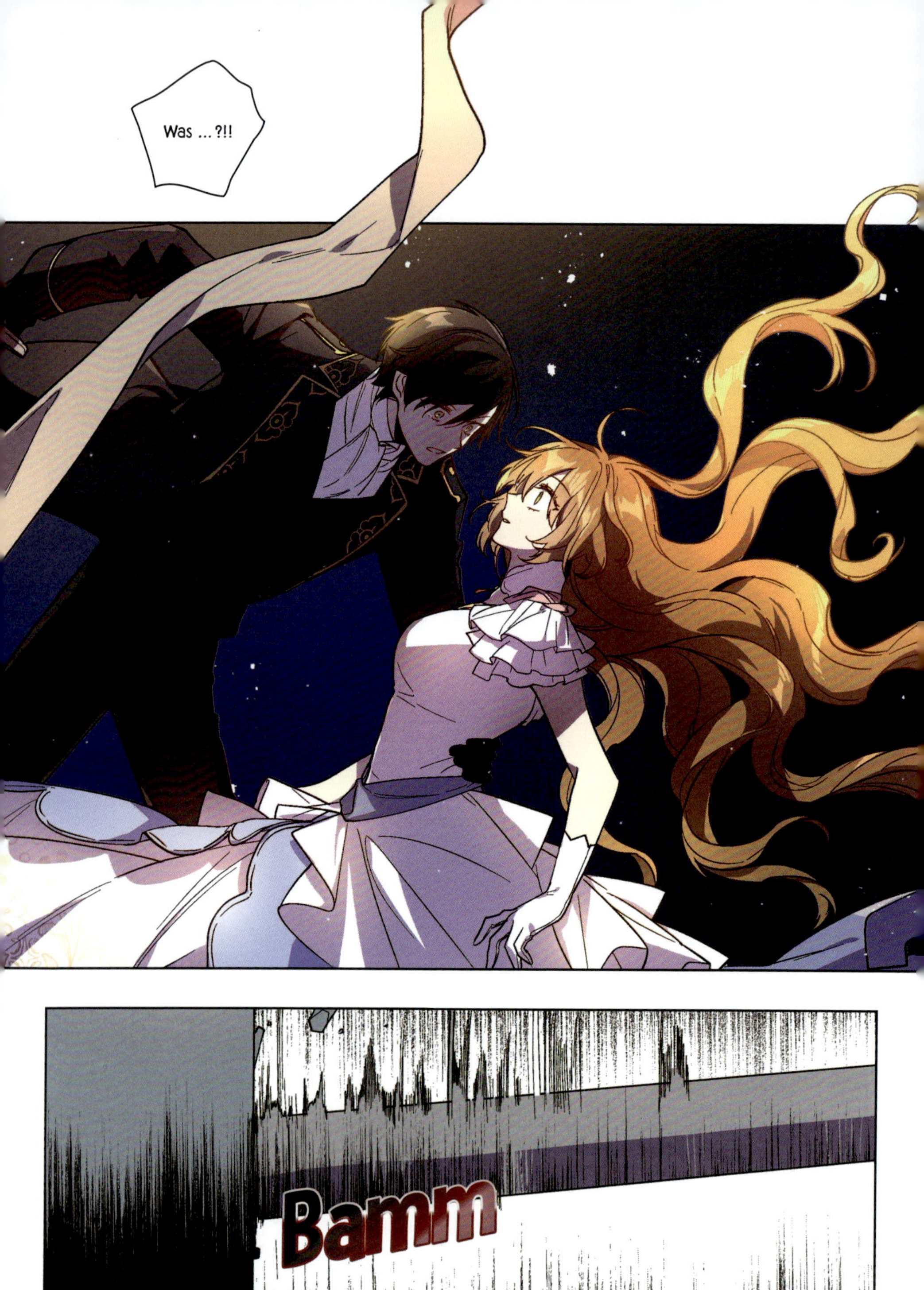
Was ...?!!
Bamm

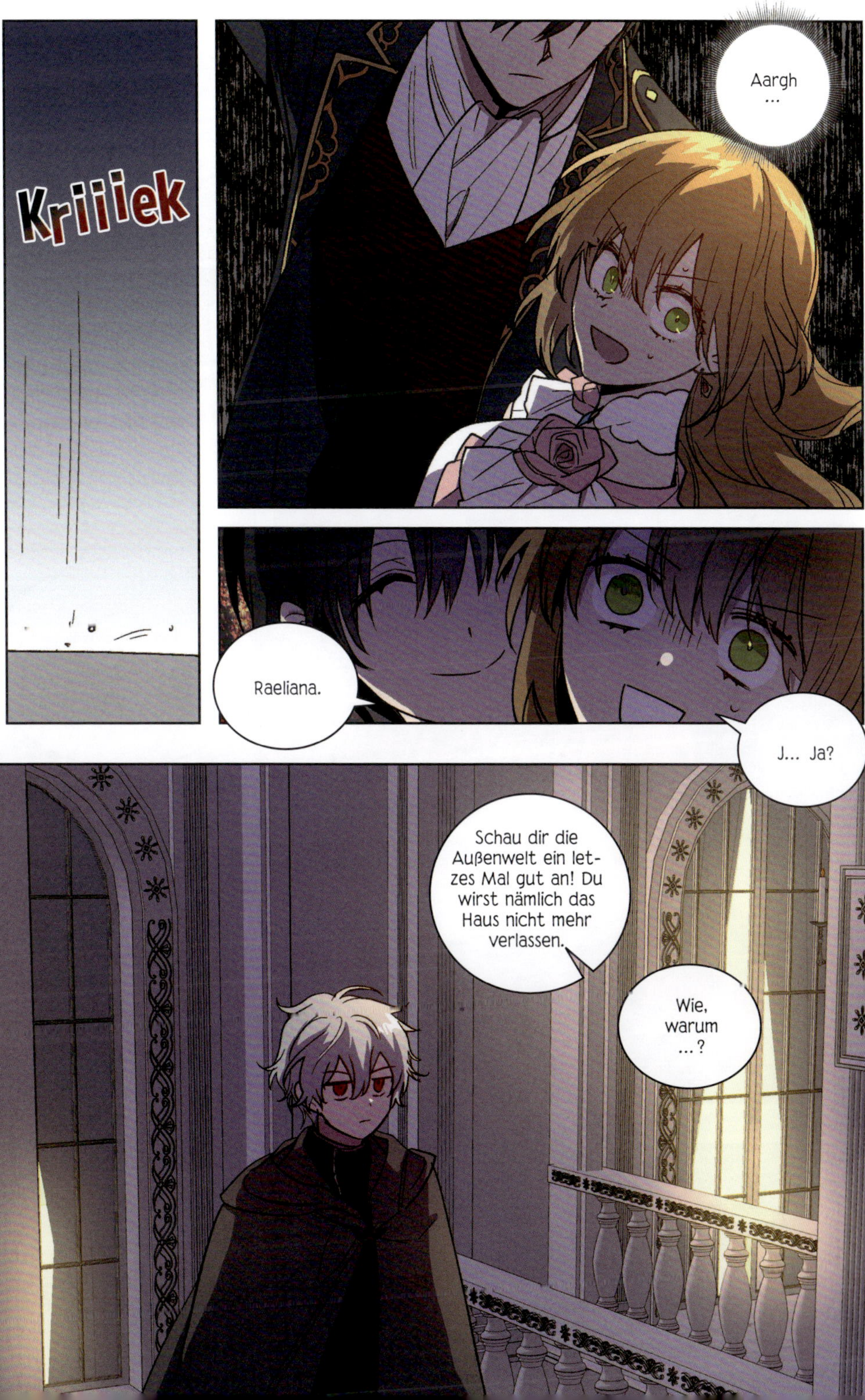
Kriiiek
Aargh …
Raeliana.
J… Ja?
Schau dir die Außenwelt ein letzes Mal gut an! Du wirst nämlich das Haus nicht mehr verlassen.
Wie, warum …?

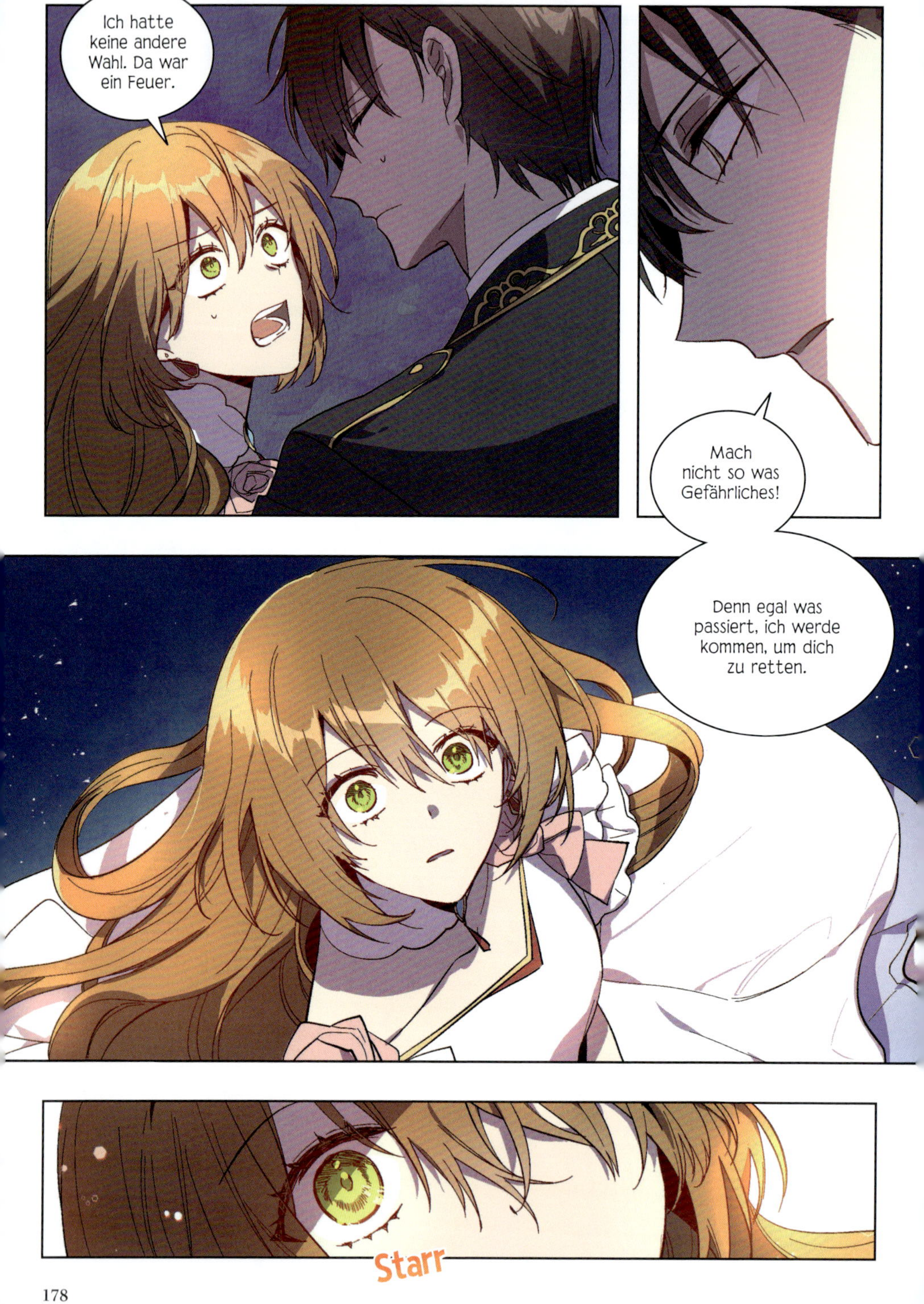

Ich hatte keine andere Wahl. Da war ein Feuer.
Mach nicht so was Gefährliches!
Denn egal was passiert, ich werde kommen, um dich zu retten.
Starr

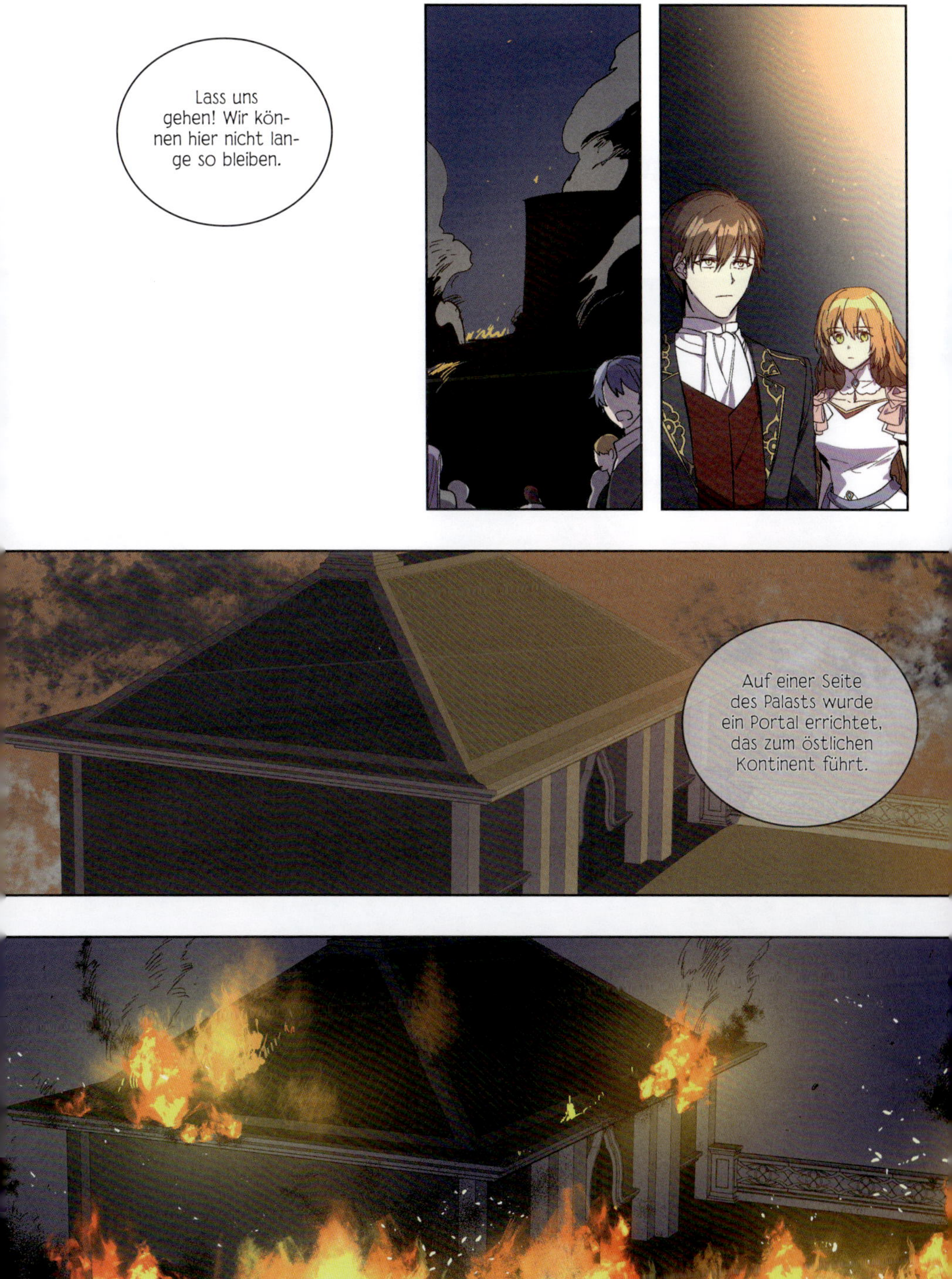
Lass uns gehen! Wir können hier nicht lange so bleiben.
Auf einer Seite des Palasts wurde ein Portal errichtet, das zum östlichen Kontinent führt.

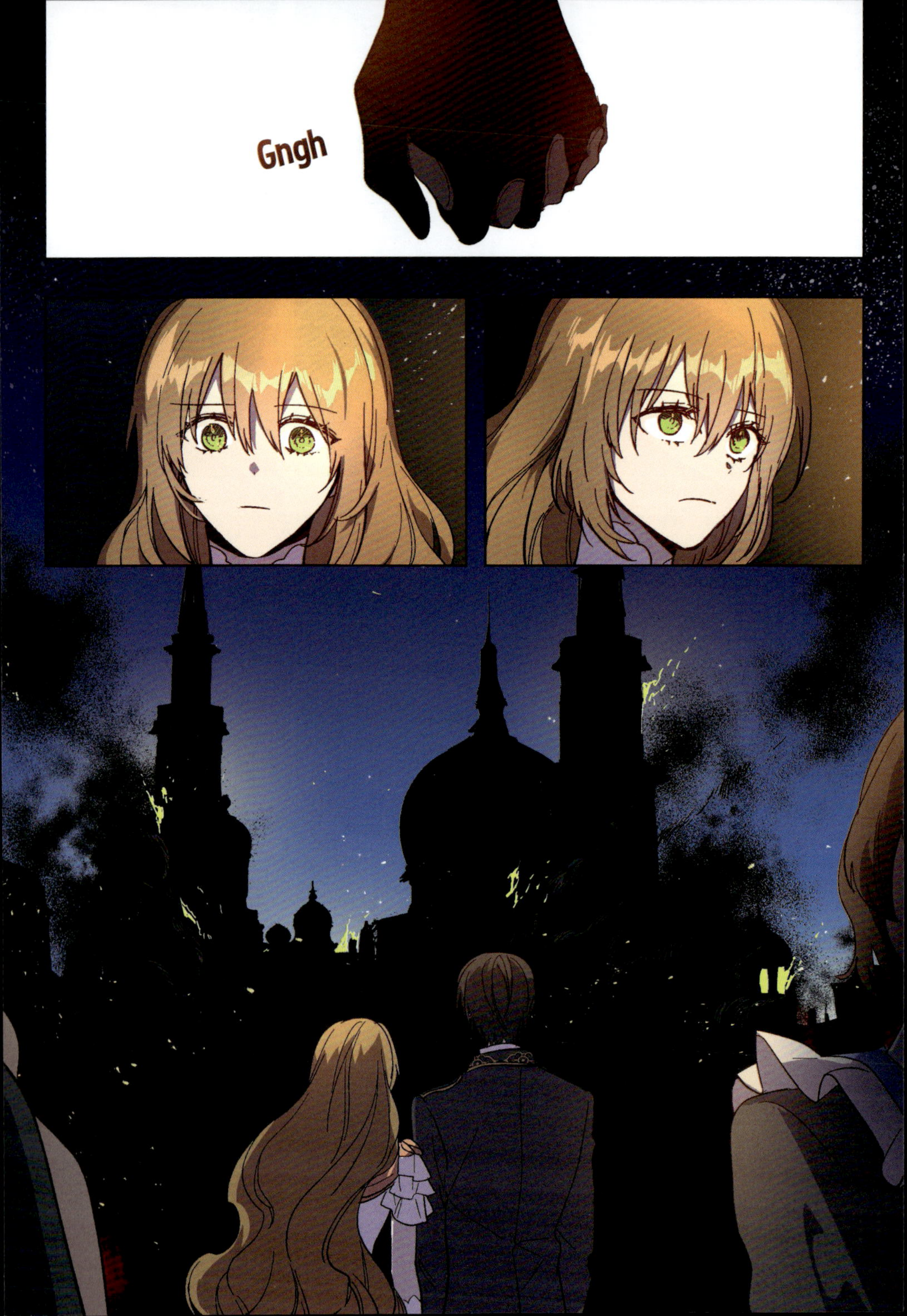
Gngh

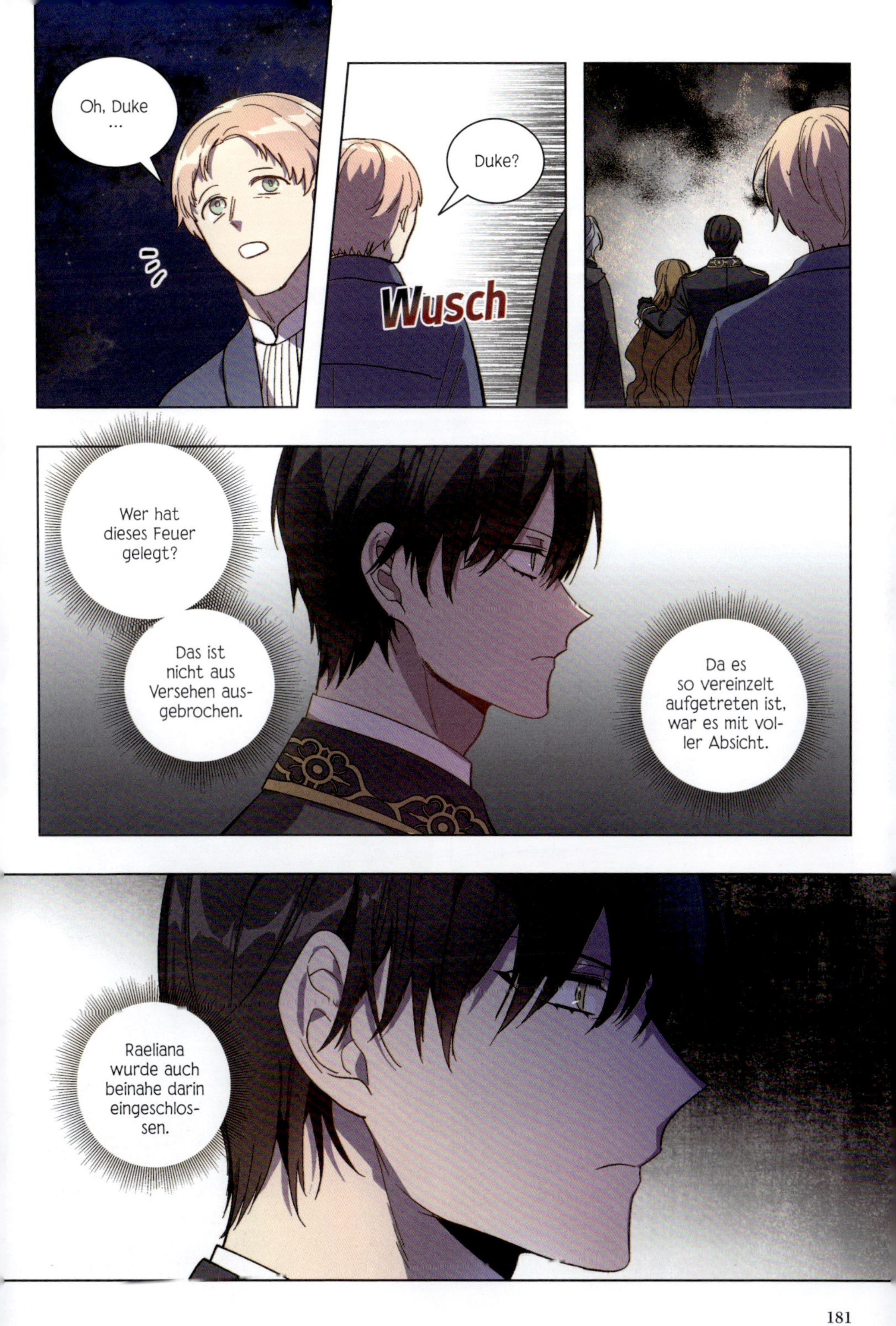
Oh, Duke ...
Duke?
Wusch
Wer hat dieses Feuer gelegt?
Das ist nicht aus Versehen ausgebrochen.
Da es so vereinzelt aufgetreten ist, war es mit voller Absicht.
Raeliana wurde auch beinahe darin eingeschlossen.

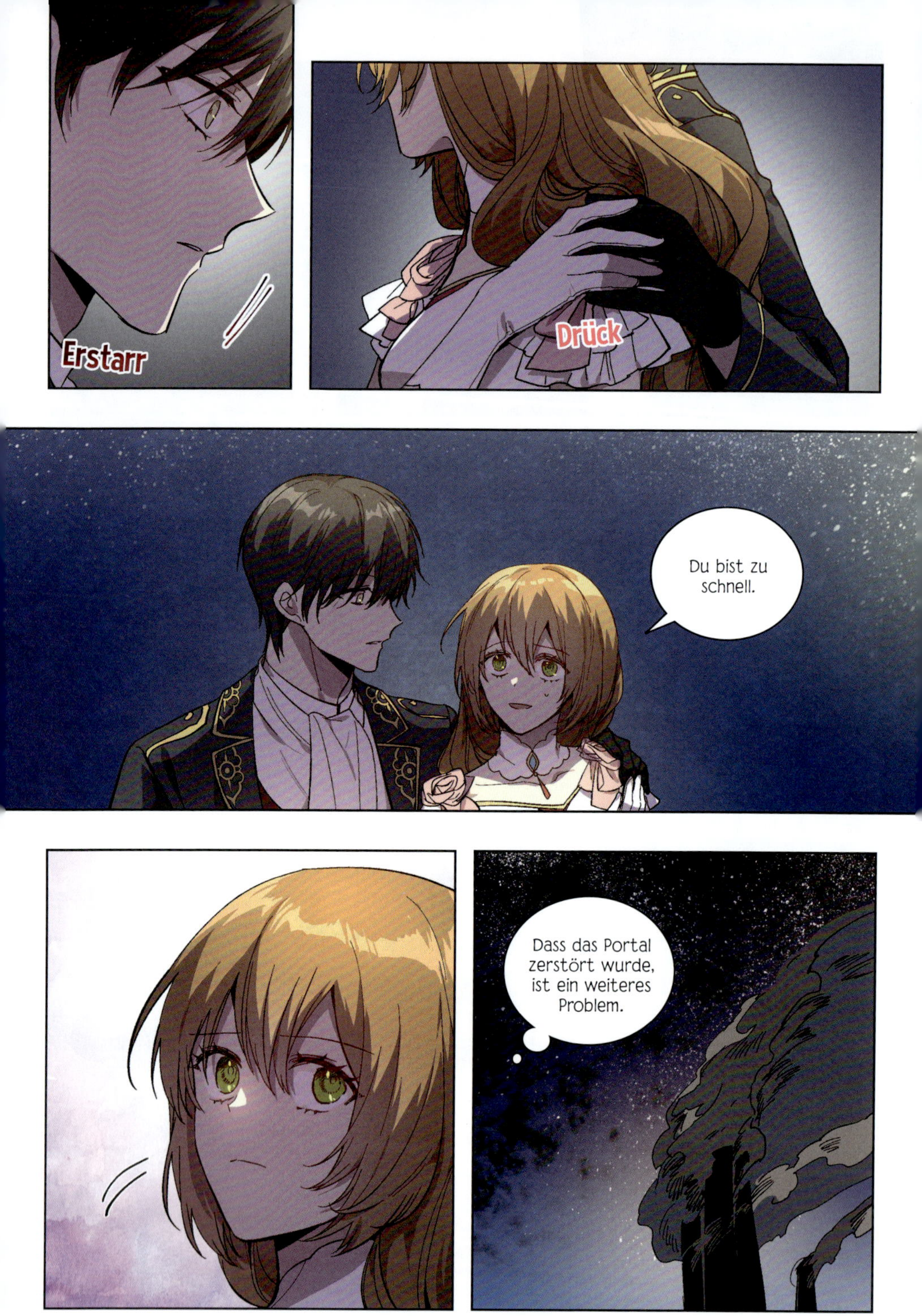
Erstarr
Drück
Du bist zu schnell.
Dass das Portal zerstört wurde, ist ein weiteres Problem.

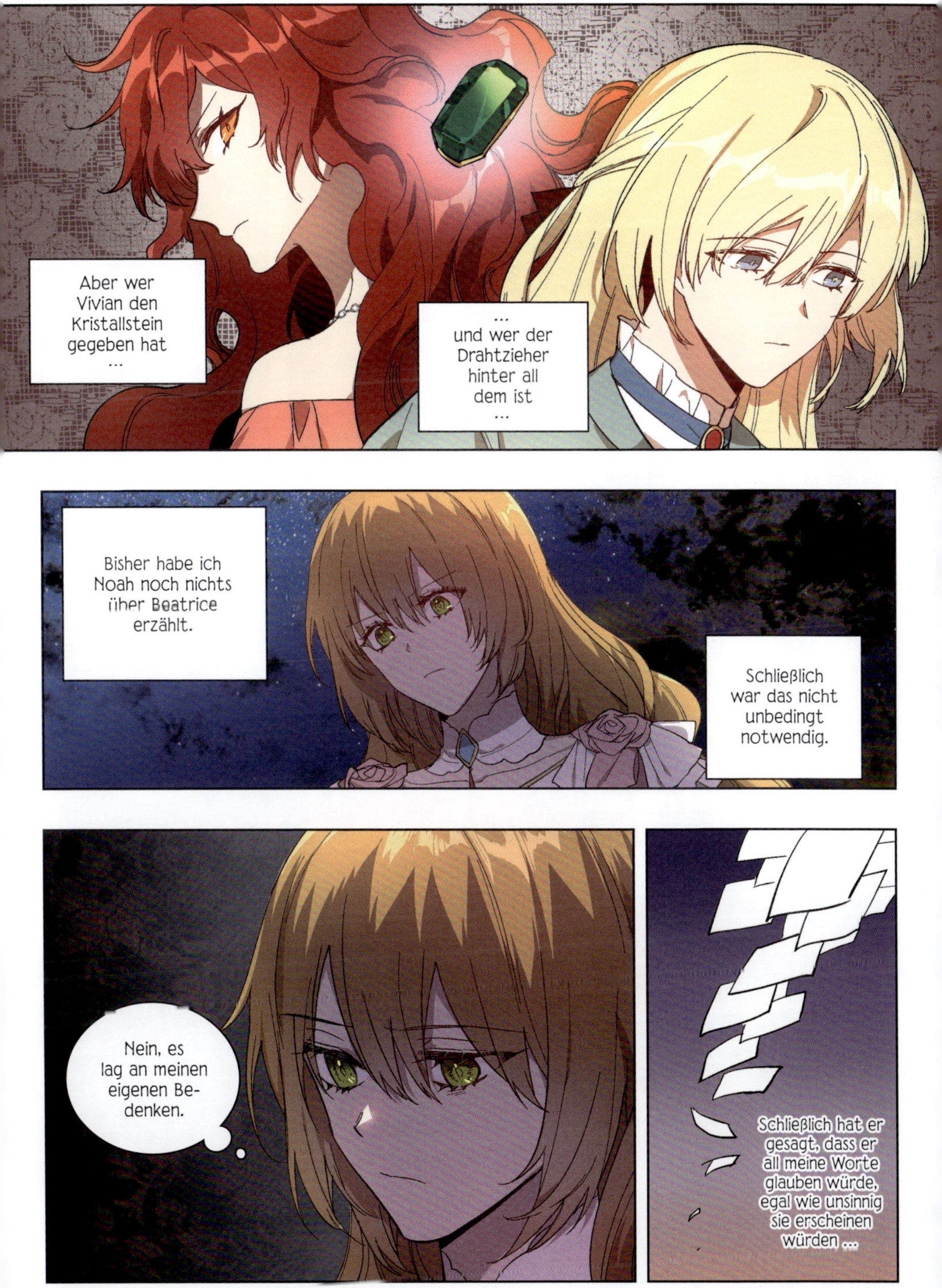

Aber wer Vivian den Kristallstein gegeben hat …
… und wer der Drahtzieher hinter all dem ist …
Bisher habe ich Noah noch nichts über Beatrice erzählt.
Schließlich war das nicht unbedingt notwendig.
Nein, es lag an meinen eigenen Bedenken.
Schließlich hat er gesagt, dass er all meine Worte glauben würde, egal wie unsinnig sie erscheinen würden …

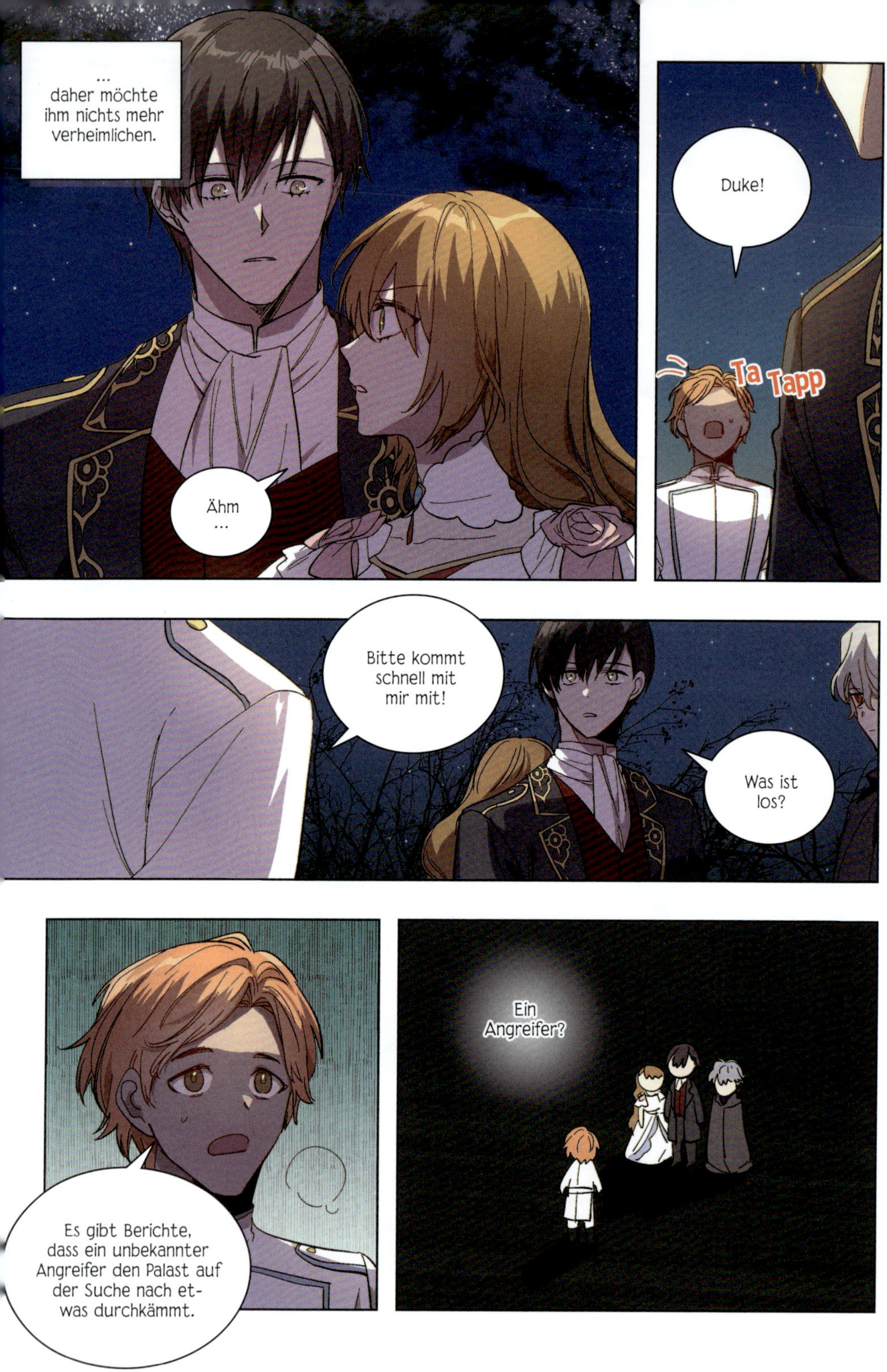

... daher möchte ihm nichts mehr verheimlichen.
Ähm ...
Duke!
Ta Tapp
Bitte kommt schnell mit mir mit!
Was ist los?
Es gibt Berichte, dass ein unbekannter Angreifer den Palast auf der Suche nach etwas durchkämmt.
Ein Angreifer?

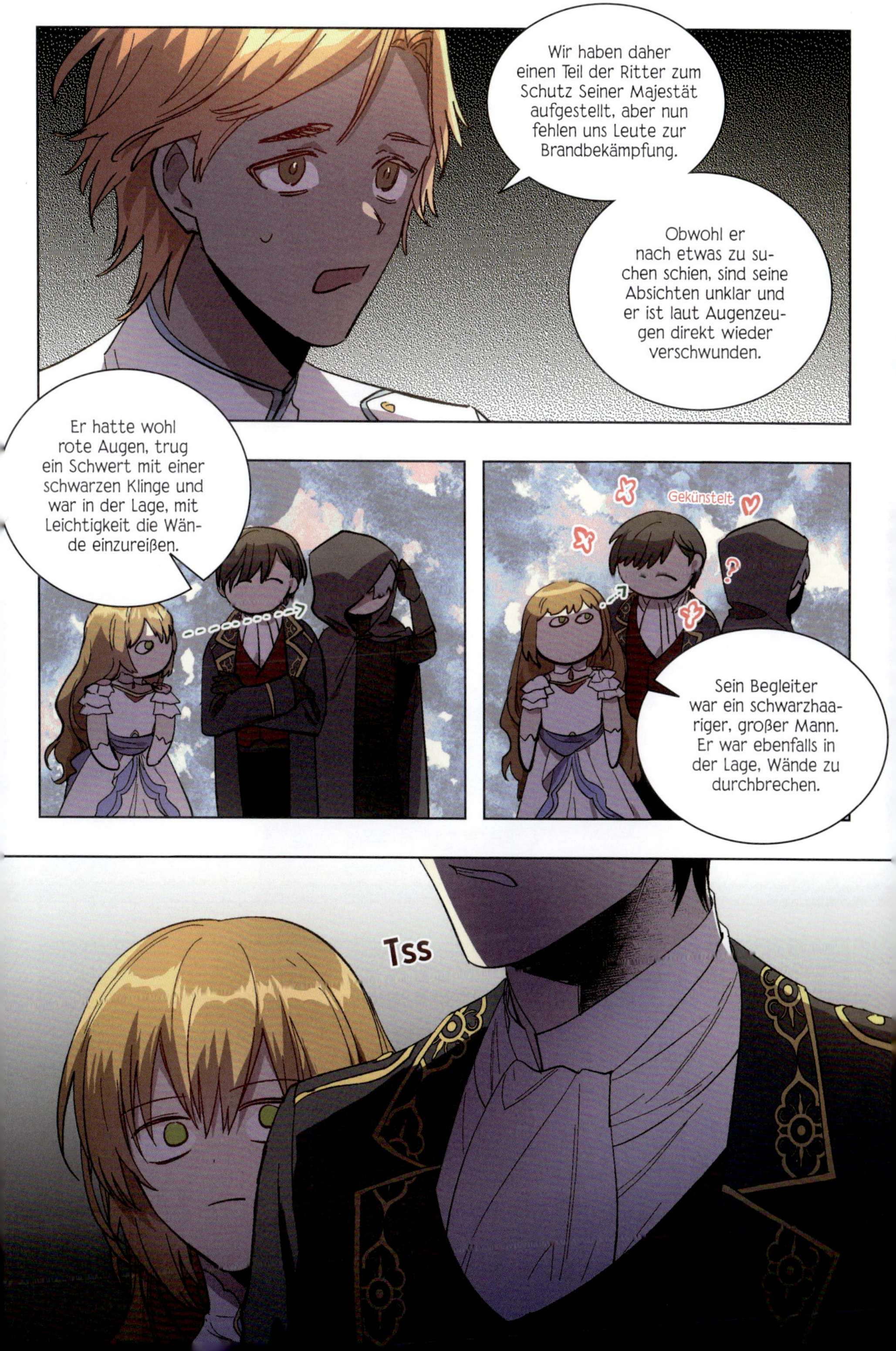
Wir haben daher einen Teil der Ritter zum Schutz Seiner Majestät aufgestellt, aber nun fehlen uns Leute zur Brandbekämpfung.
Obwohl er nach etwas zu suchen schien, sind seine Absichten unklar und er ist laut Augenzeugen direkt wieder verschwunden.
Er hatte wohl rote Augen, trug ein Schwert mit einer schwarzen Klinge und war in der Lage, mit Leichtigkeit die Wände einzureißen.
Gekünstelt
Sein Begleiter war ein schwarzhaariger, großer Mann. Er war ebenfalls in der Lage, Wände zu durchbrechen.
Tss

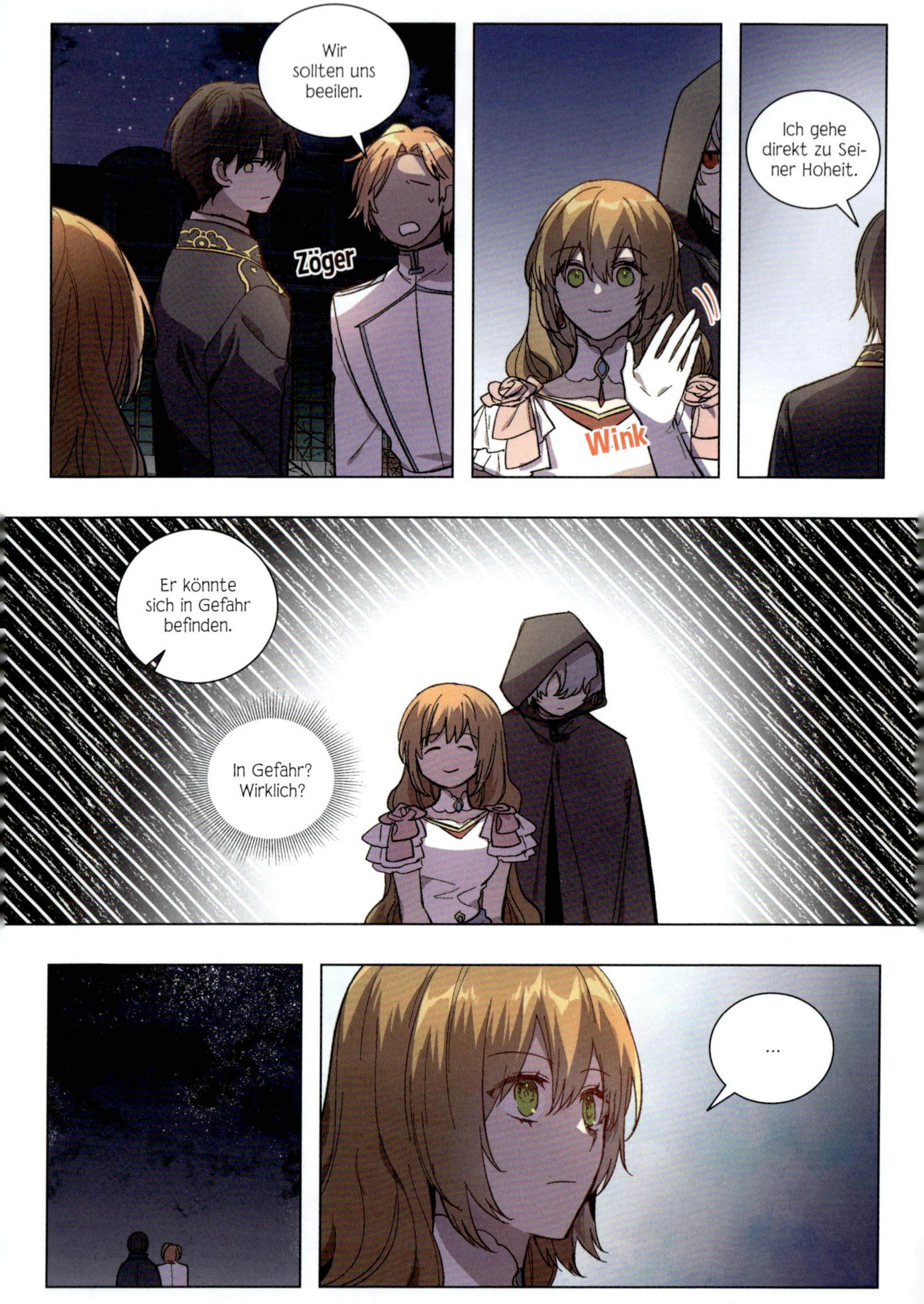
Wir sollten uns beeilen.
Zöger
Wink
Ich gehe direkt zu Seiner Hoheit.
Er könnte sich in Gefahr befinden.
In Gefahr? Wirklich?
...

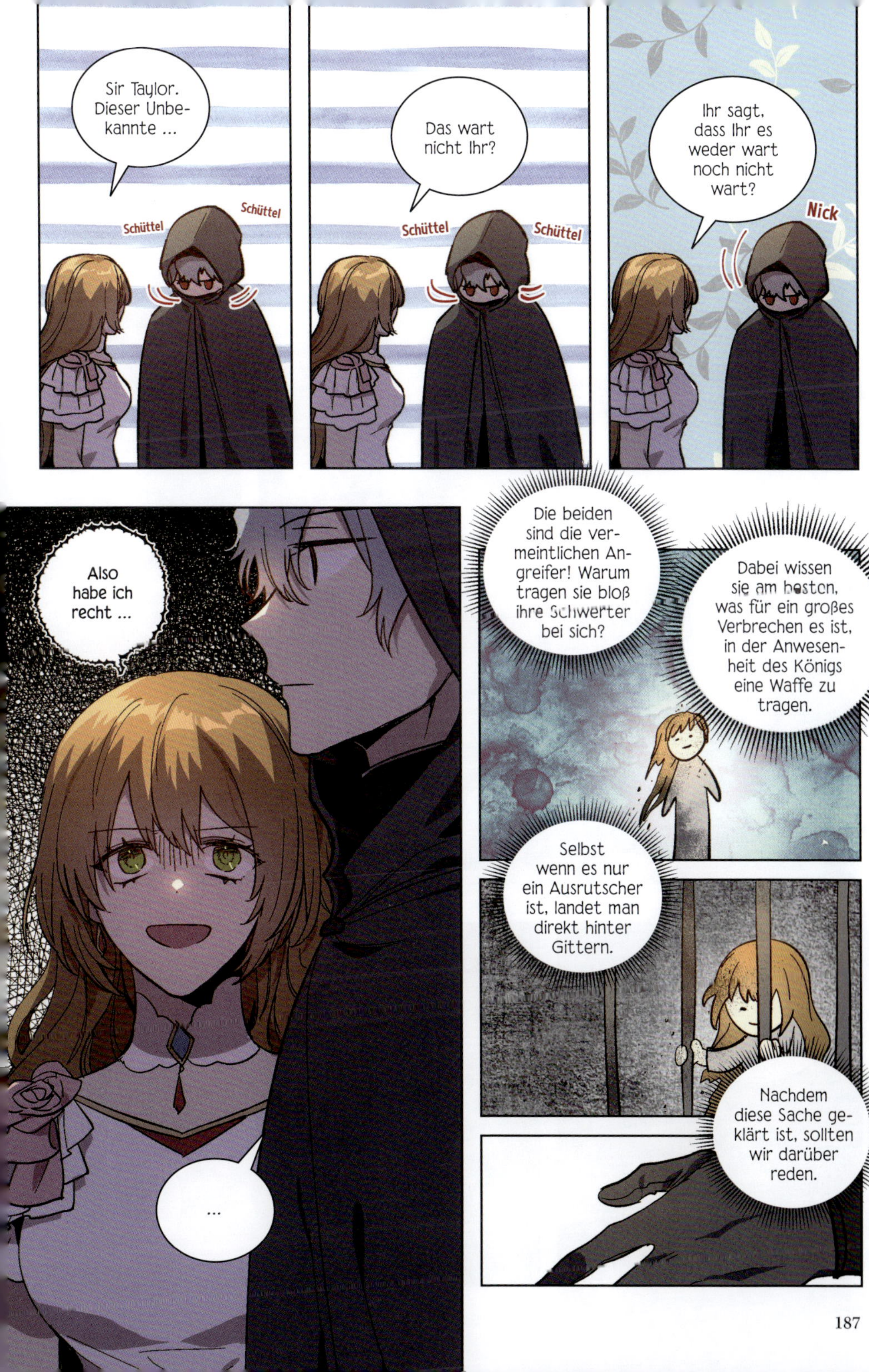
Sir Taylor. Dieser Unbekannte ...
Schüttel
Schüttel
Das wart nicht Ihr?
Schüttel
Schüttel
Ihr sagt, dass Ihr es weder wart noch nicht wart?
Nick
Also habe ich recht ...
...
Die beiden sind die vermeintlichen Angreifer! Warum tragen sie bloß ihre Schwerter bei sich?
Dabei wissen sie am besten, was für ein großes Verbrechen es ist, in der Anwesenheit des Königs eine Waffe zu tragen.
Selbst wenn es nur ein Ausrutscher ist, landet man direkt hinter Gittern.
Nachdem diese Sache geklärt ist, sollten wir darüber reden.

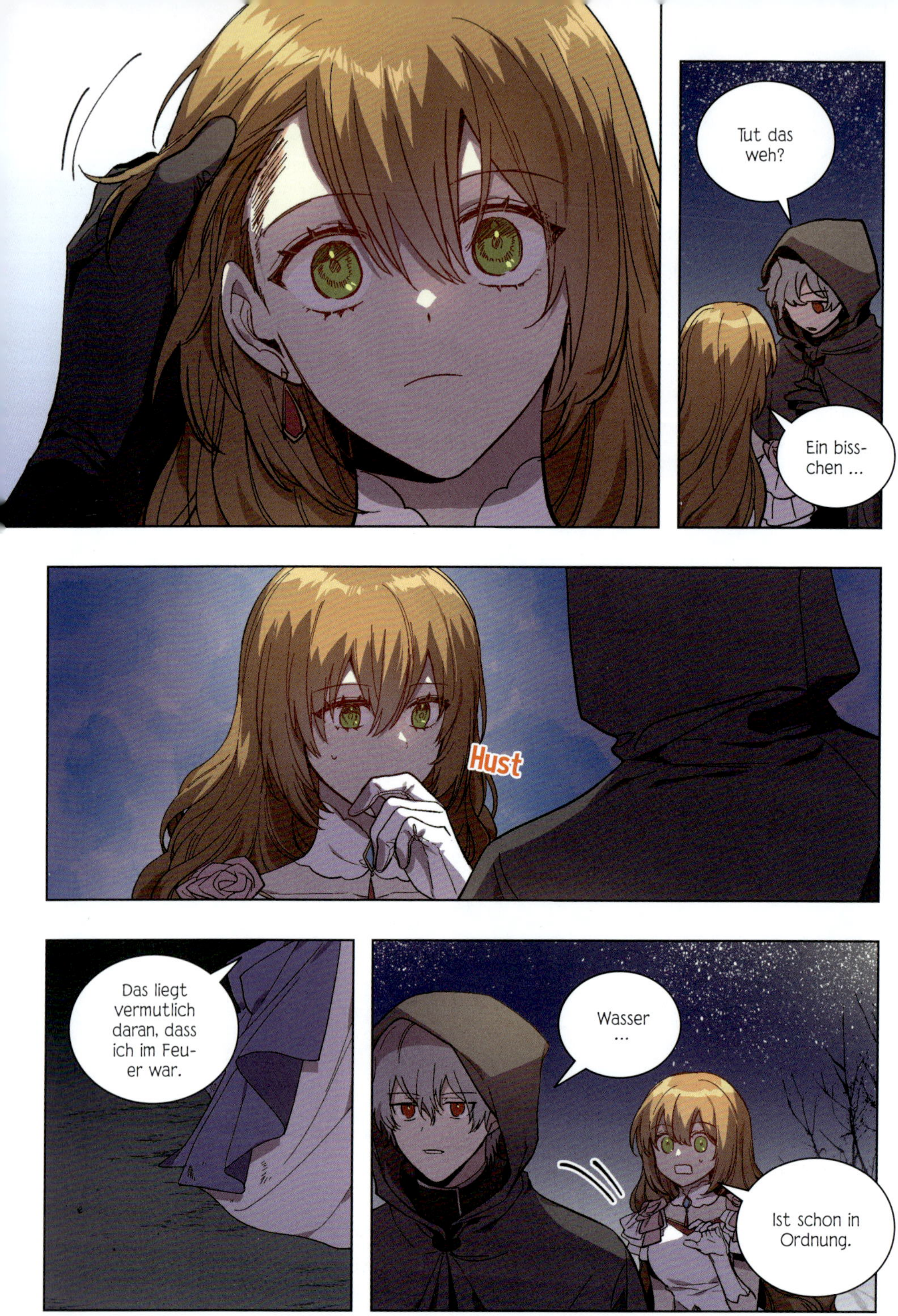
Tut das weh?
Ein biss-chen ...
Hust
Das liegt vermutlich daran, dass ich im Feu-er war.
Wasser ...
Ist schon in Ordnung.

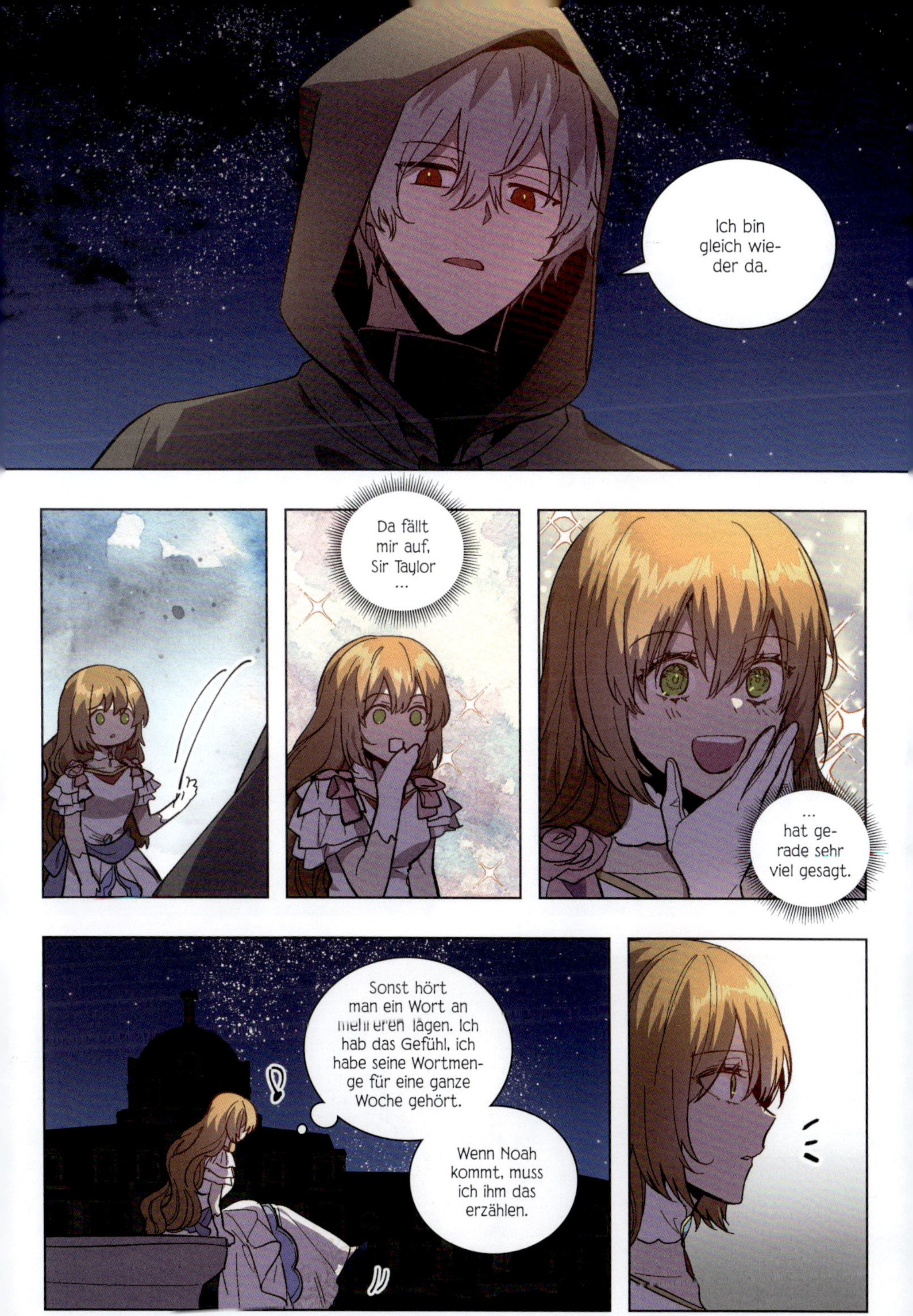
Ich bin gleich wieder da.
Da fällt mir auf, Sir Taylor …
… hat gerade sehr viel gesagt.
Sonst hört man ein Wort an mehreren Tagen. Ich hab das Gefühl, ich habe seine Wortmenge für eine ganze Woche gehört.
Wenn Noah kommt, muss ich ihm das erzählen.

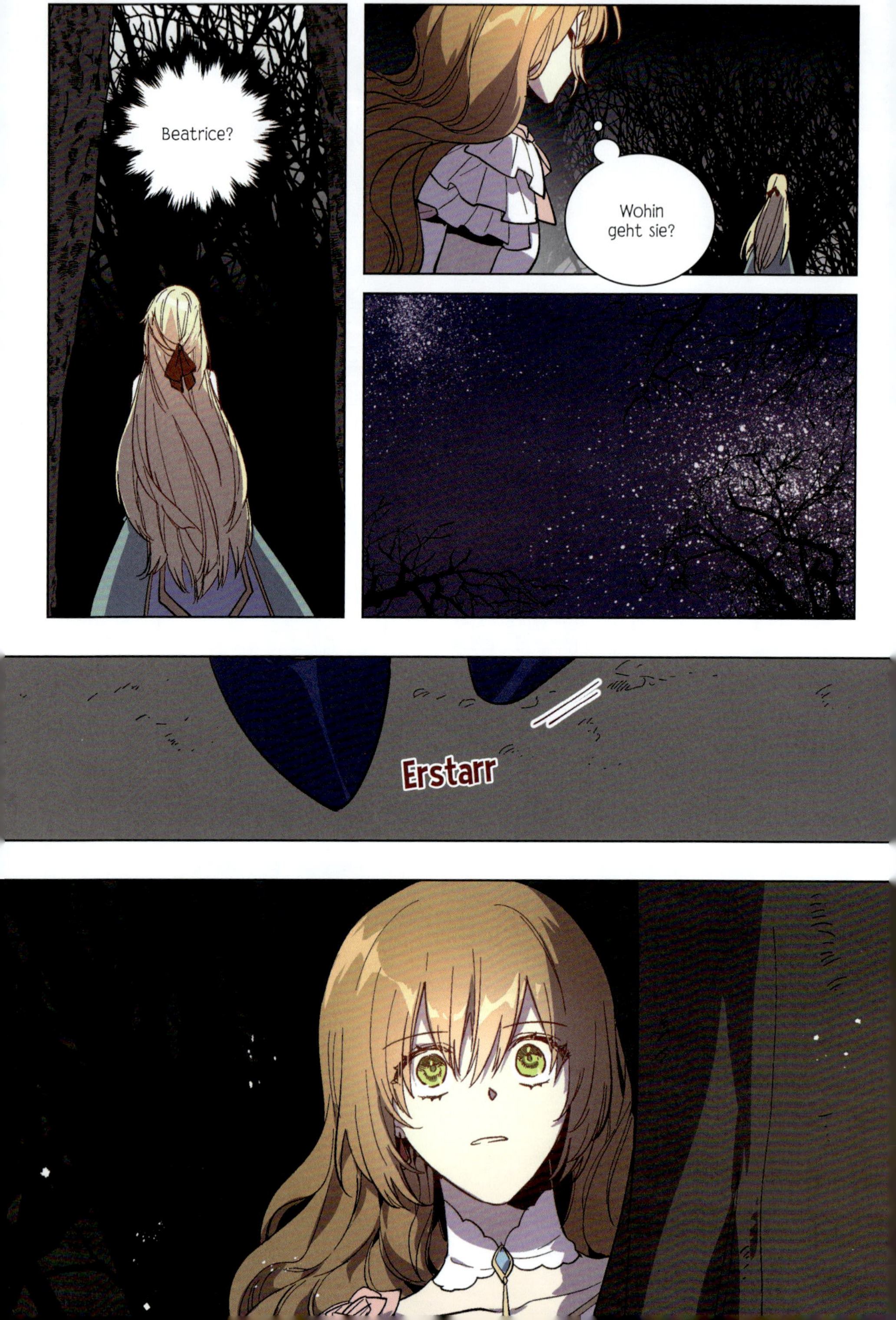
Beatrice?
Wohin geht sie?
Erstarr

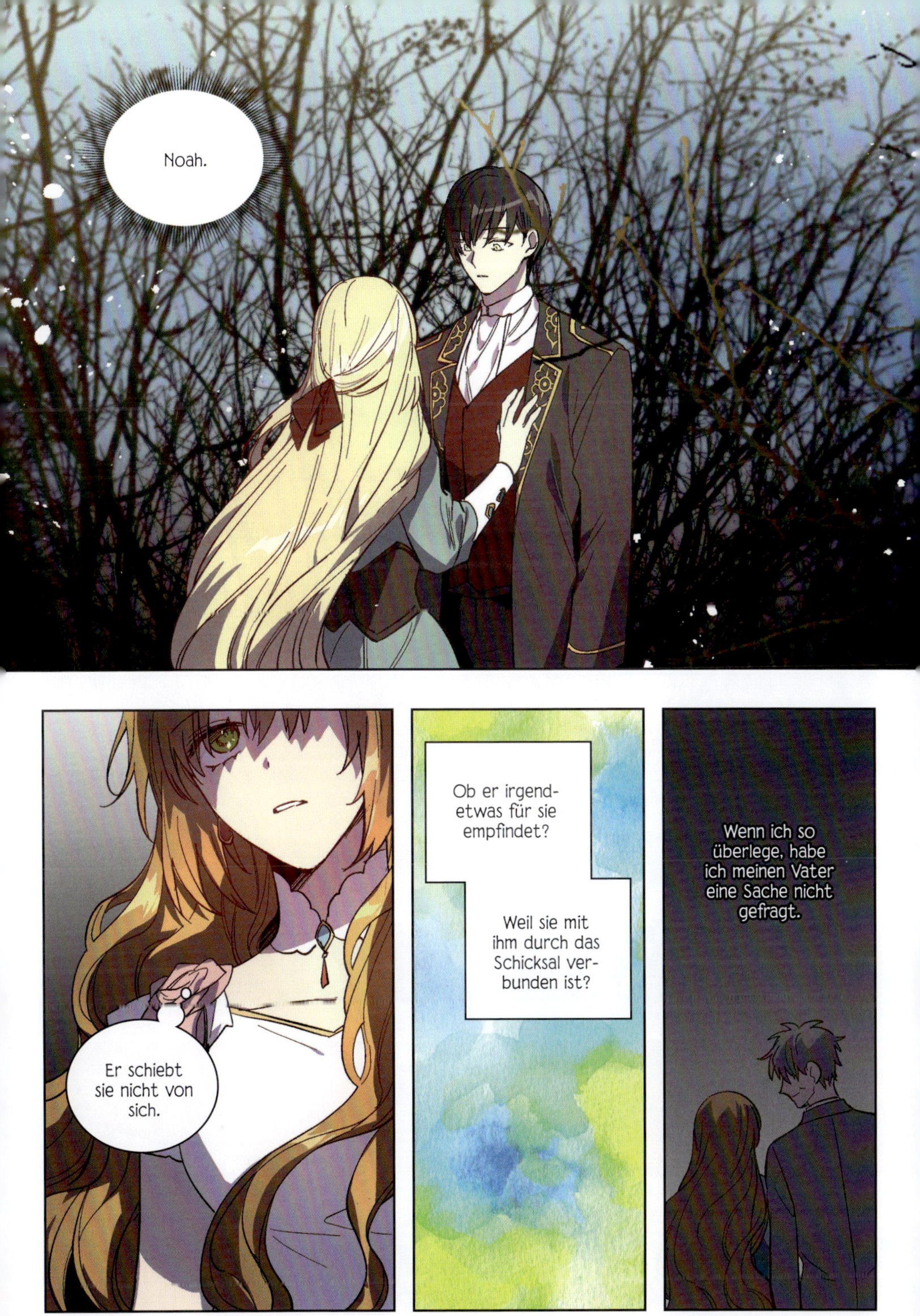
Noah.
Er schiebt sie nicht von sich.
Ob er irgendetwas für sie empfindet?
Weil sie mit ihm durch das Schicksal verbunden ist?
Wenn ich so überlege, habe ich meinen Vater eine Sache nicht gefragt.

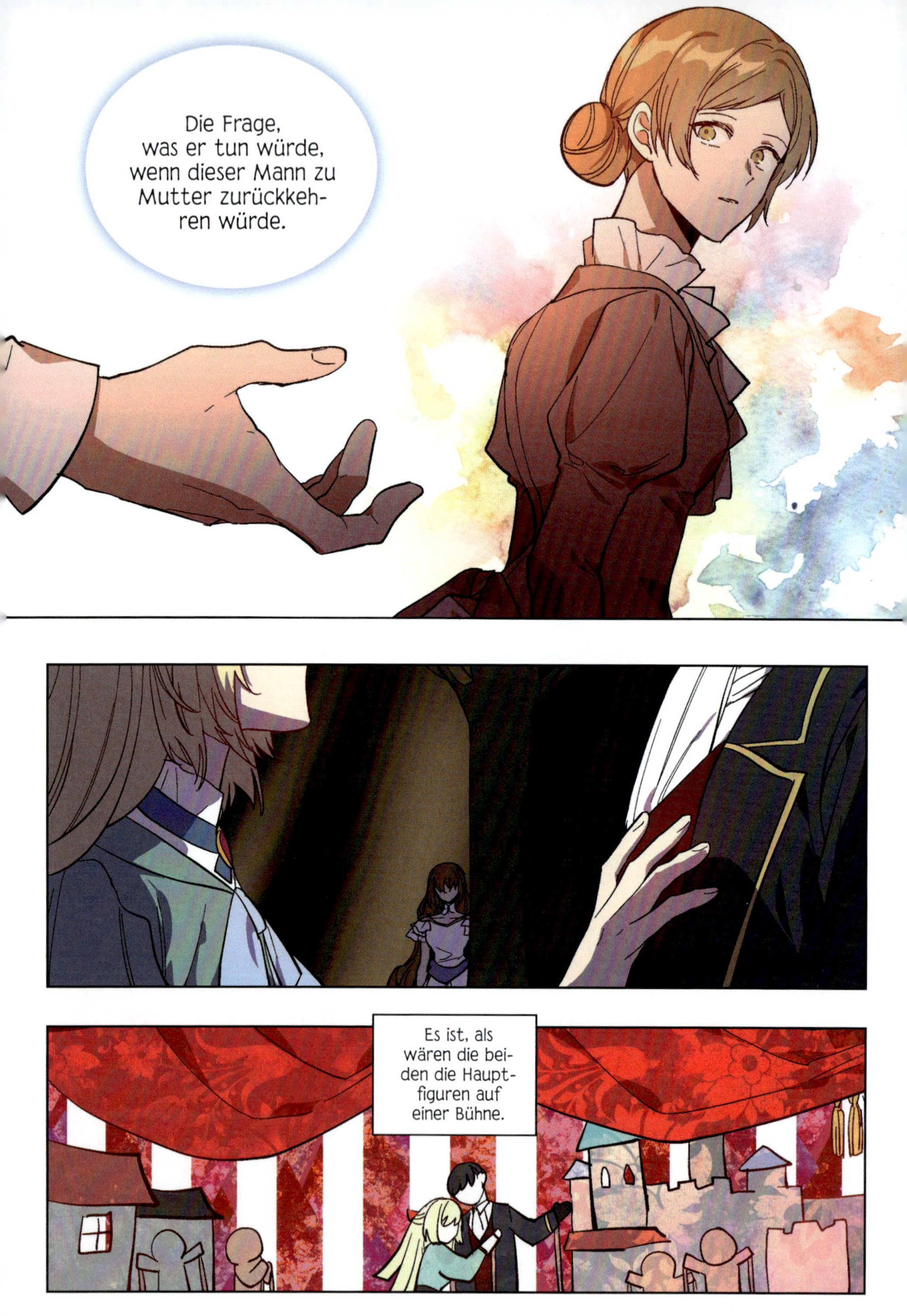
Die Frage, was er tun würde, wenn dieser Mann zu Mutter zurückkehren würde.
Es ist, als wären die beiden die Hauptfiguren auf einer Bühne.

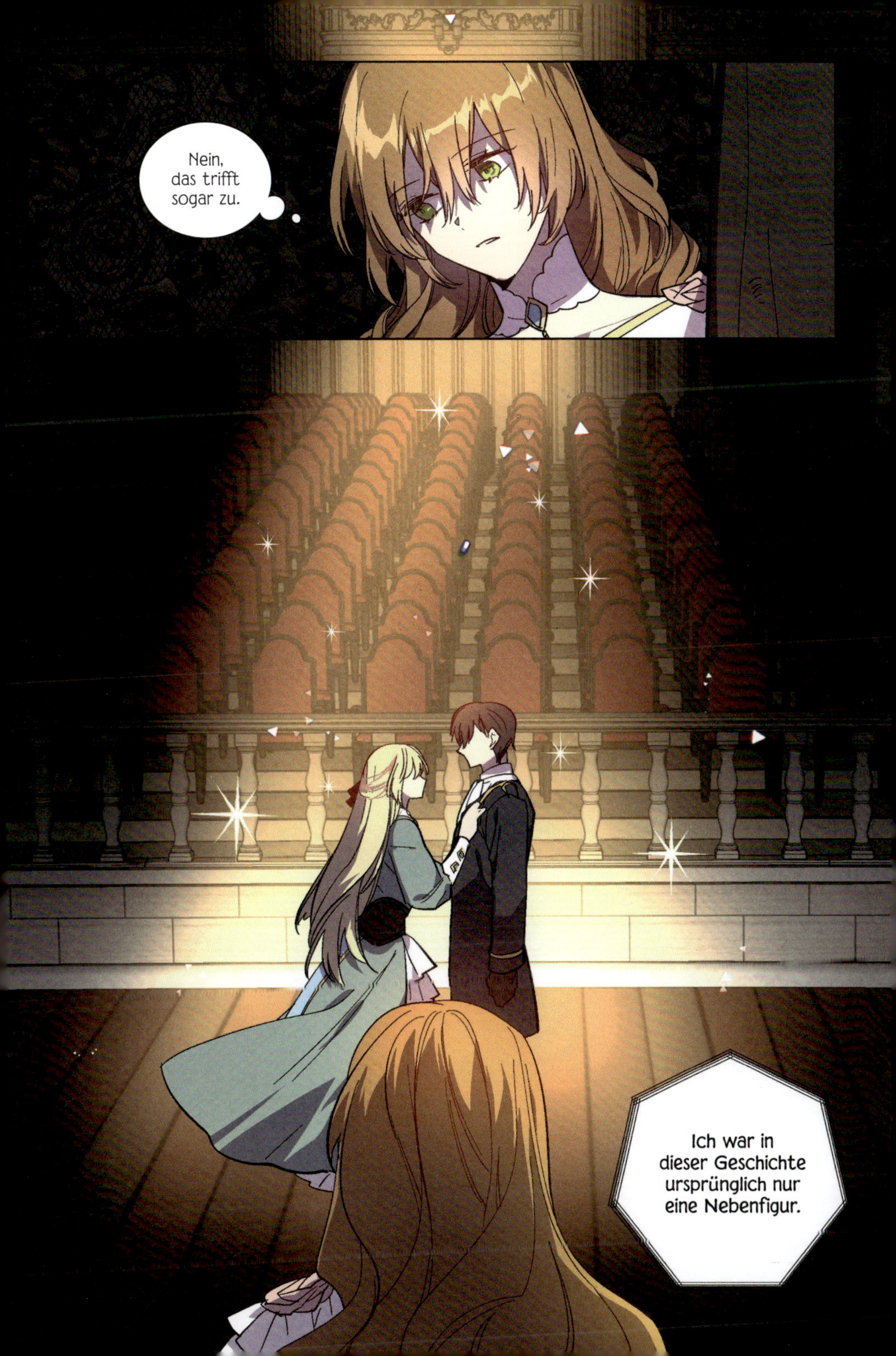
Nein, das trifft sogar zu.
Ich war in dieser Geschichte ursprünglich nur eine Nebenfigur.

Kapitel 20

Die Heldin und die Nebenfigur

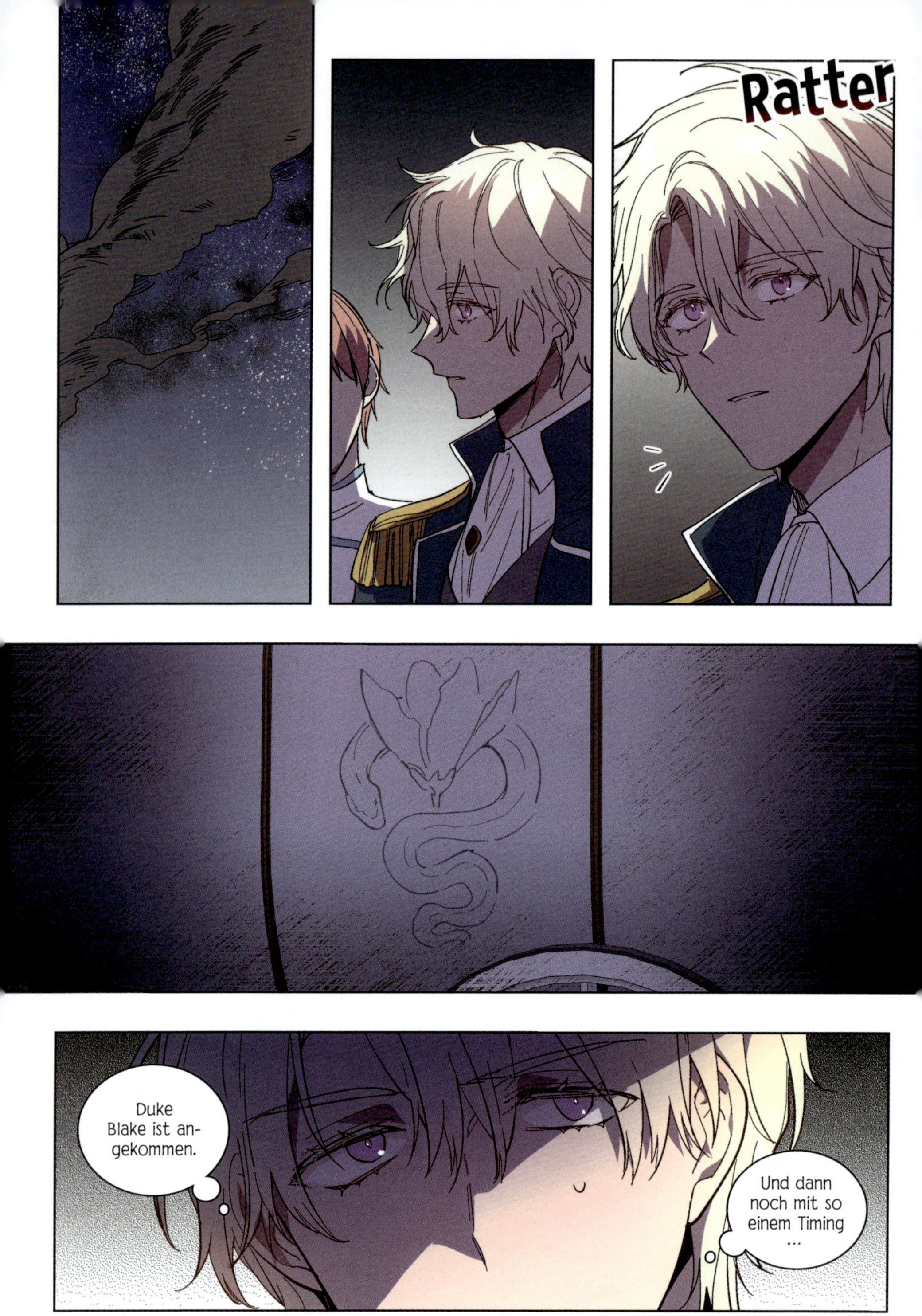
Ratter
Duke Blake ist angekommen.
Und dann noch mit so einem Timing …

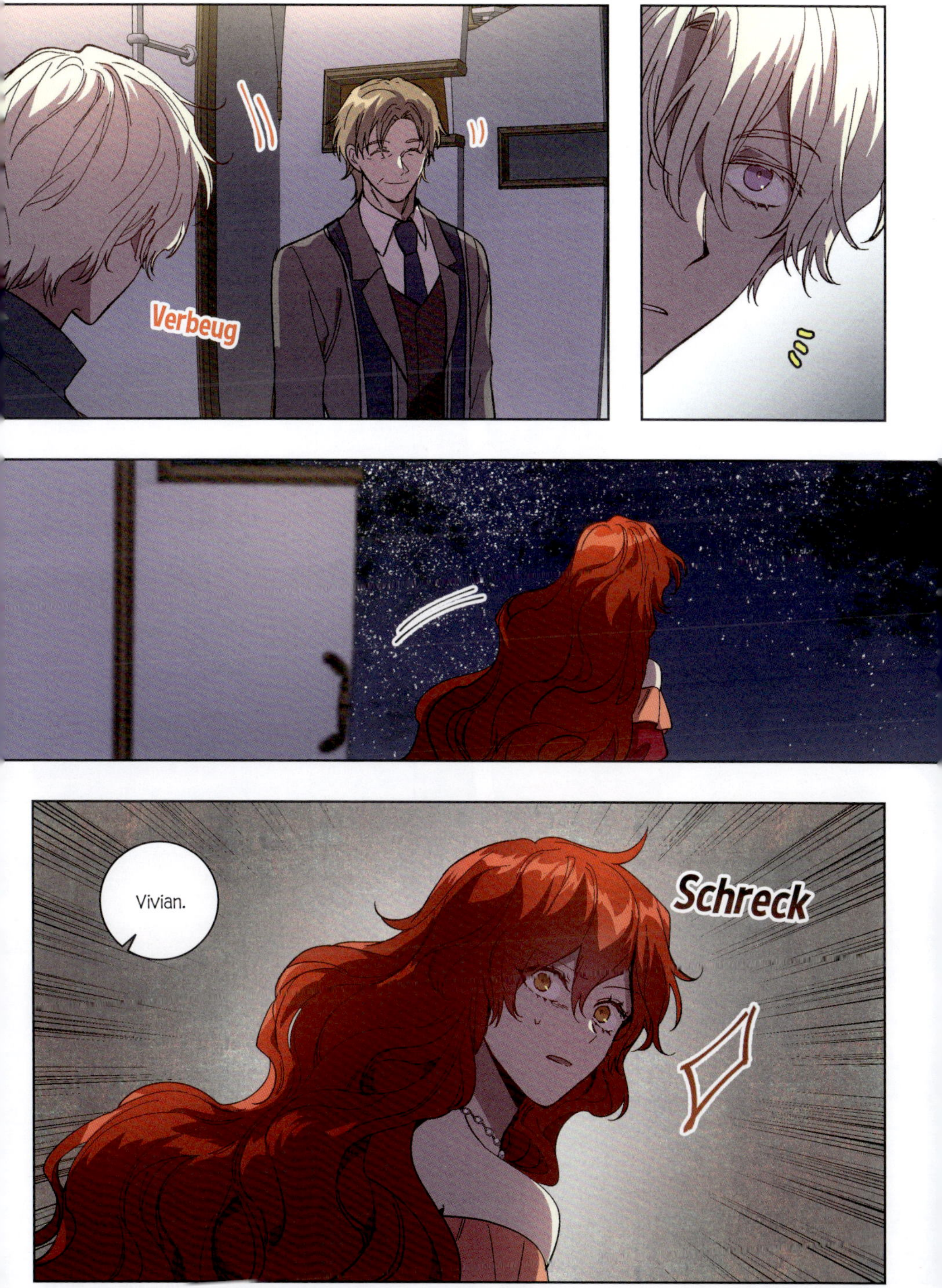
Verbeug
Vivian.
Schreck

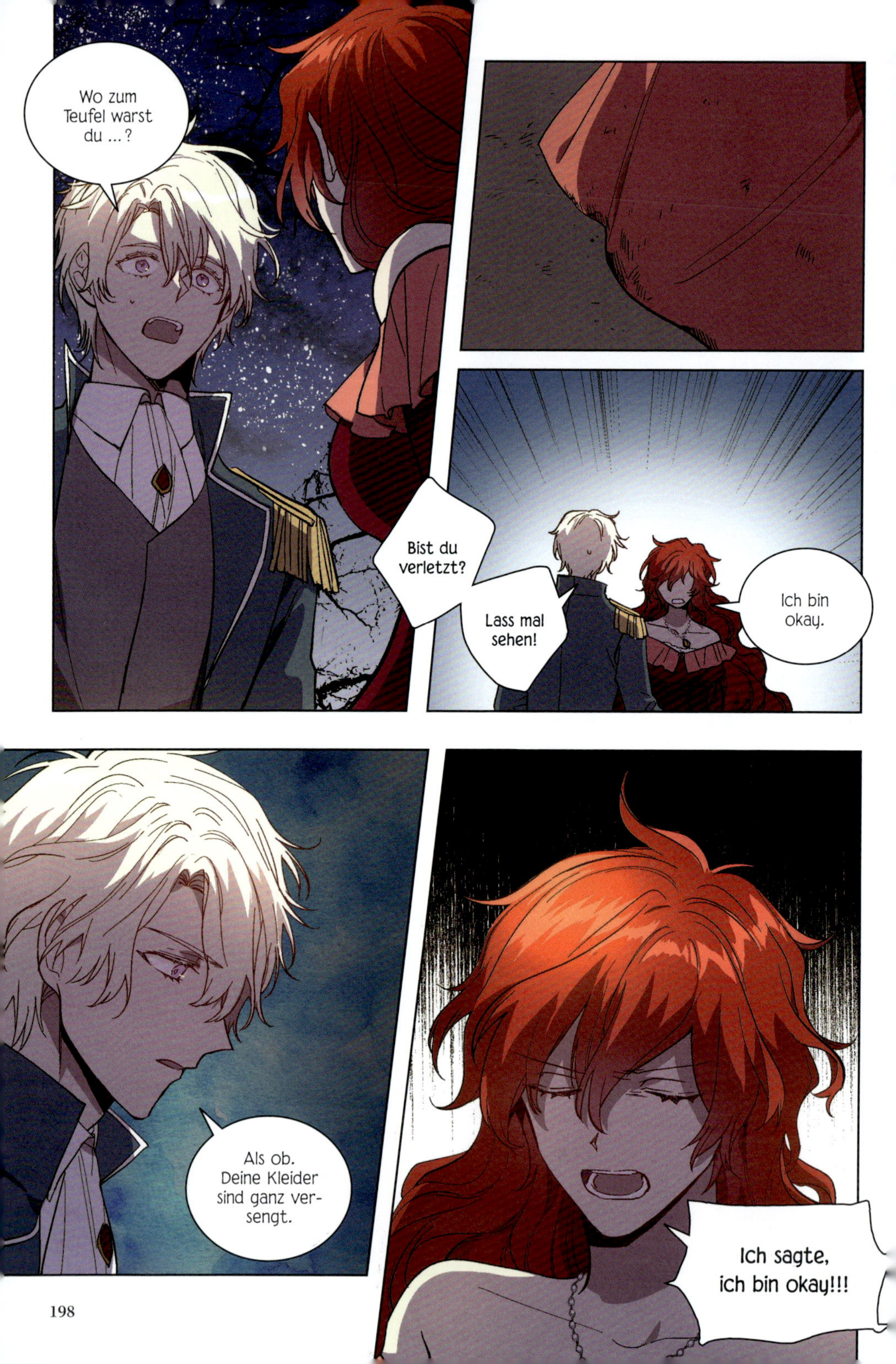
Wo zum Teufel warst du ...?
Bist du verletzt?
Lass mal sehen!
Ich bin okay.
Als ob. Deine Kleider sind ganz ver-sengt.
Ich sagte, ich bin okay!!!

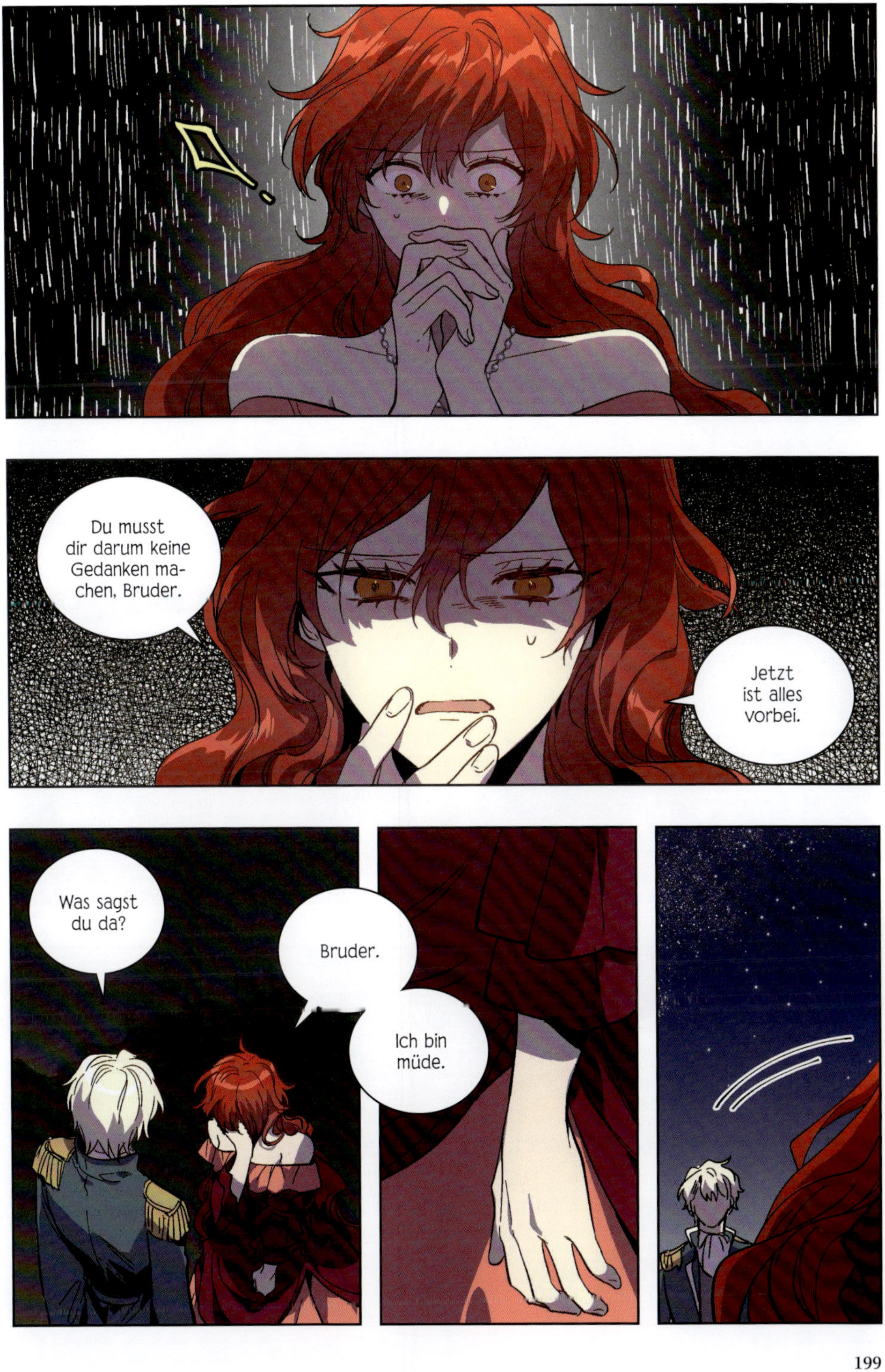

Du musst dir darum keine Gedanken machen, Bruder.
Jetzt ist alles vorbei.
Was sagst du da?
Bruder.
Ich bin müde.

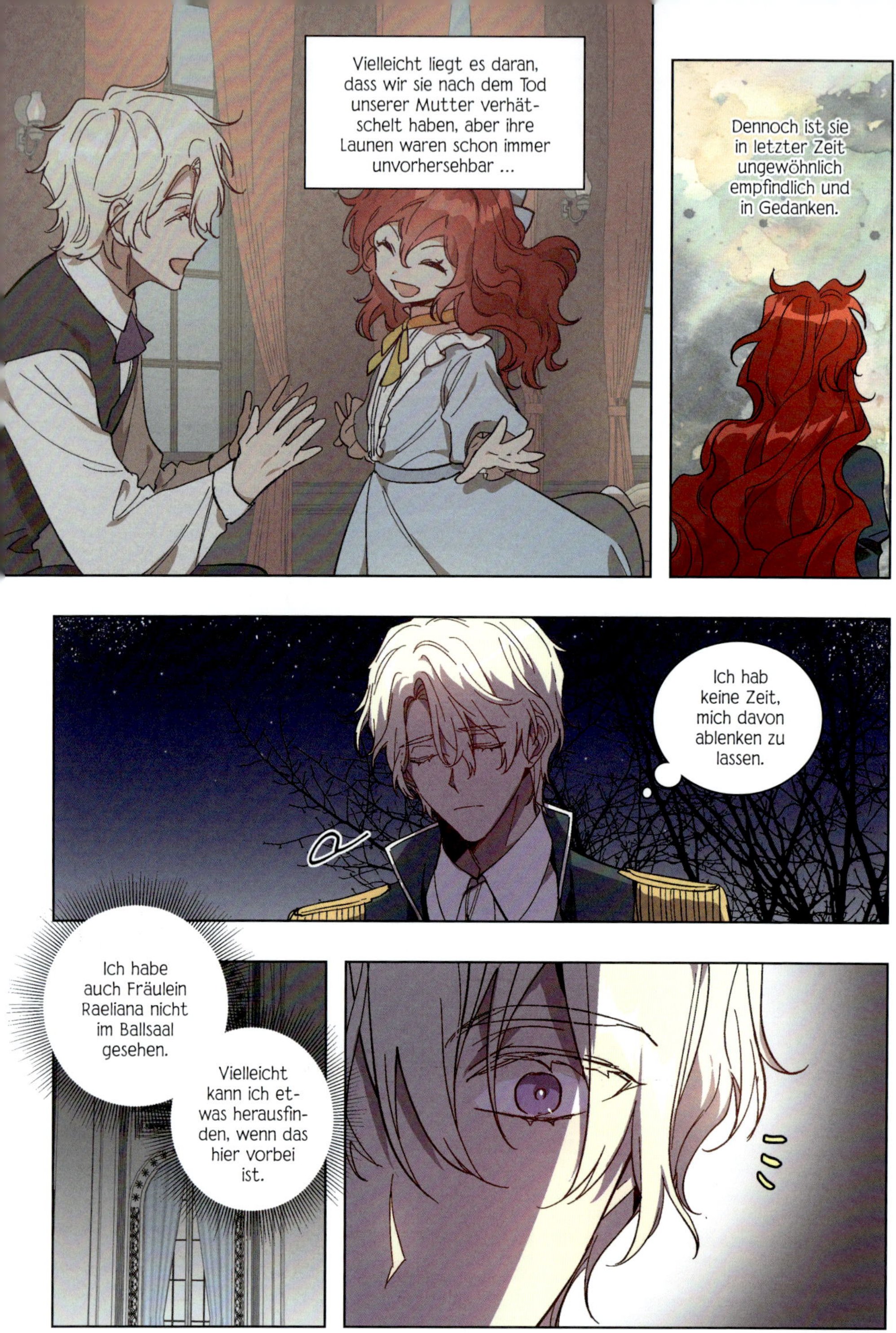
Vielleicht liegt es daran, dass wir sie nach dem Tod unserer Mutter verhätschelt haben, aber ihre Launen waren schon immer unvorhersehbar ...
Dennoch ist sie in letzter Zeit ungewöhnlich empfindlich und in Gedanken.
Ich hab keine Zeit, mich davon ablenken zu lassen.
Ich habe auch Fräulein Raeliana nicht im Ballsaal gesehen.
Vielleicht kann ich etwas herausfinden, wenn das hier vorbei ist.

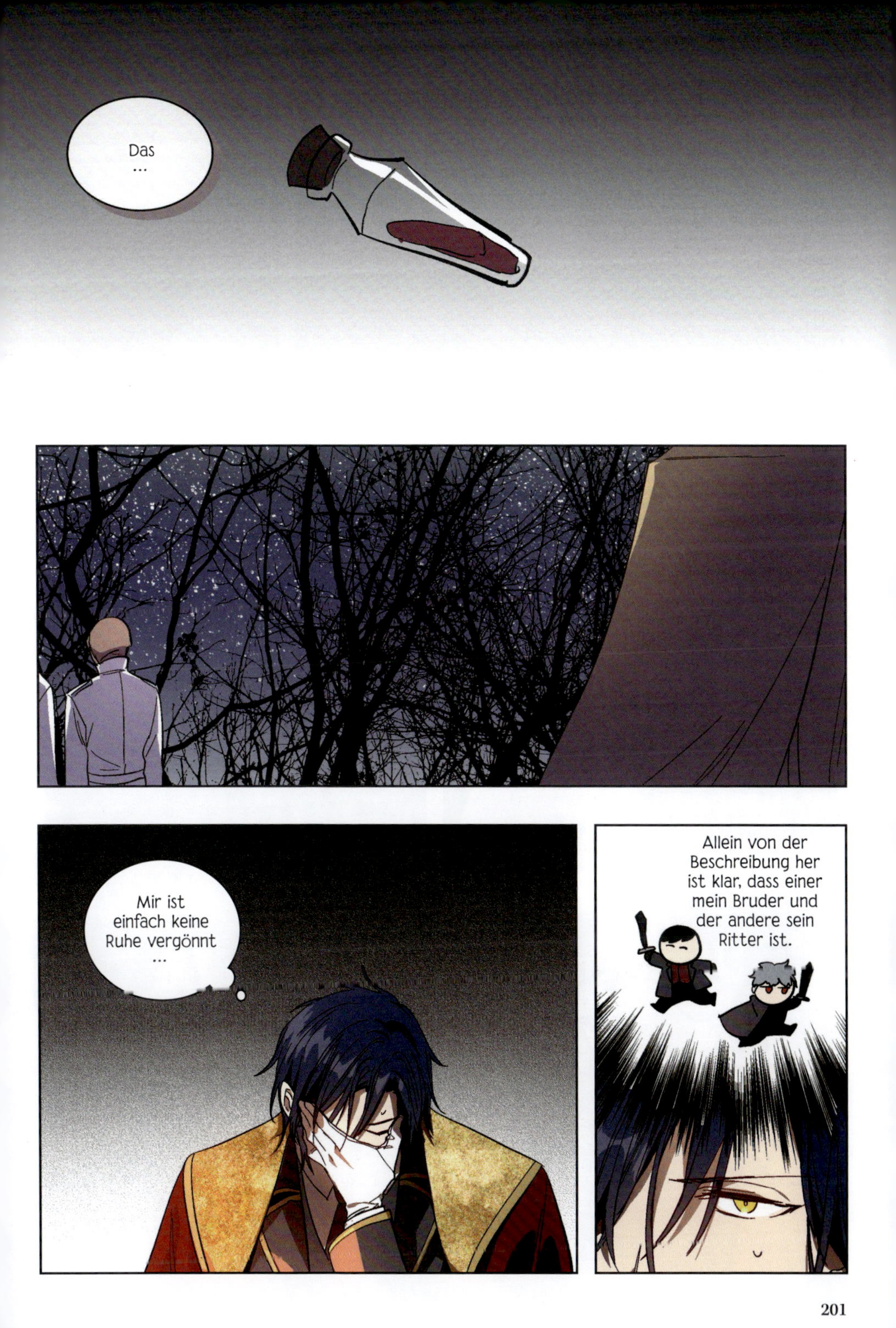
Das …
Mir ist einfach keine Ruhe vergönnt …
Allein von der Beschreibung her ist klar, dass einer mein Bruder und der andere sein Ritter ist.

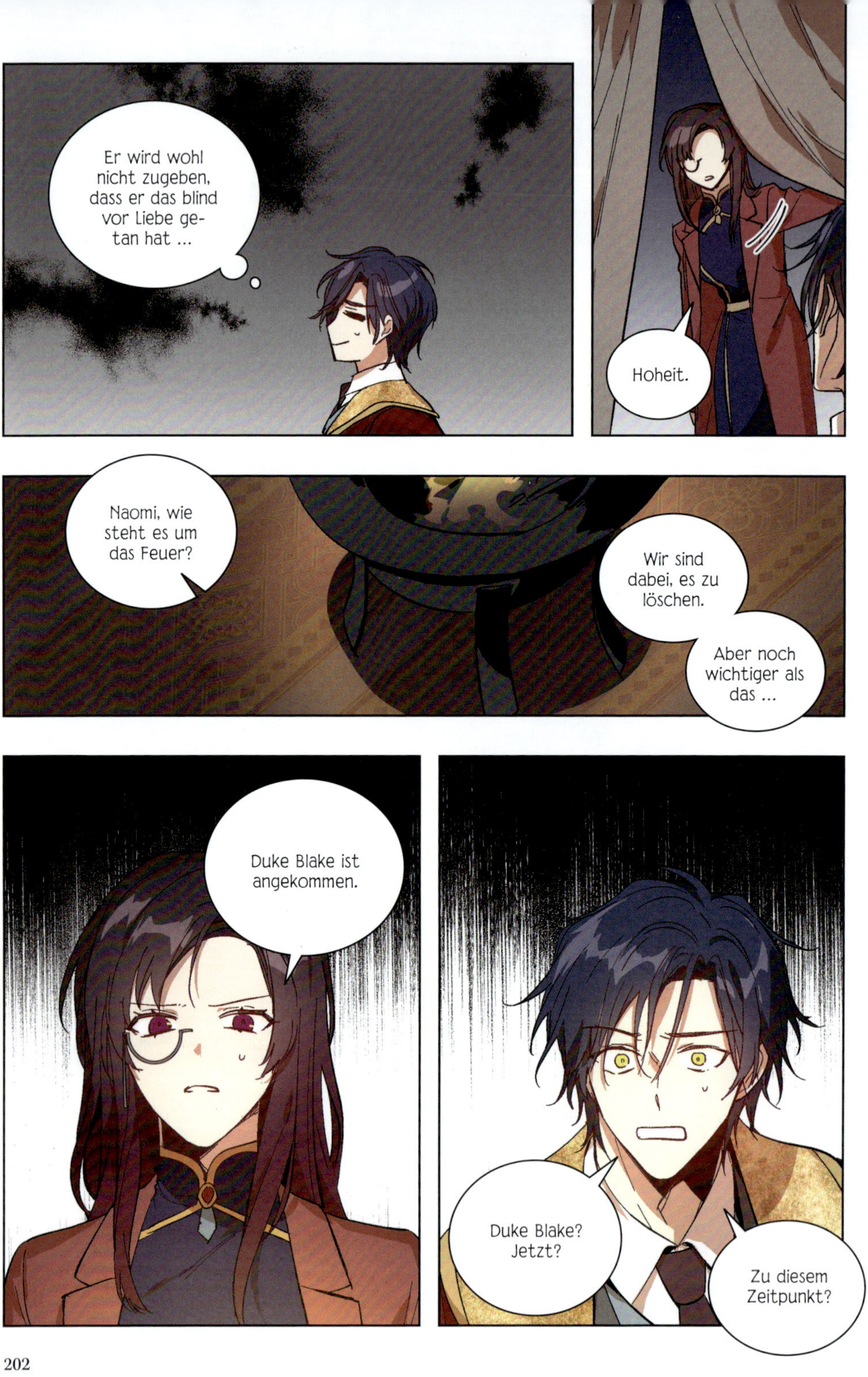
Er wird wohl nicht zugeben, dass er das blind vor Liebe getan hat …
Hoheit.
Naomi, wie steht es um das Feuer?
Wir sind dabei, es zu löschen.
Aber noch wichtiger als das …
Duke Blake ist angekommen.
Duke Blake? Jetzt?
Zu diesem Zeitpunkt?

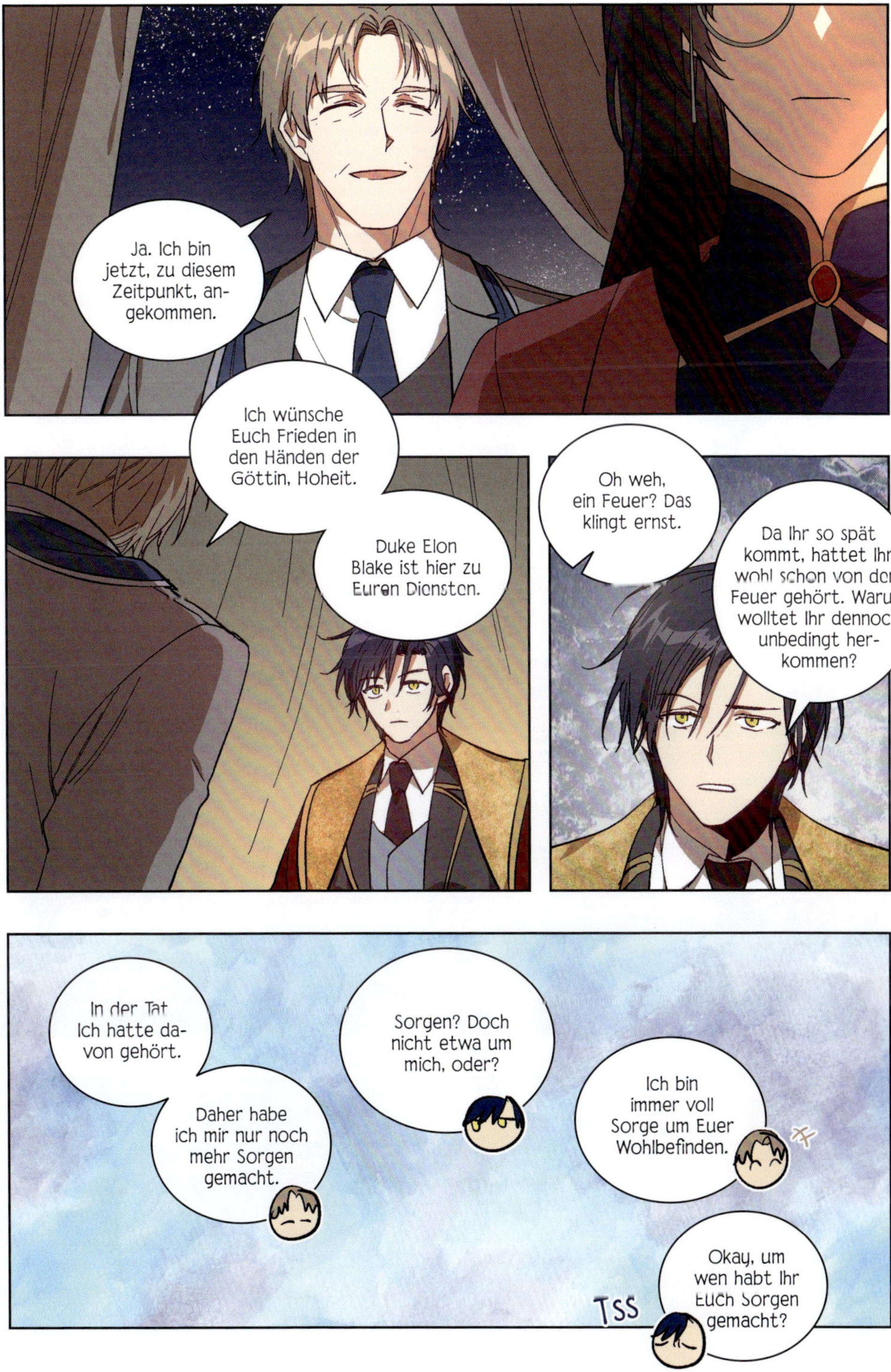
Ja. Ich bin jetzt, zu diesem Zeitpunkt, angekommen.
Ich wünsche Euch Frieden in den Händen der Göttin, Hoheit.
Duke Elon Blake ist hier zu Euren Diensten.
Oh weh, ein Feuer? Das klingt ernst.
Da Ihr so spät kommt, hattet Ihr wohl schon von dem Feuer gehört. Warum wolltet Ihr dennoch unbedingt herkommen?
In der Tat. Ich hatte davon gehört.
Daher habe ich mir nur noch mehr Sorgen gemacht.
Sorgen? Doch nicht etwa um mich, oder?
Ich bin immer voll Sorge um Euer Wohlbefinden.
TSS
Okay, um wen habt Ihr Euch Sorgen gemacht?

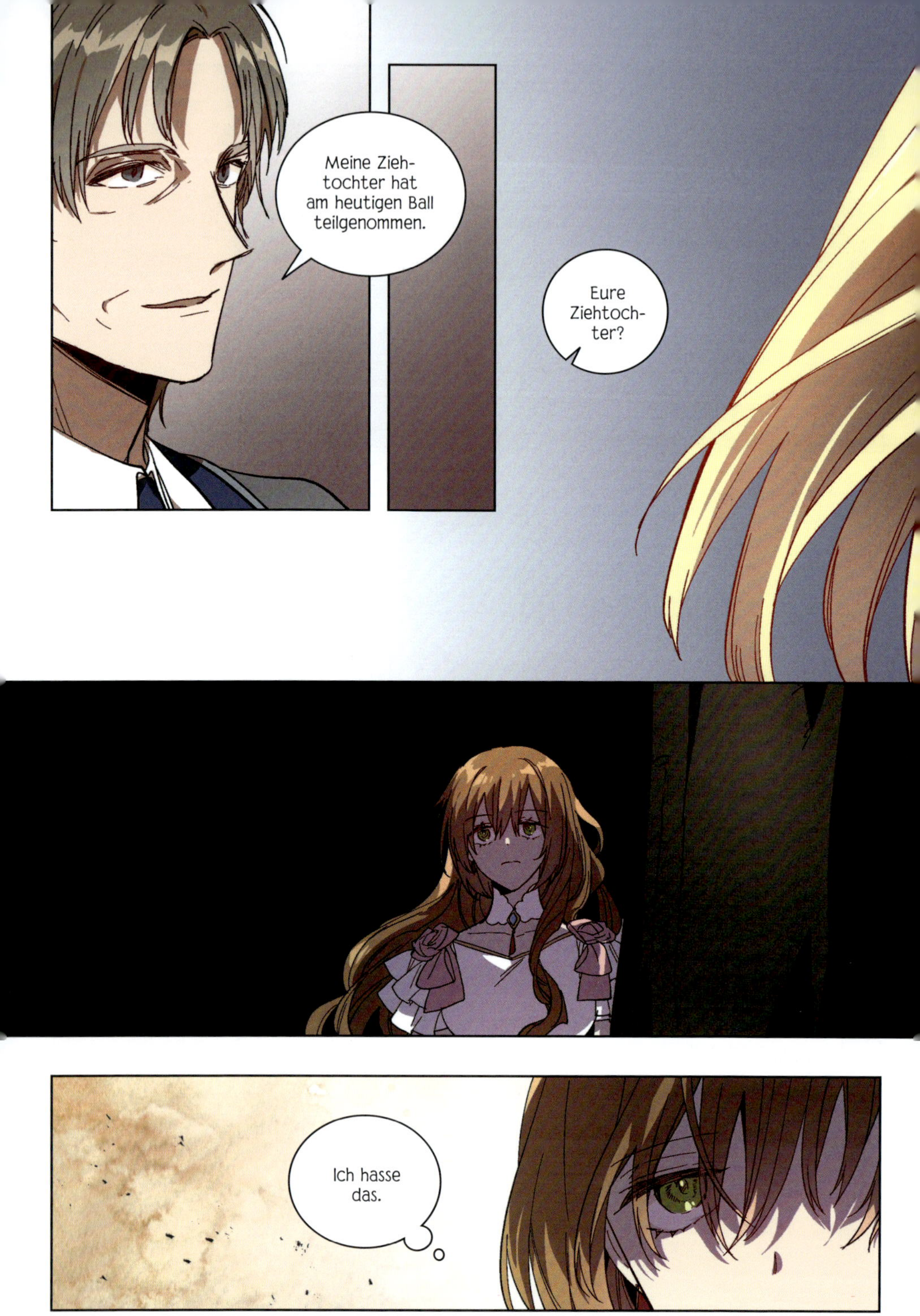
Meine Zieh-tochter hat am heutigen Ball teilgenommen.
Eure Ziehtoch-ter?
Ich hasse das.

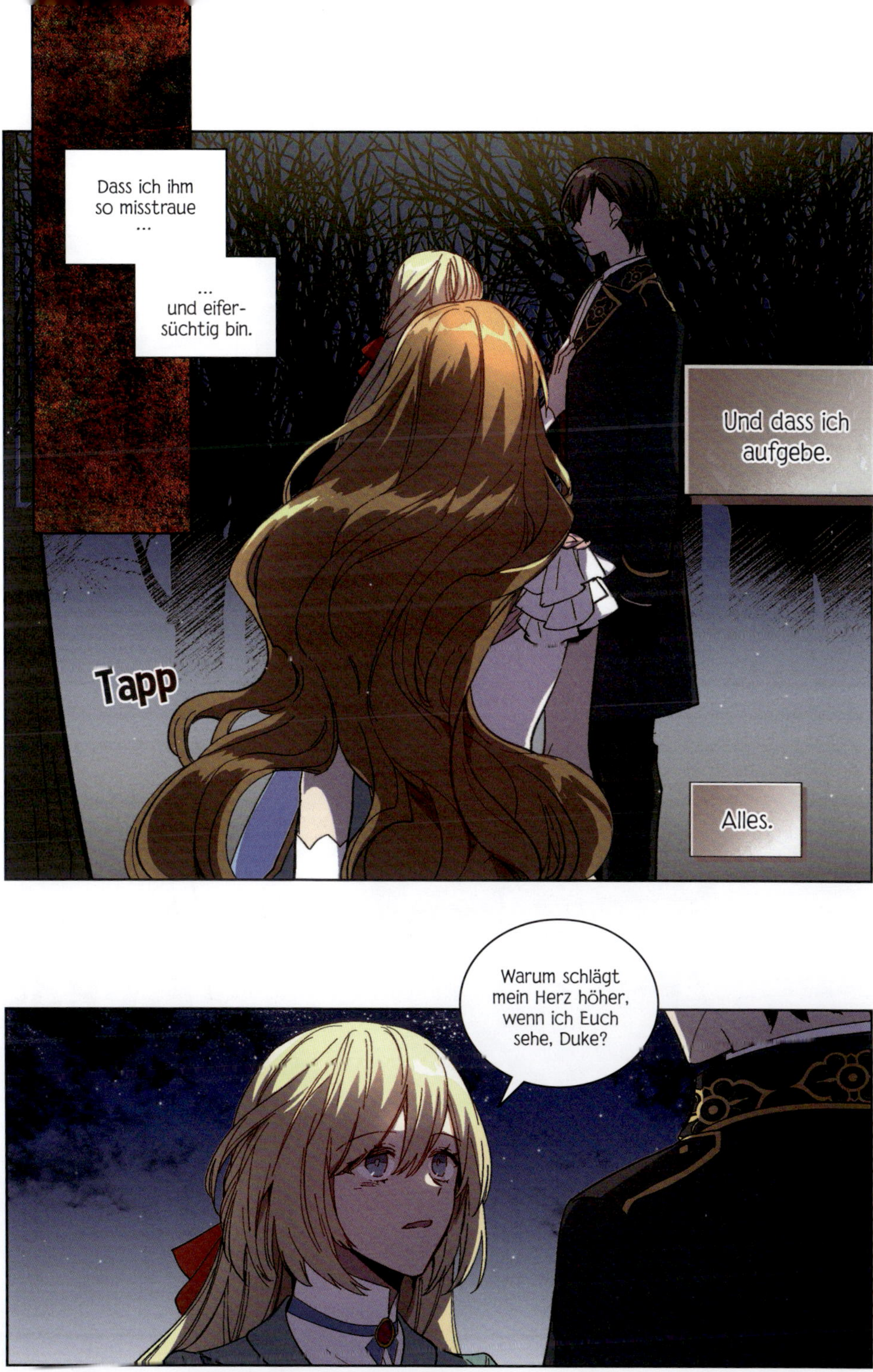

Dass ich ihm so misstraue …
… und eifersüchtig bin.
Und dass ich aufgebe.
Tapp
Alles.
Warum schlägt mein Herz höher, wenn ich Euch sehe, Duke?

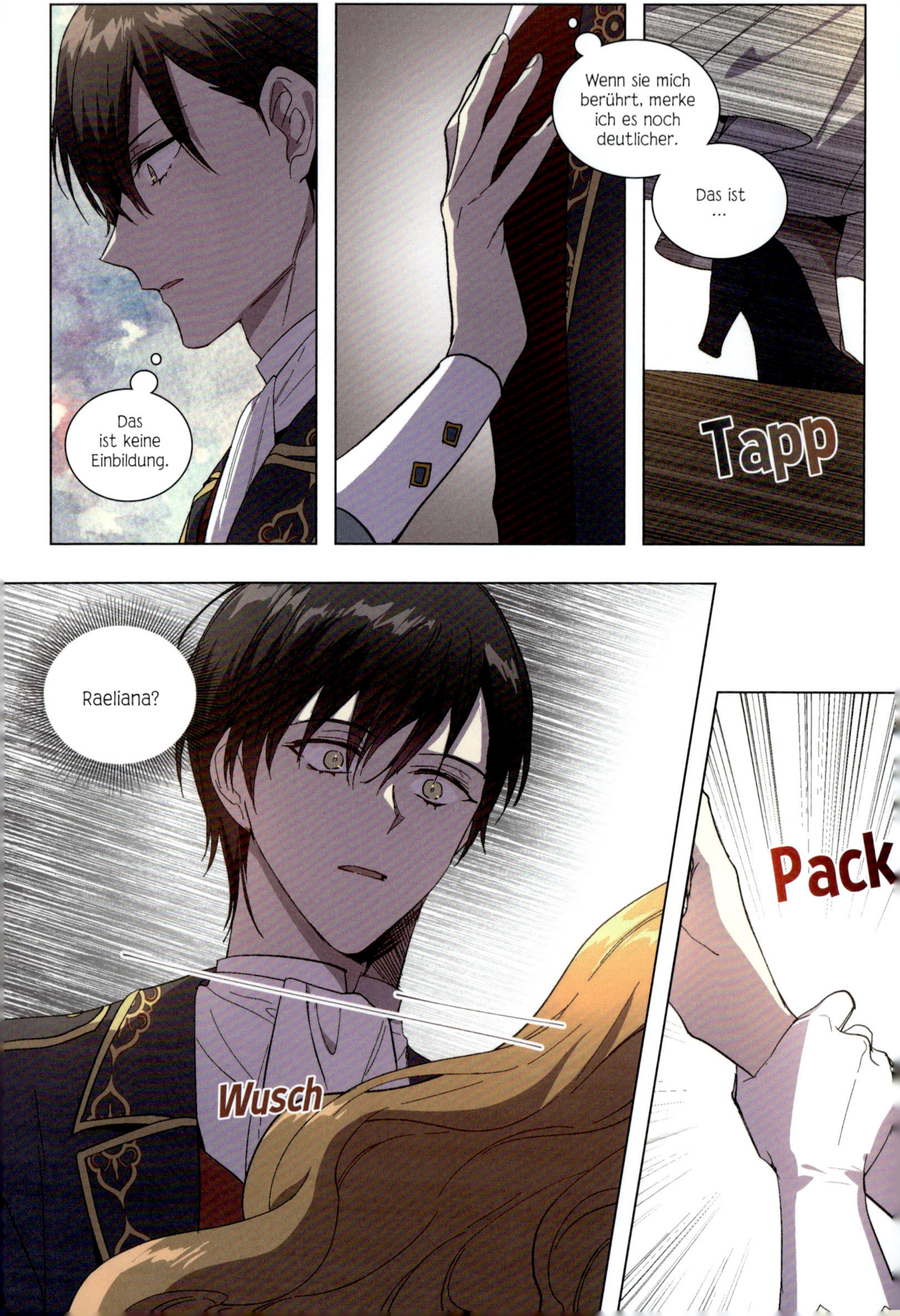
Das ist keine Einbildung.
Wenn sie mich berührt, merke ich es noch deutlicher.
Das ist …
Tapp
Raeliana?
Pack
Wusch

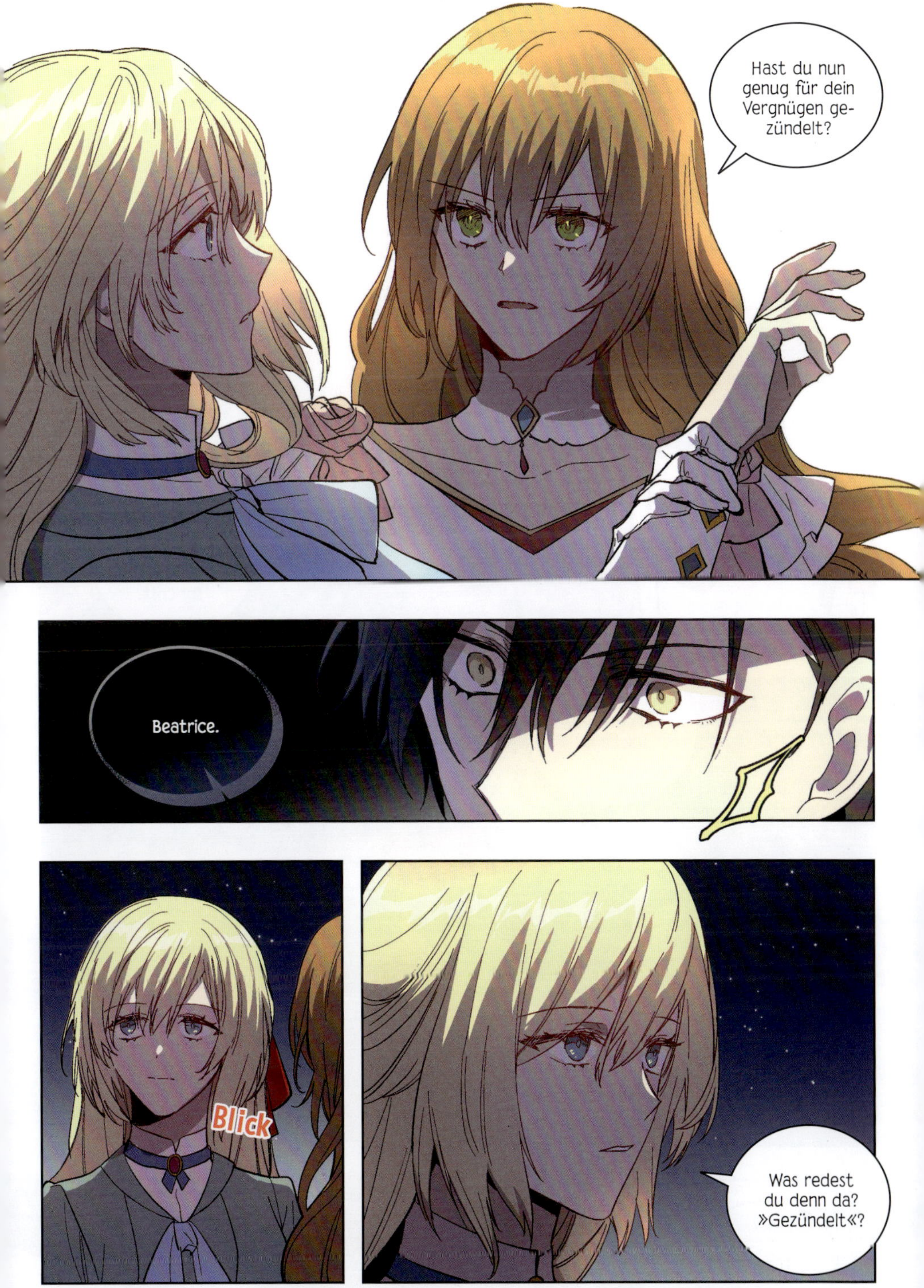
Hast du nun genug für dein Vergnügen gezündelt?
Beatrice.
Blick
Was redest du denn da? »Gezündelt«?

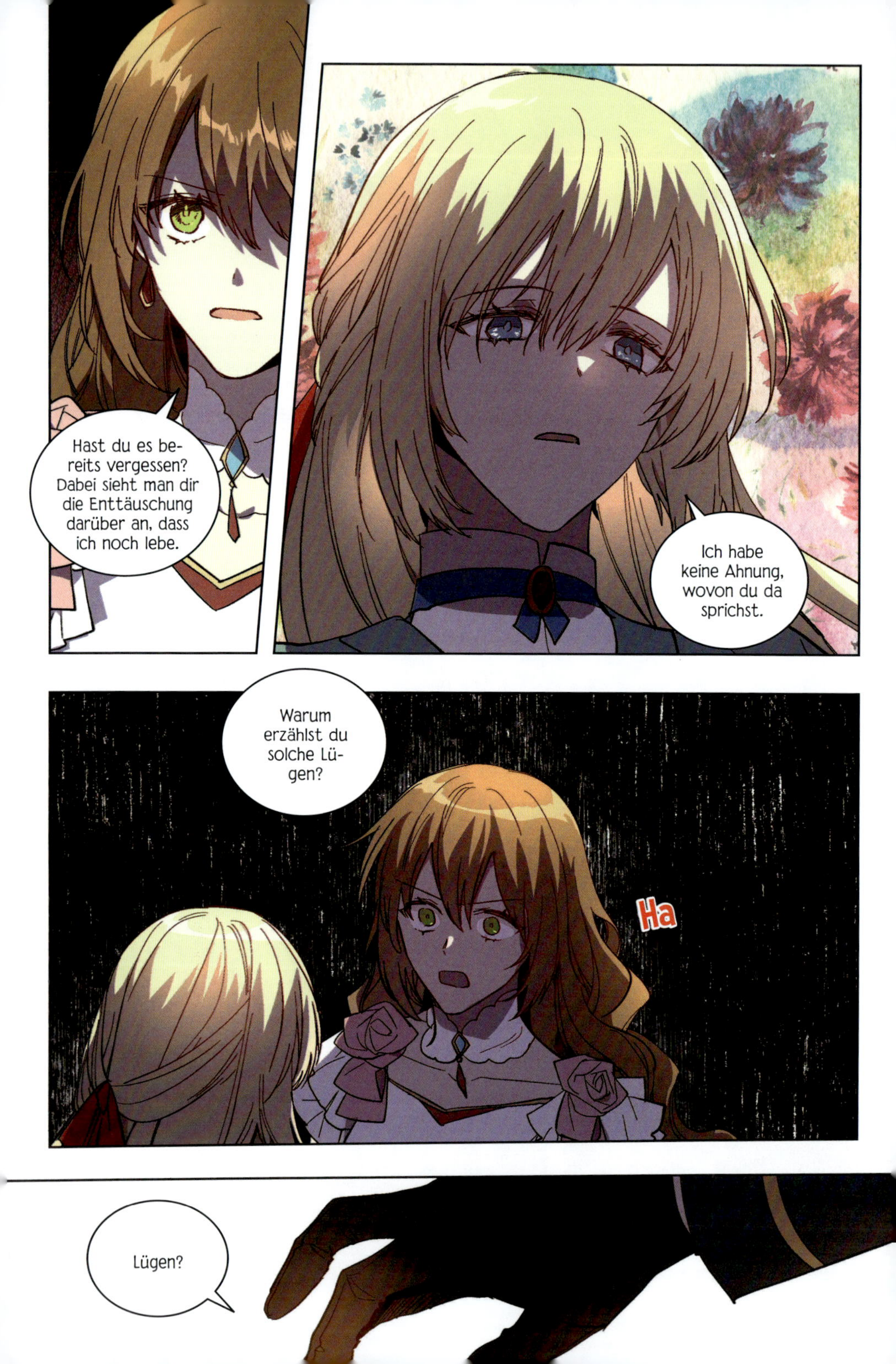
Hast du es bereits vergessen? Dabei sieht man dir die Enttäuschung darüber an, dass ich noch lebe.
Ich habe keine Ahnung, wovon du da sprichst.
Warum erzählst du solche Lügen?
Ha
Lügen?

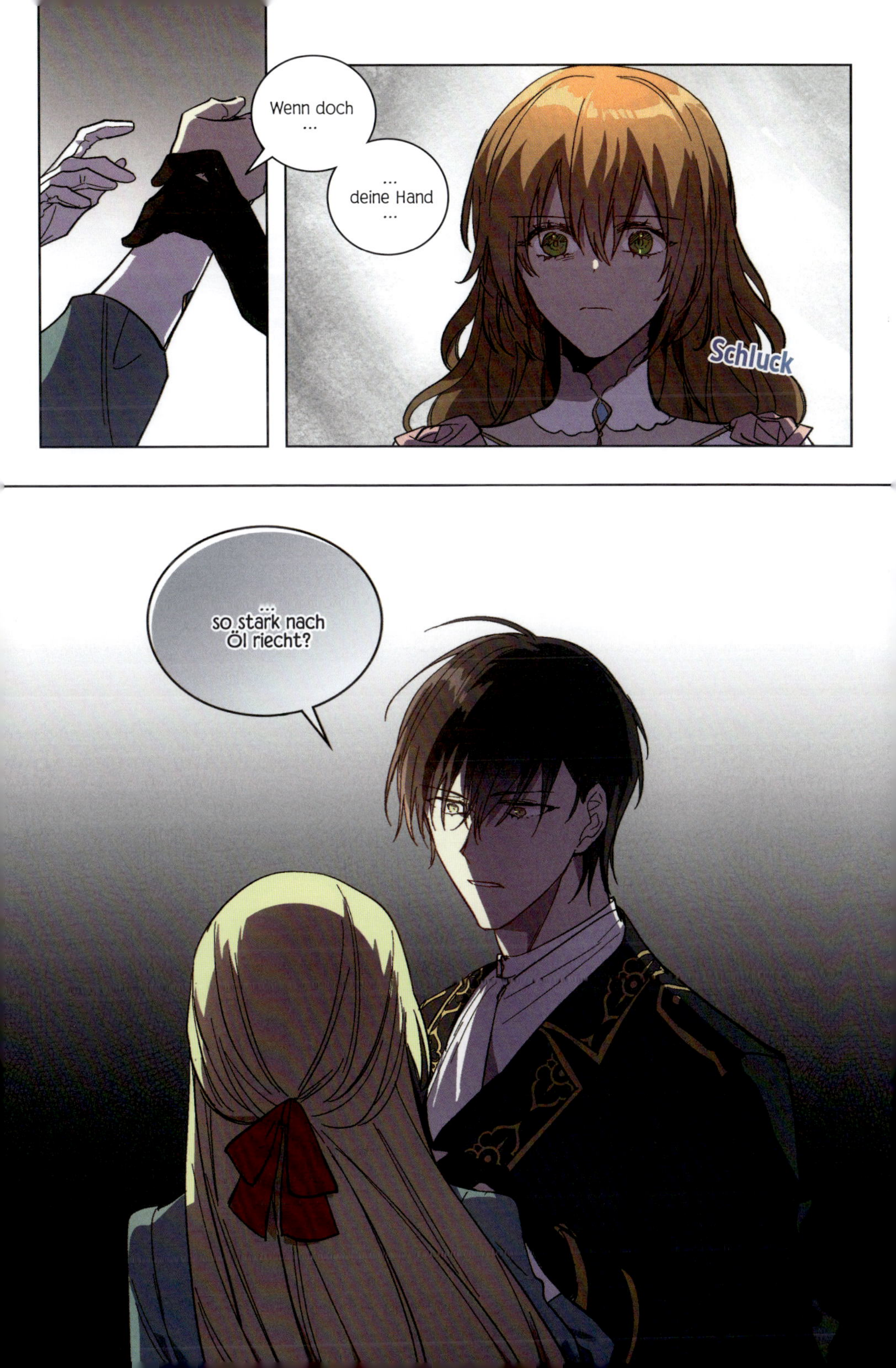
Wenn doch
...
...
deine Hand
...
Schluck
...
so stark nach
Öl riecht?

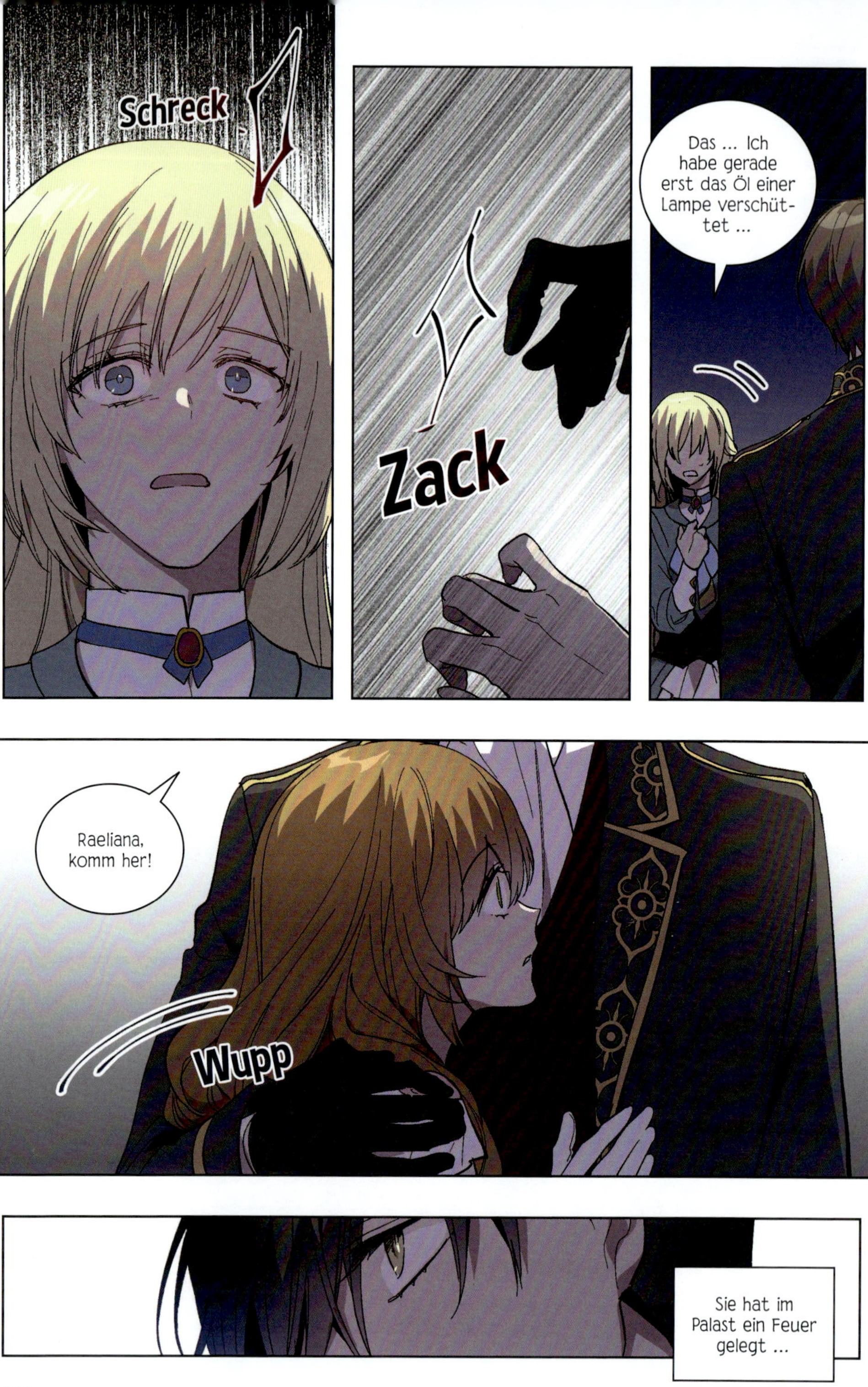
Schreck
Zack
Das ... Ich habe gerade erst das Öl einer Lampe verschüt-tet ...
Raeliana, komm her!
Wupp
Sie hat im Palast ein Feuer gelegt ...

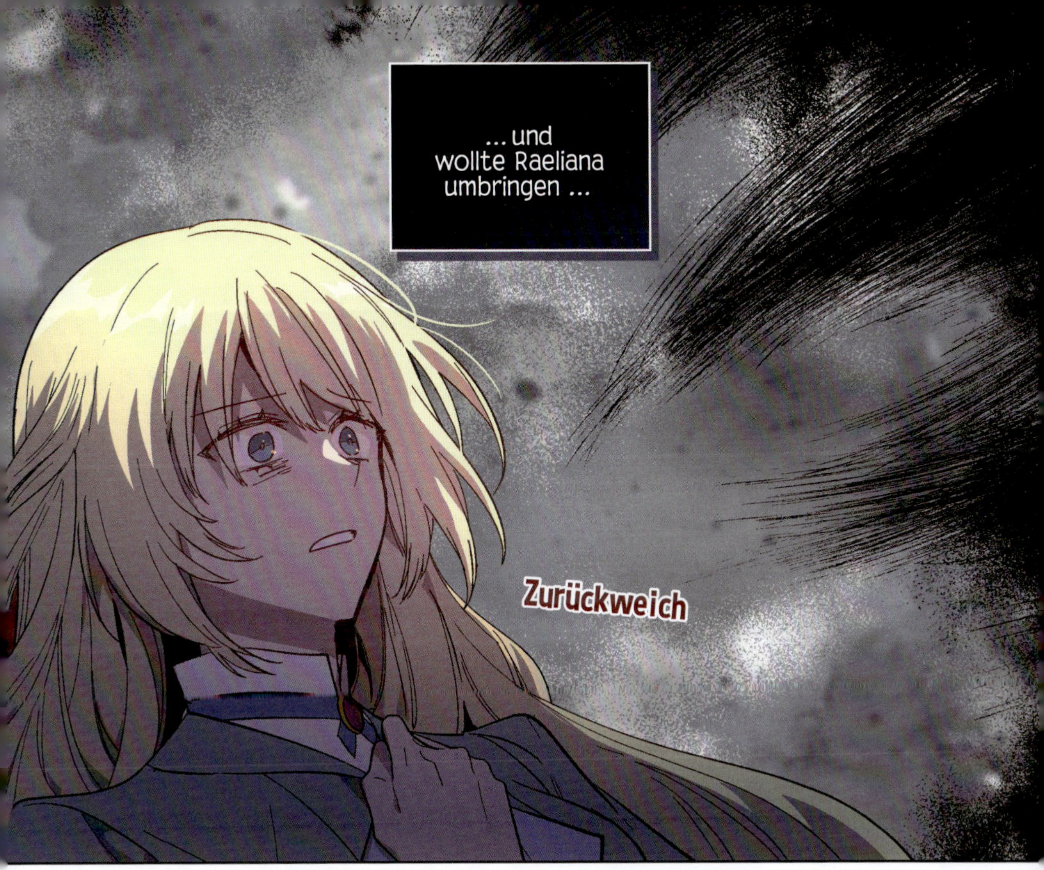
... und
wollte Raeliana
umbringen ...
Zurückweich

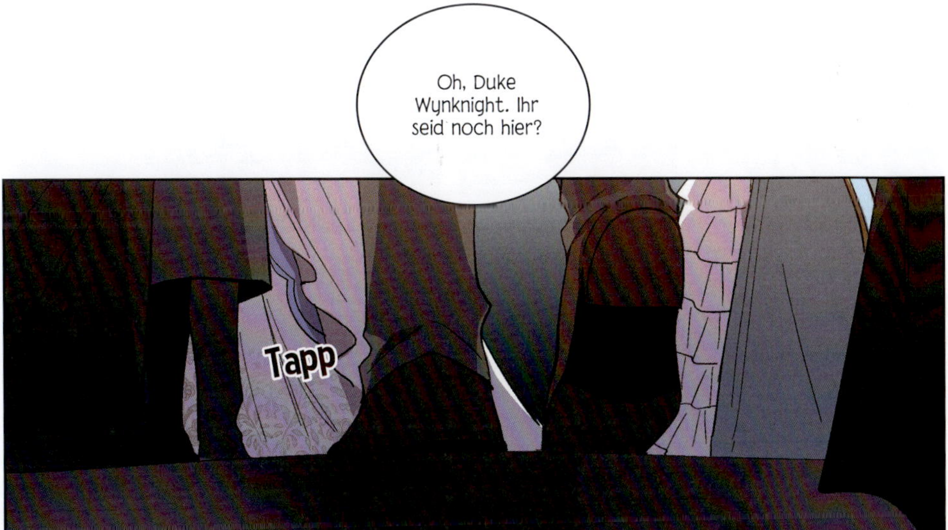
Oh, Duke
Wynknight. Ihr
seid noch hier?
Tapp

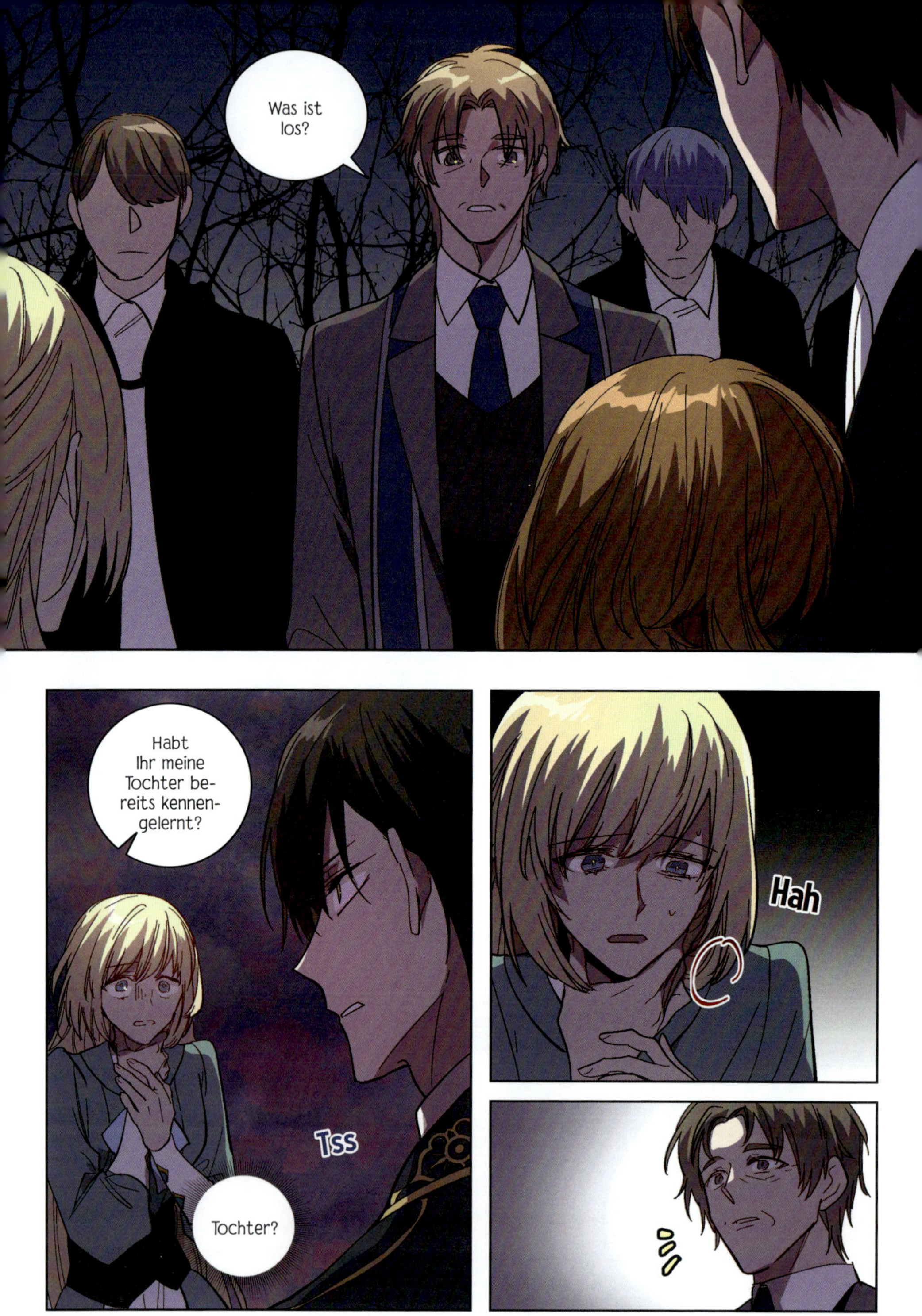
Was ist los?
Habt Ihr meine Tochter bereits kennengelernt?
Tss
Tochter?
Hah

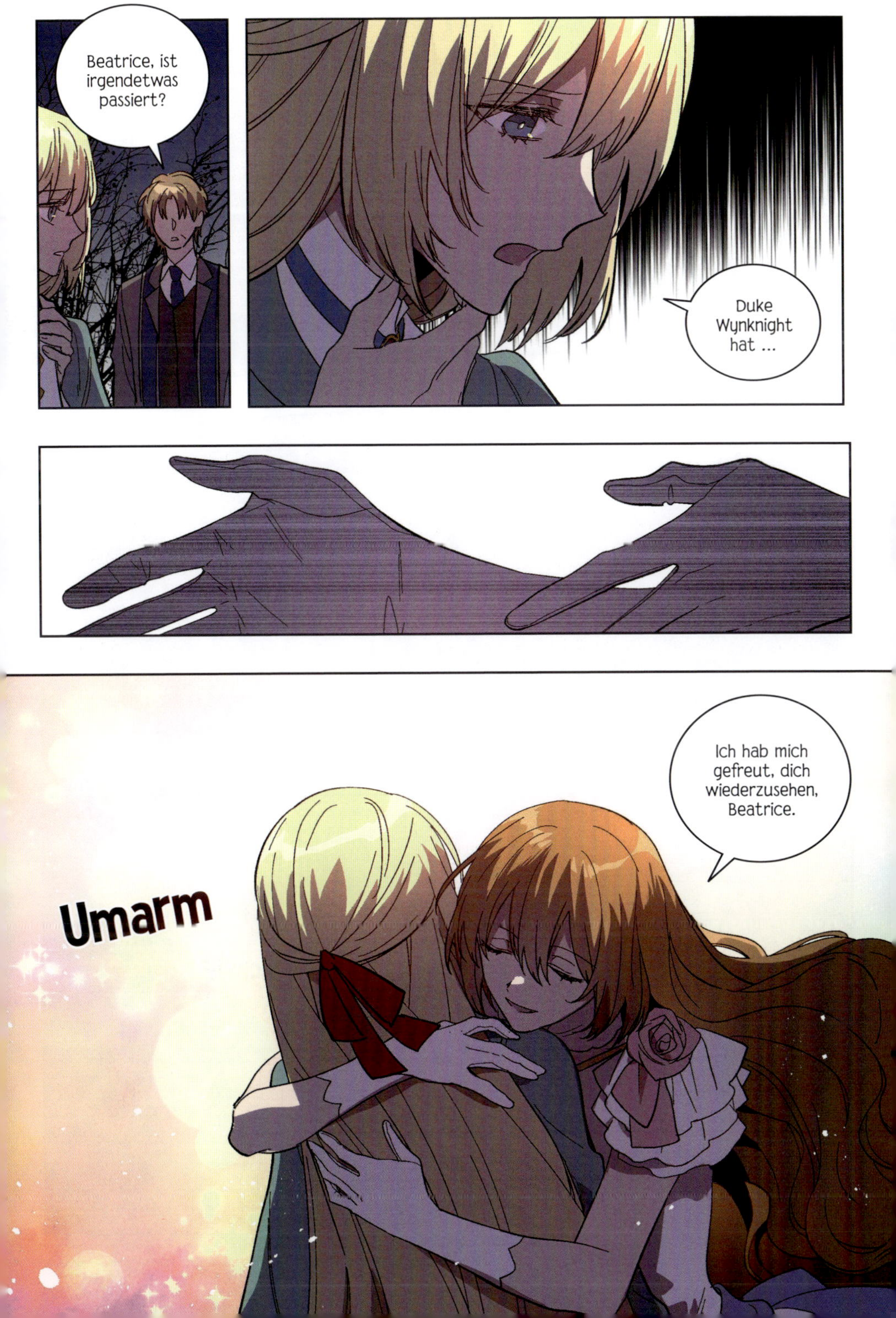
Beatrice, ist irgendetwas passiert?
Duke Wynknight hat ...
Umarm
Ich hab mich gefreut, dich wiederzusehen, Beatrice.

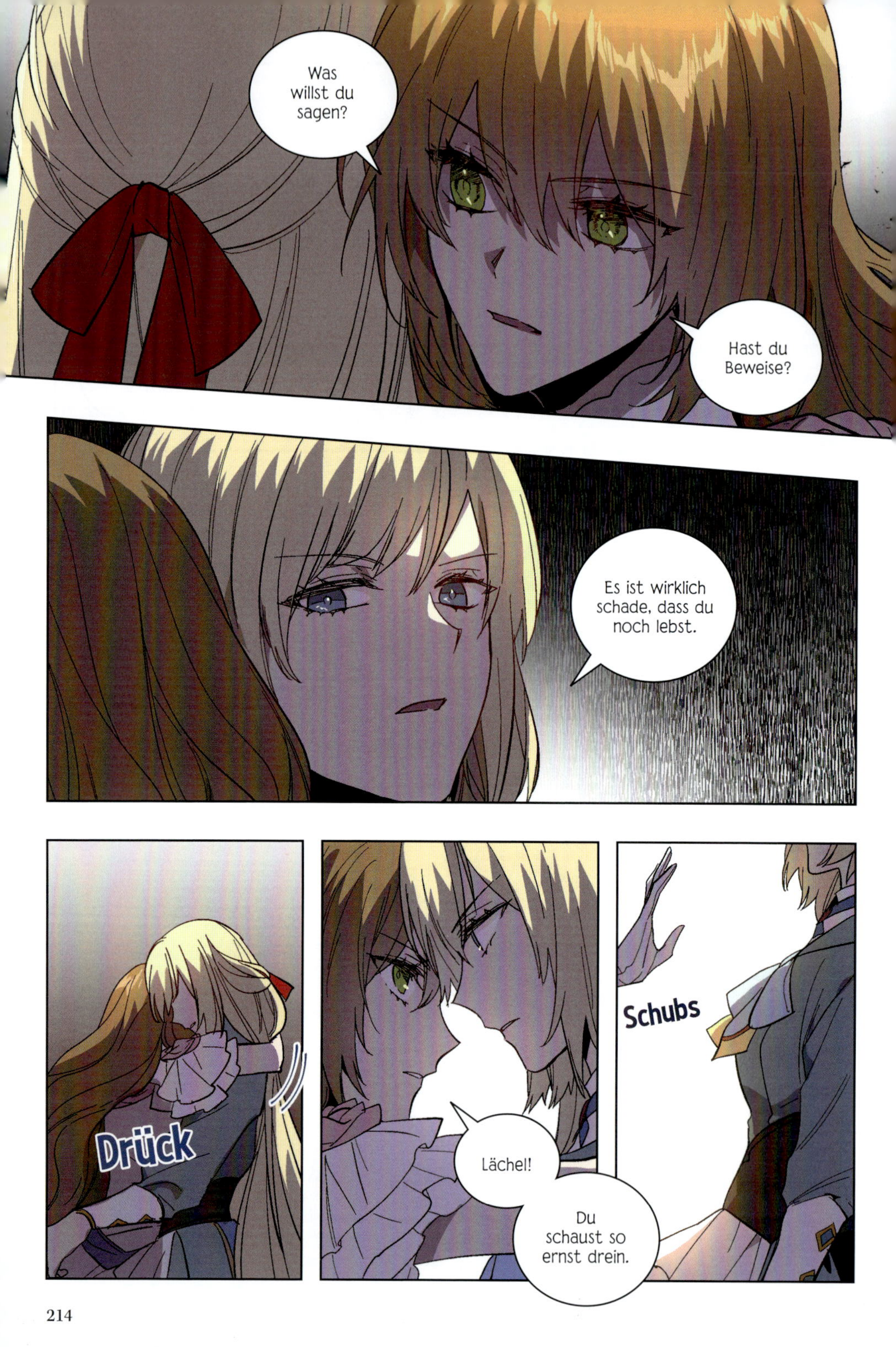
Was willst du sagen?
Hast du Beweise?
Es ist wirklich schade, dass du noch lebst.
Drück
Lächel!
Du schaust so ernst drein.
Schubs

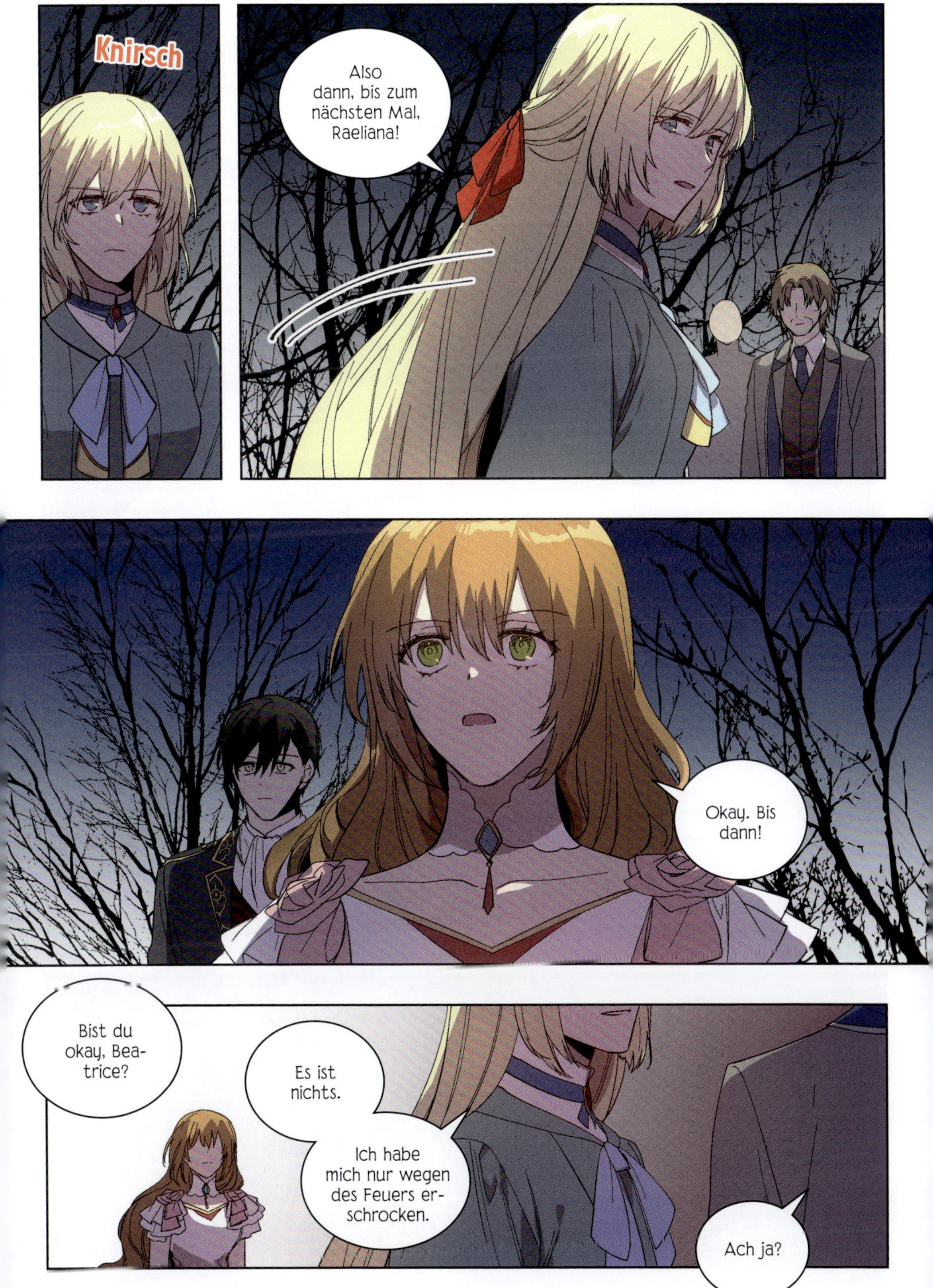
Knirsch
Also dann, bis zum nächsten Mal, Raeliana!
Okay. Bis dann!
Bist du okay, Beatrice?
Es ist nichts.
Ich habe mich nur wegen des Feuers erschrocken.
Ach ja?

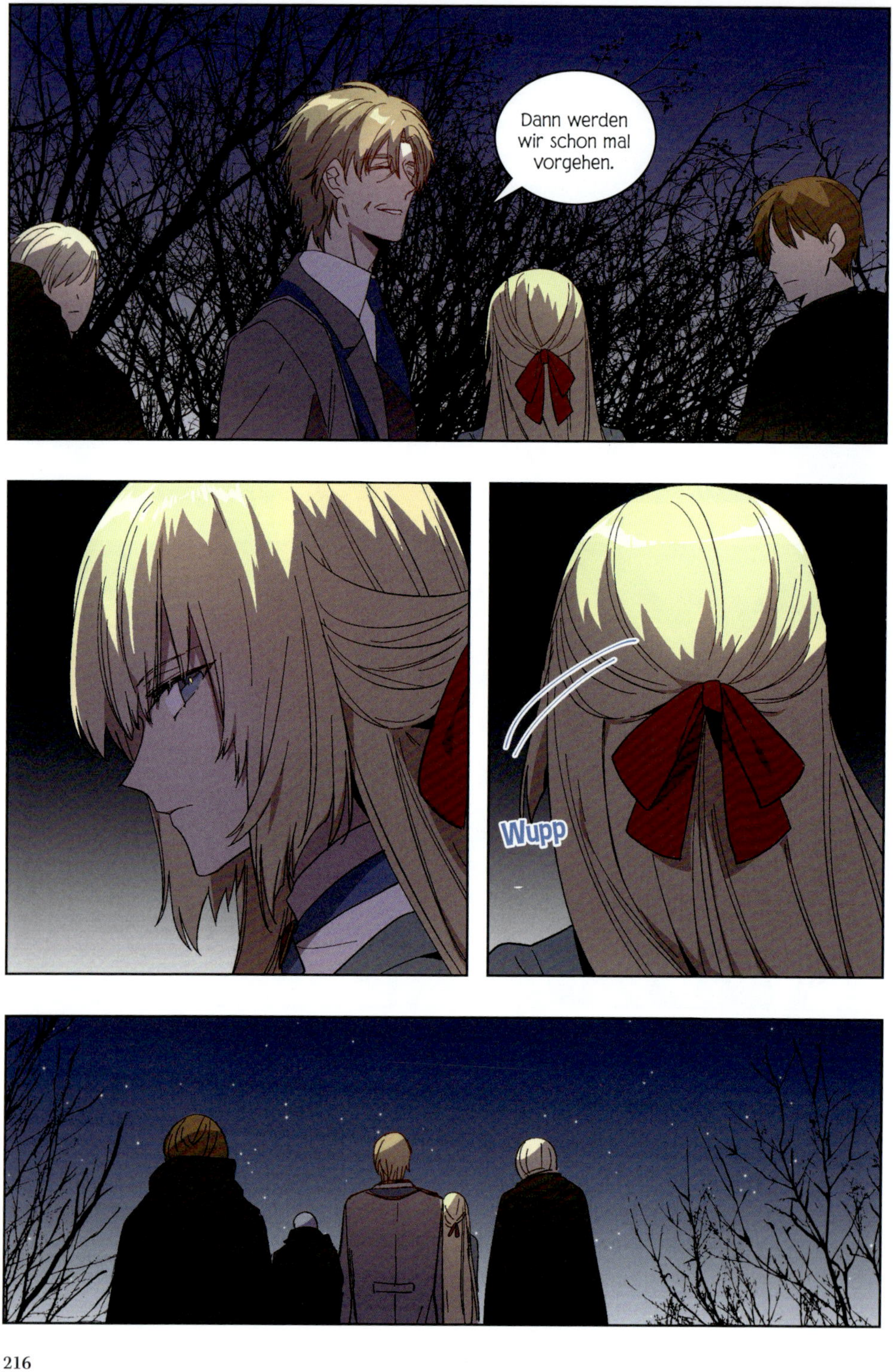
Dann werden wir schon mal vorgehen.
Wupp

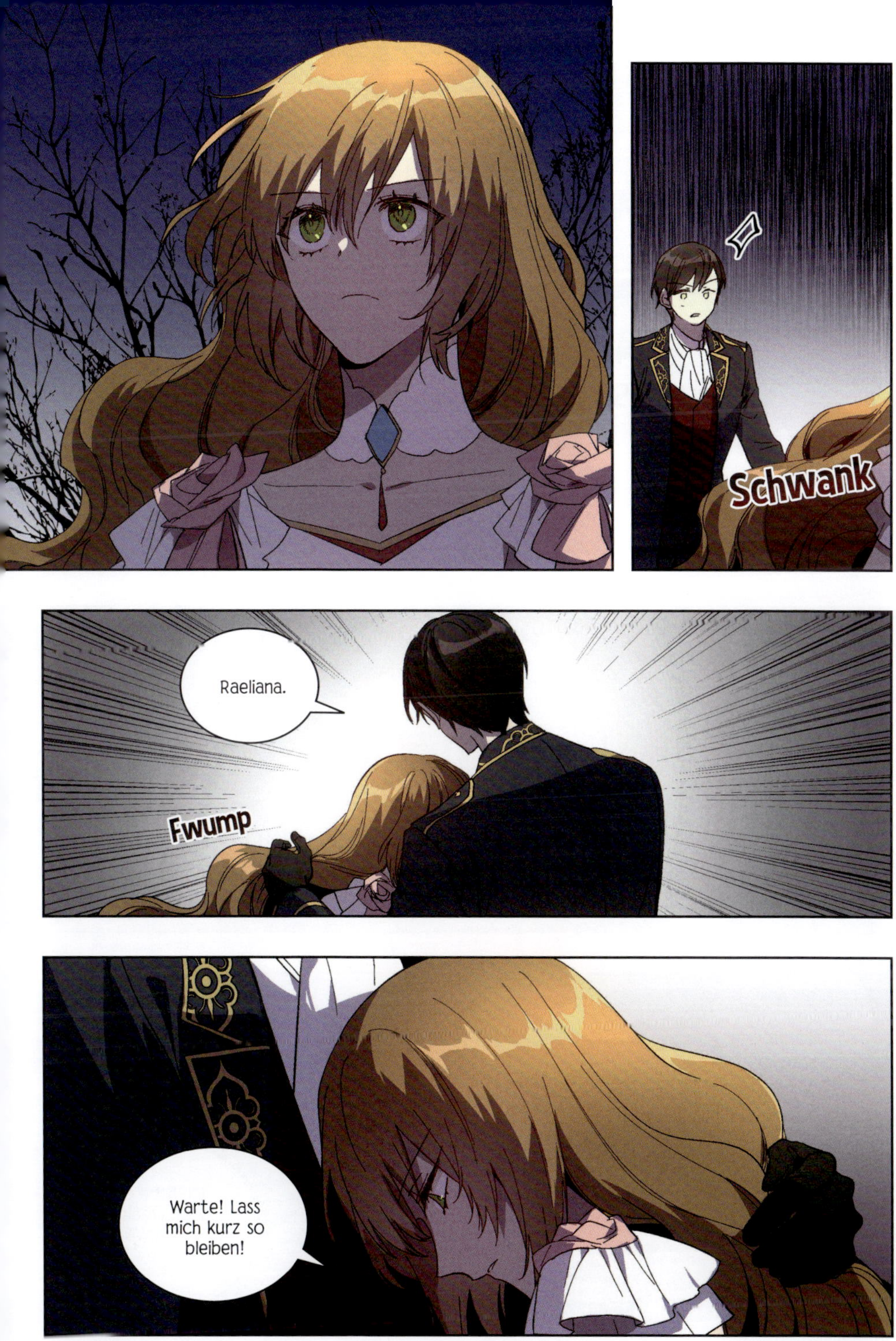
Schwank
Raeliana.
Fwump
Warte! Lass mich kurz so bleiben!

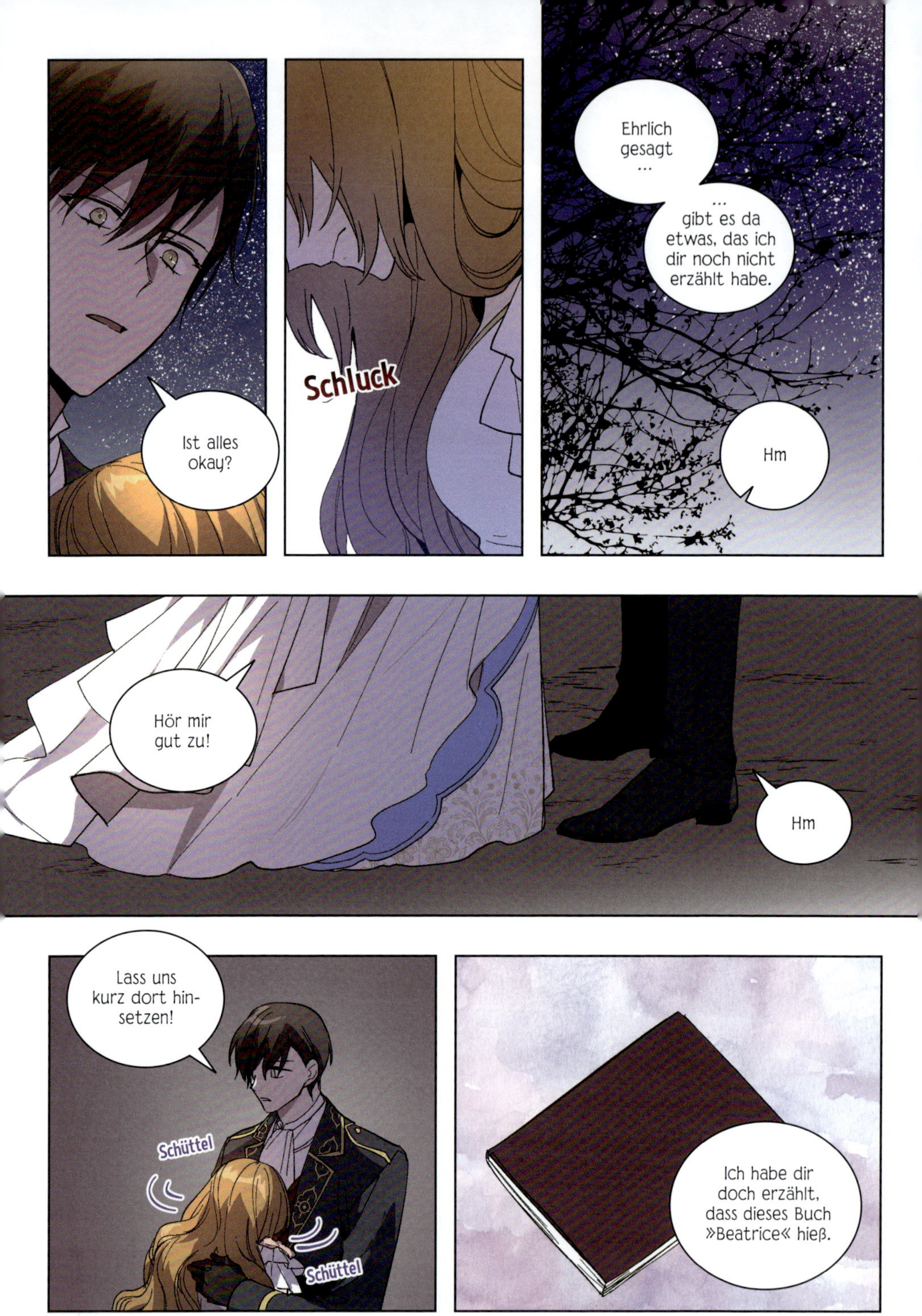
Ist alles okay?
Schluck
Ehrlich gesagt …
… gibt es da etwas, das ich dir noch nicht erzählt habe.
Hm
Hör mir gut zu!
Hm
Lass uns kurz dort hinsetzen!
Schüttel
Schüttel
Ich habe dir doch erzählt, dass dieses Buch »Beatrice« hieß.

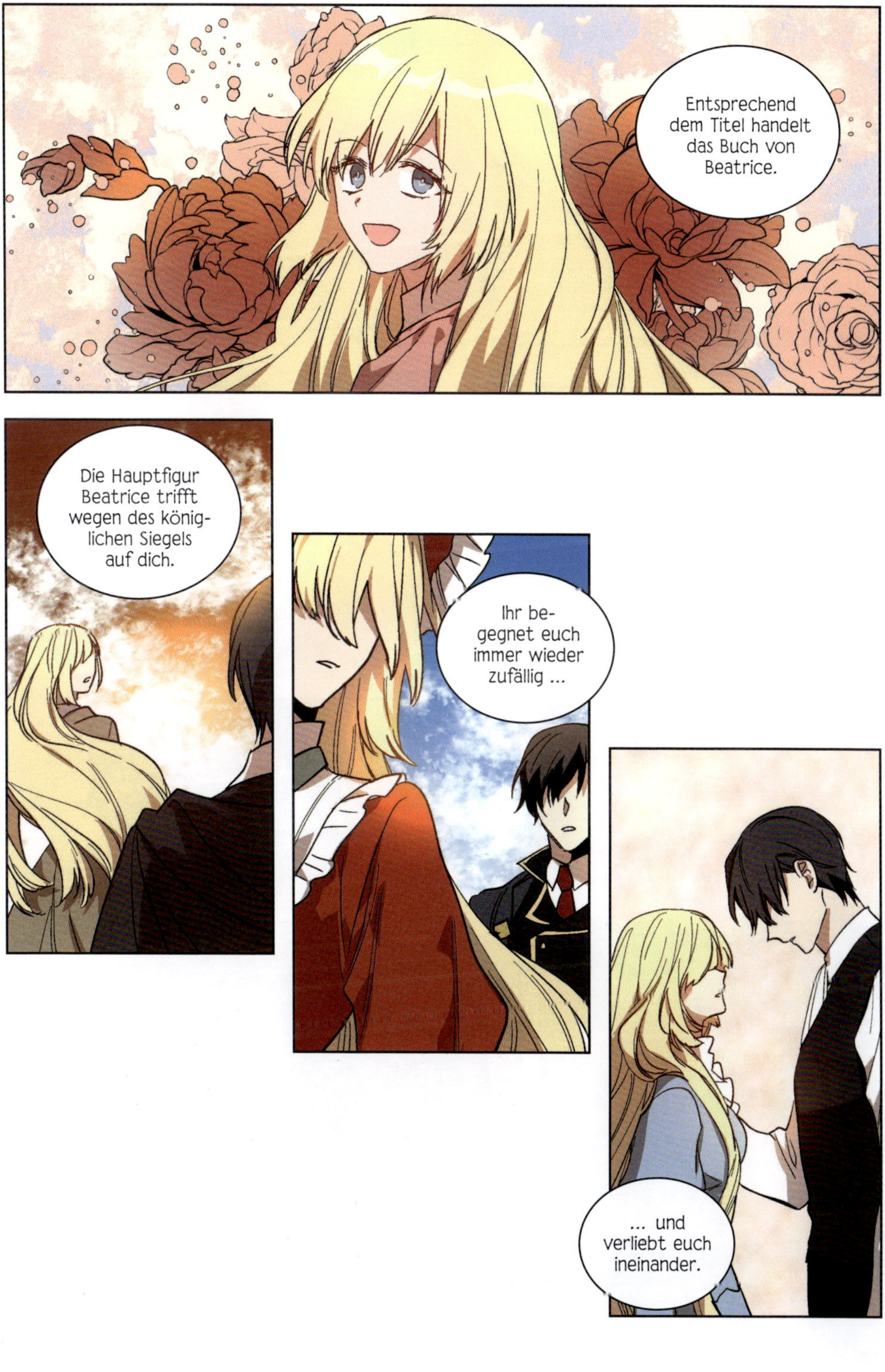
Entsprechend dem Titel handelt das Buch von Beatrice.
Die Hauptfigur Beatrice trifft wegen des königlichen Siegels auf dich.
Ihr begegnet euch immer wieder zufällig ...
... und verliebt euch ineinander.

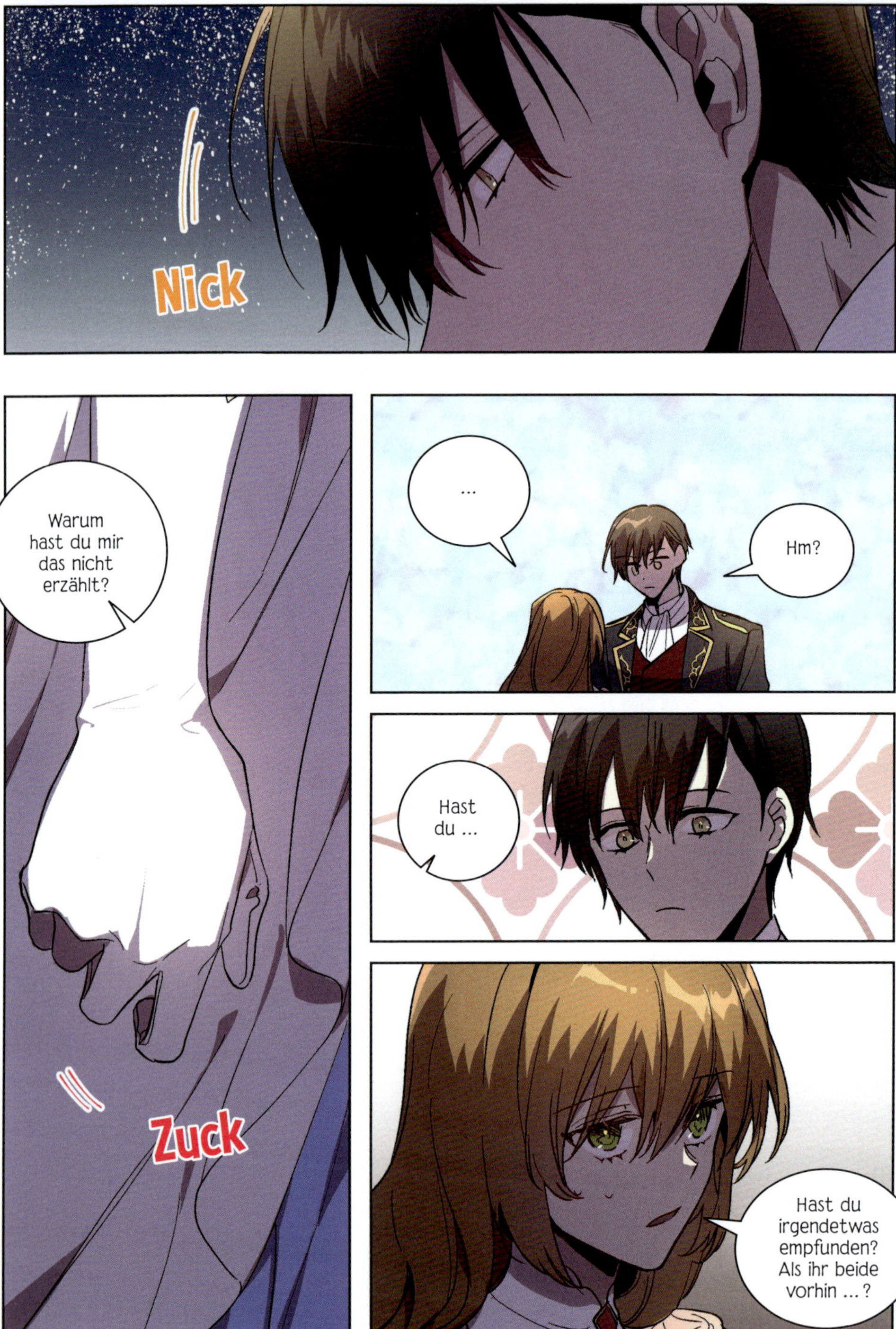
Nick
Warum hast du mir das nicht erzählt?
...
Hm?
Hast du ...
Zuck
Hast du irgendetwas empfunden? Als ihr beide vorhin ...?

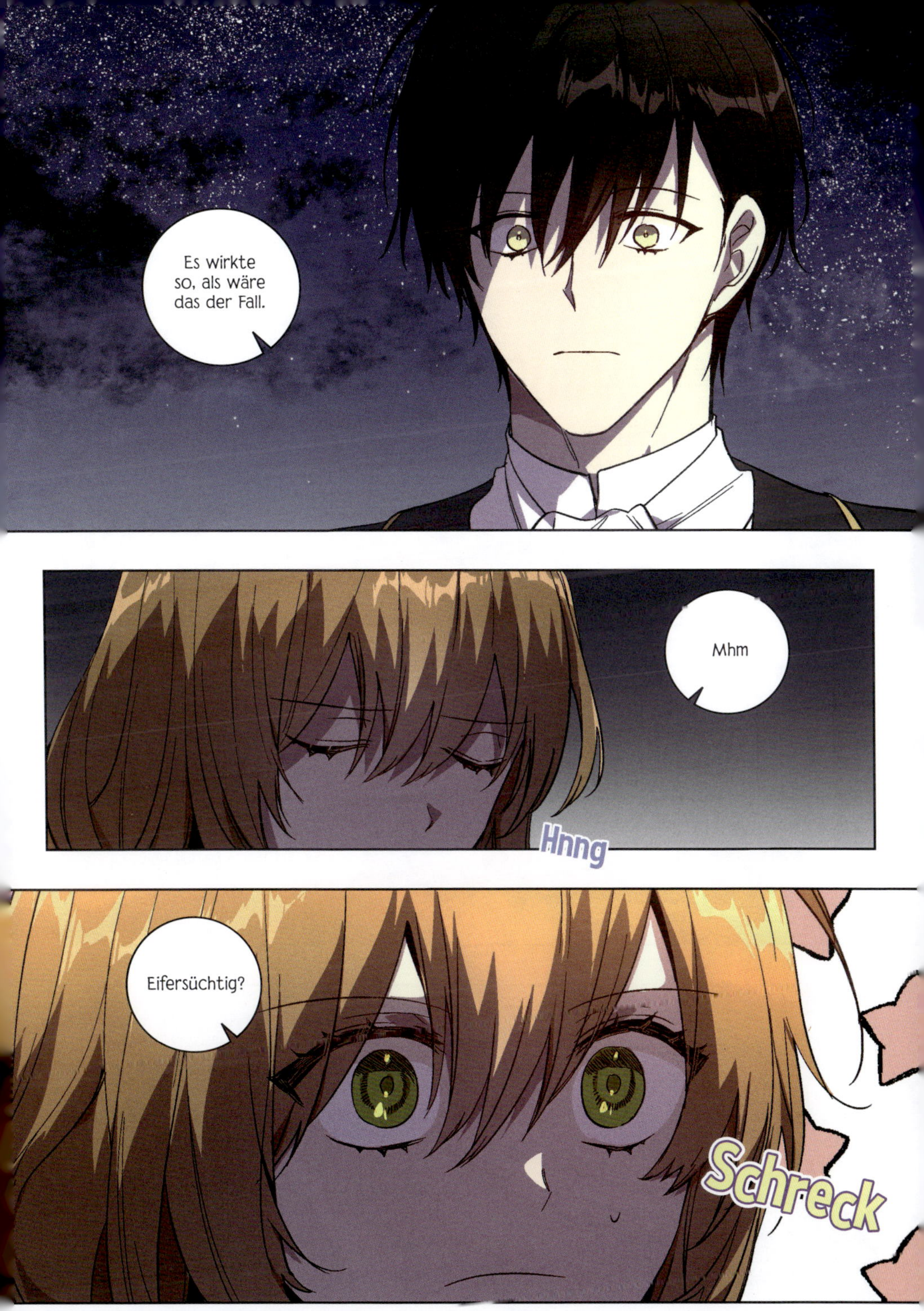
Es wirkte so, als wäre das der Fall.
Mhm
Hnng
Eifersüchtig?
Schreck

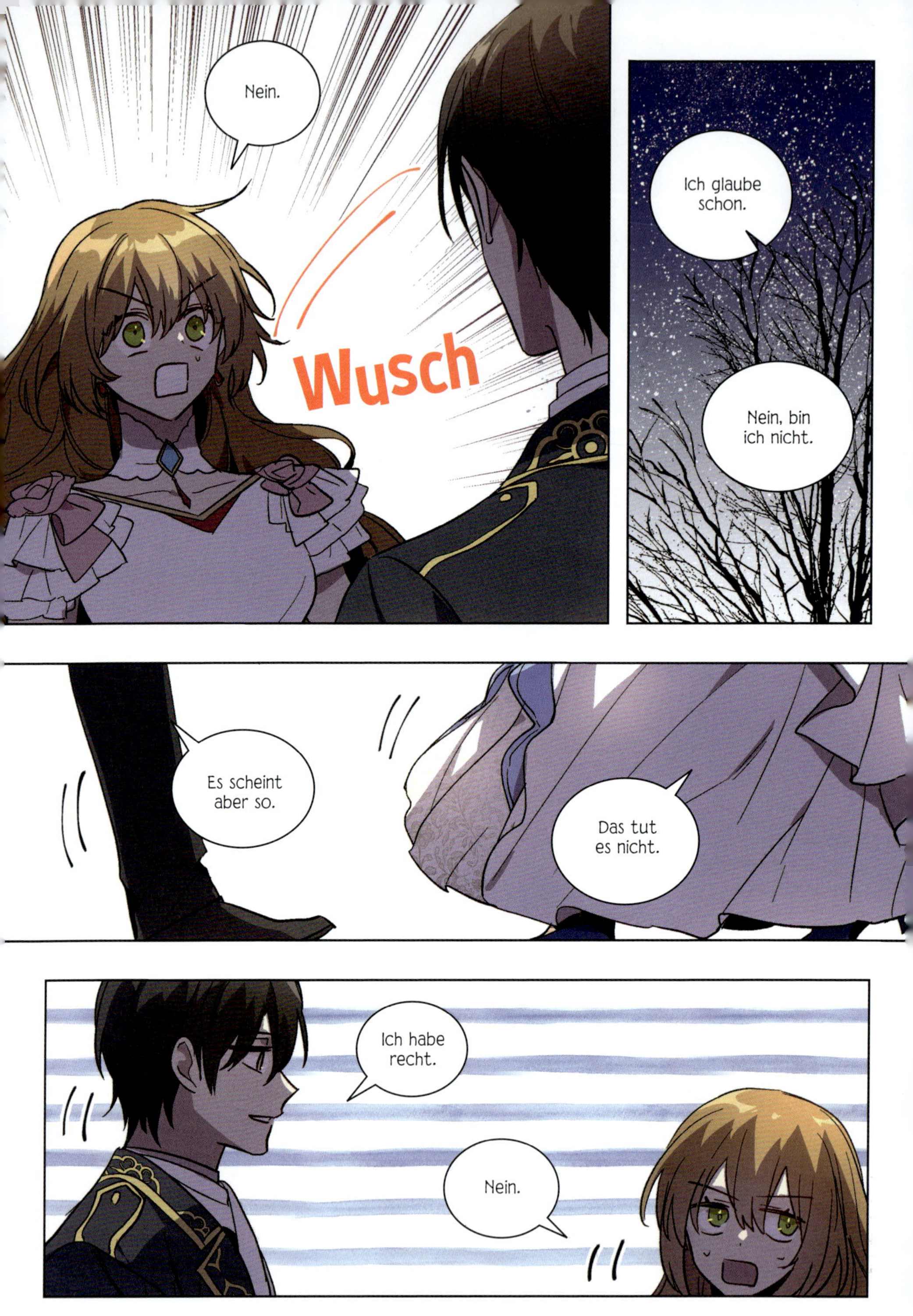
Nein.
Wusch
Ich glaube schon.
Nein, bin ich nicht.
Es scheint aber so.
Das tut es nicht.
Ich habe recht.
Nein.

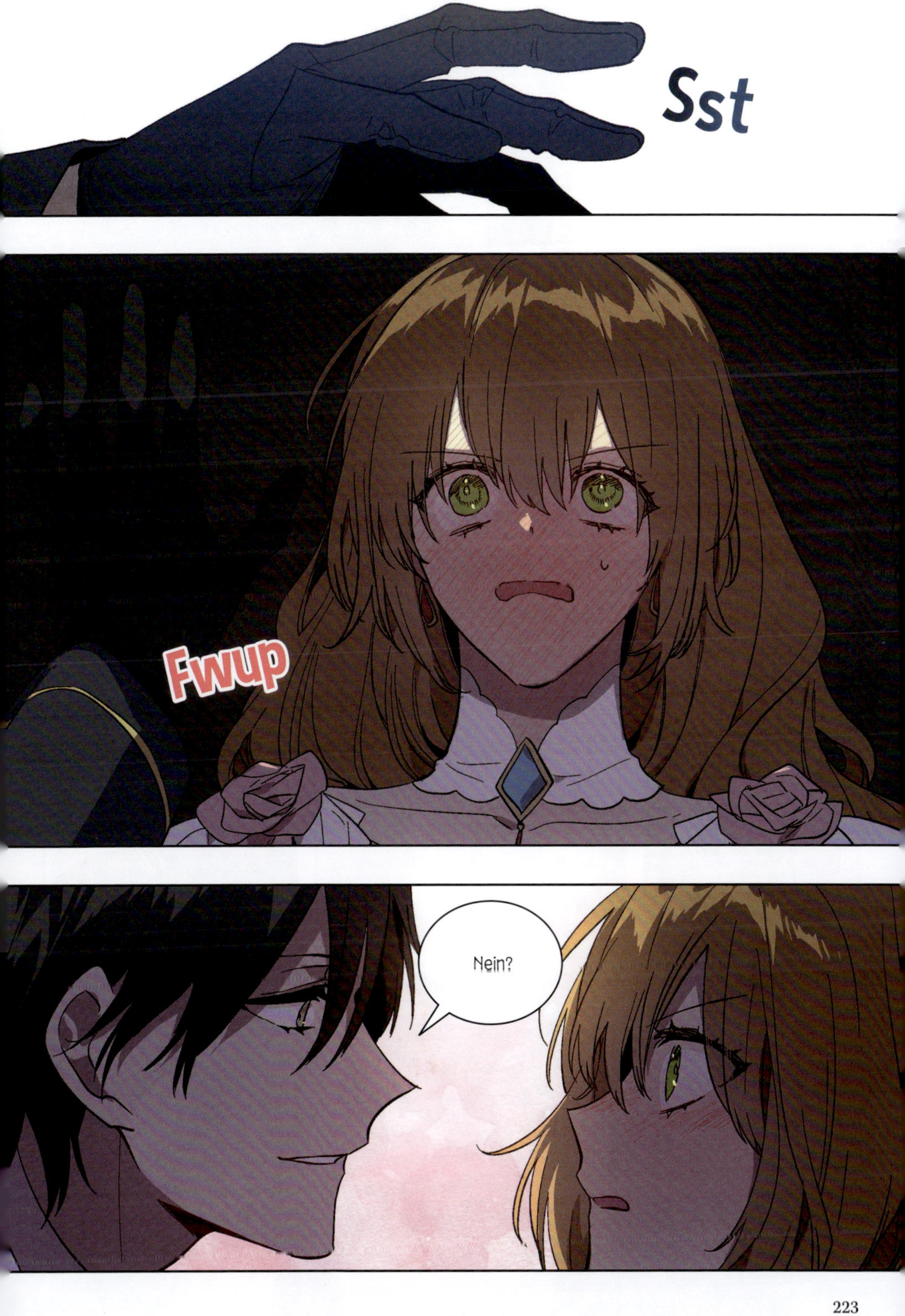
Sst
Fwup
Nein?

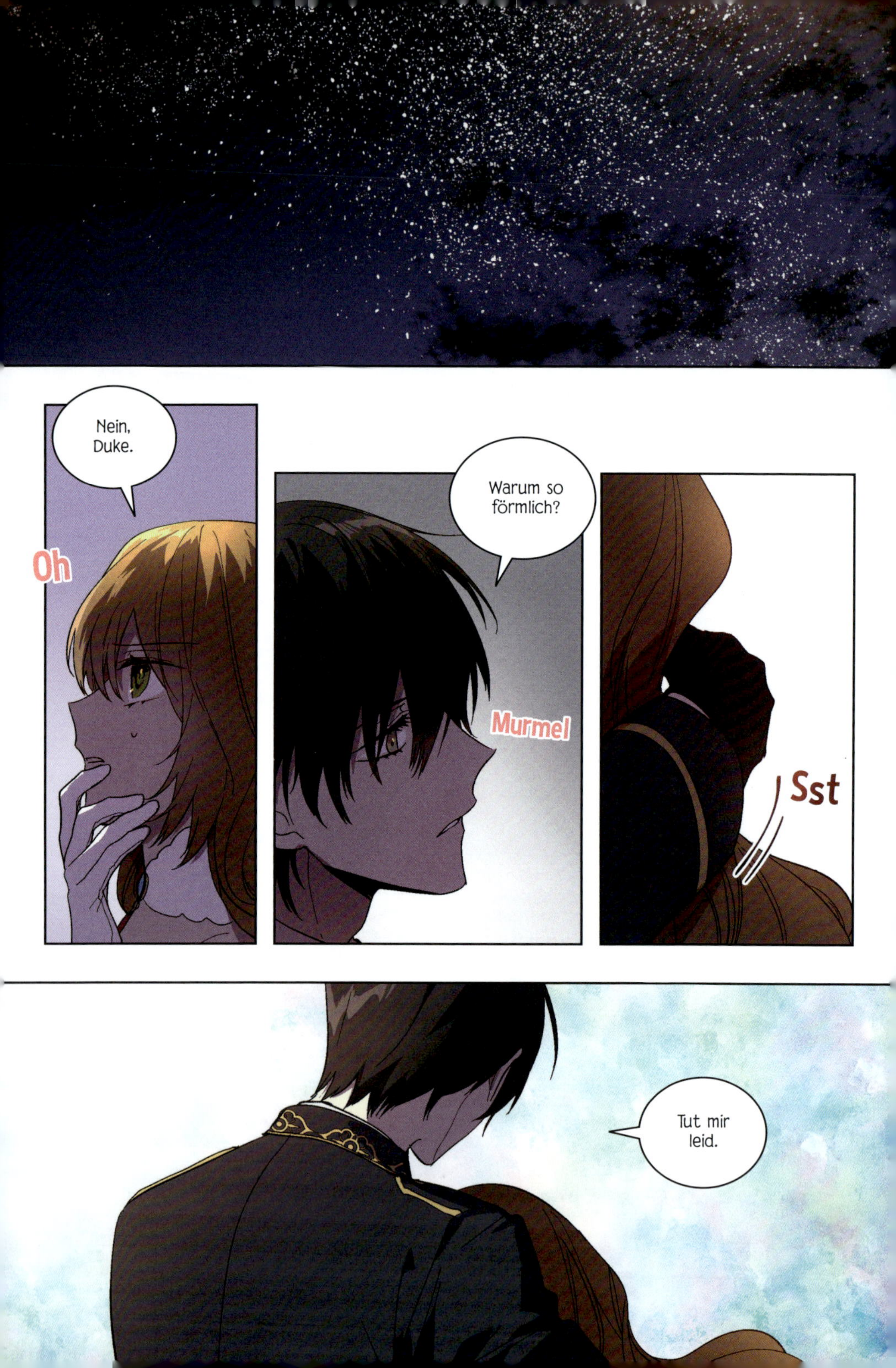
Nein, Duke.
Oh
Warum so förmlich?
Murmel
Sst
Tut mir leid.

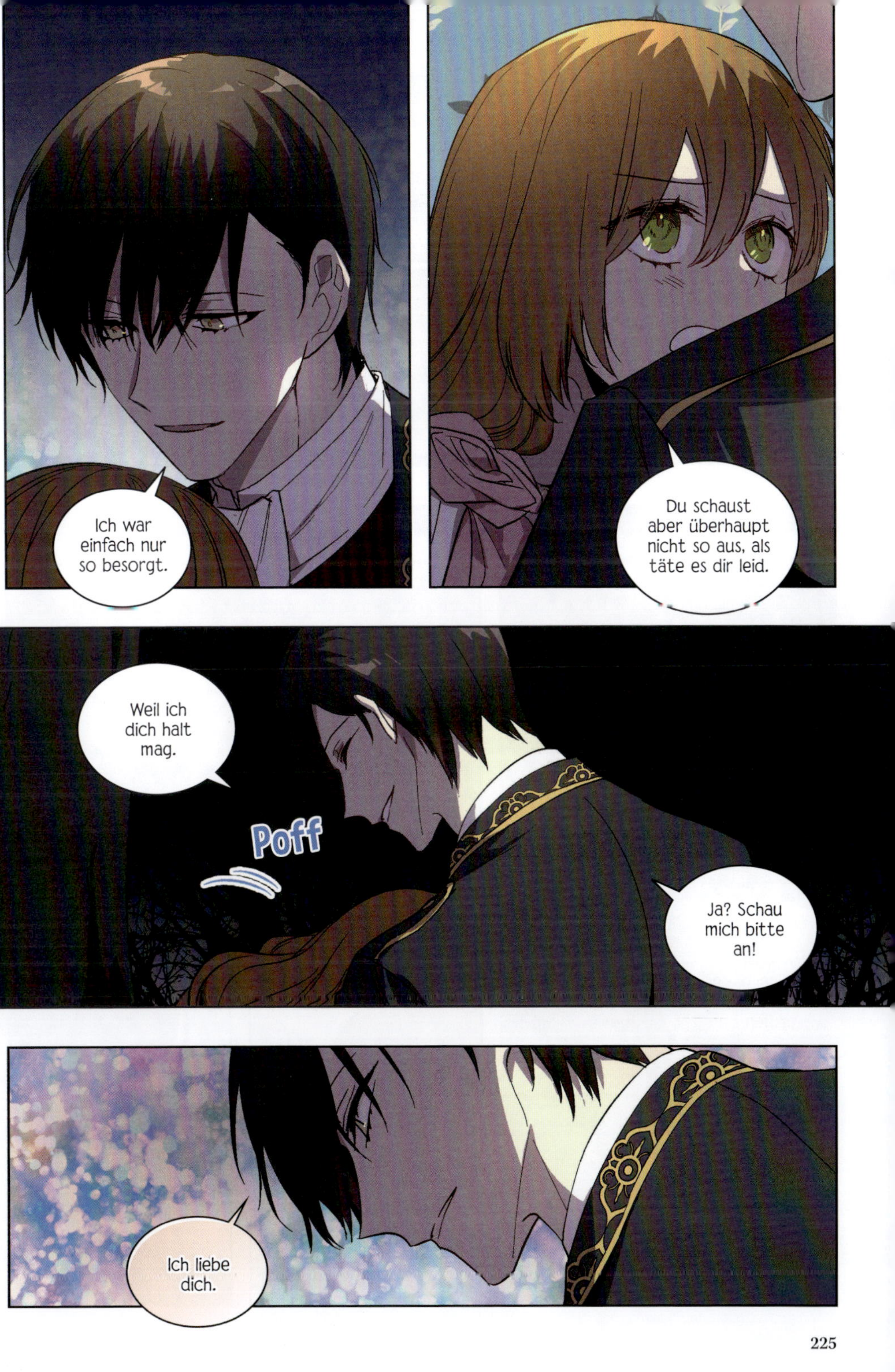
Ich war einfach nur so besorgt.
Du schaust aber überhaupt nicht so aus, als täte es dir leid.
Weil ich dich halt mag.
Poff
Ja? Schau mich bitte an!
Ich liebe dich.

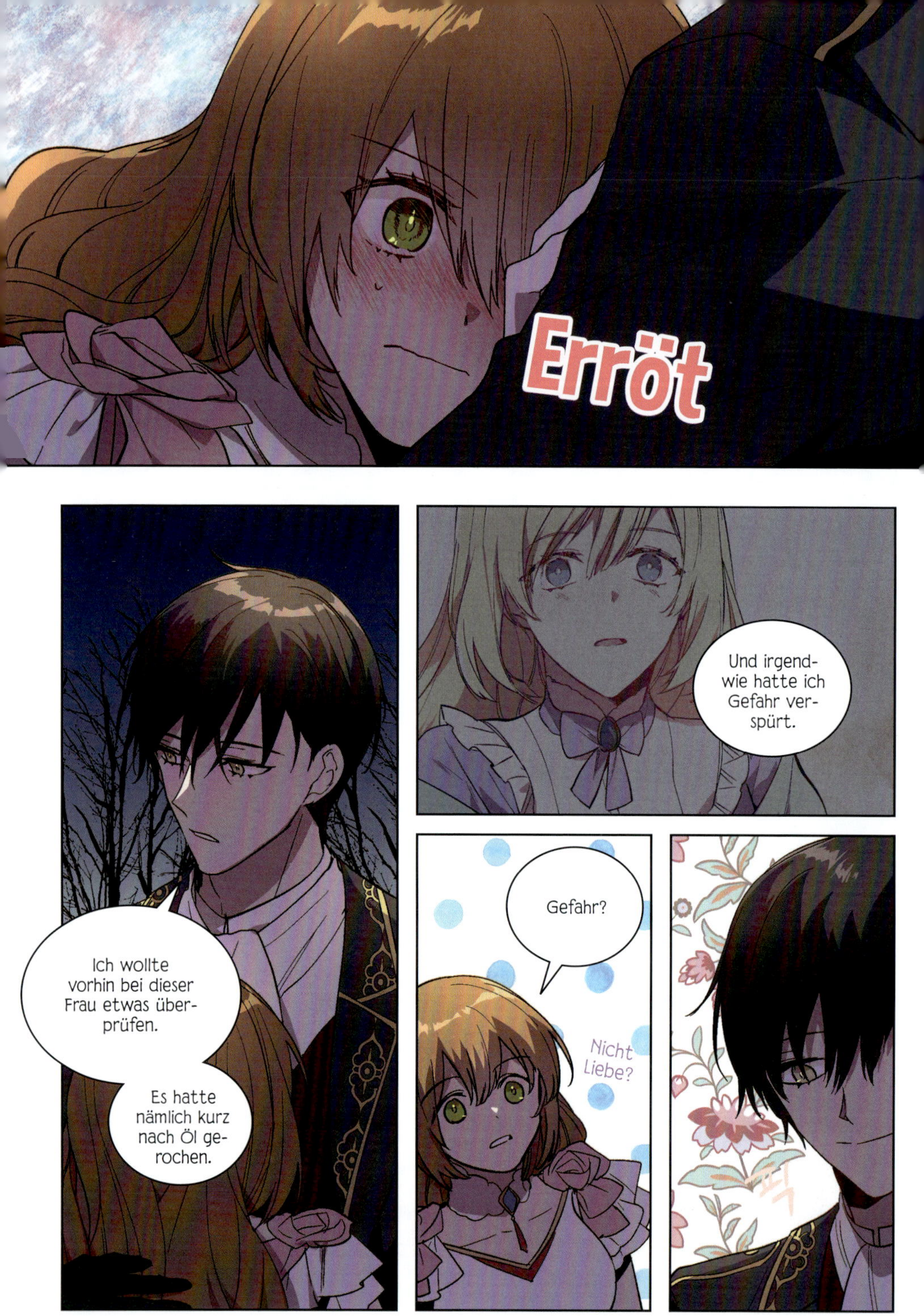
Erröt
Ich wollte vorhin bei dieser Frau etwas über-prüfen.
Es hatte nämlich kurz nach Öl ge-rochen.
Und irgend-wie hatte ich Gefahr ver-spürt.
Gefahr?
Nicht Liebe?

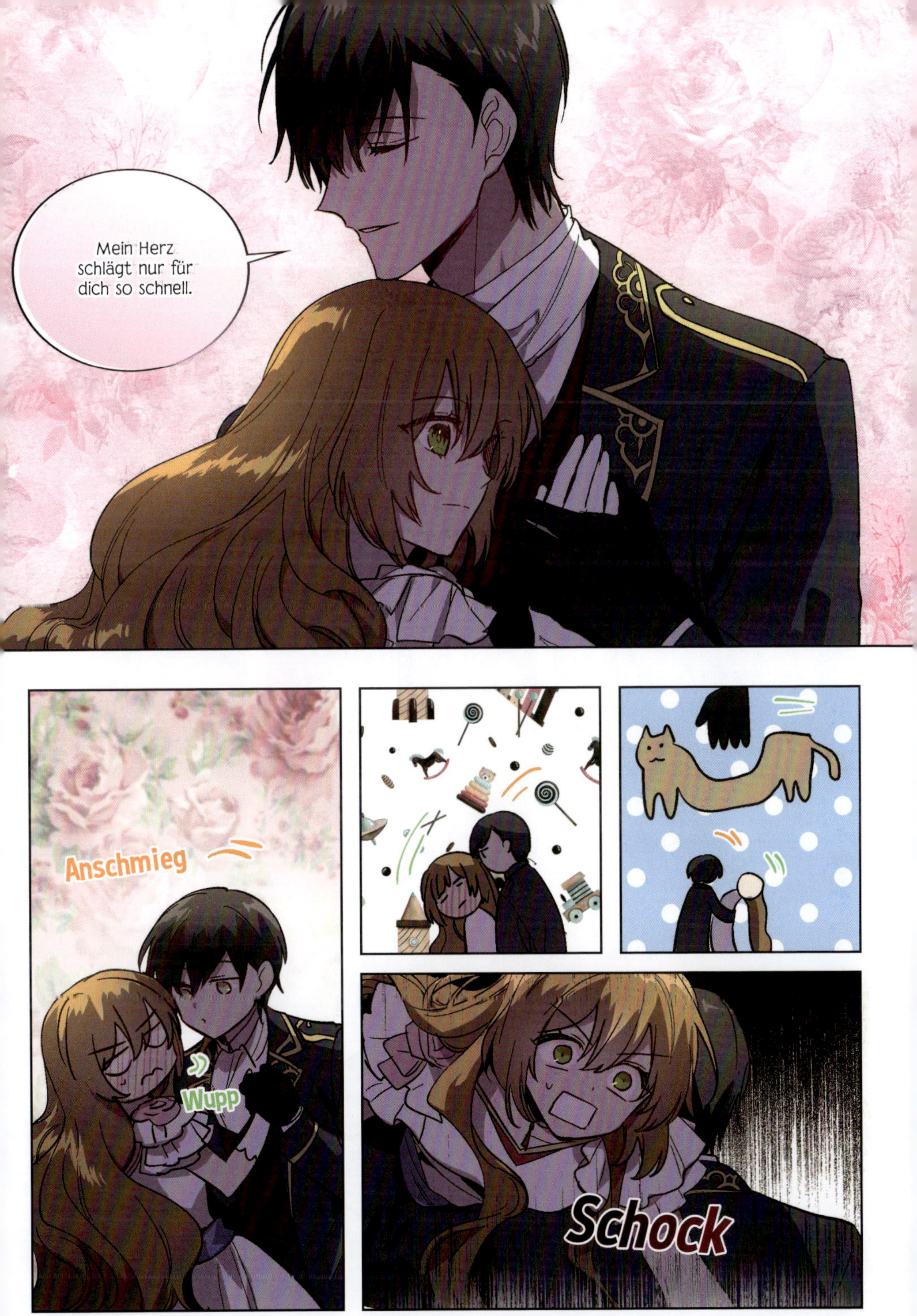
Mein Herz schlägt nur für dich so schnell.
Anschmieg
Wupp
Schock

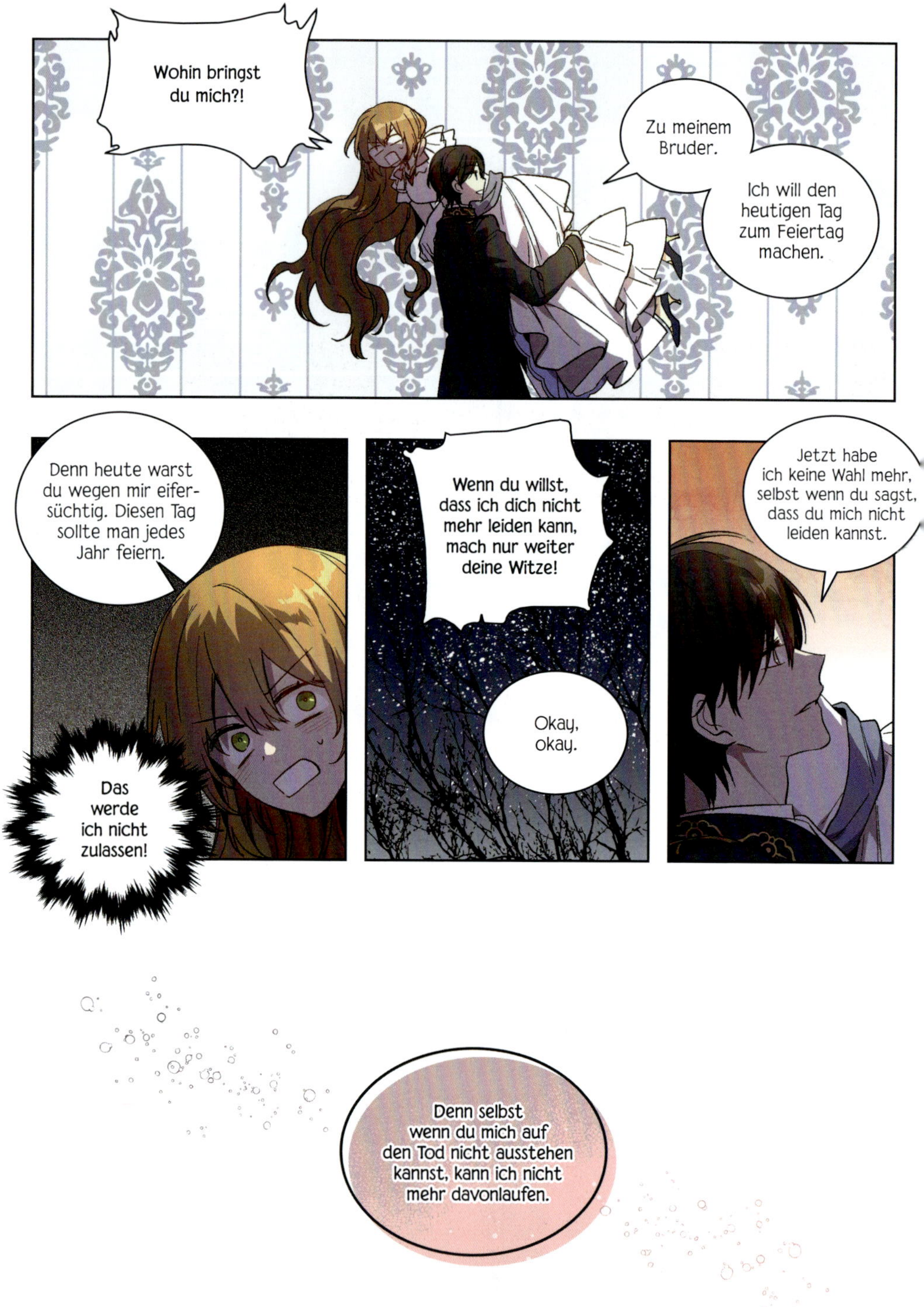
Wohin bringst du mich?!
Zu meinem Bruder.
Ich will den heutigen Tag zum Feiertag machen.
Denn heute warst du wegen mir eifersüchtig. Diesen Tag sollte man jedes Jahr feiern.
Das werde ich nicht zulassen!
Wenn du willst, dass ich dich nicht mehr leiden kann, mach nur weiter deine Witze!
Okay, okay.
Jetzt habe ich keine Wahl mehr, selbst wenn du sagst, dass du mich nicht leiden kannst.
Denn selbst wenn du mich auf den Tod nicht ausstehen kannst, kann ich nicht mehr davonlaufen.

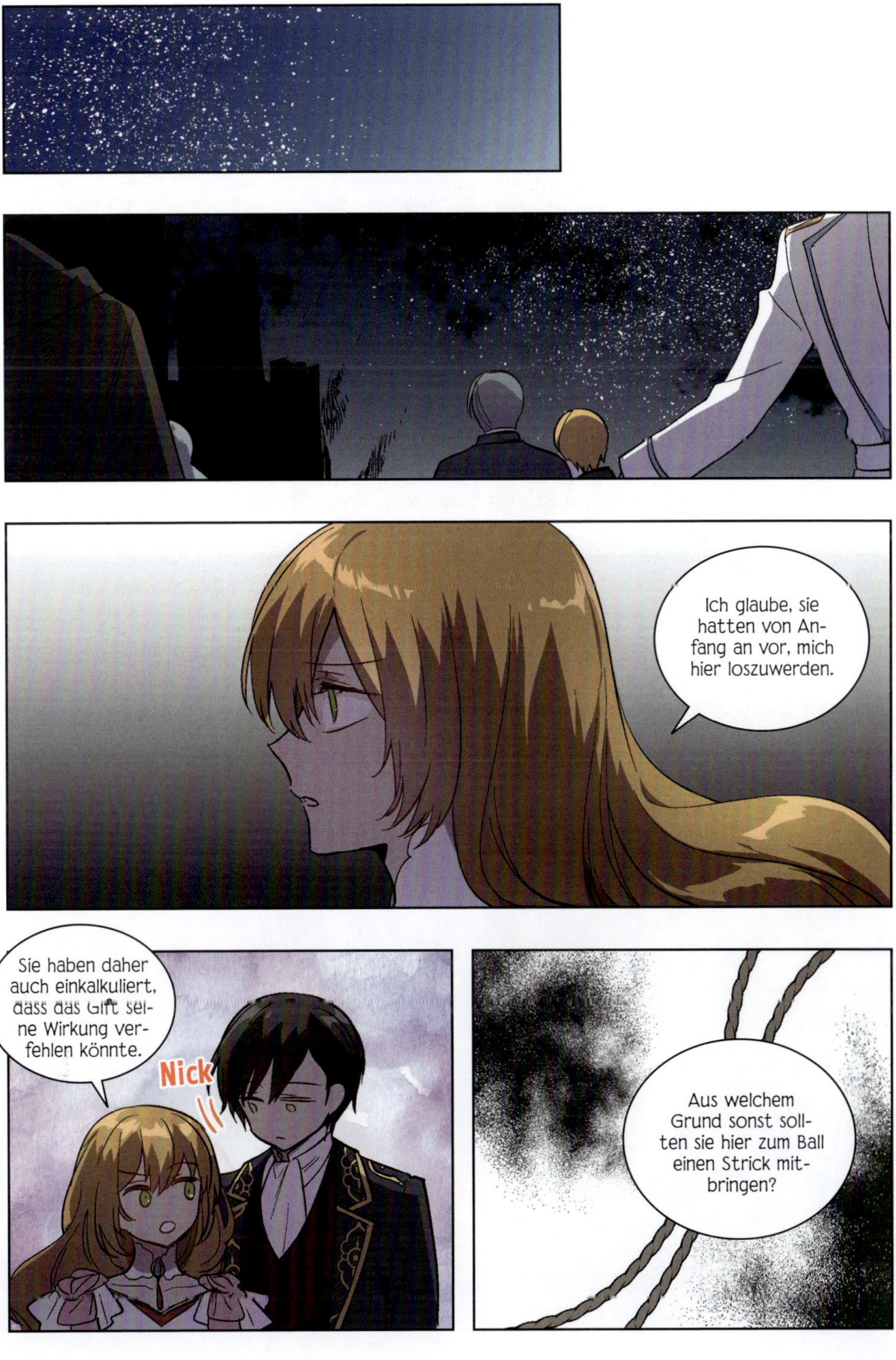
Ich glaube, sie hatten von Anfang an vor, mich hier loszuwerden.
Sie haben daher auch einkalkuliert, dass das Gift seine Wirkung verfehlen könnte.
Nick
Aus welchem Grund sonst sollten sie hier zum Ball einen Strick mitbringen?

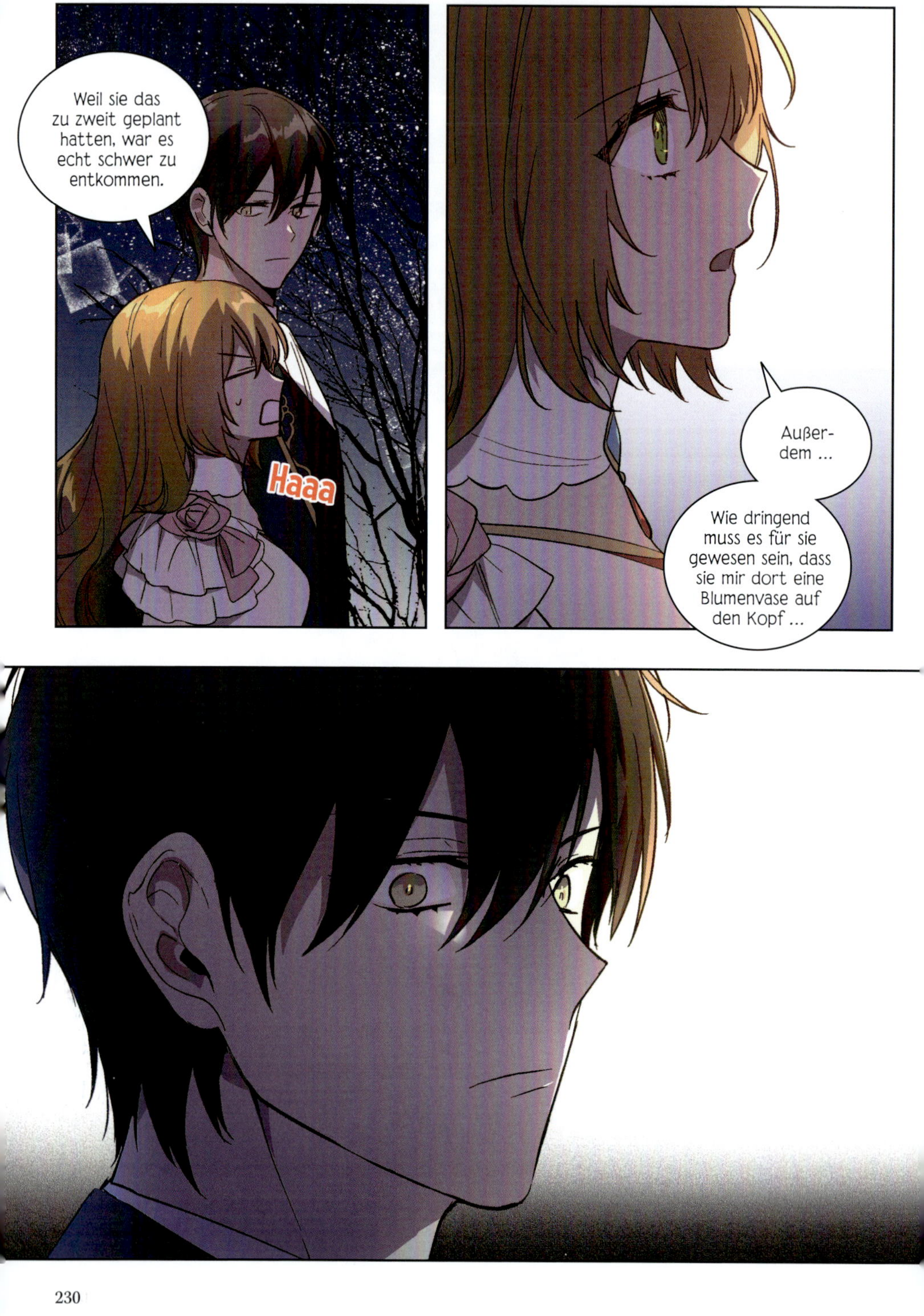
Weil sie das zu zweit geplant hatten, war es echt schwer zu entkommen.
Haaa
Außer-dem ...
Wie dringend muss es für sie gewesen sein, dass sie mir dort eine Blumenvase auf den Kopf ...

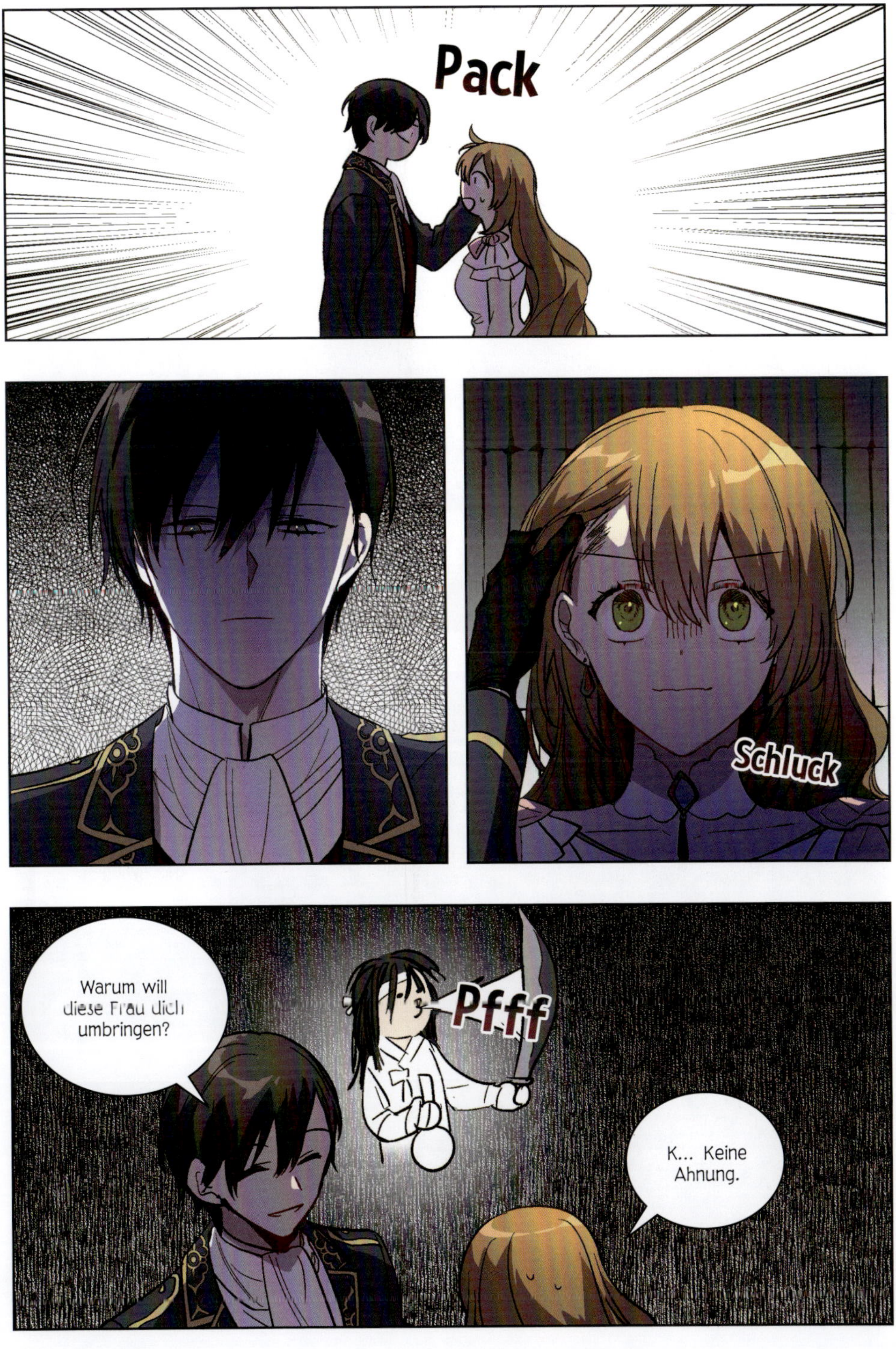
Pack
Schluck
Warum will diese Frau dich umbringen?
Pfff
K... Keine Ahnung.

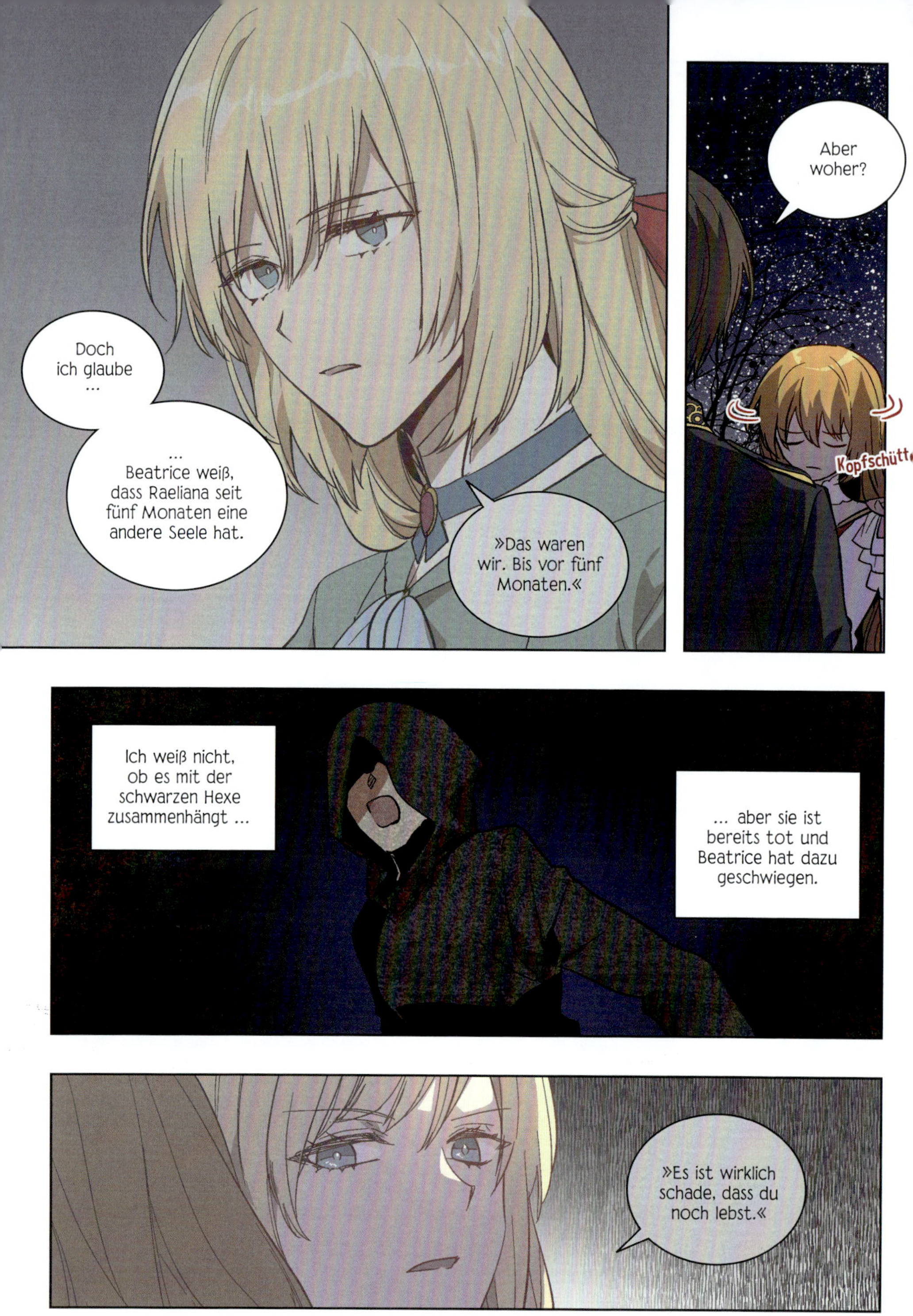
Doch ich glaube …
… Beatrice weiß, dass Raeliana seit fünf Monaten eine andere Seele hat.
»Das waren wir. Bis vor fünf Monaten.«
Aber woher?
Kopfschütt
Ich weiß nicht, ob es mit der schwarzen Hexe zusammenhängt …
… aber sie ist bereits tot und Beatrice hat dazu geschwiegen.
»Es ist wirklich schade, dass du noch lebst.«

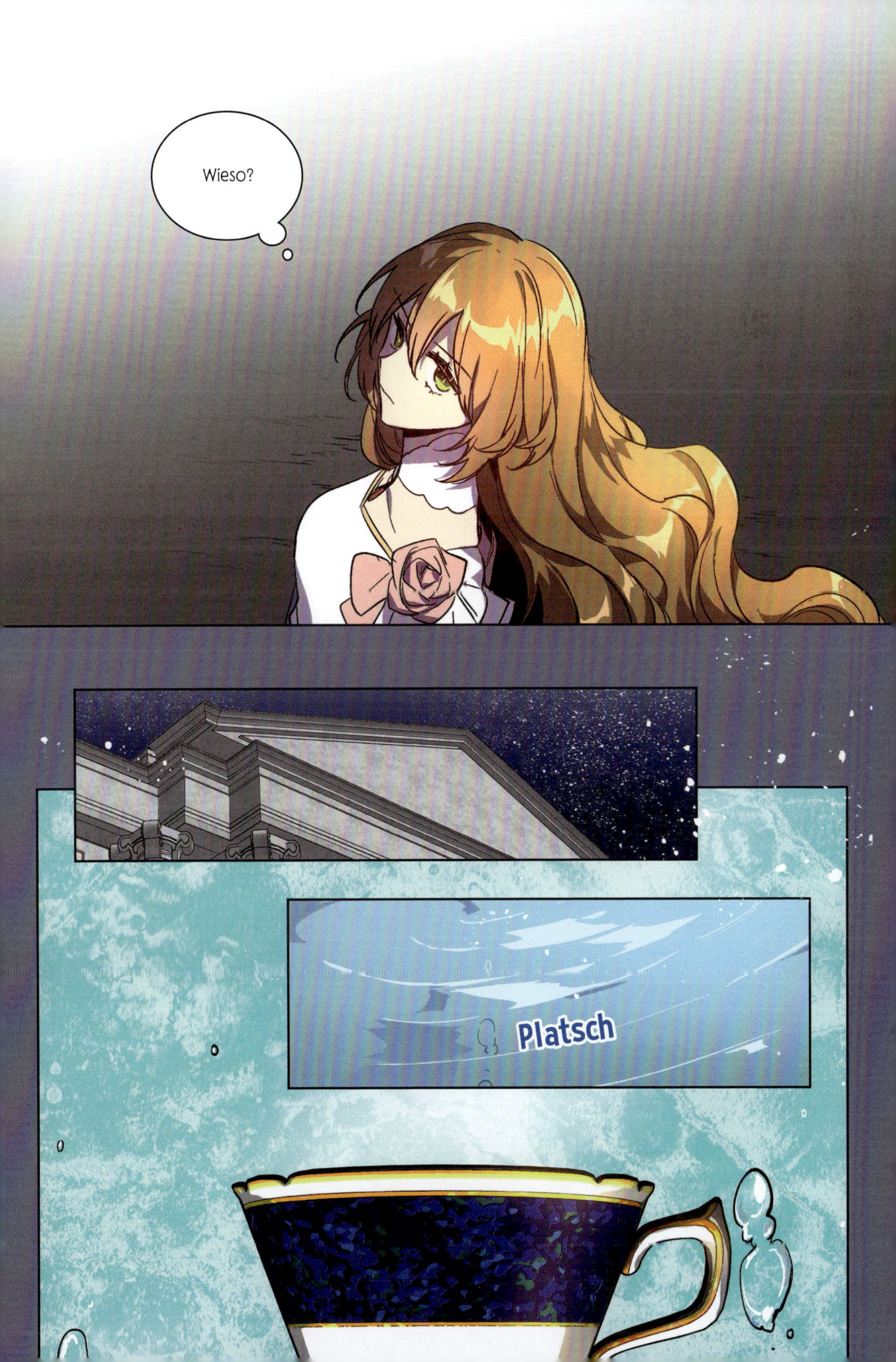
Wieso?
Platsch

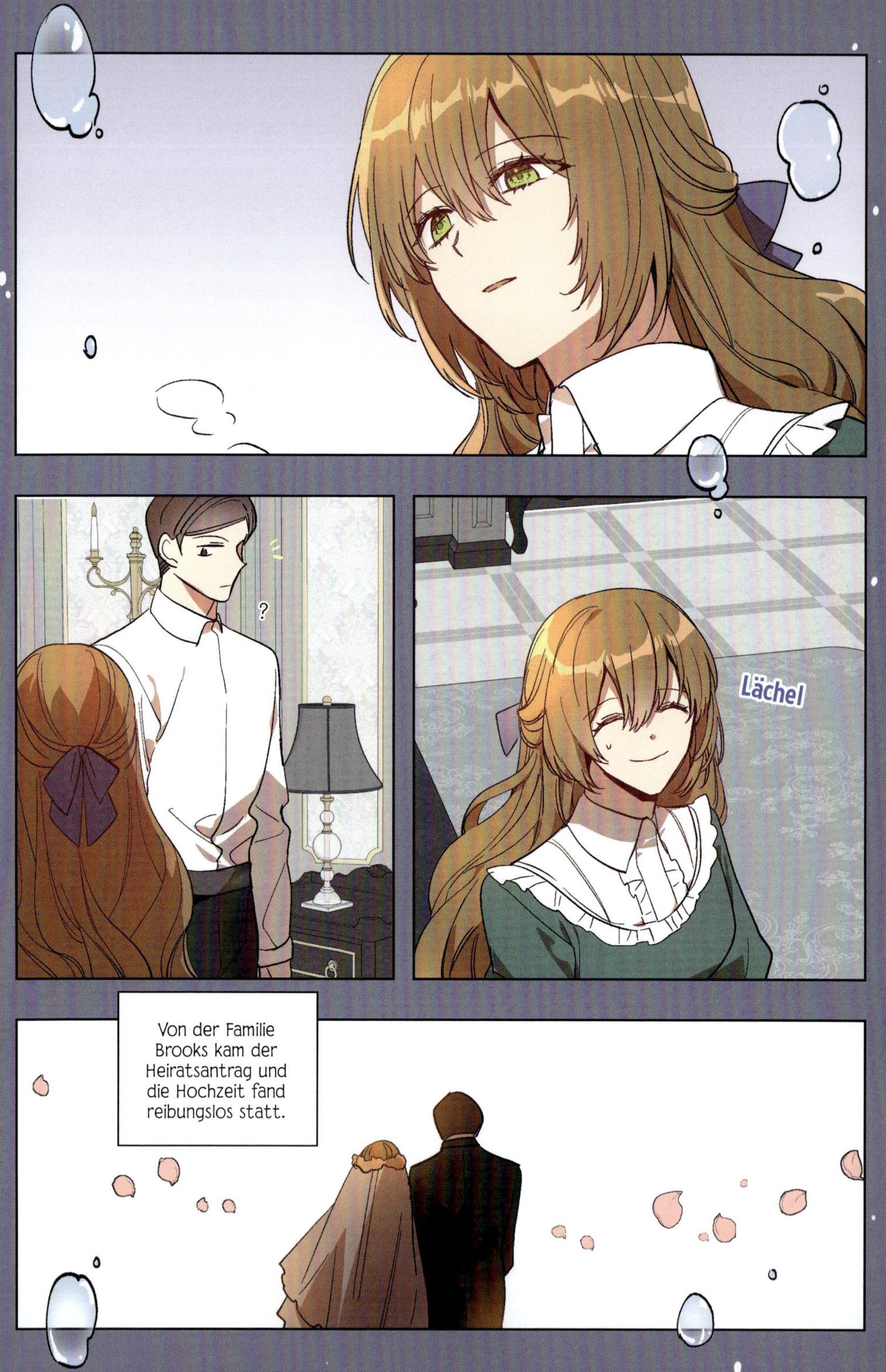
?
Lächel
Von der Familie Brooks kam der Heiratsantrag und die Hochzeit fand reibungslos statt.

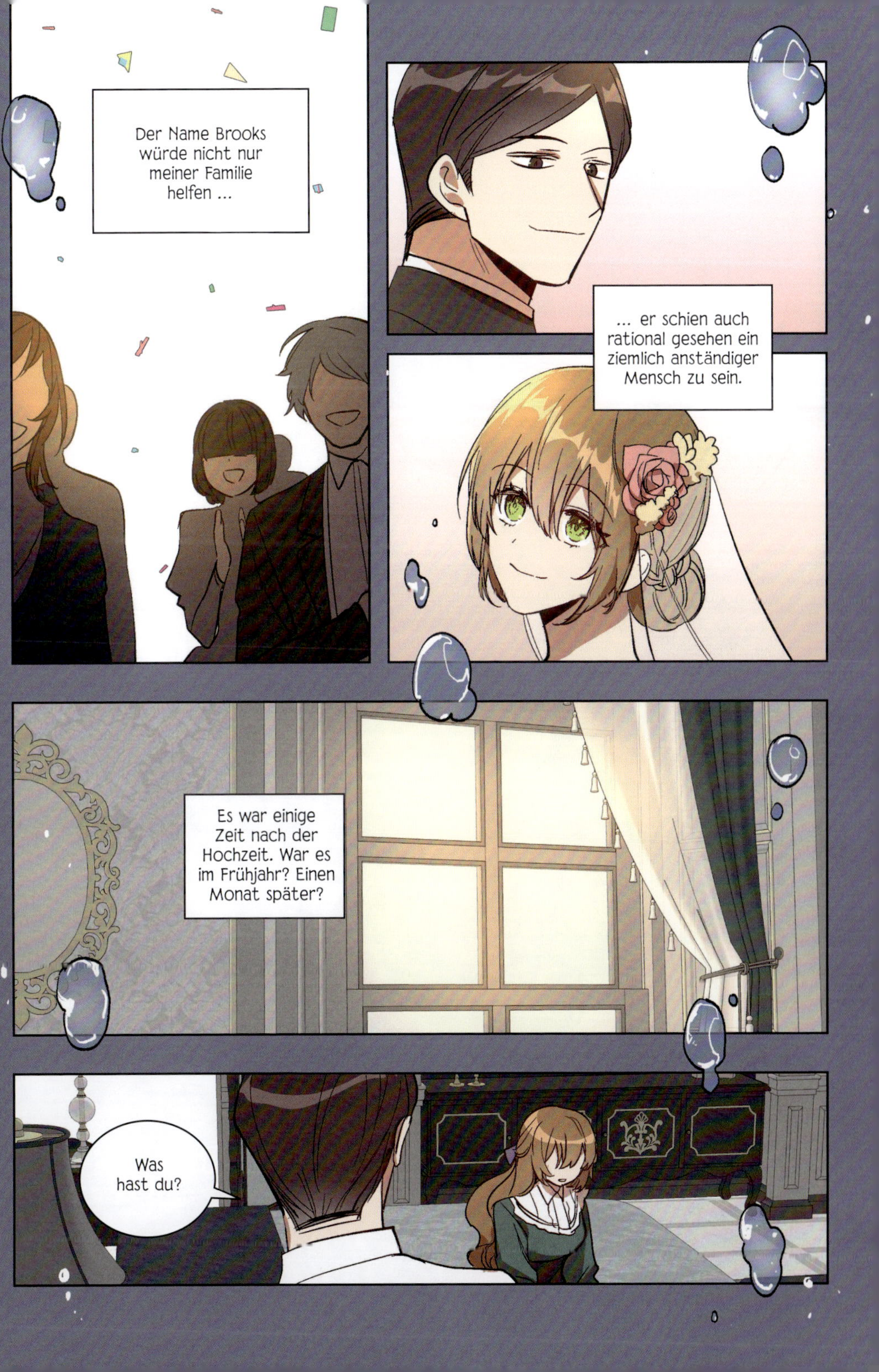

Der Name Brooks würde nicht nur meiner Familie helfen ...
... er schien auch rational gesehen ein ziemlich anständiger Mensch zu sein.
Es war einige Zeit nach der Hochzeit. War es im Frühjahr? Einen Monat später?
Was hast du?

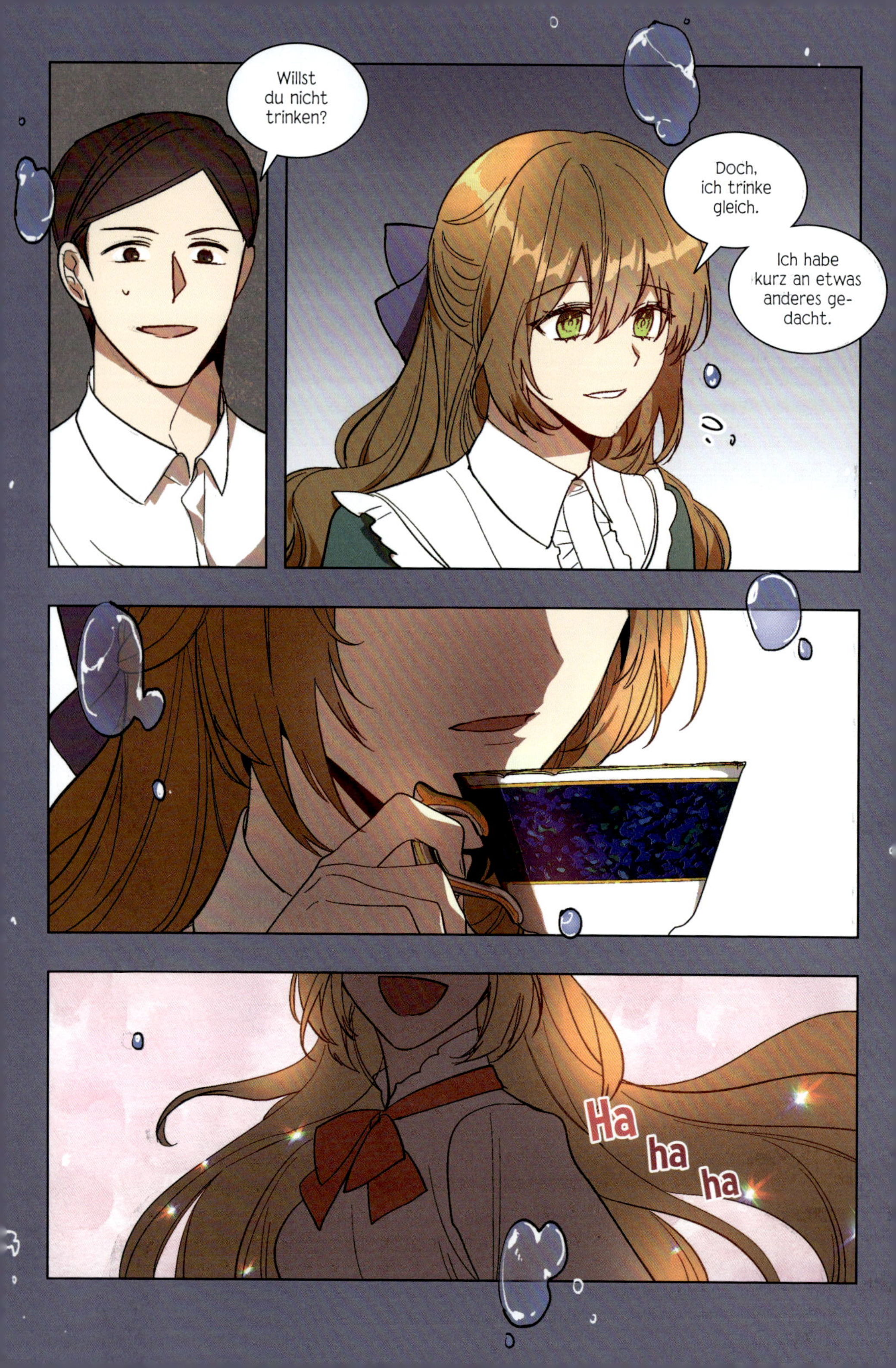
Willst du nicht trinken?
Doch, ich trinke gleich.
Ich habe kurz an etwas anderes gedacht.
Ha ha ha

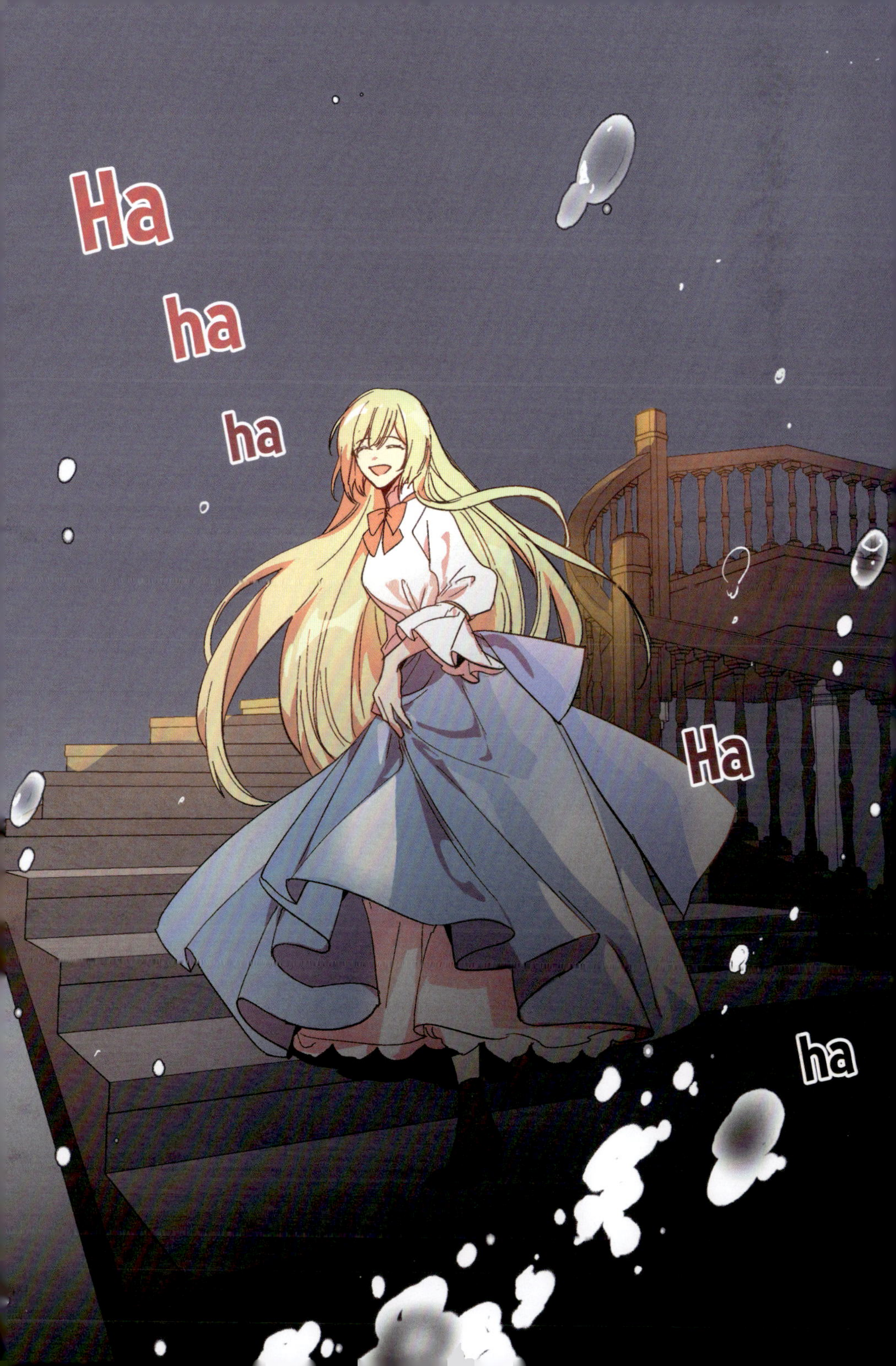
Ha
ha
ha
Ha
ha

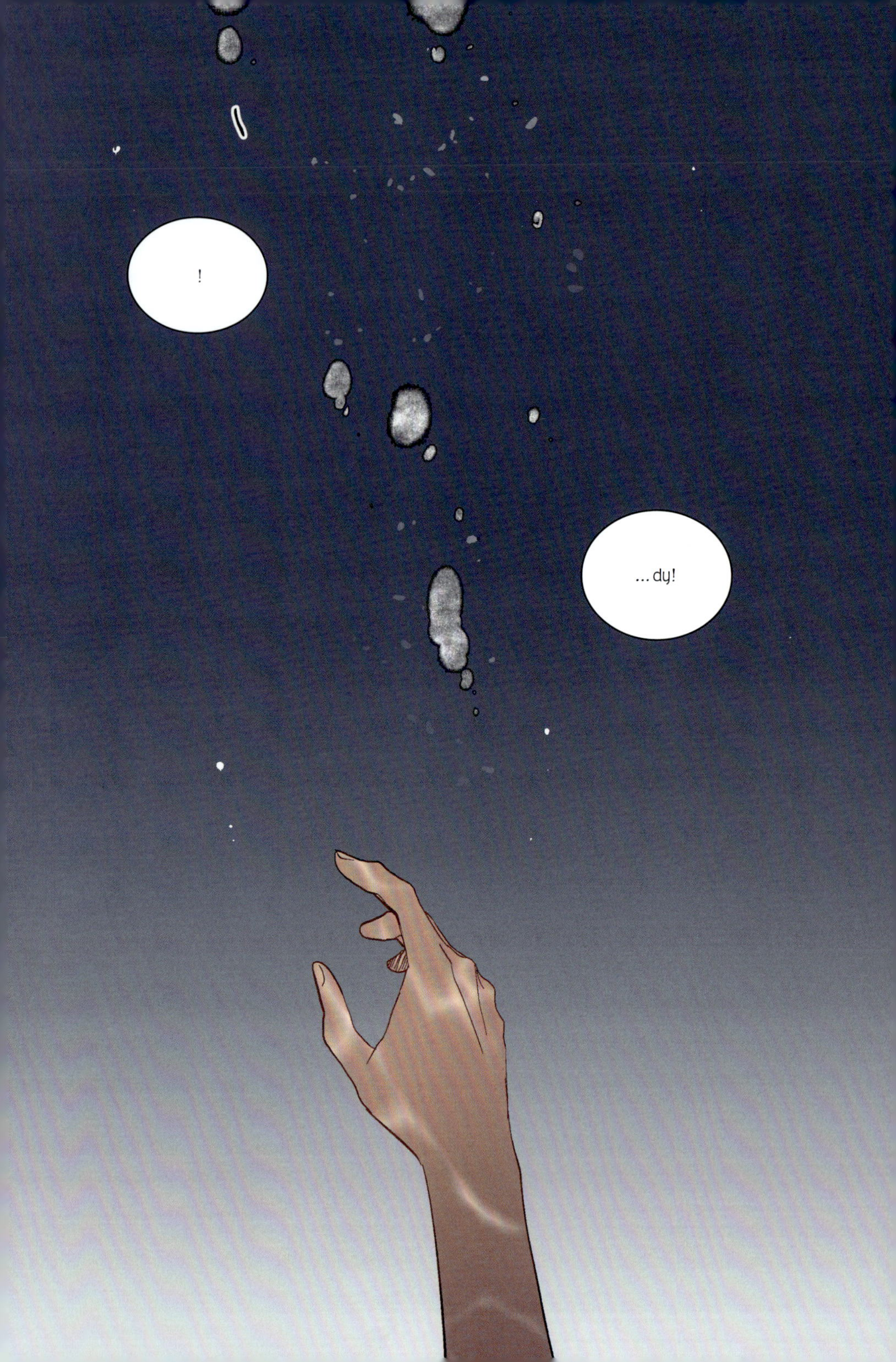
!
...dy!

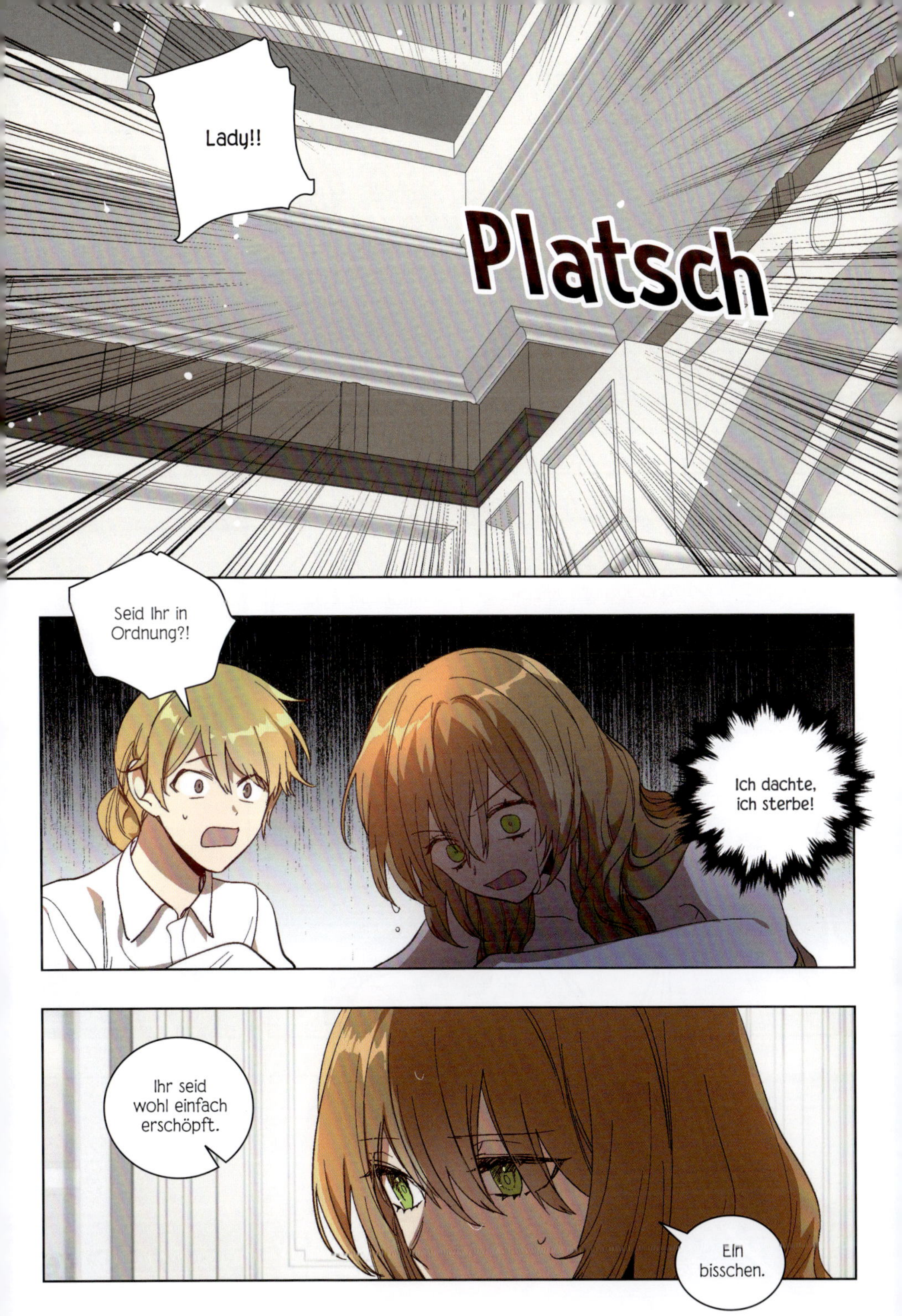
Lady!!
Platsch
Seid Ihr in Ordnung?!
Ich dachte, ich sterbe!
Ihr seid wohl einfach erschöpft.
Ein bisschen.

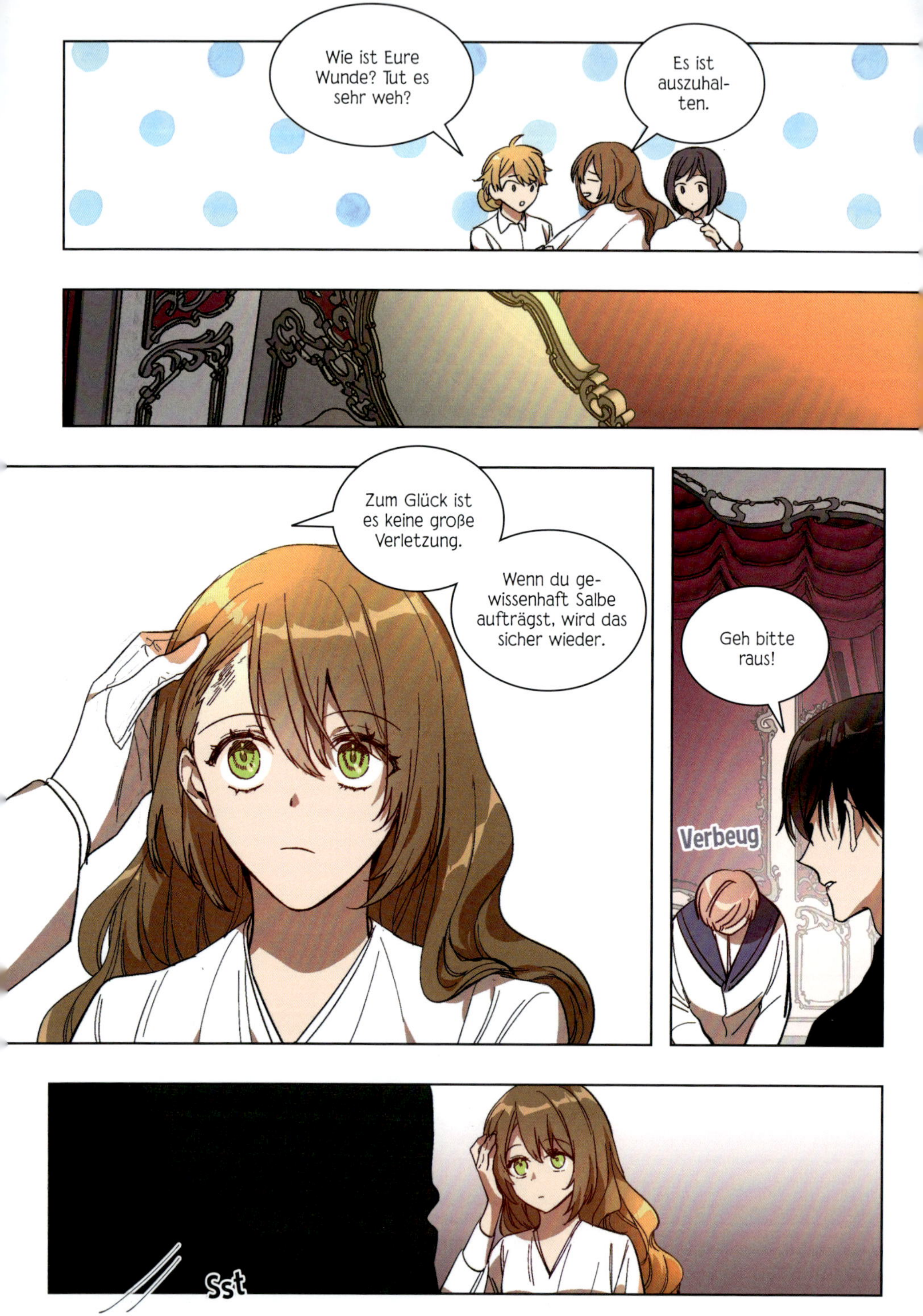
Wie ist Eure Wunde? Tut es sehr weh?
Es ist auszuhalten.
Zum Glück ist es keine große Verletzung.
Wenn du gewissenhaft Salbe aufträgst, wird das sicher wieder.
Geh bitte raus!
Verbeug
Sst

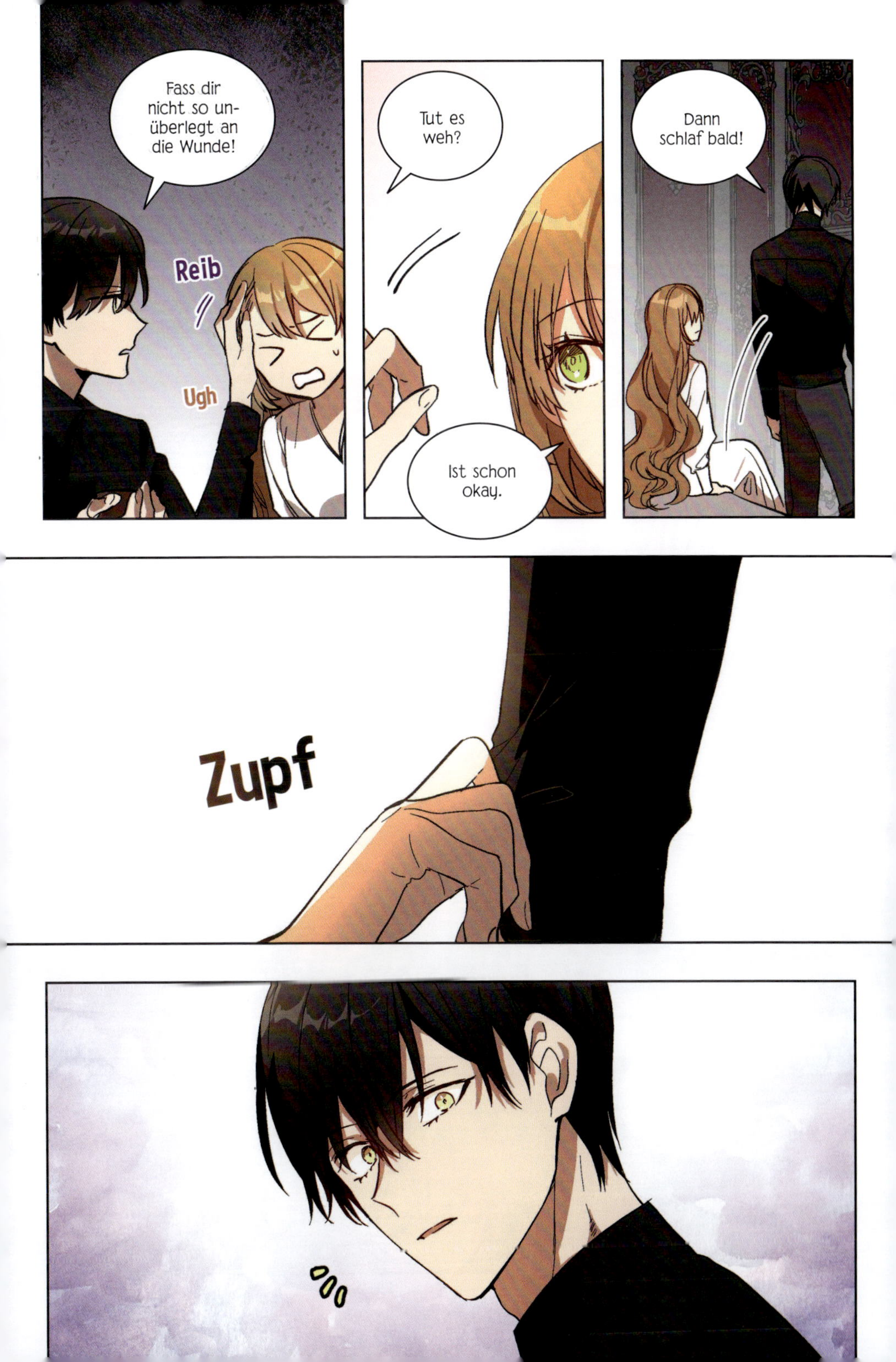
Fass dir nicht so un-überlegt an die Wunde!
Reib
Ugh
Tut es weh?
Ist schon okay.
Dann schlaf bald!
Zupf

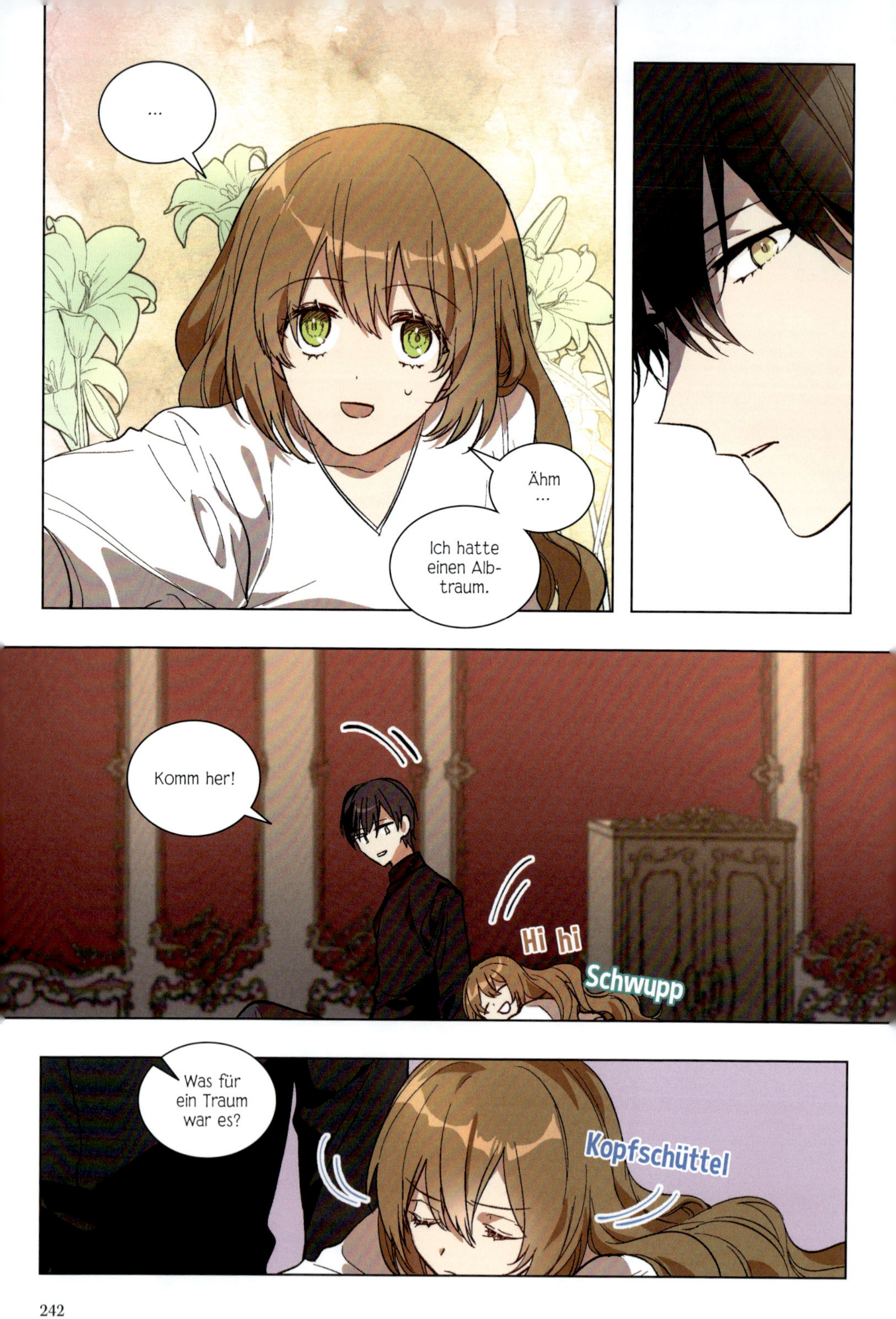
...
Ähm ...
Ich hatte einen Alb- traum.
Komm her!
Hi hi
Schwupp
Was für ein Traum war es?
Kopfschüttel

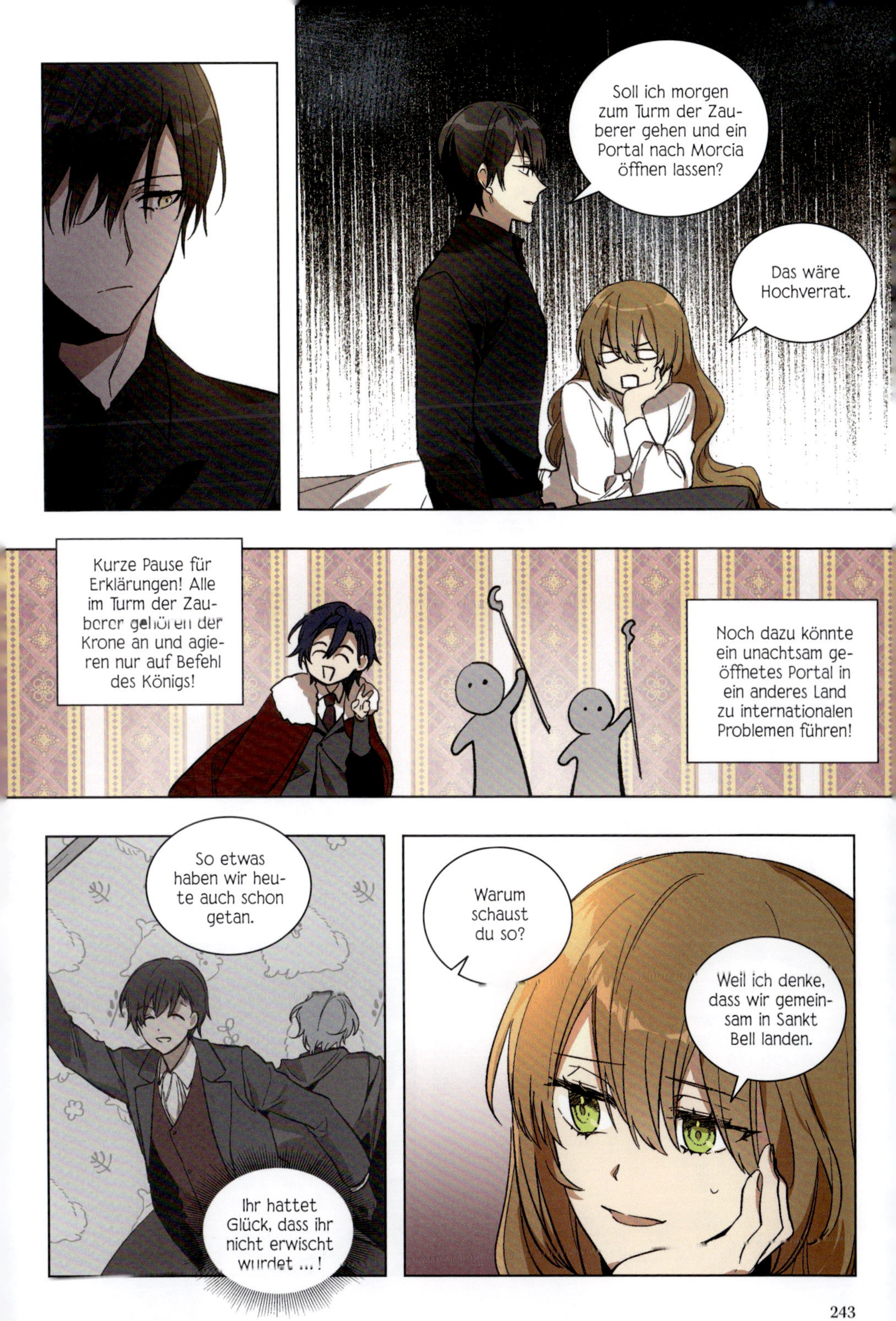
Soll ich morgen zum Turm der Zauberer gehen und ein Portal nach Morcia öffnen lassen?
Das wäre Hochverrat.
Kurze Pause für Erklärungen! Alle im Turm der Zauberer gehören der Krone an und agieren nur auf Befehl des Königs!
Noch dazu könnte ein unachtsam geöffnetes Portal in ein anderes Land zu internationalen Problemen führen!
So etwas haben wir heute auch schon getan.
Ihr hattet Glück, dass ihr nicht erwischt wurdet ...!
Warum schaust du so?
Weil ich denke, dass wir gemeinsam in Sankt Bell landen.

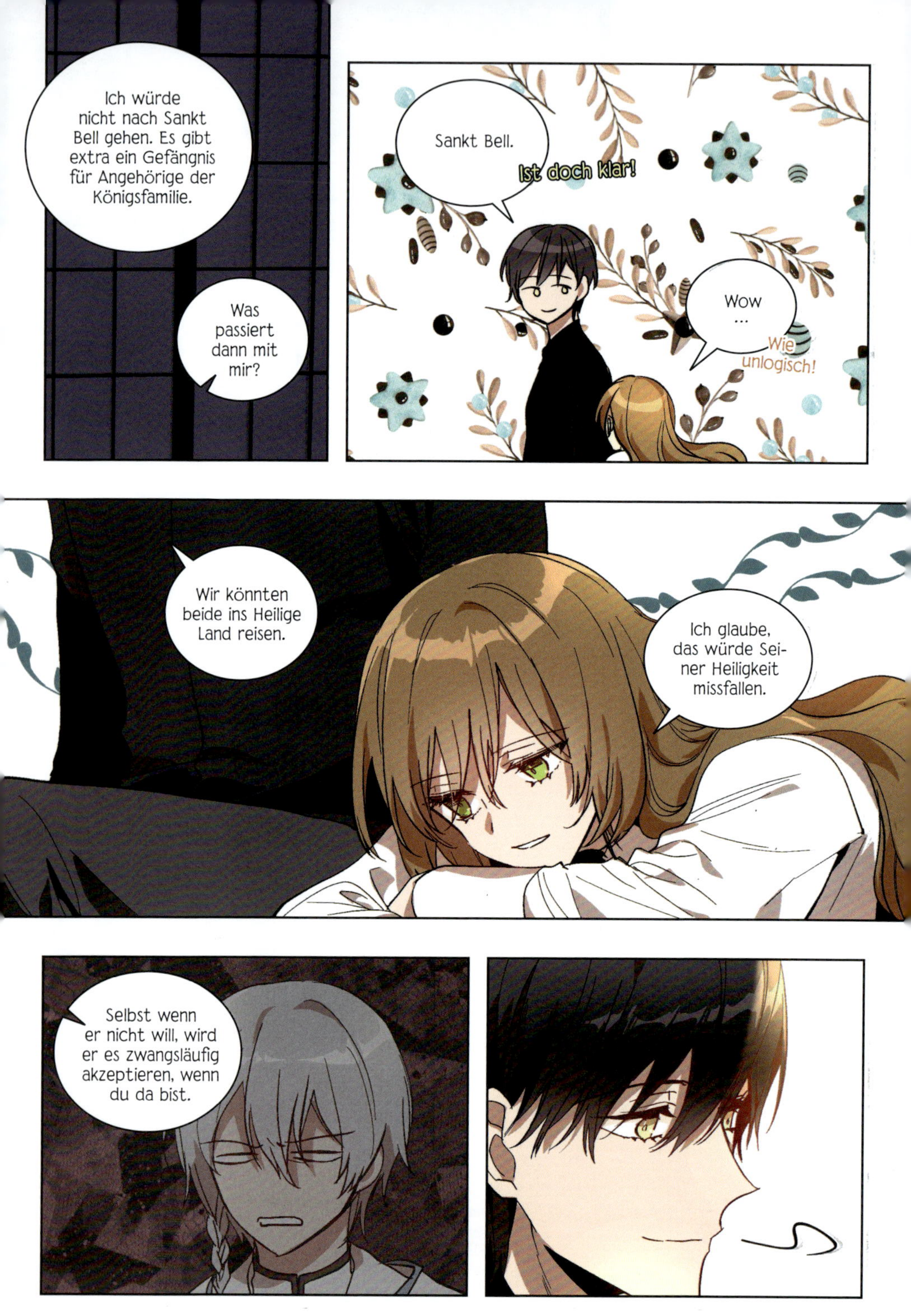

Ich würde nicht nach Sankt Bell gehen. Es gibt extra ein Gefängnis für Angehörige der Königsfamilie.
Was passiert dann mit mir?
Sankt Bell.
Ist doch klar!
Wow …
Wie unlogisch!
Wir könnten beide ins Heilige Land reisen.
Ich glaube, das würde Seiner Heiligkeit missfallen.
Selbst wenn er nicht will, wird er es zwangsläufig akzeptieren, wenn du da bist.

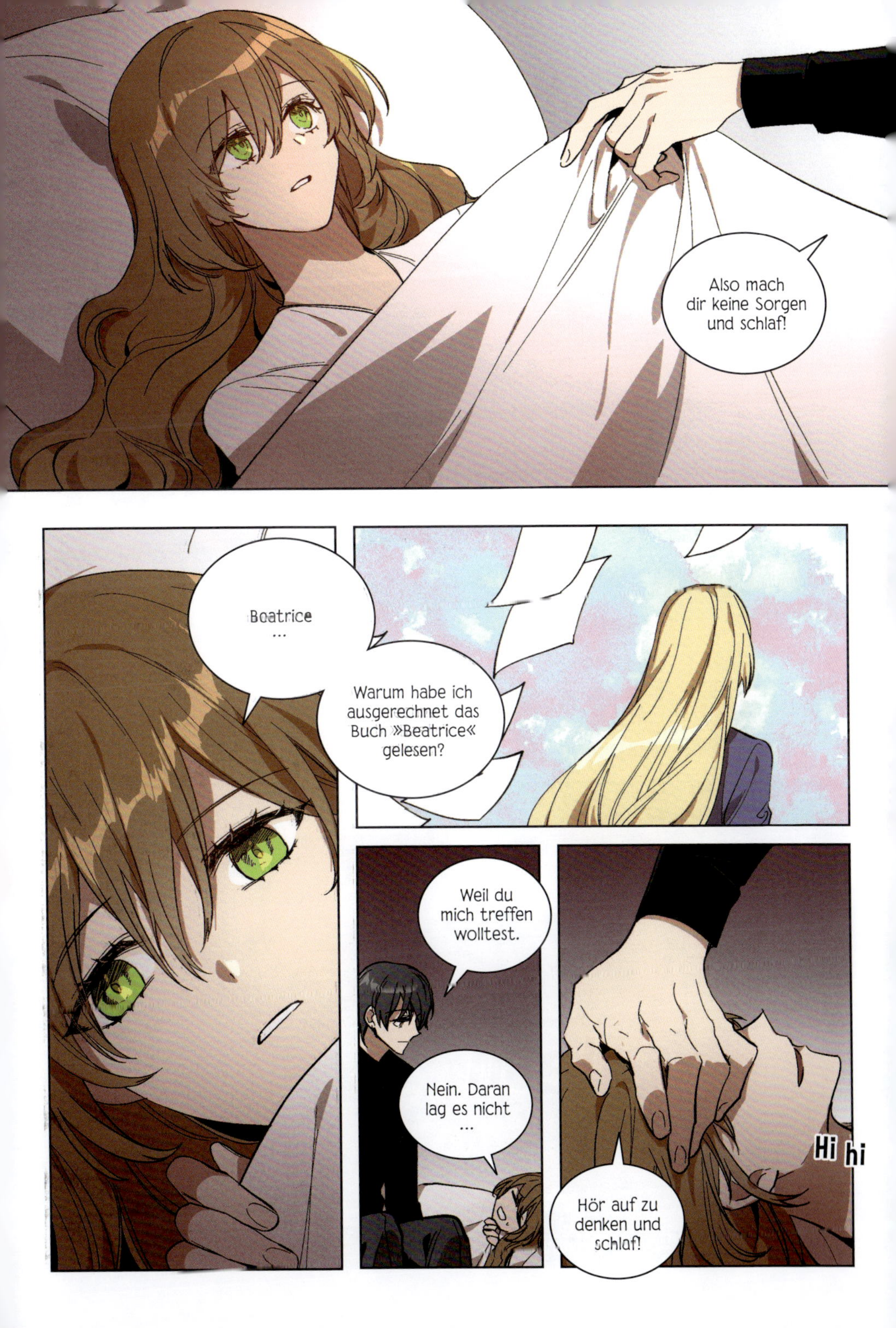
Also mach dir keine Sorgen und schlaf!
Beatrice …
Warum habe ich ausgerechnet das Buch »Beatrice« gelesen?
Weil du mich treffen wolltest.
Nein. Daran lag es nicht …
Hi hi
Hör auf zu denken und schlaf!

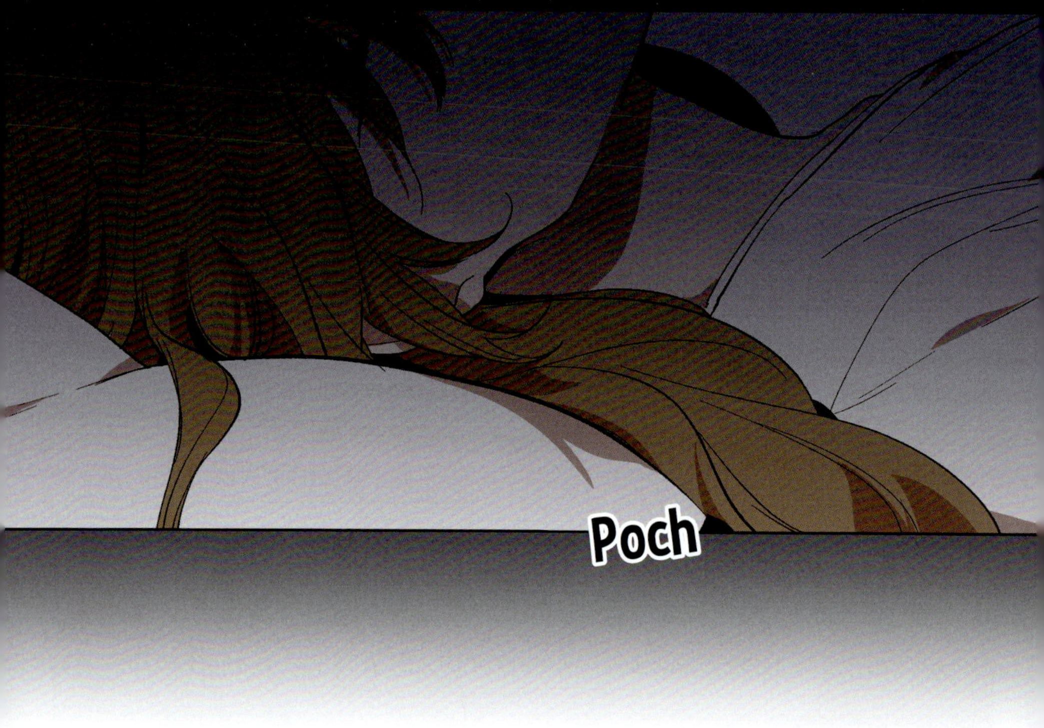
Poch

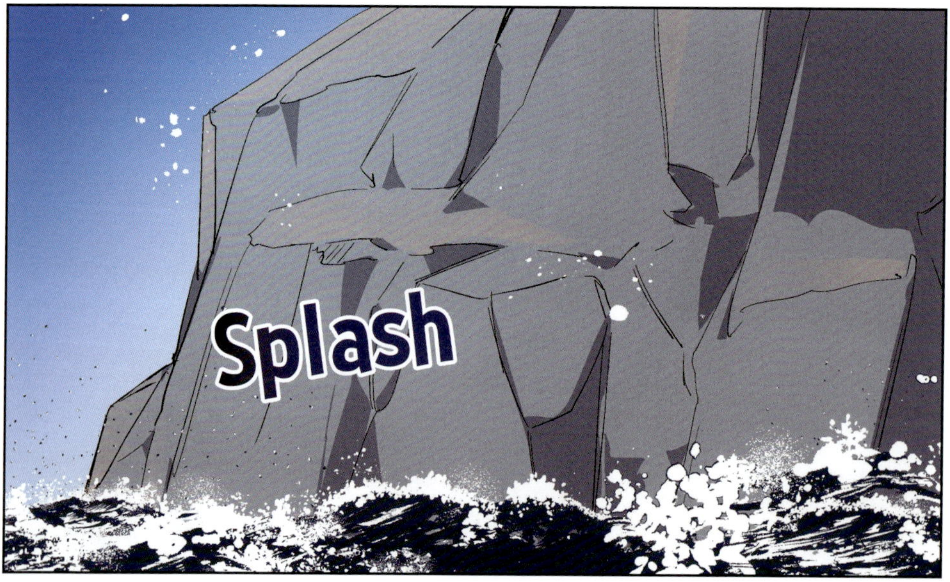
Splash

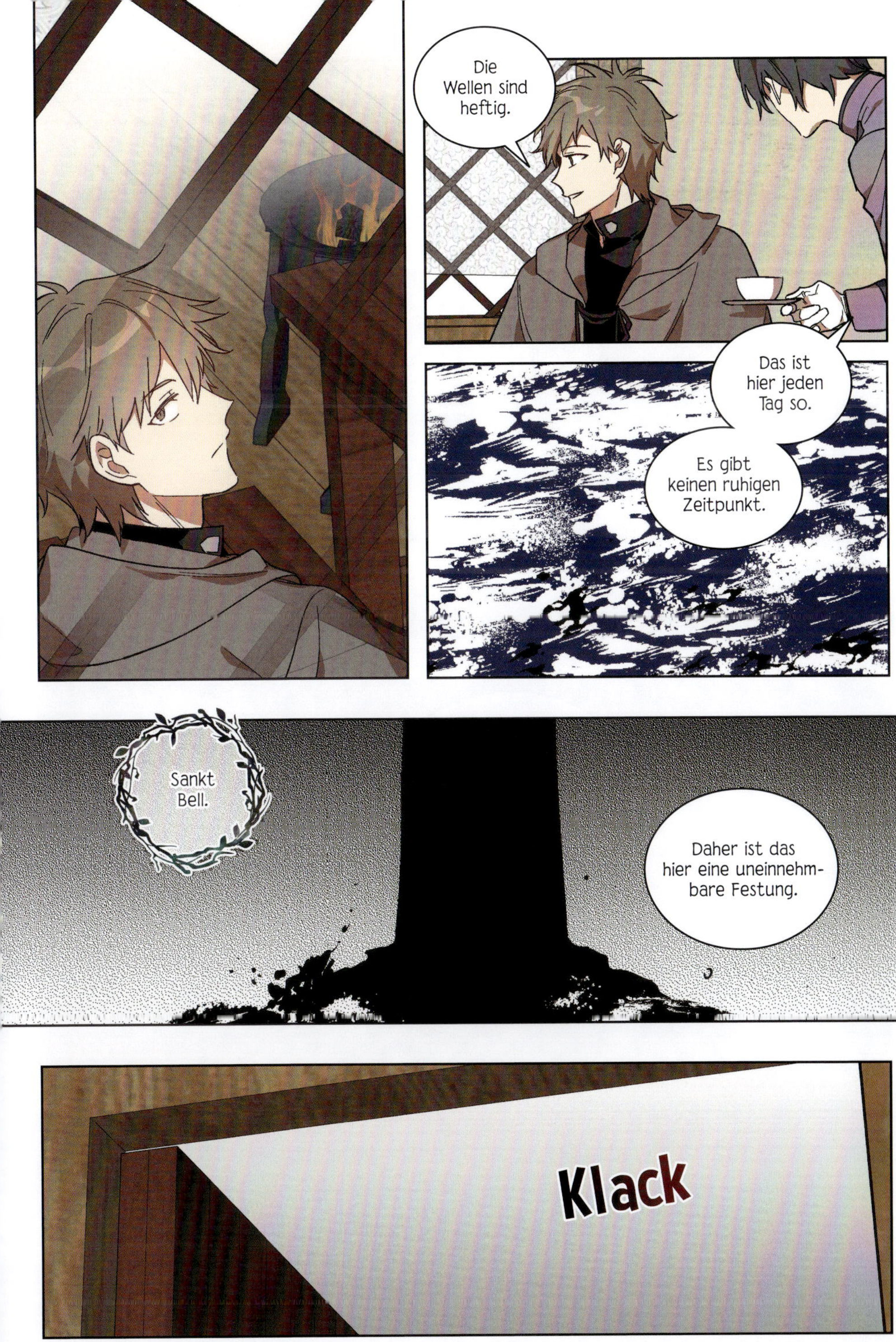
Die Wellen sind heftig.
Das ist hier jeden Tag so.
Es gibt keinen ruhigen Zeitpunkt.
Sankt Bell.
Daher ist das hier eine uneinnehm-bare Festung.
Klack

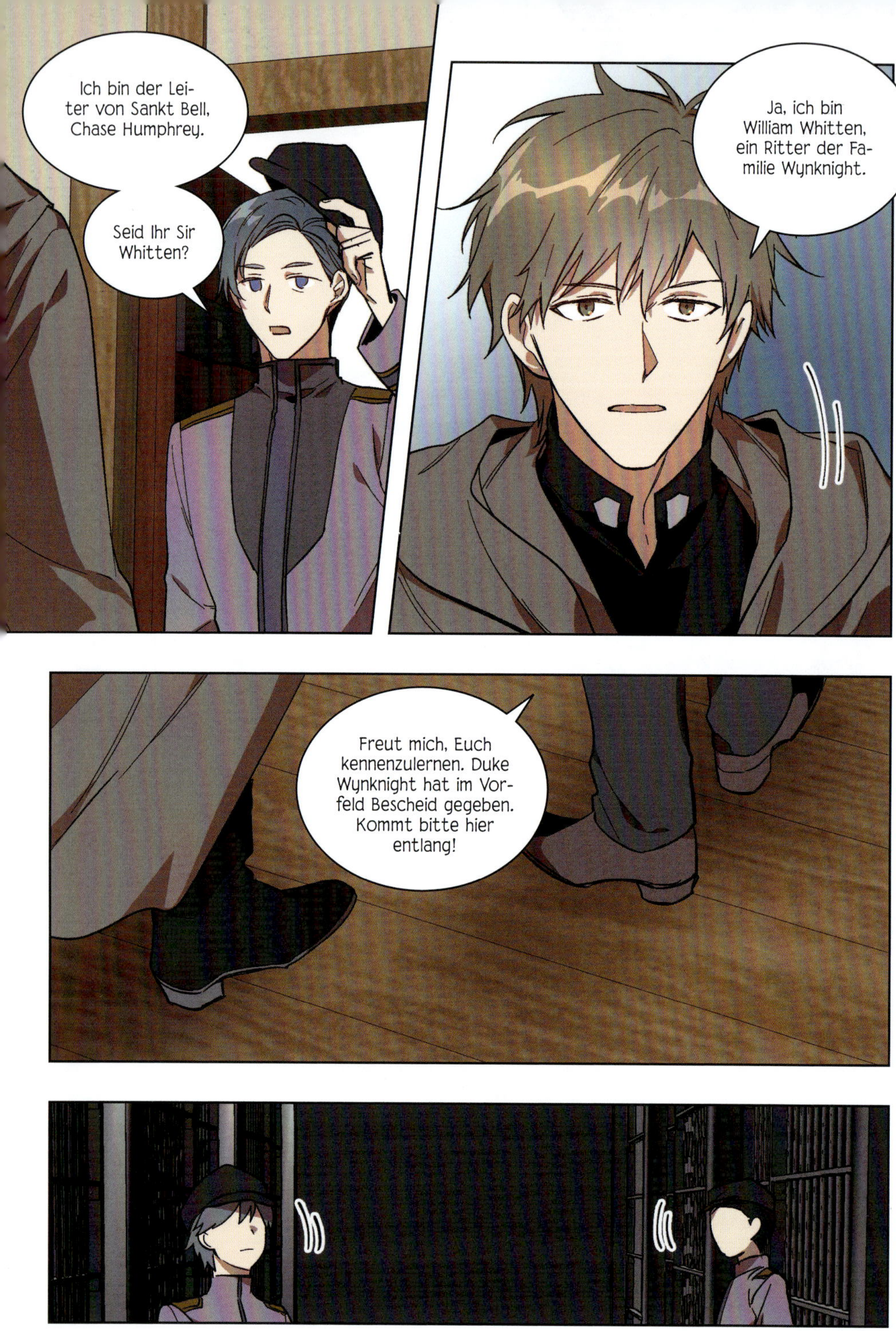
Ich bin der Leiter von Sankt Bell, Chase Humphrey.
Seid Ihr Sir Whitten?
Ja, ich bin William Whitten, ein Ritter der Familie Wynknight.
Freut mich, Euch kennenzulernen. Duke Wynknight hat im Vorfeld Bescheid gegeben. Kommt bitte hier entlang!

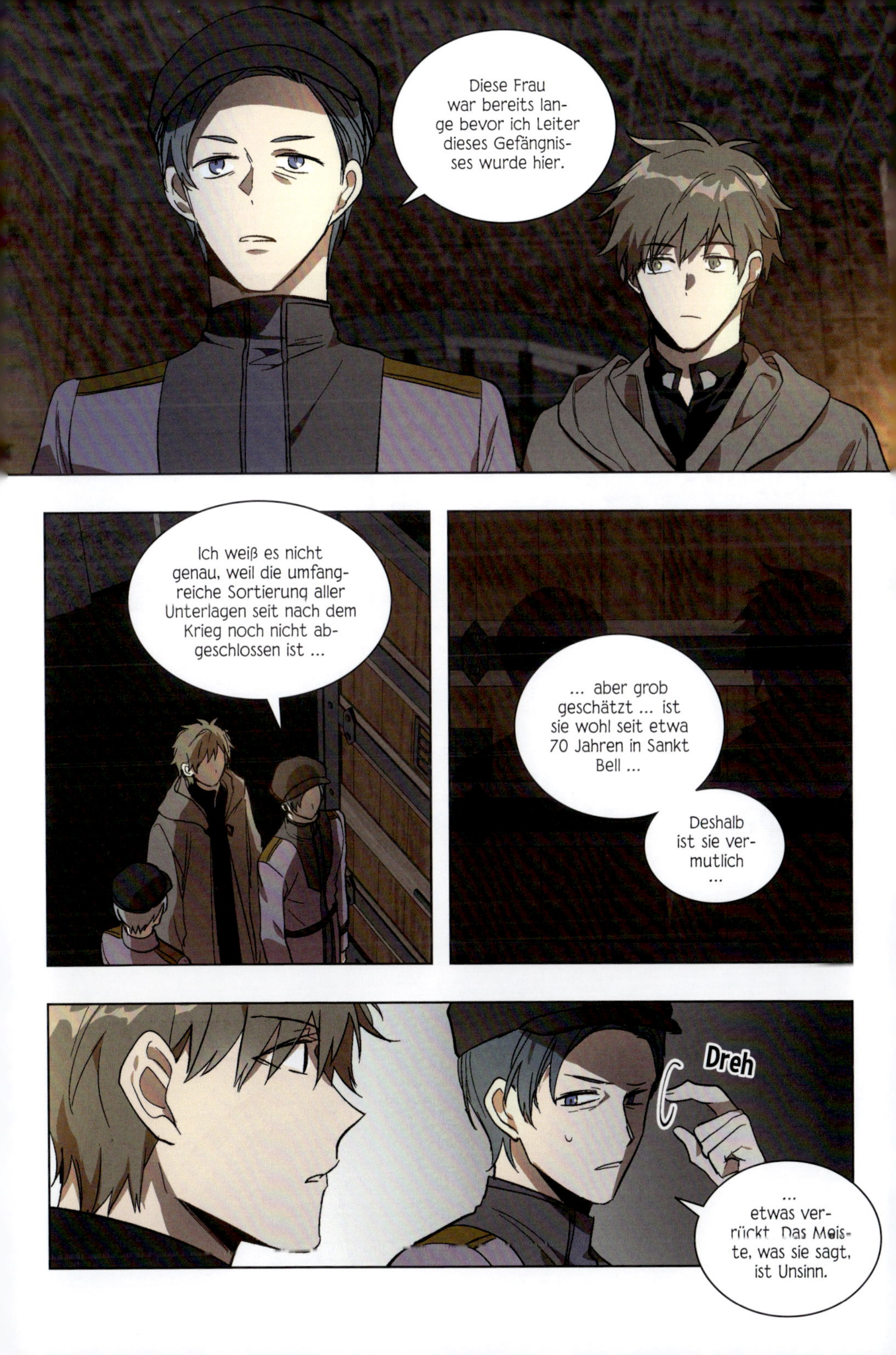
Diese Frau war bereits lange bevor ich Leiter dieses Gefängnisses wurde hier.
Ich weiß es nicht genau, weil die umfangreiche Sortierung aller Unterlagen seit nach dem Krieg noch nicht abgeschlossen ist ...
... aber grob geschätzt ... ist sie wohl seit etwa 70 Jahren in Sankt Bell ...
Deshalb ist sie vermutlich ...
Dreh
... etwas verrückt. Das Meiste, was sie sagt, ist Unsinn.

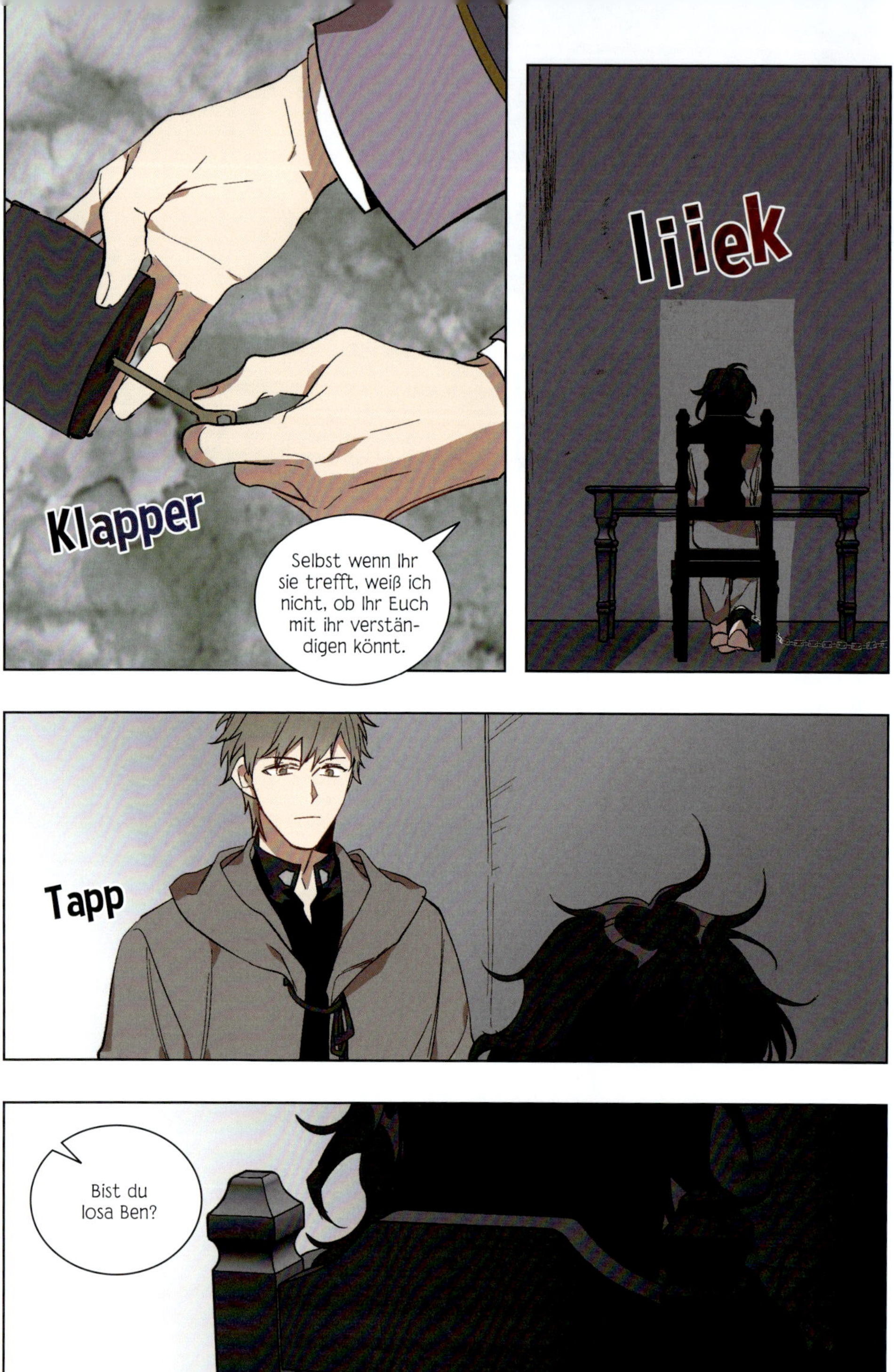
Klapper
Selbst wenn Ihr sie trefft, weiß ich nicht, ob Ihr Euch mit ihr verständigen könnt.
Iiiek
Tapp
Bist du Iosa Ben?

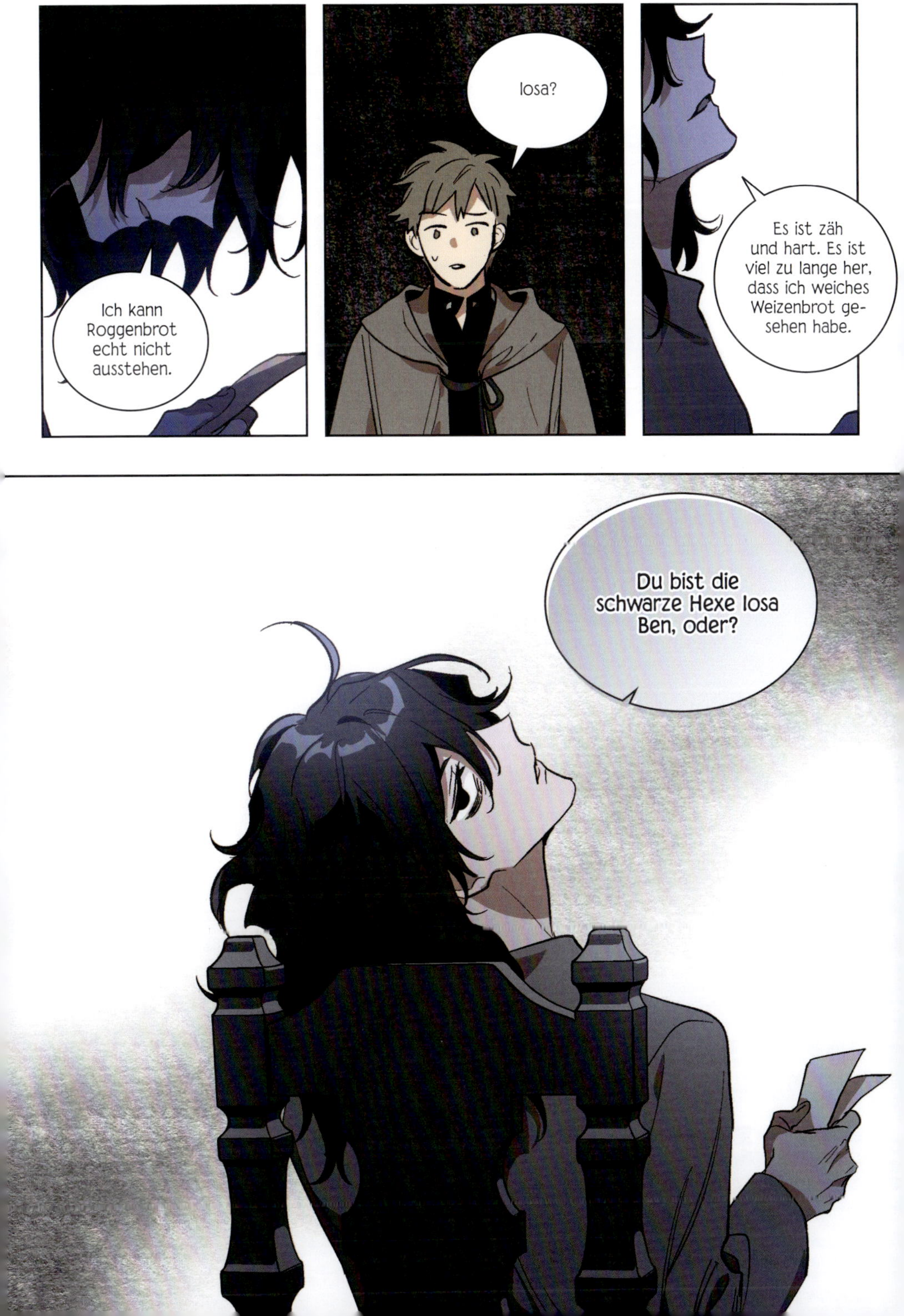
Ich kann Roggenbrot echt nicht ausstehen.
Iosa?
Es ist zäh und hart. Es ist viel zu lange her, dass ich weiches Weizenbrot gesehen habe.
Du bist die schwarze Hexe Iosa Ben, oder?

RAELIANA

Warum sie die Verlobte des Dukes wurde

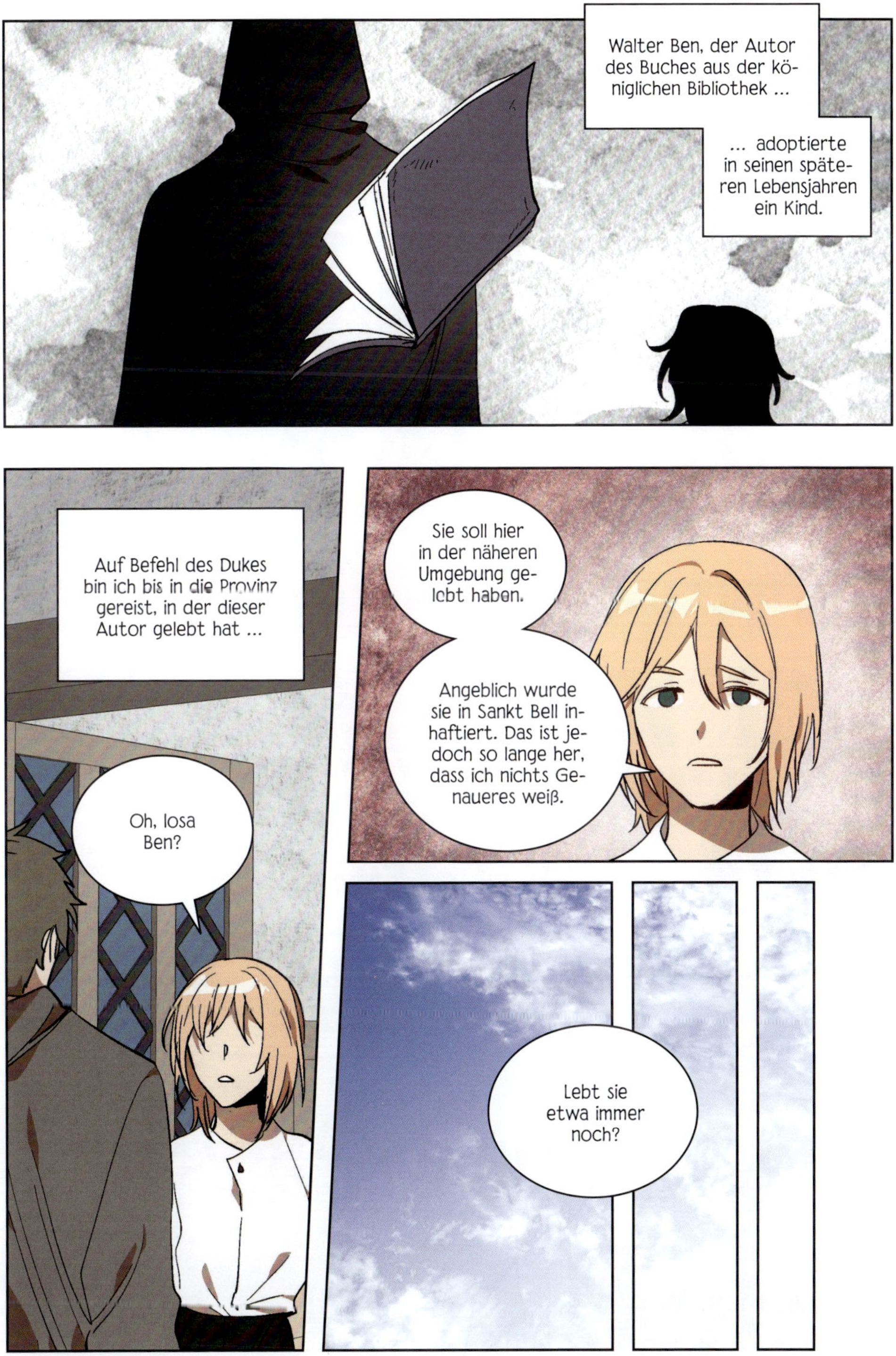

Walter Ben, der Autor des Buches aus der königlichen Bibliothek ...
... adoptierte in seinen späteren Lebensjahren ein Kind.
Auf Befehl des Dukes bin ich bis in die Provinz gereist, in der dieser Autor gelebt hat ...
Oh, Iosa Ben?
Sie soll hier in der näheren Umgebung gelebt haben.
Angeblich wurde sie in Sankt Bell inhaftiert. Das ist jedoch so lange her, dass ich nichts Genaueres weiß.
Lebt sie etwa immer noch?

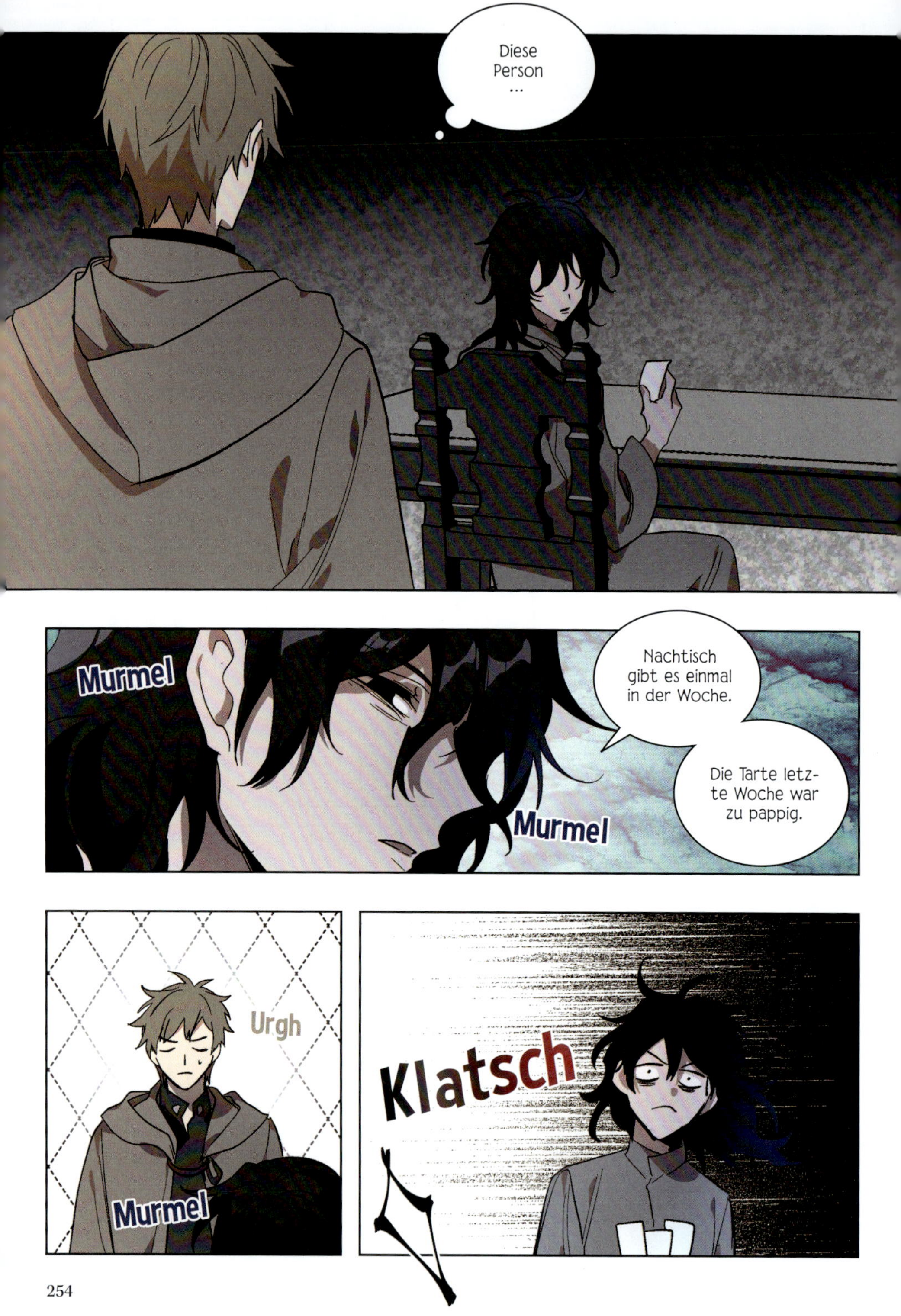
Diese Person ...
Murmel
Nachtisch gibt es einmal in der Woche.
Die Tarte letzte Woche war zu pappig.
Murmel
Urgh
Murmel
Klatsch

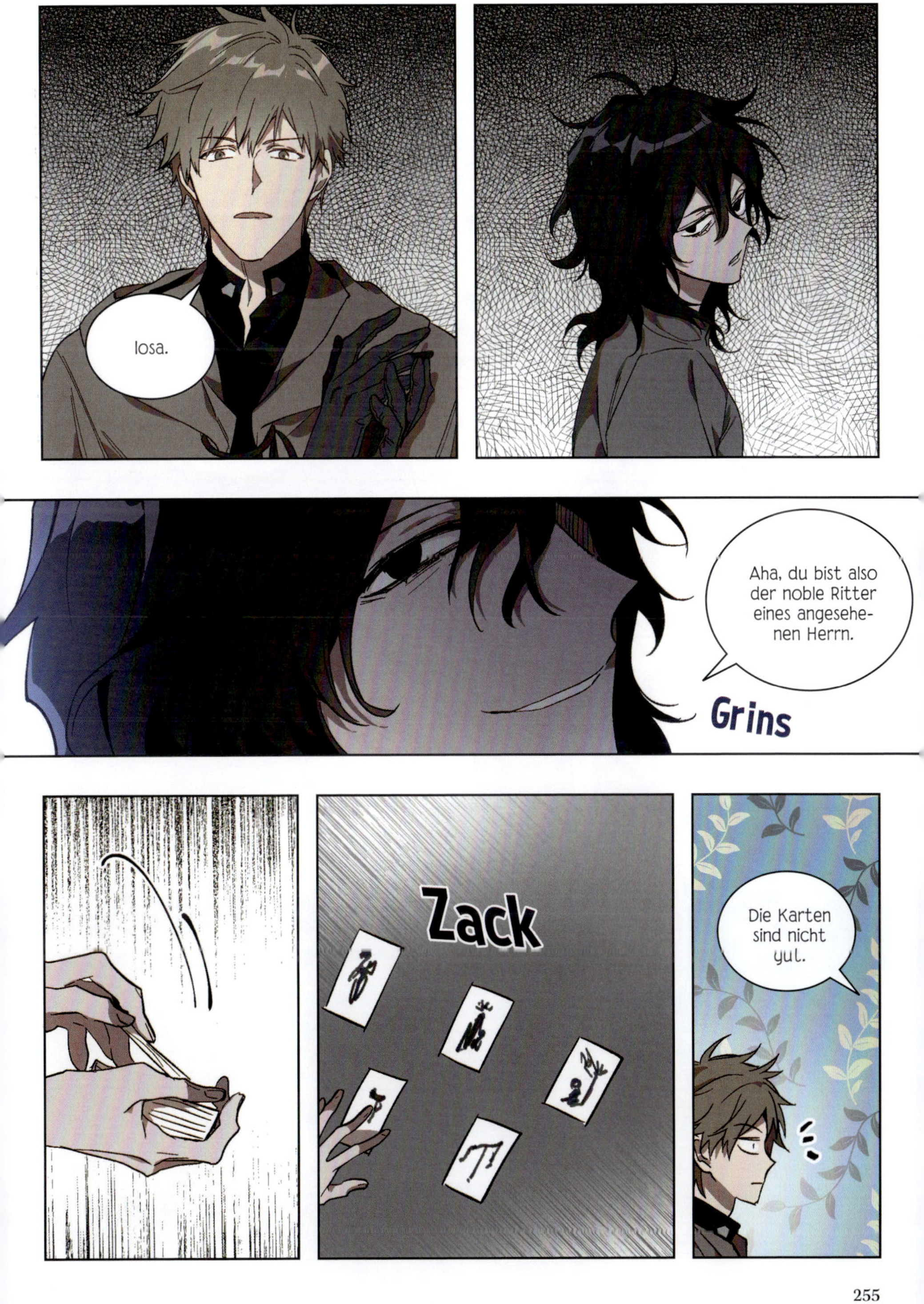
Iosa.
Aha, du bist also der noble Ritter eines angesehenen Herrn.
Grins
Zack
Die Karten sind nicht gut.

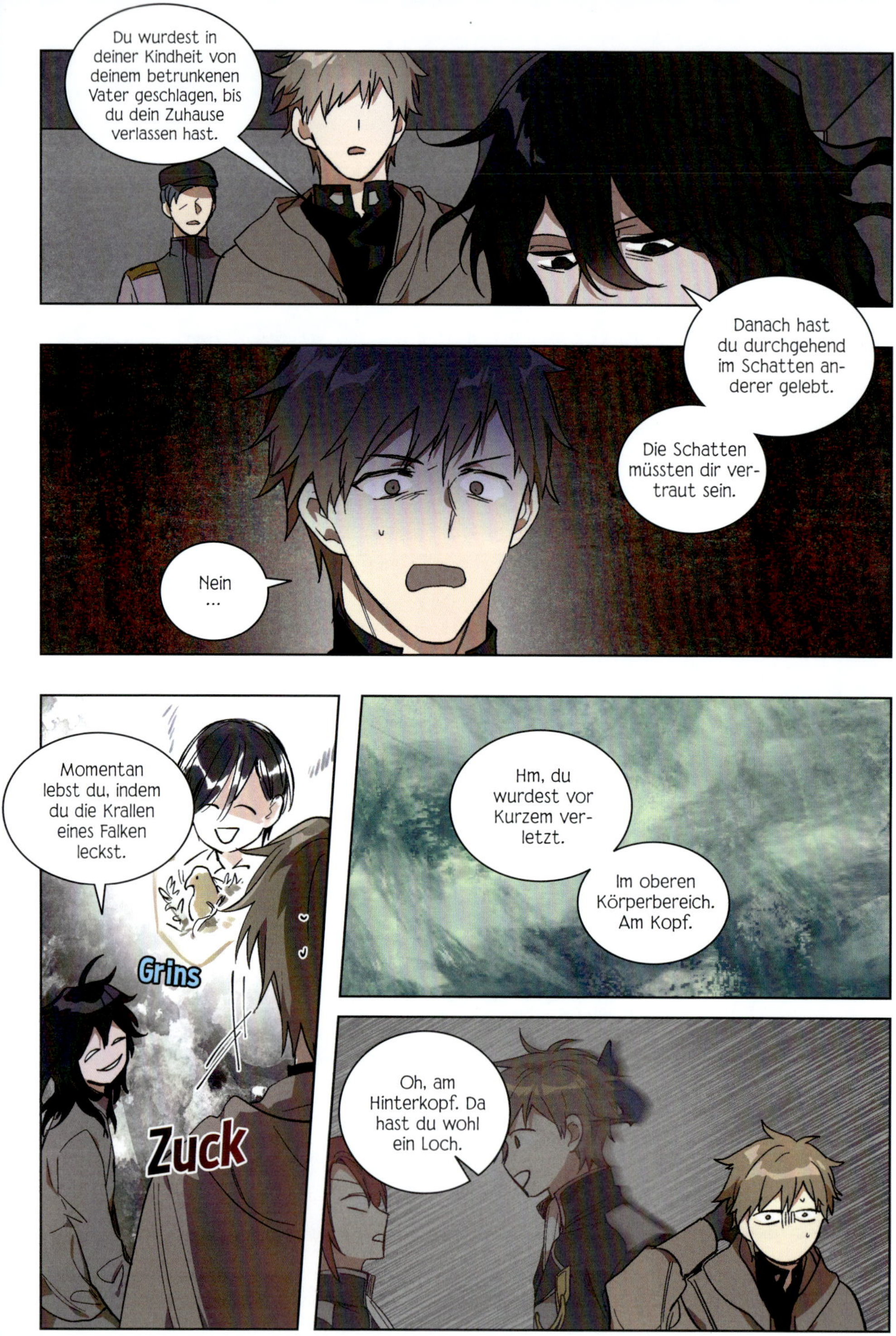
Du wurdest in deiner Kindheit von deinem betrunkenen Vater geschlagen, bis du dein Zuhause verlassen hast.
Danach hast du durchgehend im Schatten anderer gelebt.
Die Schatten müssten dir vertraut sein.
Nein …
Momentan lebst du, indem du die Krallen eines Falken leckst.
Grins
Zuck
Hm, du wurdest vor Kurzem verletzt.
Im oberen Körperbereich. Am Kopf.
Oh, am Hinterkopf. Da hast du wohl ein Loch.

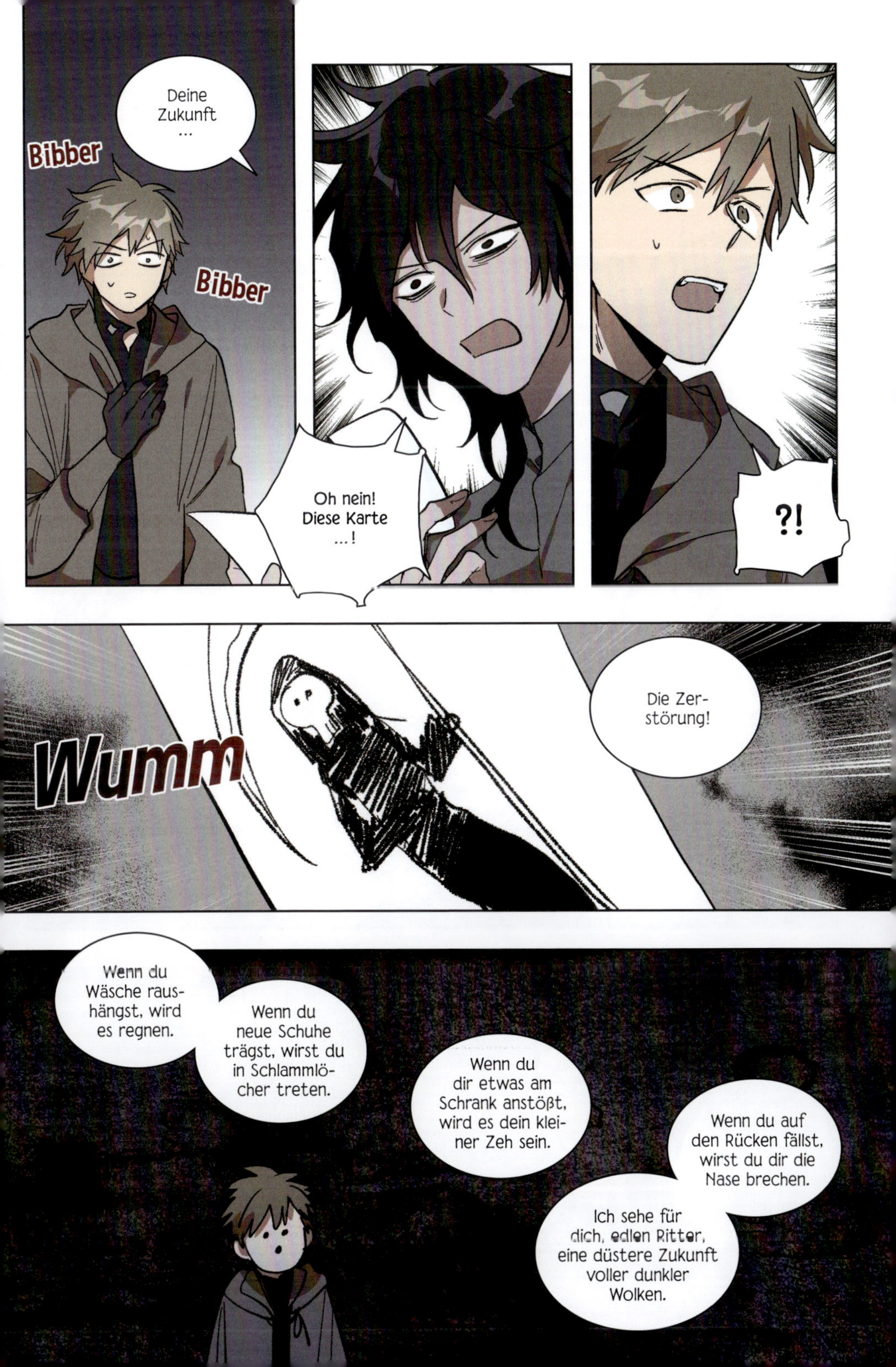
Deine Zukunft ...
Bibber
Bibber
Oh nein! Diese Karte ...!
?!
Wumm
Die Zerstörung!
Wenn du Wäsche raushängst, wird es regnen.
Wenn du neue Schuhe trägst, wirst du in Schlammlöcher treten.
Wenn du dir etwas am Schrank anstößt, wird es dein kleiner Zeh sein.
Wenn du auf den Rücken fällst, wirst du dir die Nase brechen.
Ich sehe für dich, edlen Ritter, eine düstere Zukunft voller dunkler Wolken.

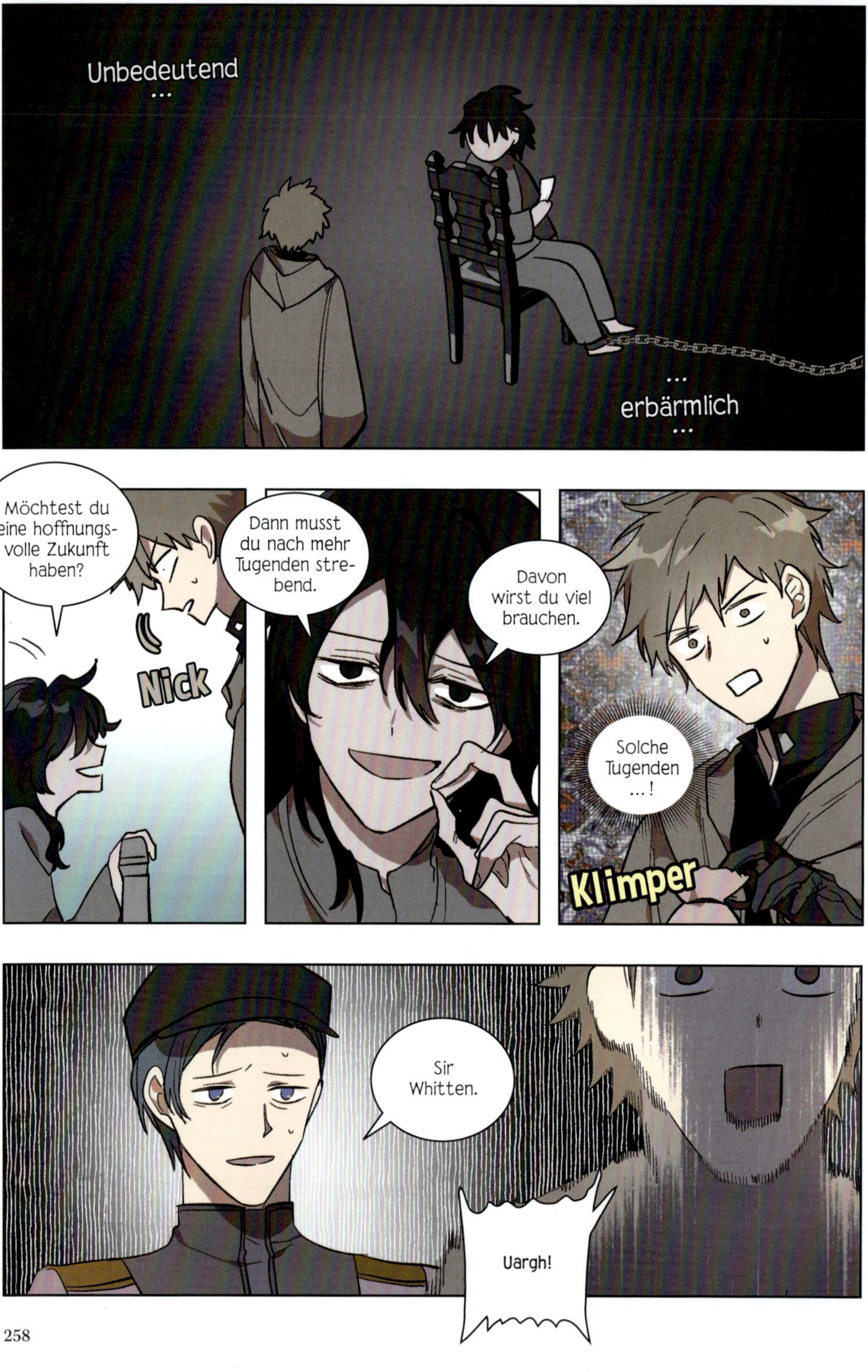
Unbedeutend …
… erbärmlich …
Möchtest du eine hoffnungsvolle Zukunft haben?
Nick
Dann musst du nach mehr Tugenden strebend.
Davon wirst du viel brauchen.
Solche Tugenden …!
Klimper
Sir Whitten.
Uargh!

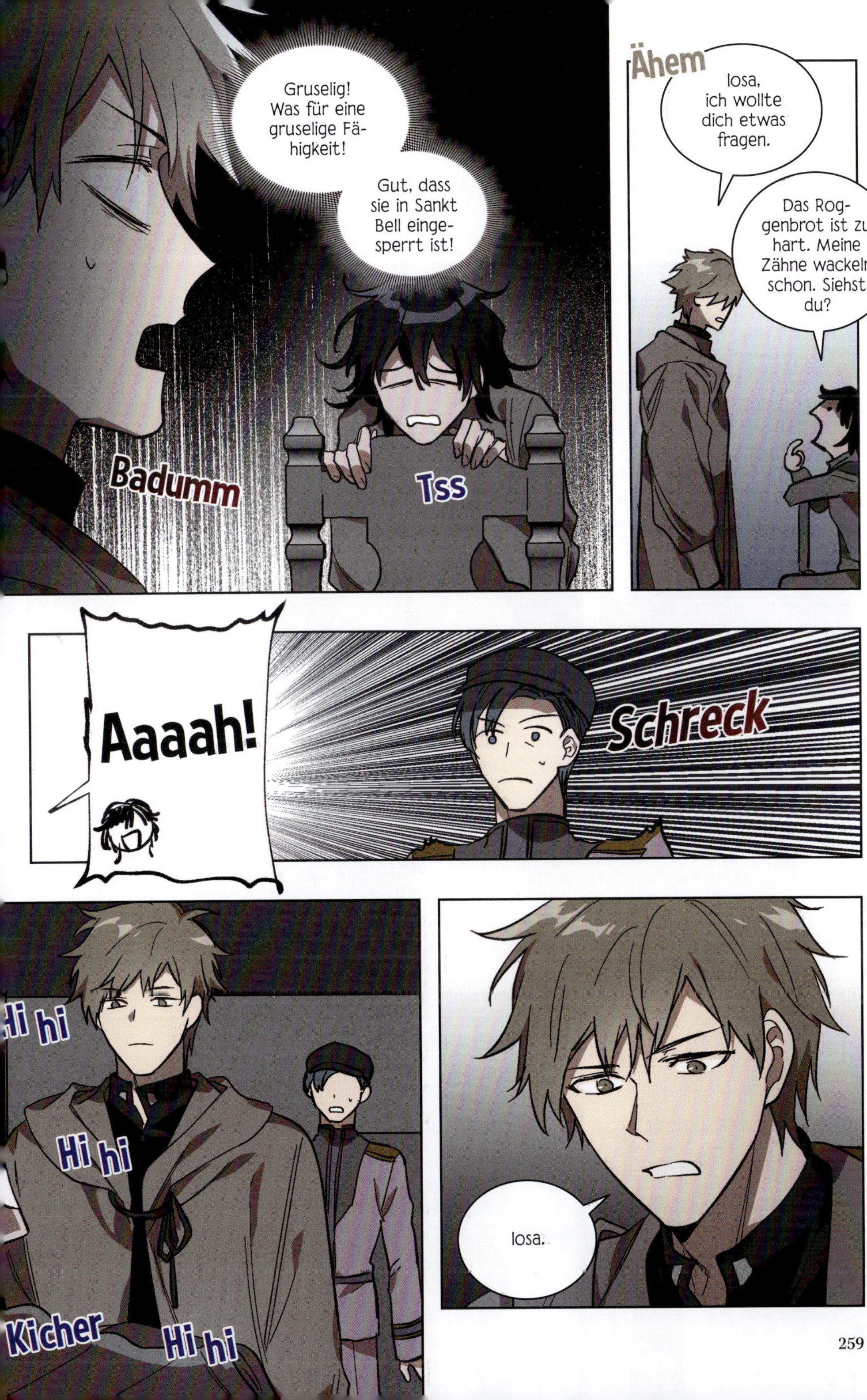
Gruselig! Was für eine gruselige Fähigkeit!
Gut, dass sie in Sankt Bell eingesperrt ist!
Badumm
Tss
Ähem
Iosa, ich wollte dich etwas fragen.
Das Roggenbrot ist zu hart. Meine Zähne wackeln schon. Siehst du?
Aaaah!
Schreck
Hi hi
Hi hi
Kicher
Hi hi
Iosa.

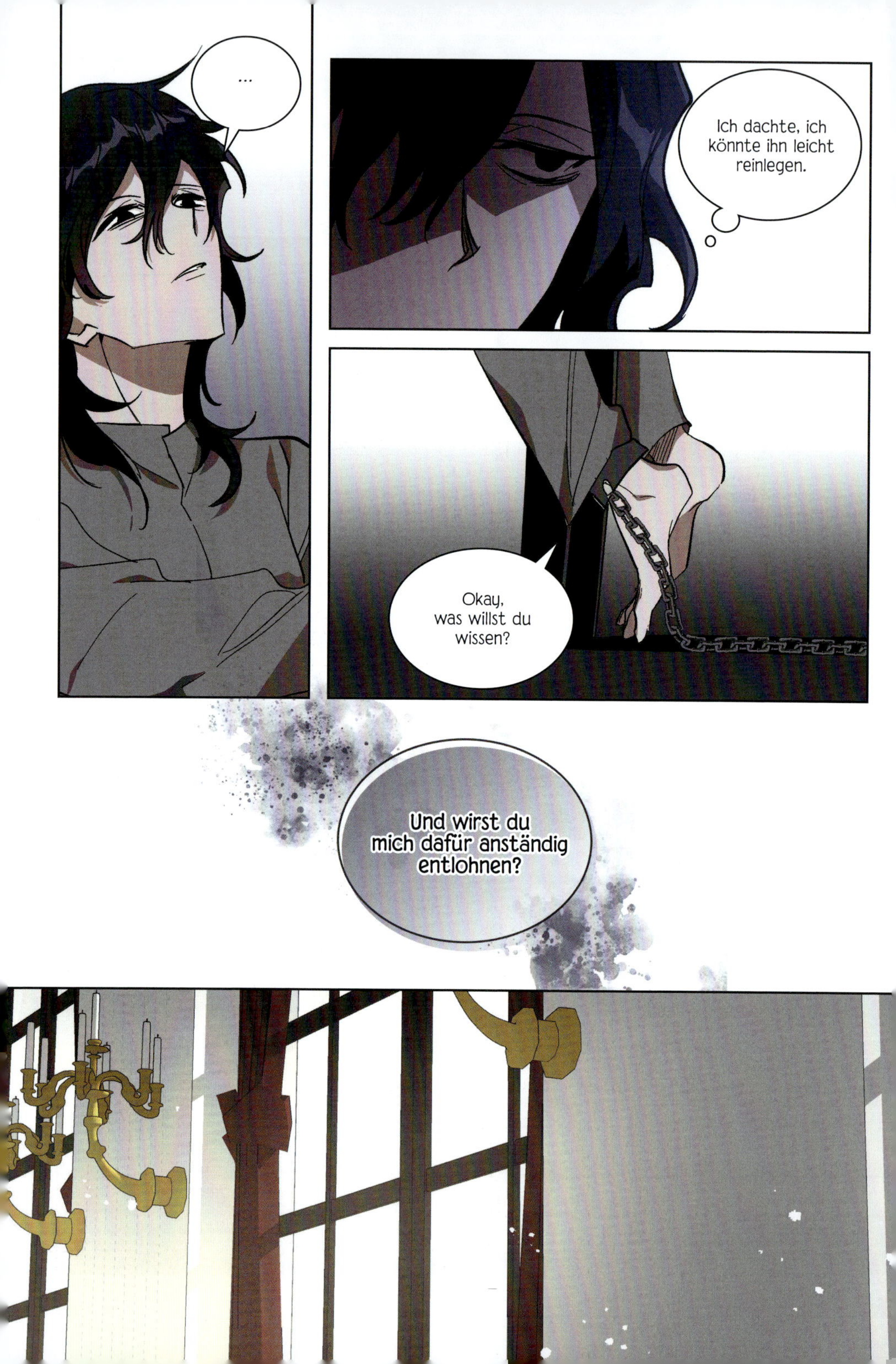
...
Ich dachte, ich könnte ihn leicht reinlegen.
Okay, was willst du wissen?
Und wirst du mich dafür anständig entlohnen?

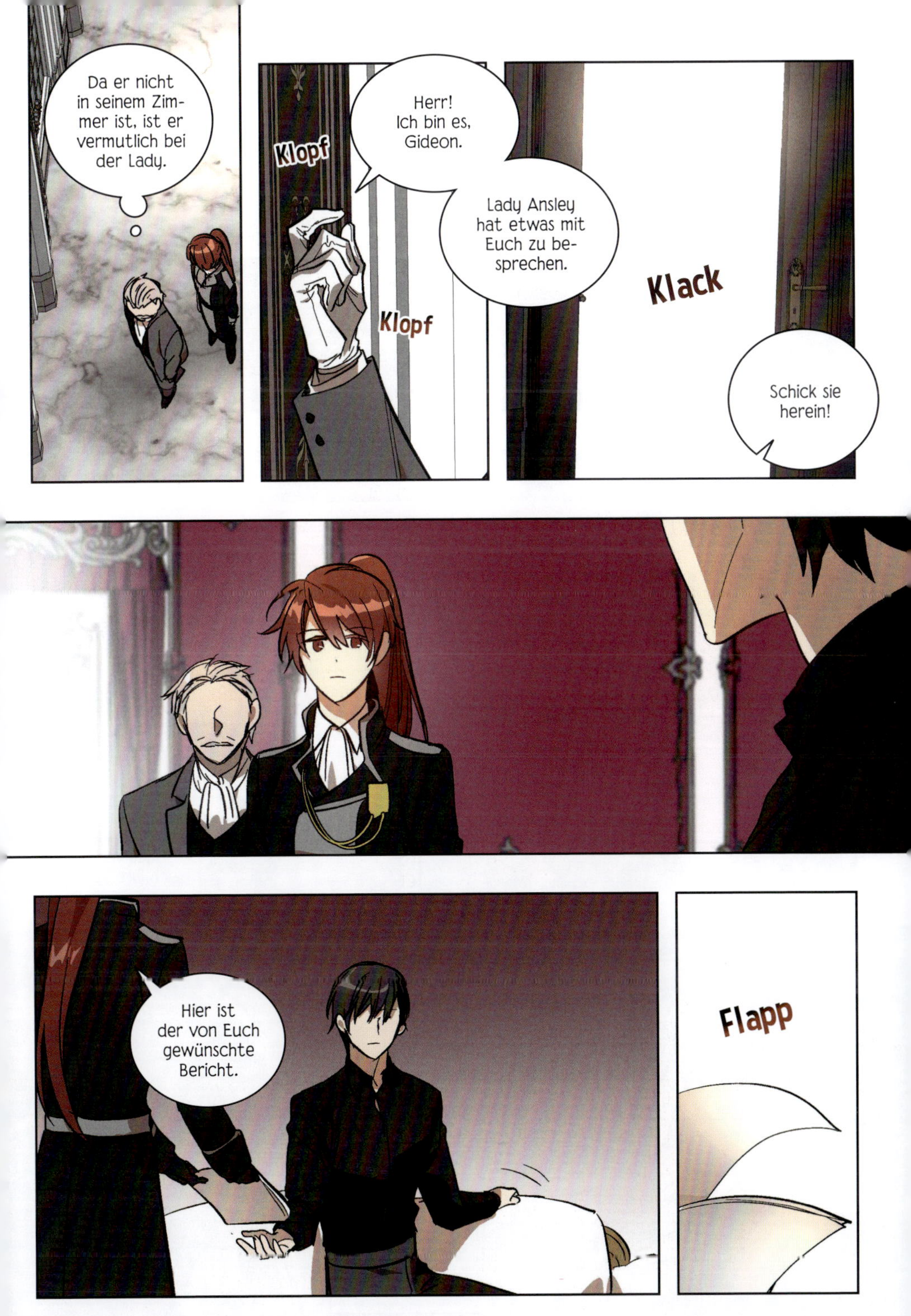
Da er nicht in seinem Zimmer ist, ist er vermutlich bei der Lady.
Klopf
Herr! Ich bin es, Gideon.
Klopf
Lady Ansley hat etwas mit Euch zu besprechen.
Klack
Schick sie herein!
Hier ist der von Euch gewünschte Bericht.
Flapp

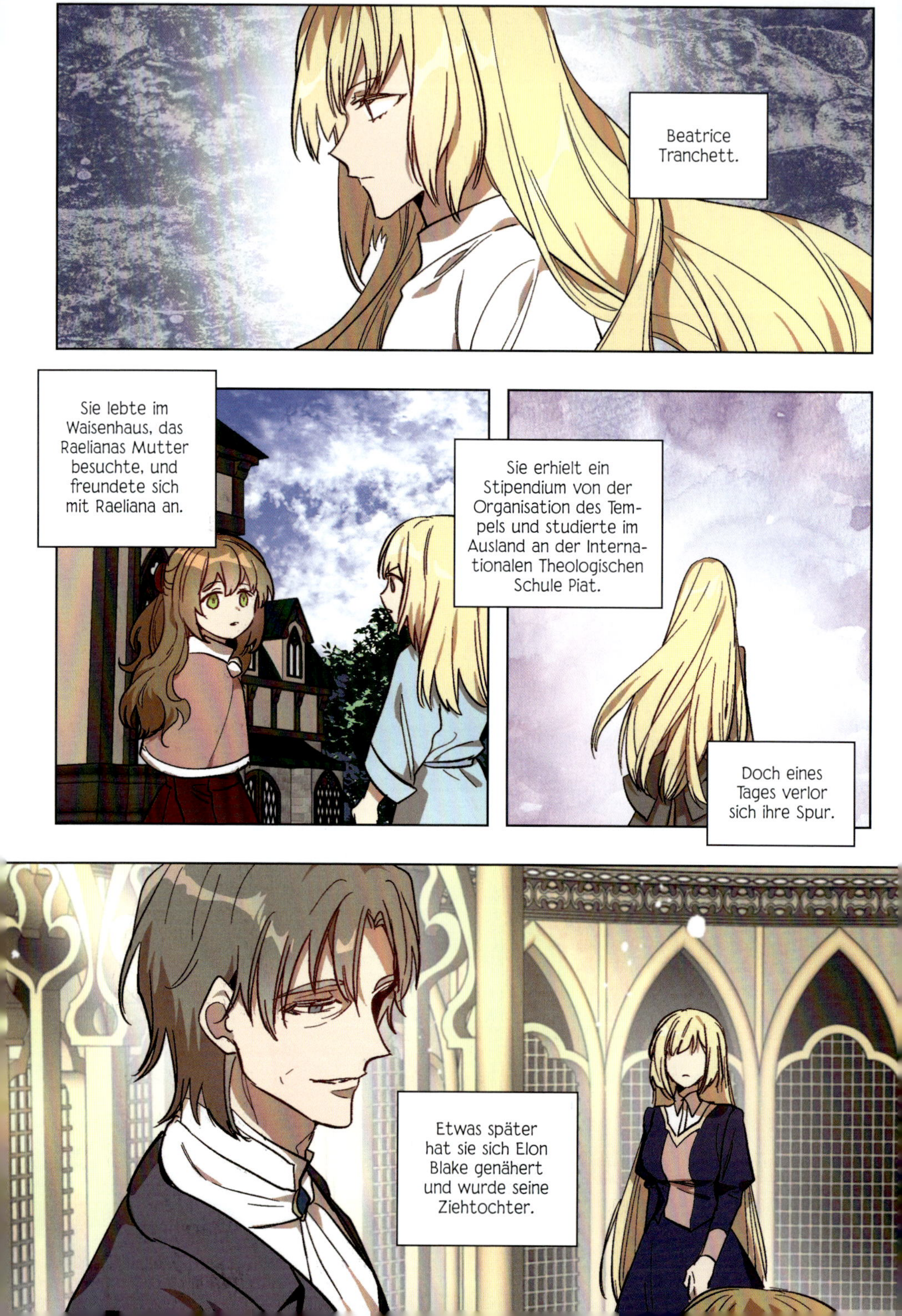
Beatrice Tranchett.
Sie lebte im Waisenhaus, das Raelianas Mutter besuchte, und freundete sich mit Raeliana an.
Sie erhielt ein Stipendium von der Organisation des Tempels und studierte im Ausland an der Internationalen Theologischen Schule Piat.
Doch eines Tages verlor sich ihre Spur.
Etwas später hat sie sich Elon Blake genähert und wurde seine Ziehtochter.

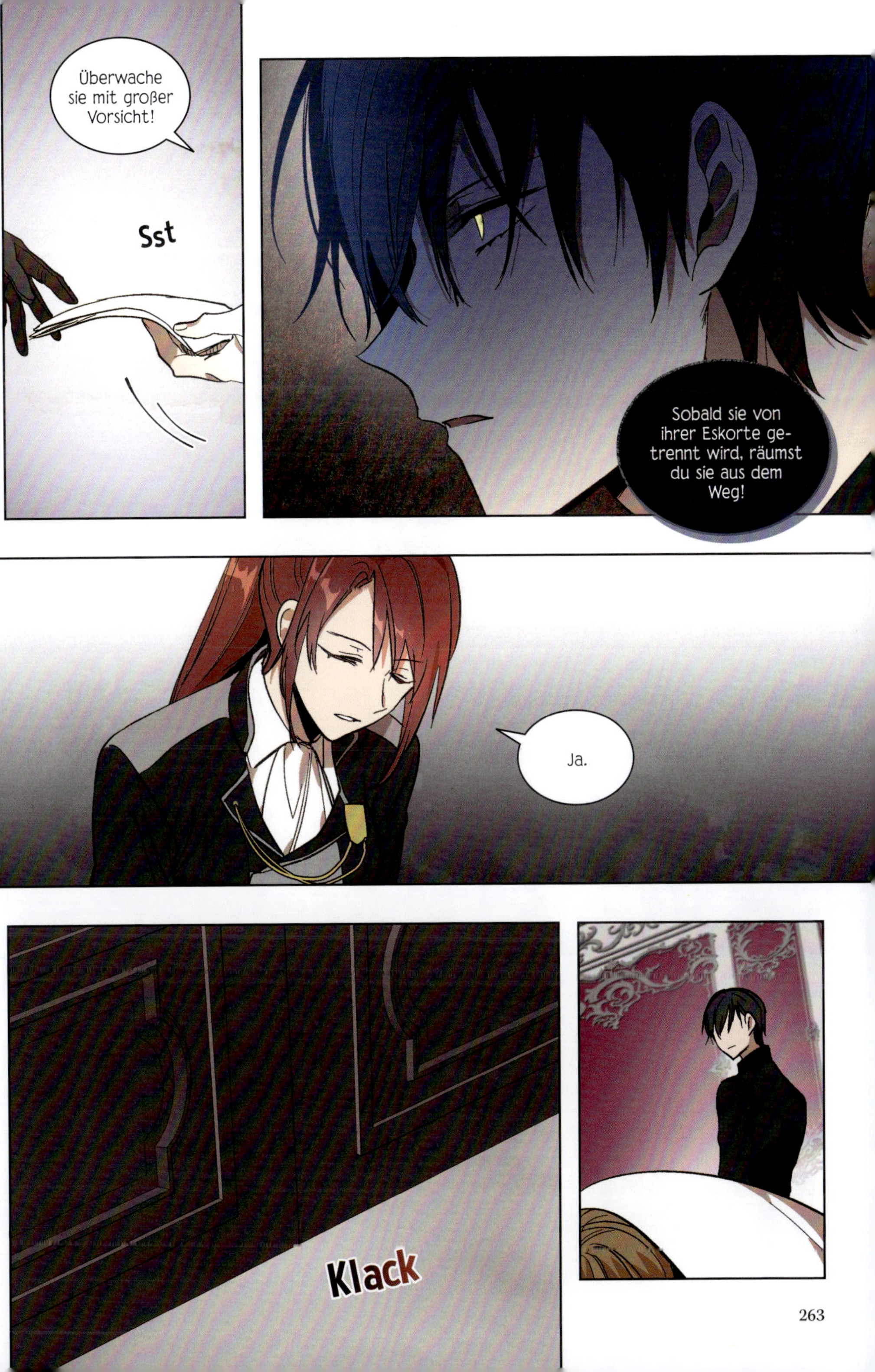
Überwache sie mit großer Vorsicht!
Sst
Sobald sie von ihrer Eskorte getrennt wird, räumst du sie aus dem Weg!
Ja.
Klack

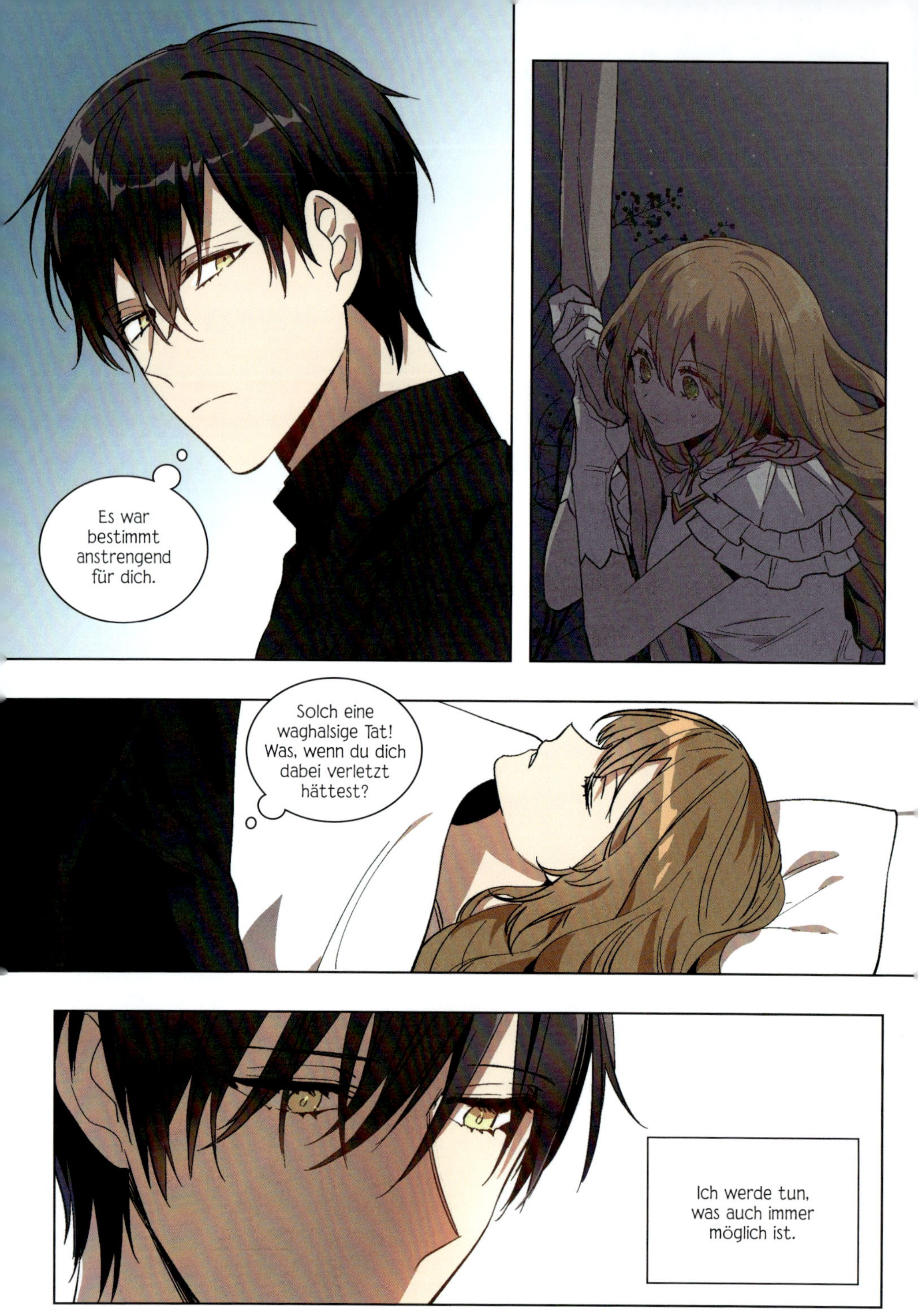
Es war bestimmt anstrengend für dich.
Solch eine waghalsige Tat! Was, wenn du dich dabei verletzt hättest?
Ich werde tun, was auch immer möglich ist.

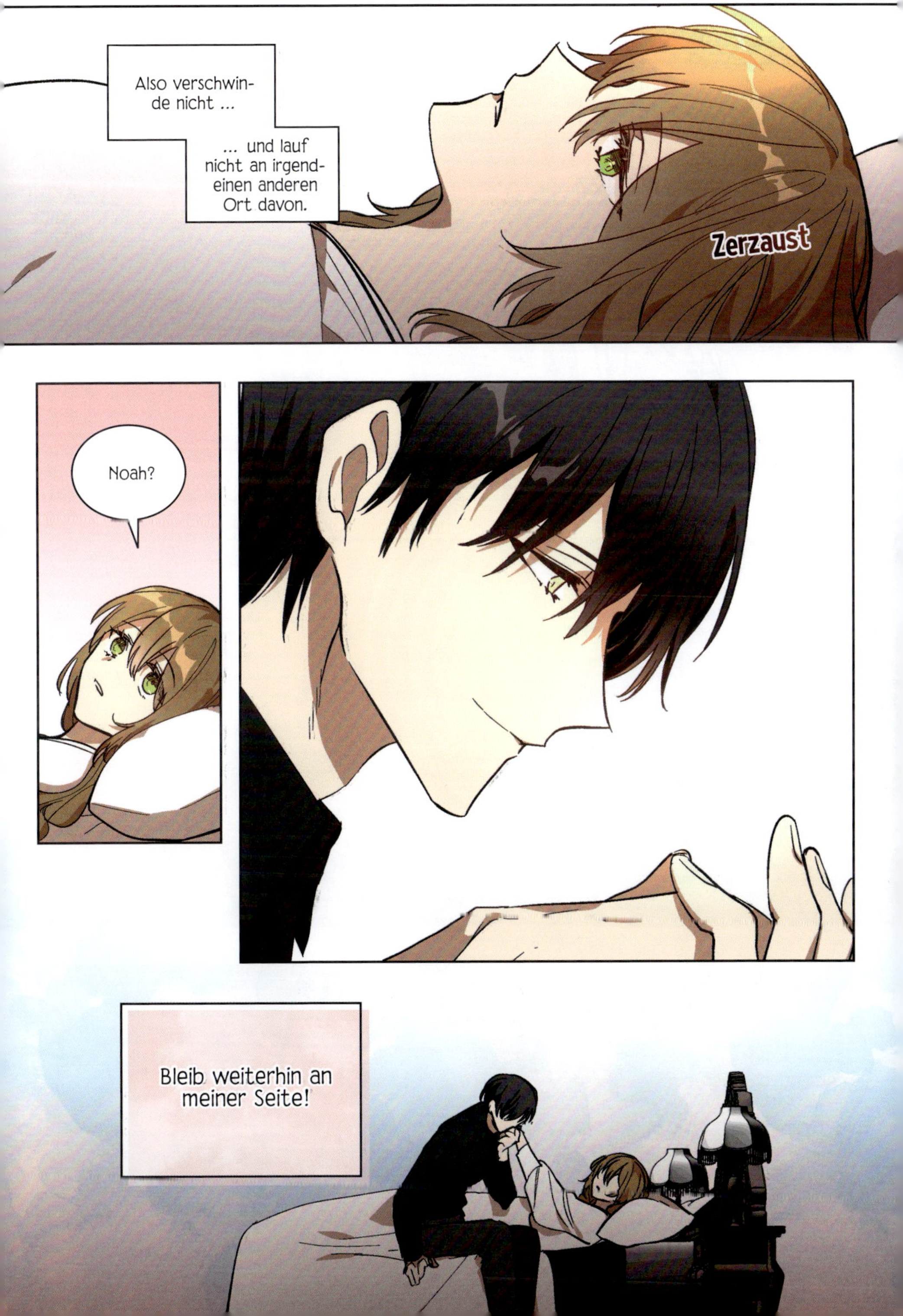
Also verschwinde nicht ...
... und lauf nicht an irgendeinen anderen Ort davon.
Zerzaust
Noah?
Bleib weiterhin an meiner Seite!

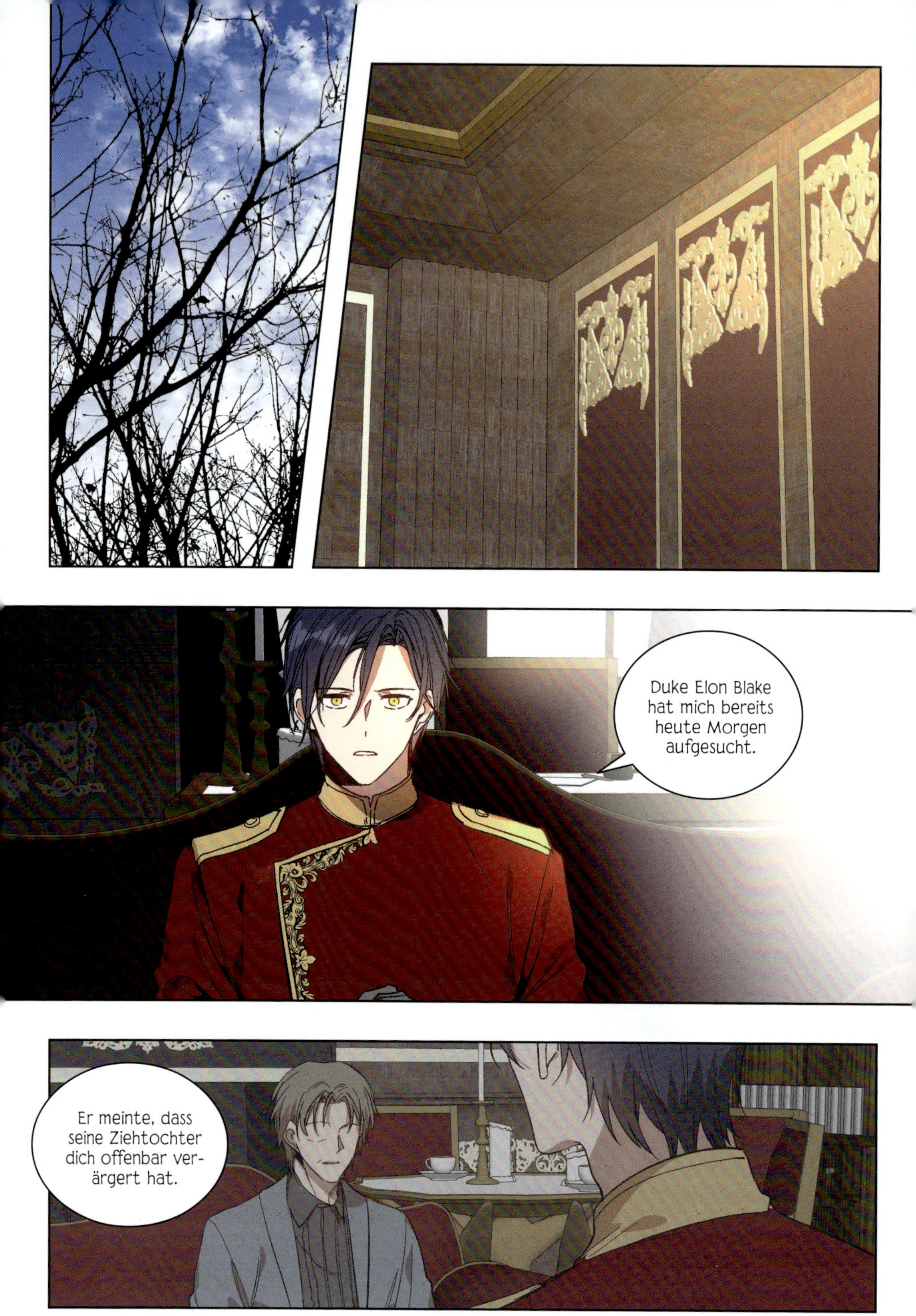
Duke Elon Blake hat mich bereits heute Morgen aufgesucht.
Er meinte, dass seine Ziehtochter dich offenbar verärgert hat.

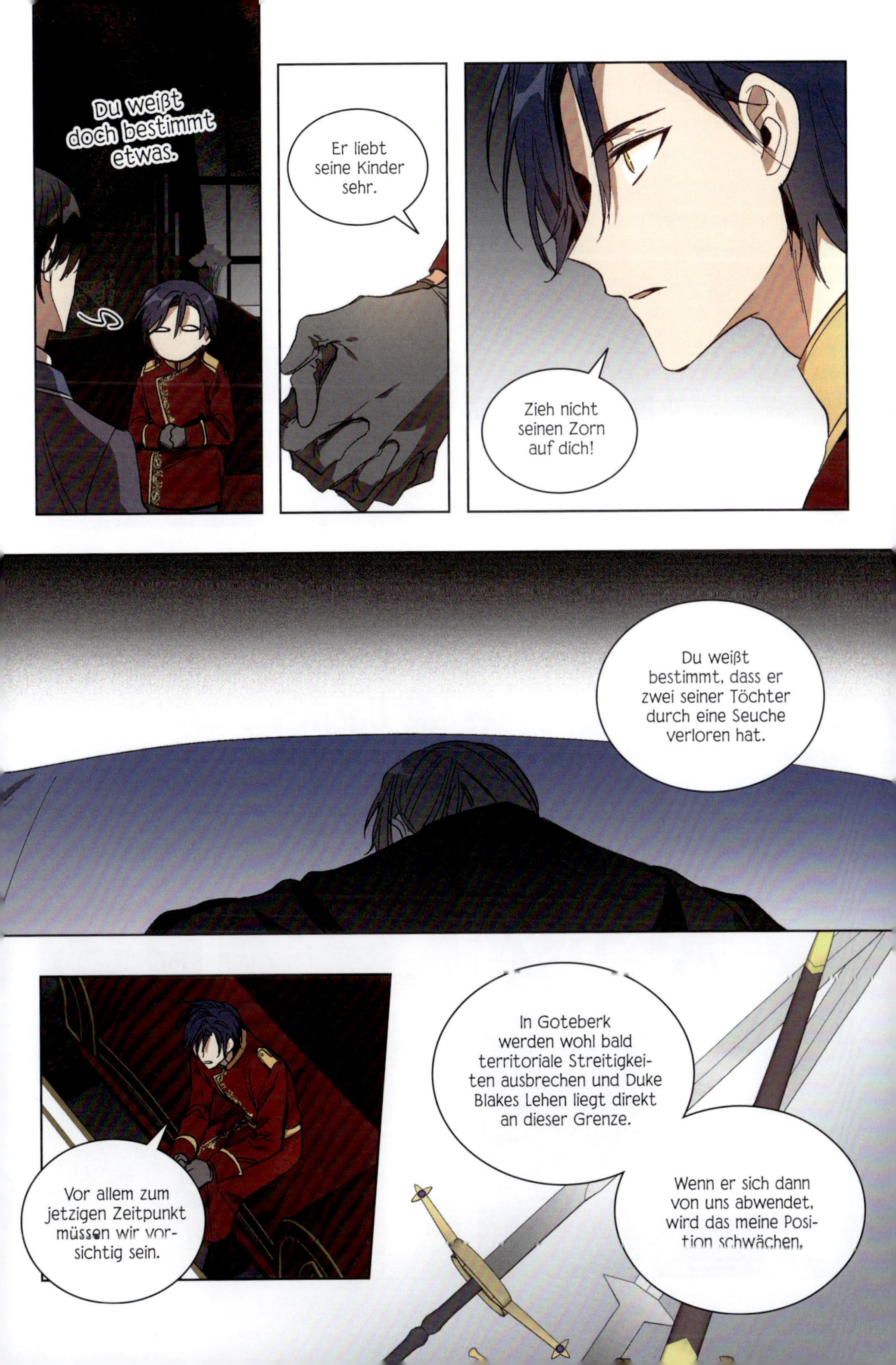
Du weißt doch bestimmt etwas.
Er liebt seine Kinder sehr.
Zieh nicht seinen Zorn auf dich!
Du weißt bestimmt, dass er zwei seiner Töchter durch eine Seuche verloren hat.
Vor allem zum jetzigen Zeitpunkt müssen wir vorsichtig sein.
In Goteberk werden wohl bald territoriale Streitigkeiten ausbrechen und Duke Blakes Lehen liegt direkt an dieser Grenze.
Wenn er sich dann von uns abwendet, wird das meine Position schwächen.

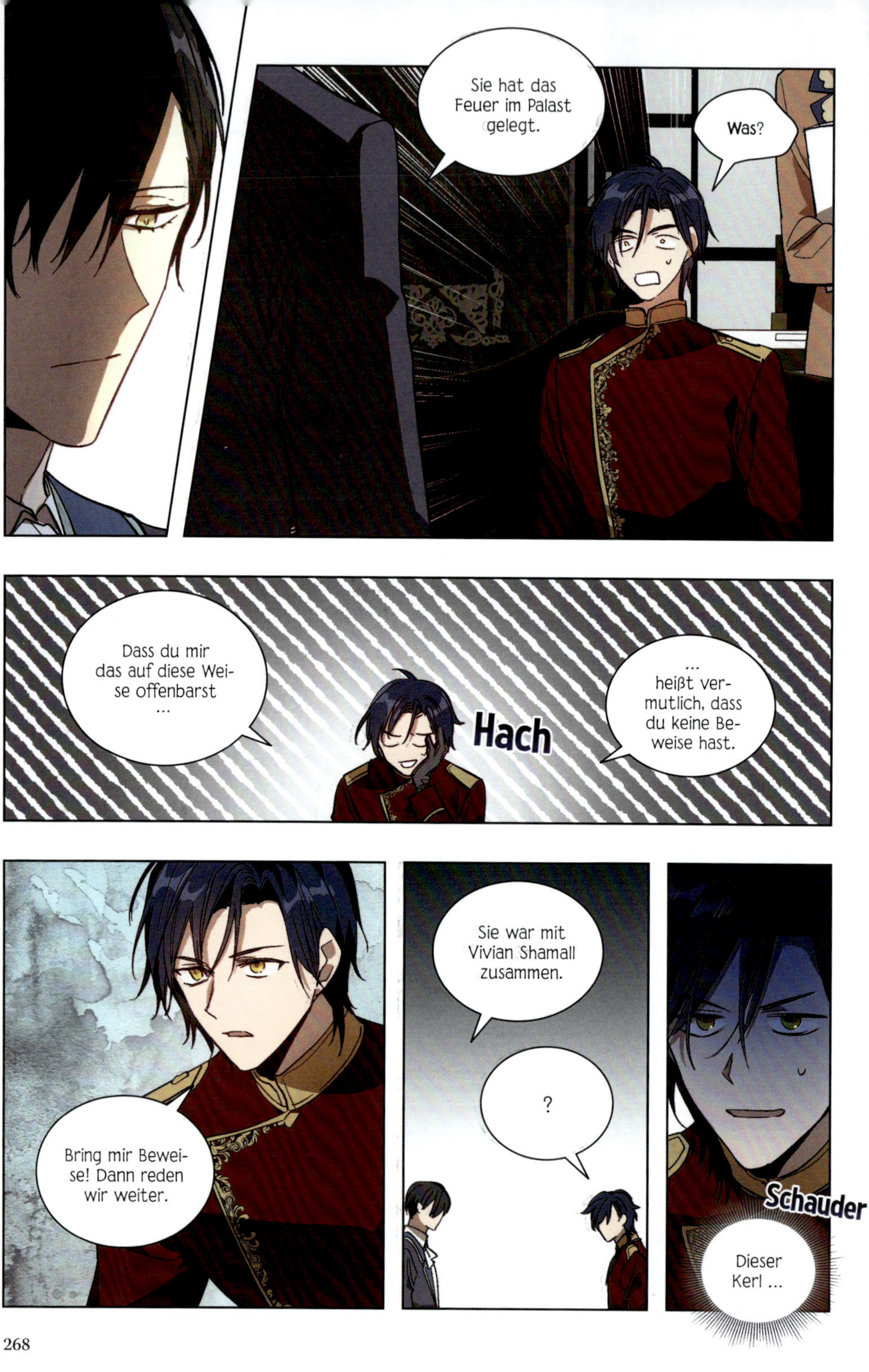
Sie hat das Feuer im Palast gelegt.
Was?
Dass du mir das auf diese Weise offenbarst ...
Hach
... heißt vermutlich, dass du keine Beweise hast.
Bring mir Beweise! Dann reden wir weiter.
Sie war mit Vivian Shamall zusammen.
?
Schauder
Dieser Kerl ...

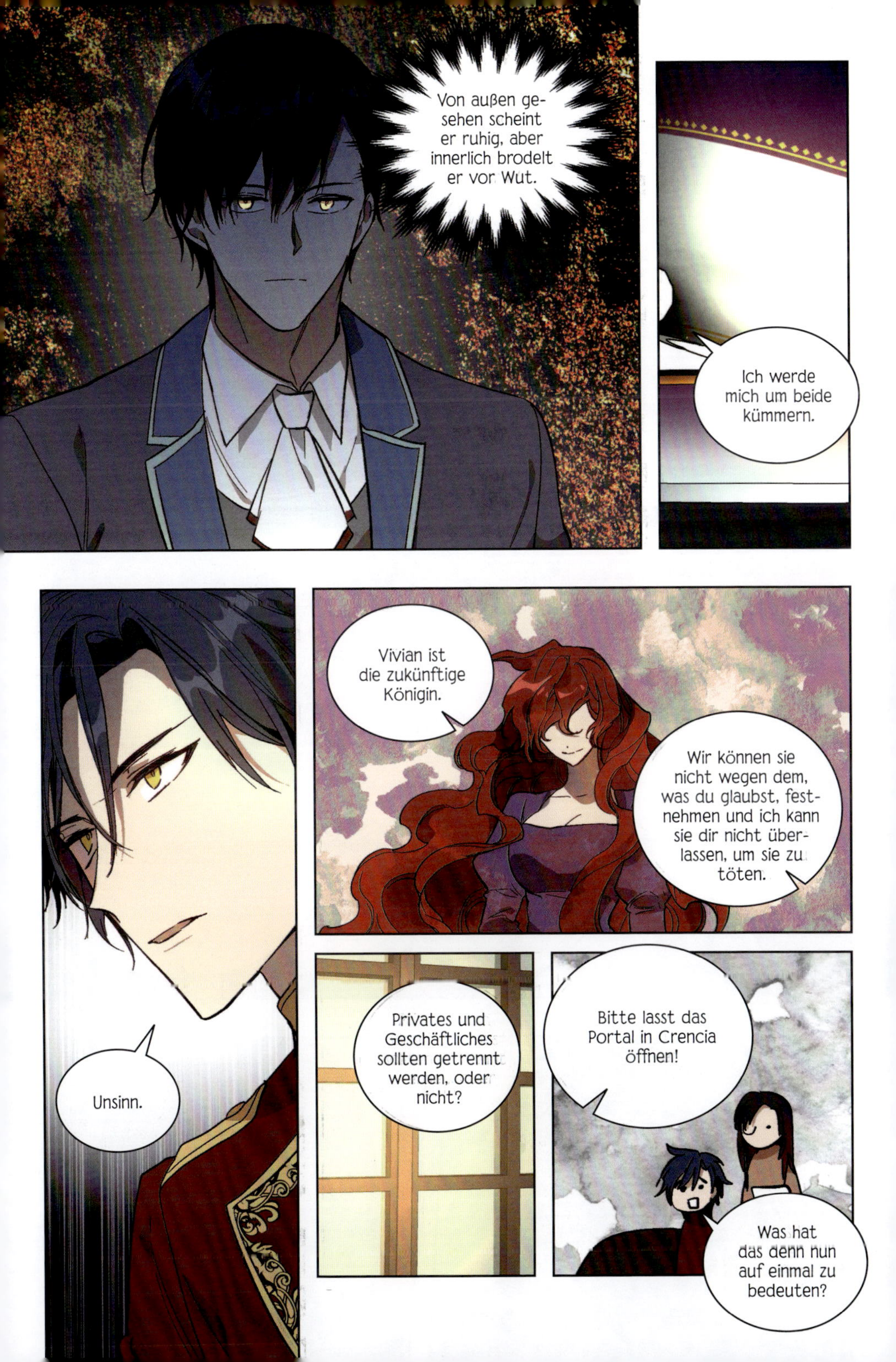
Von außen gesehen scheint er ruhig, aber innerlich brodelt er vor Wut.
Ich werde mich um beide kümmern.
Vivian ist die zukünftige Königin.
Wir können sie nicht wegen dem, was du glaubst, festnehmen und ich kann sie dir nicht überlassen, um sie zu töten.
Unsinn.
Privates und Geschäftliches sollten getrennt werden, oder nicht?
Bitte lasst das Portal in Crencia öffnen!
Was hat das denn nun auf einmal zu bedeuten?

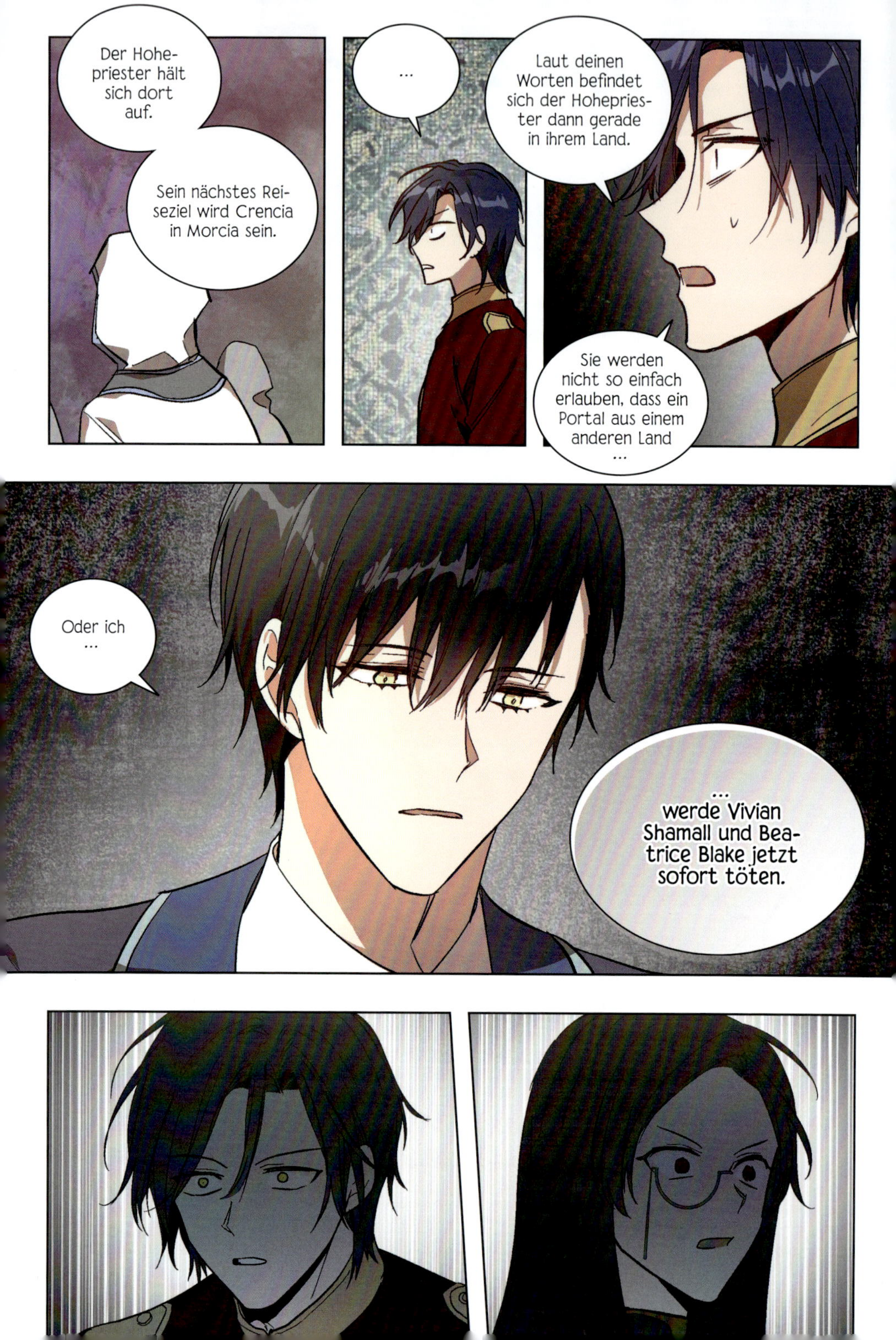
Der Hohe-priester hält sich dort auf.
Sein nächstes Reiseziel wird Crencia in Morcia sein.
...
Laut deinen Worten befindet sich der Hohepriester dann gerade in ihrem Land.
Sie werden nicht so einfach erlauben, dass ein Portal aus einem anderen Land ...
Oder ich ...
... werde Vivian Shamall und Beatrice Blake jetzt sofort töten.

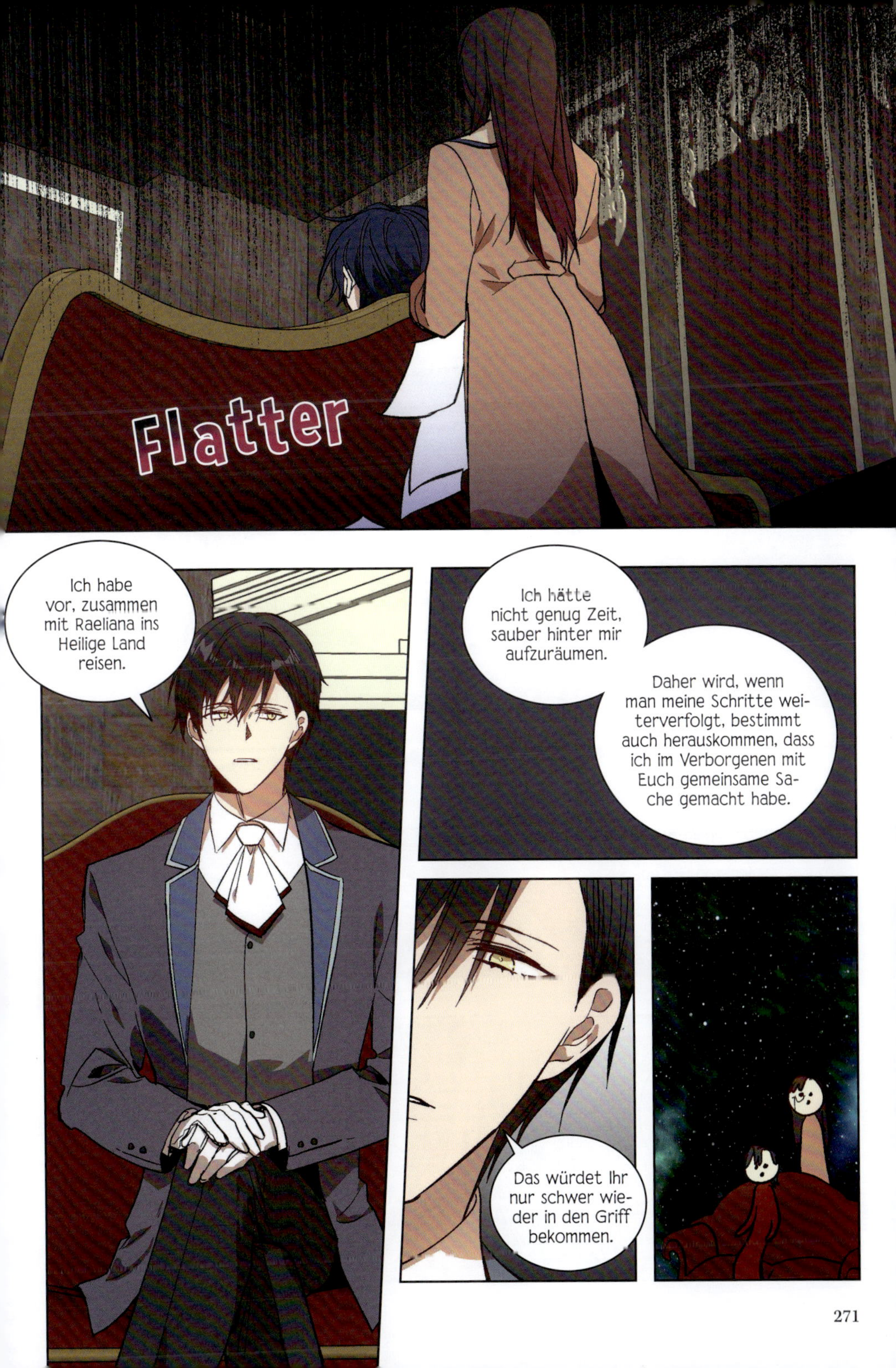
Flatter
Ich habe vor, zusammen mit Raeliana ins Heilige Land reisen.
Ich hätte nicht genug Zeit, sauber hinter mir aufzuräumen.
Daher wird, wenn man meine Schritte weiterverfolgt, bestimmt auch herauskommen, dass ich im Verborgenen mit Euch gemeinsame Sache gemacht habe.
Das würdet Ihr nur schwer wieder in den Griff bekommen.

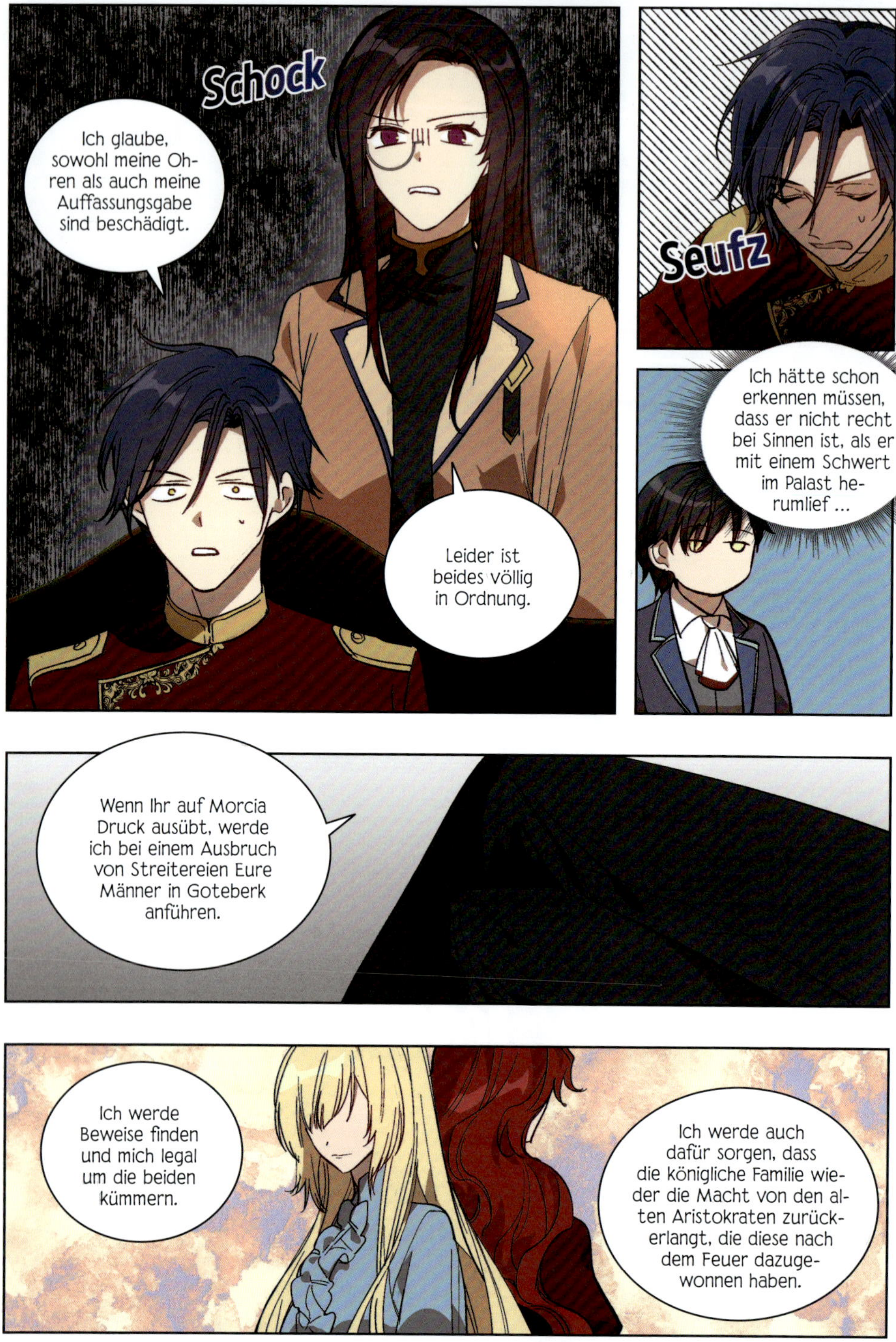
Schock
Ich glaube, sowohl meine Ohren als auch meine Auffassungsgabe sind beschädigt.
Leider ist beides völlig in Ordnung.
Seufz
Ich hätte schon erkennen müssen, dass er nicht recht bei Sinnen ist, als er mit einem Schwert im Palast herumlief ...
Wenn Ihr auf Morcia Druck ausübt, werde ich bei einem Ausbruch von Streitereien Eure Männer in Goteberk anführen.
Ich werde Beweise finden und mich legal um die beiden kümmern.
Ich werde auch dafür sorgen, dass die königliche Familie wieder die Macht von den alten Aristokraten zurückerlangt, die diese nach dem Feuer dazugewonnen haben.

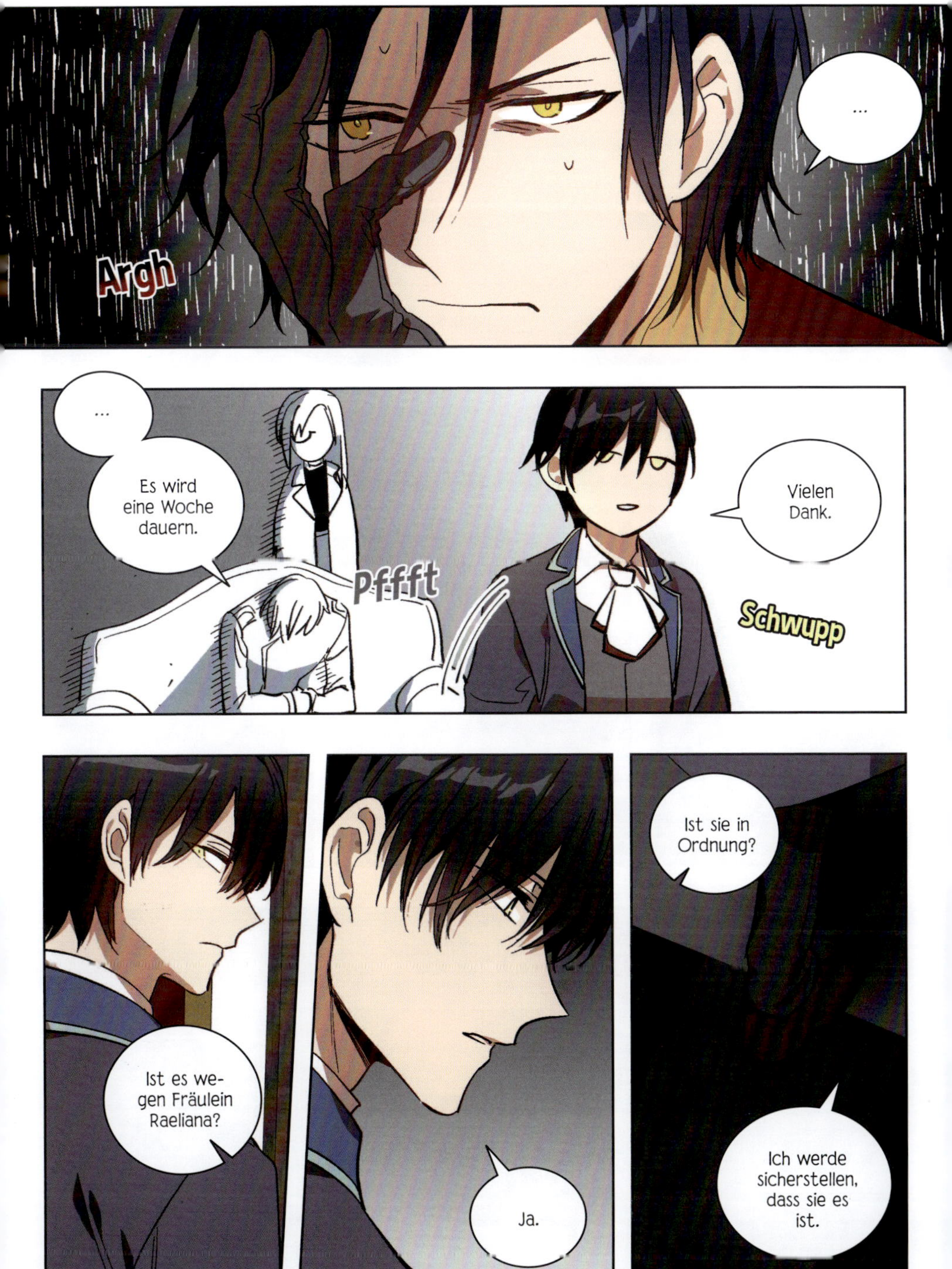

...
Argh
...
Es wird eine Woche dauern.
Pffft
Vielen Dank.
Schwupp
Ist es wegen Fräulein Raeliana?
Ja.
Ist sie in Ordnung?
Ich werde sicherstellen, dass sie es ist.

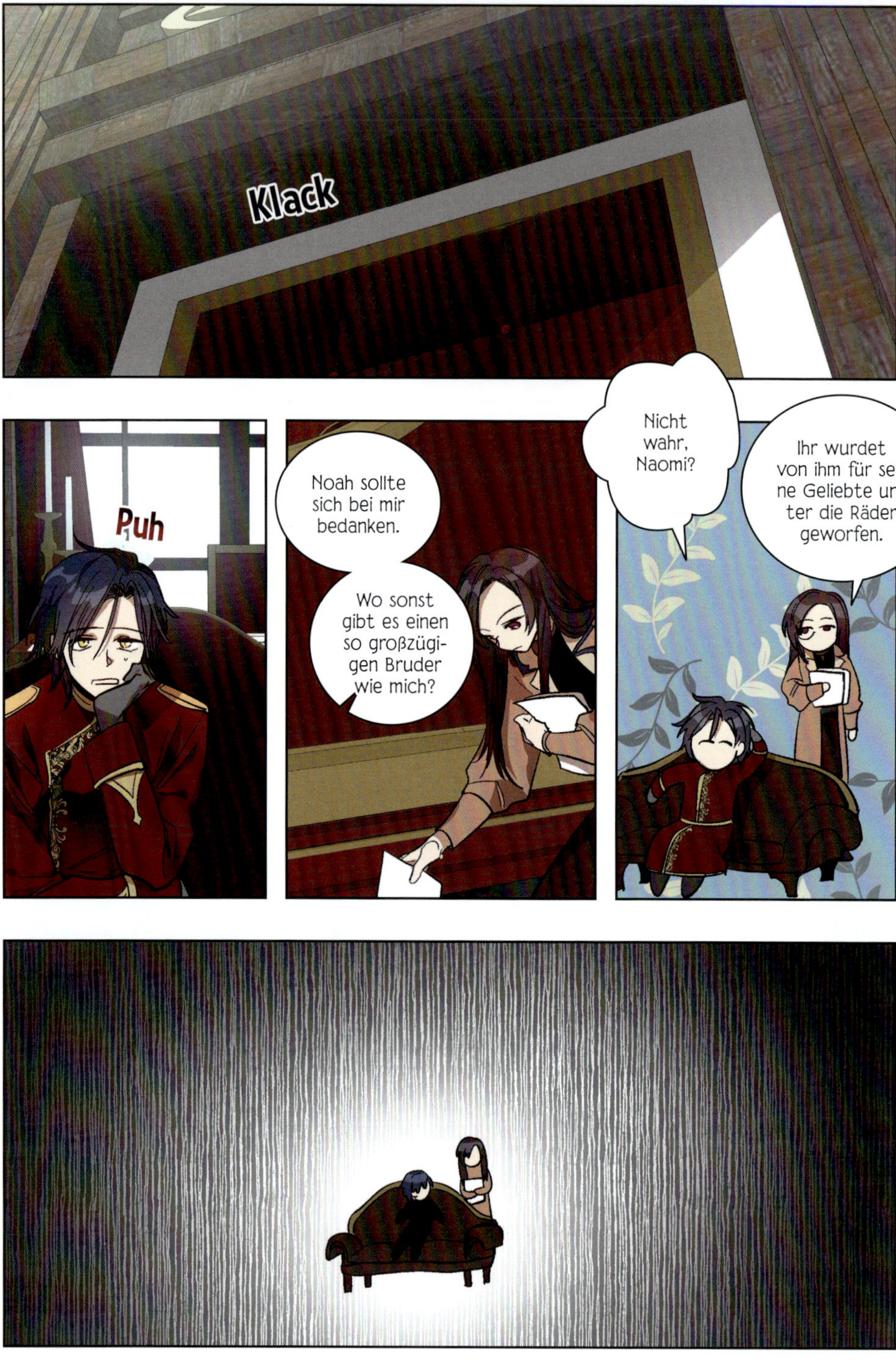
Klack
Puh
Noah sollte sich bei mir bedanken.
Wo sonst gibt es einen so großzügigen Bruder wie mich?
Nicht wahr, Naomi?
Ihr wurdet von ihm für seine Geliebte unter die Räder geworfen.

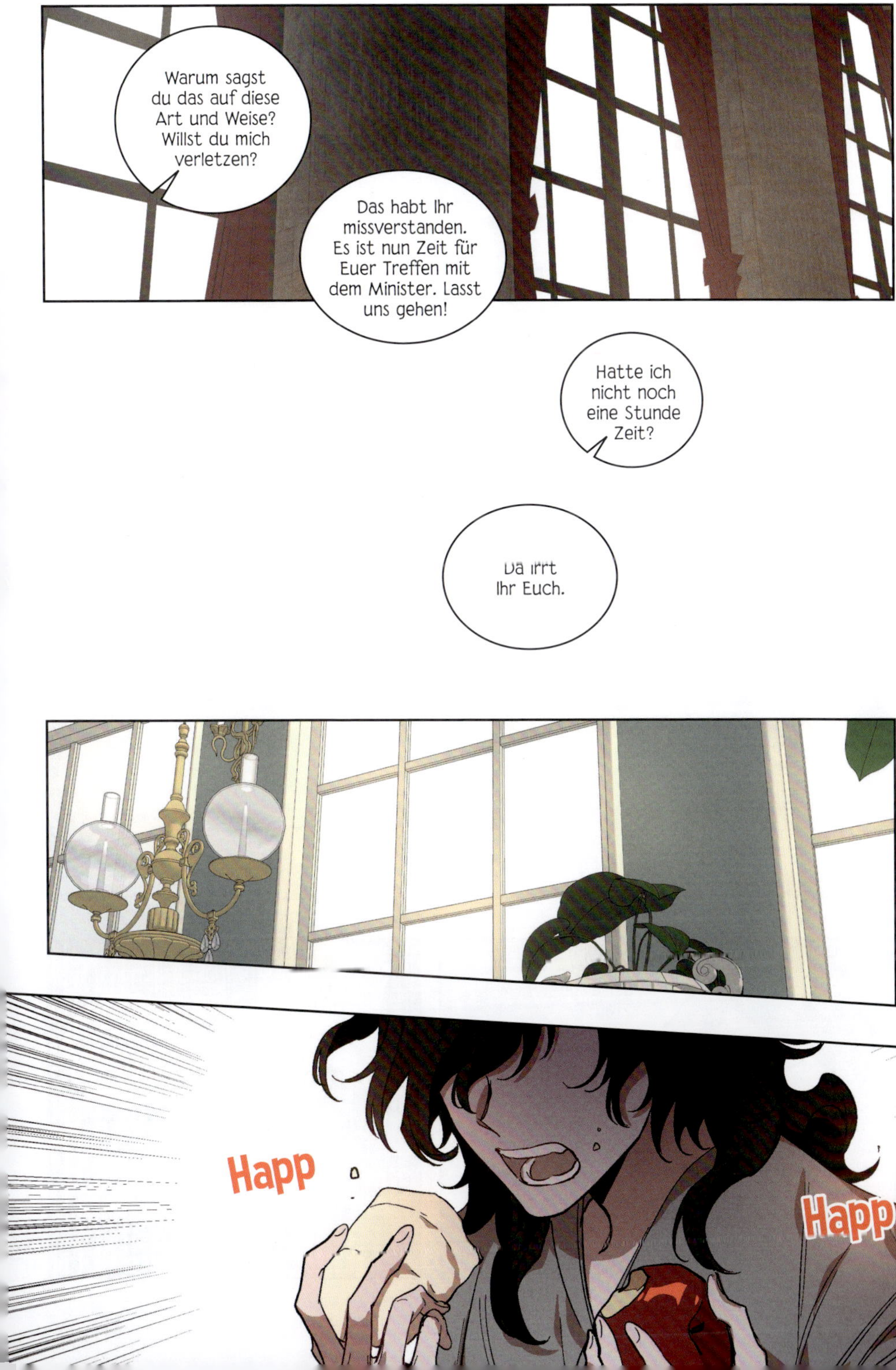
Warum sagst du das auf diese Art und Weise? Willst du mich verletzen?
Das habt Ihr missverstanden. Es ist nun Zeit für Euer Treffen mit dem Minister. Lasst uns gehen!
Hatte ich nicht noch eine Stunde Zeit?
Da irrt Ihr Euch.
Happ
Happ

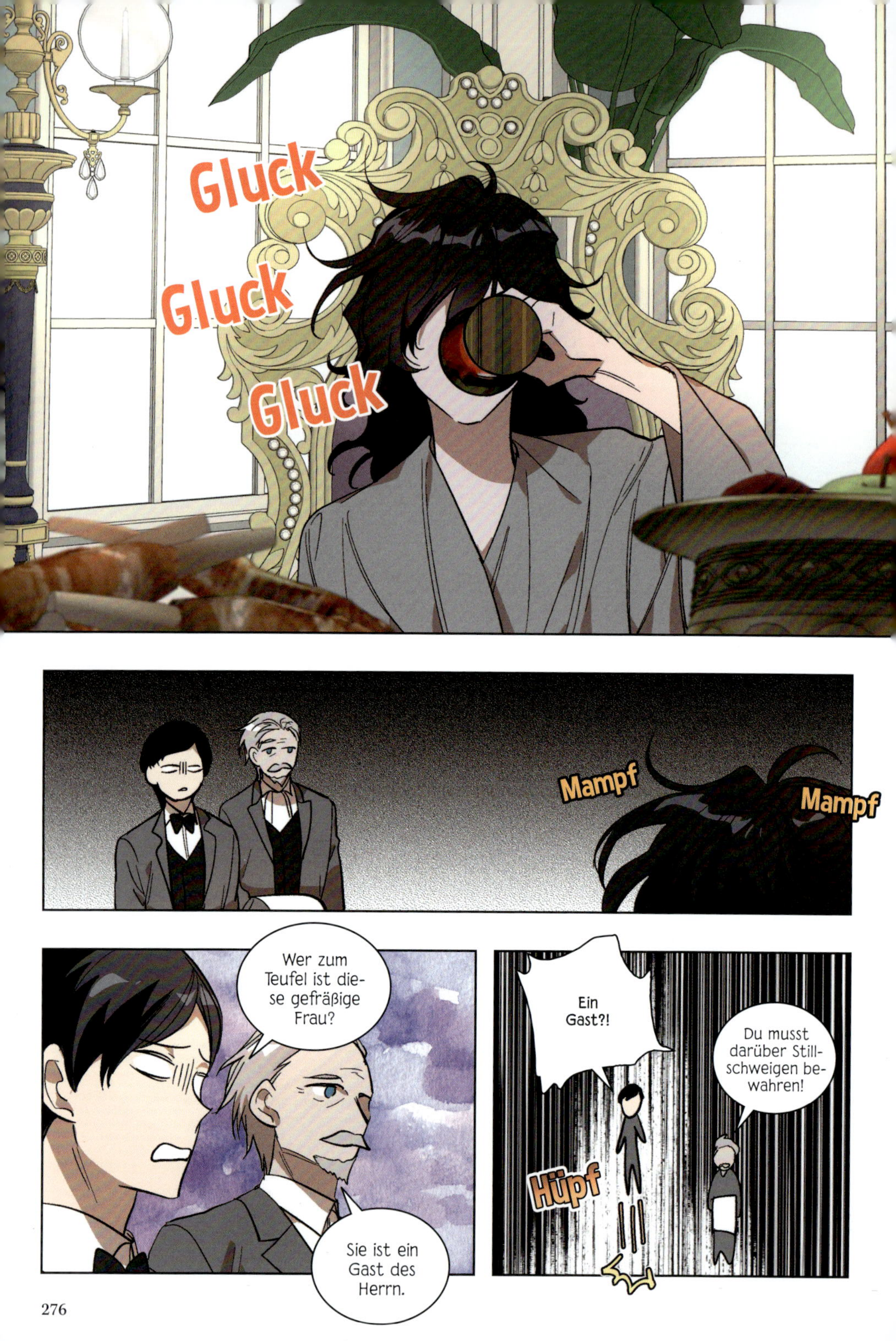
Gluck
Gluck
Gluck
Mampf
Mampf
Wer zum Teufel ist diese gefräßige Frau?
Sie ist ein Gast des Herrn.
Ein Gast?!
Hüpf
Du musst darüber Stillschweigen bewahren!

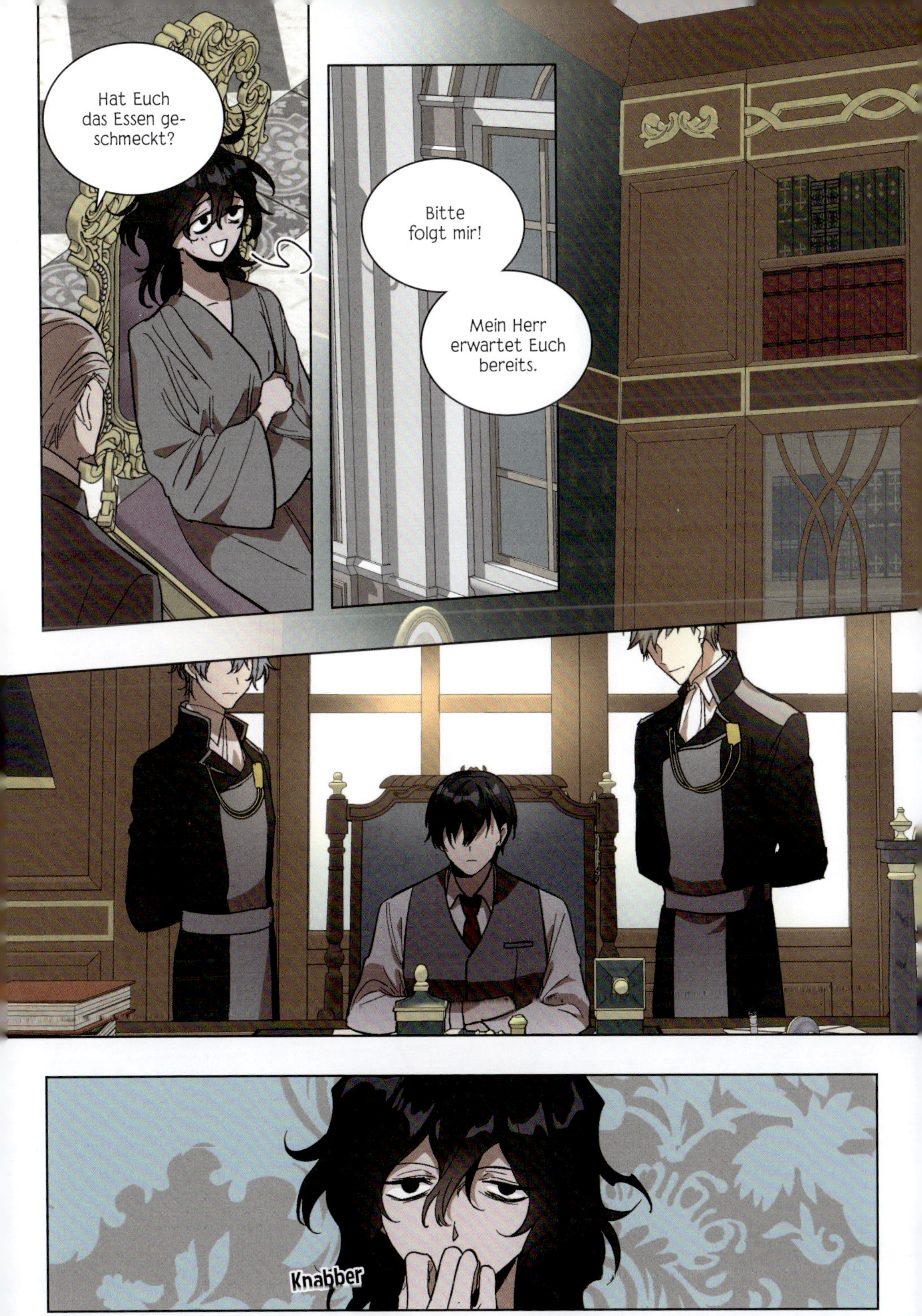
Hat Euch das Essen geschmeckt?
Bitte folgt mir!
Mein Herr erwartet Euch bereits.
Knabber

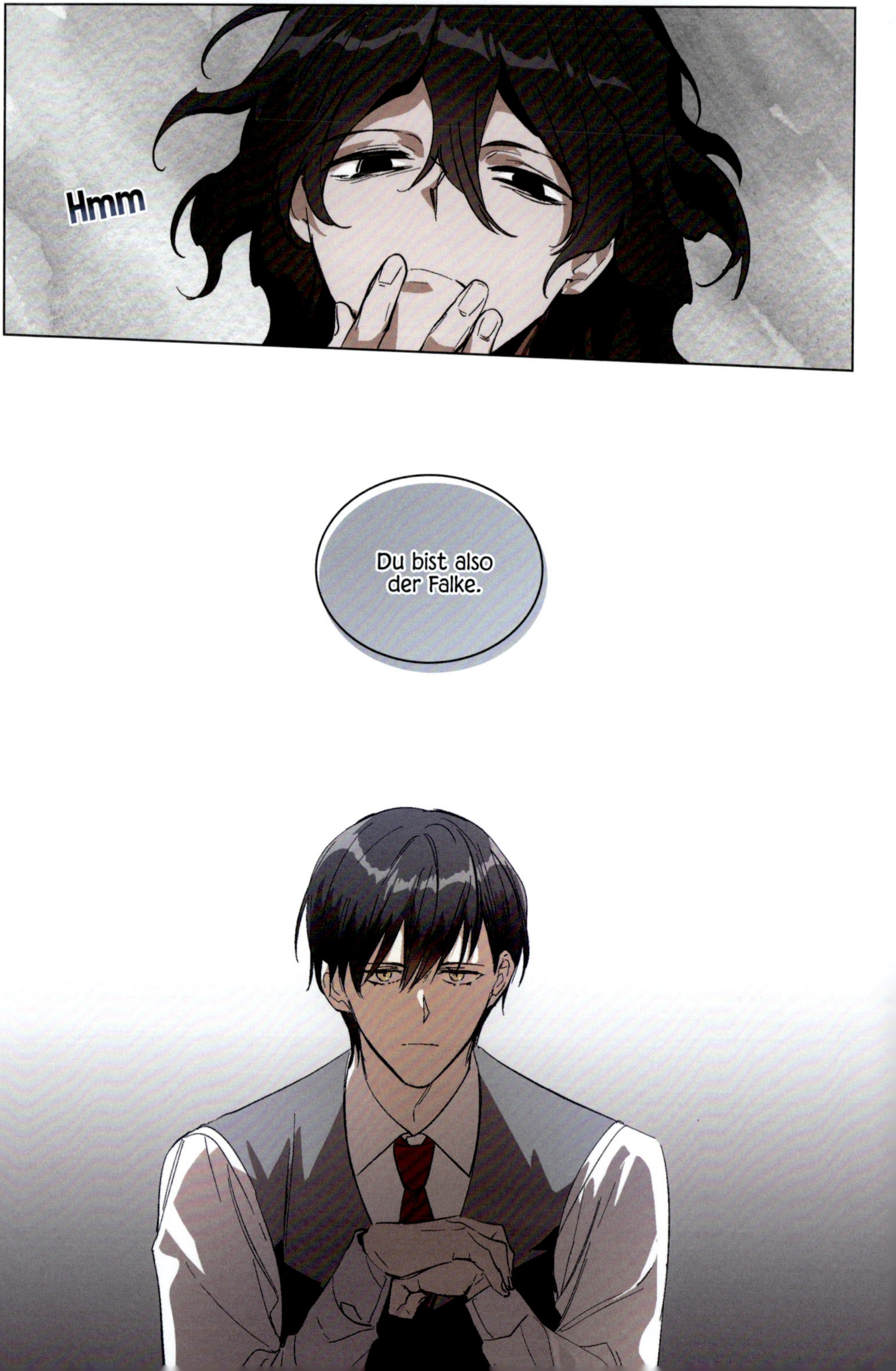
Hmm
Du bist also der Falke.

RAELIANA

Warum sie die Verlobte
des Dukes wurde

Fortsetzung folgt in Band 8

Vorschau
Band 8

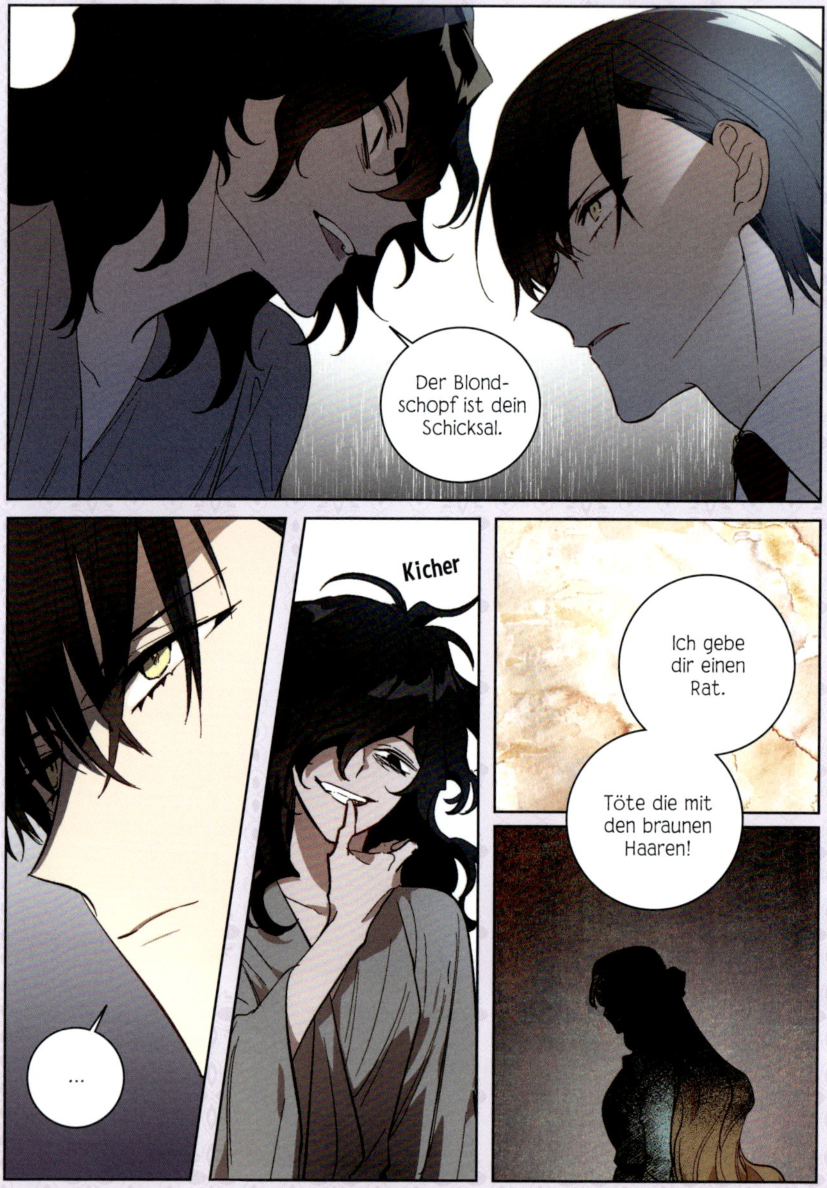

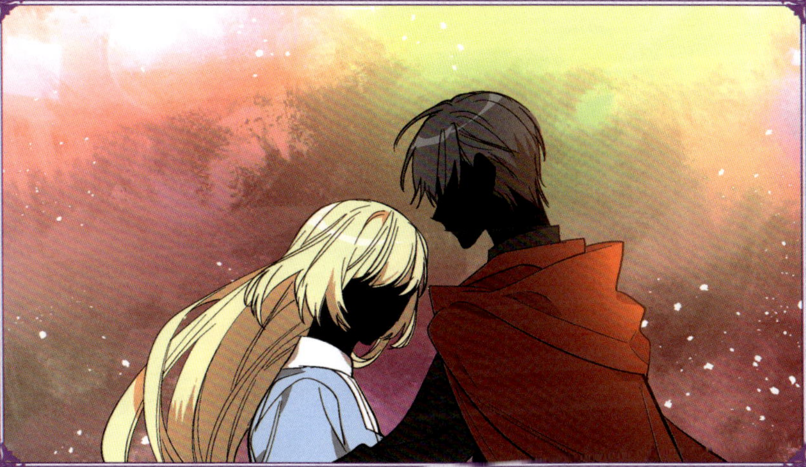

Trefft auf Iosa Ben, die Frau, die als »schwarze Hexe« bezeichnet wird und gleichzeitig der Schlüssel zu allen Hinweisen sein könnte!
Unter dem durchdringenden Blick dieser Frau, die alle, inklusive Noah, zu durchschauen scheint, stellt Raeliana ihr Fragen über ihre Seele, die von der Göttin in einen anderen Körper übertragen wurde …!

»Die Göttin? Die ist doch nichts weiter als eine schlechte Autorin von Theaterstücken.«

Seid auf Band 8 gespannt!

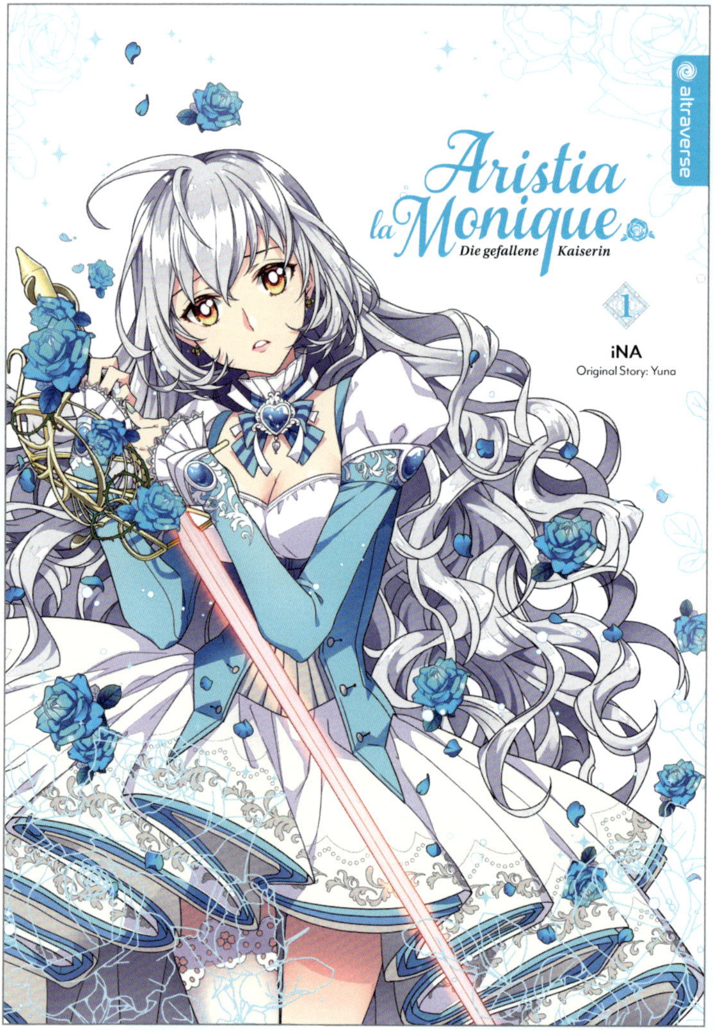

Aristia la Monique – Die gefallene Kaiserin

iNA | Yuna

Seit ihrer Geburt wurde Aristia in dem Glauben erzogen, dass sie eines Tages Kaiserin sein würde. Als wie aus dem Nichts eine geheimnisvolle Frau auftaucht und den Platz an der Seite des Kaisers einnimmt, bricht ihre Welt zusammen. Unfähig, sich in dieses neue Leben zu fügen, erleidet Aristia einen tragischen Tod. Doch sie verschwindet nicht – sondern erwacht sieben Jahre zuvor! Gelingt es ihr dieses Mal, dem Schicksal eine glückliche Wendung zu geben?

Romance 13+

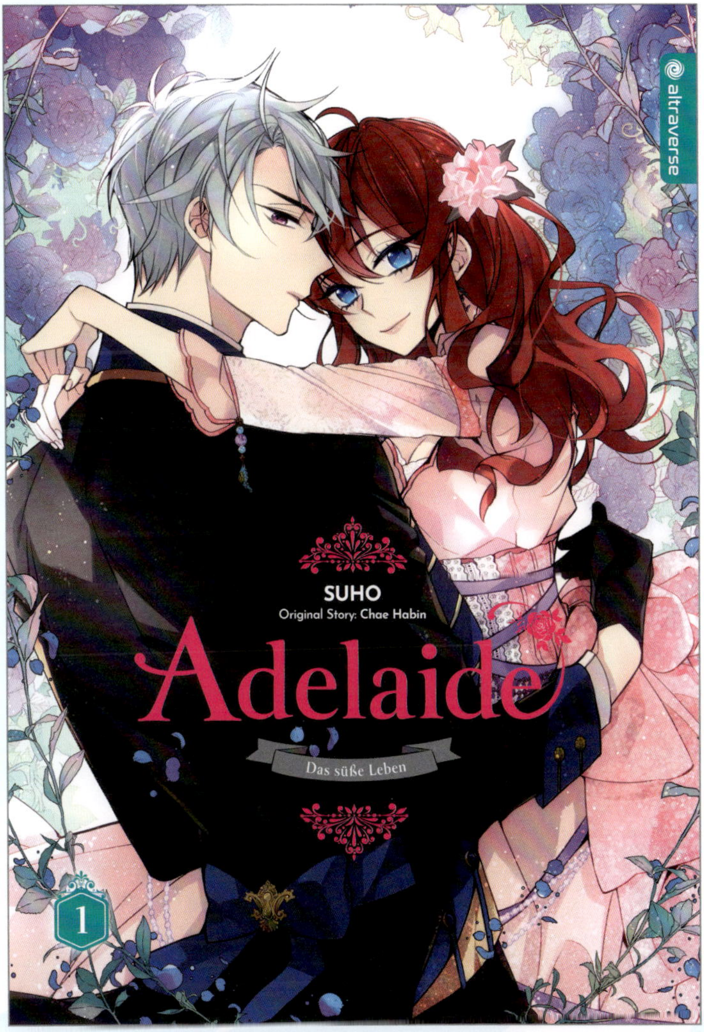

Adelaide – Das süße Leben

SUHO | Chae Habin

Adelaide wurde wiedergeboren und lebt gelangweilt in einer fremden Welt. Ihr neues Dasein als adelige Tochter macht sie nicht besonders glücklich. Als sie 17 Jahre alt ist, erfährt sie vom Auftauchen einer geheimnisvollen Frau und setzt alles daran, diese kennenzulernen. Vielleicht stammt die Frau ja aus ihrer alten Welt, an die sie sich noch bestens erinnert! In der Folge erwarten Adelaide viele Überraschungen und ihr Leben ist plötzlich alles andere als langweilig!

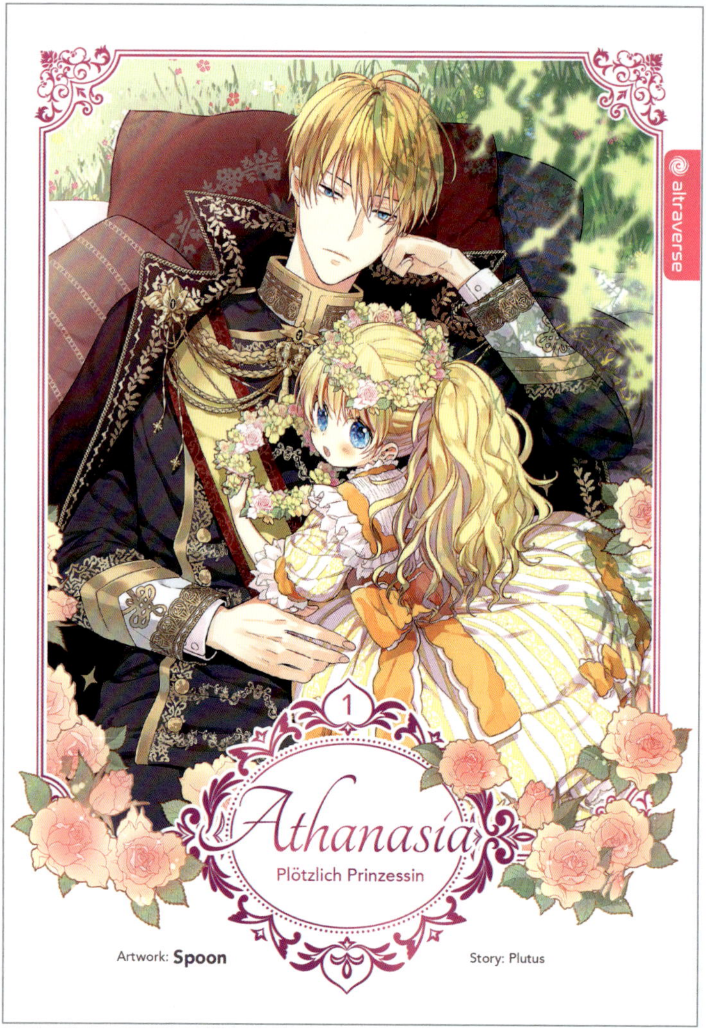

Romance 13+

Athanasia – Plötzlich Prinzessin

Spoon | Plutus

Wiedergeboren als Prinzessin! Besser hätte es Athanasia kaum treffen können. Wäre nicht der Kaiser ein grausamer Tyrann, der sein Kind ablehnt und vernachlässigt. Noch als Baby wird Athanasia bewusst, dass sie eine Überlebensstrategie braucht. Andernfalls wird sie an ihrem 18. Geburtstag auf Geheiß ihres eigenen Vaters sterben! Damit es so weit nicht kommt, macht sich die Prinzessin daran, ihr Schicksal zu verändern …

Romance 13+

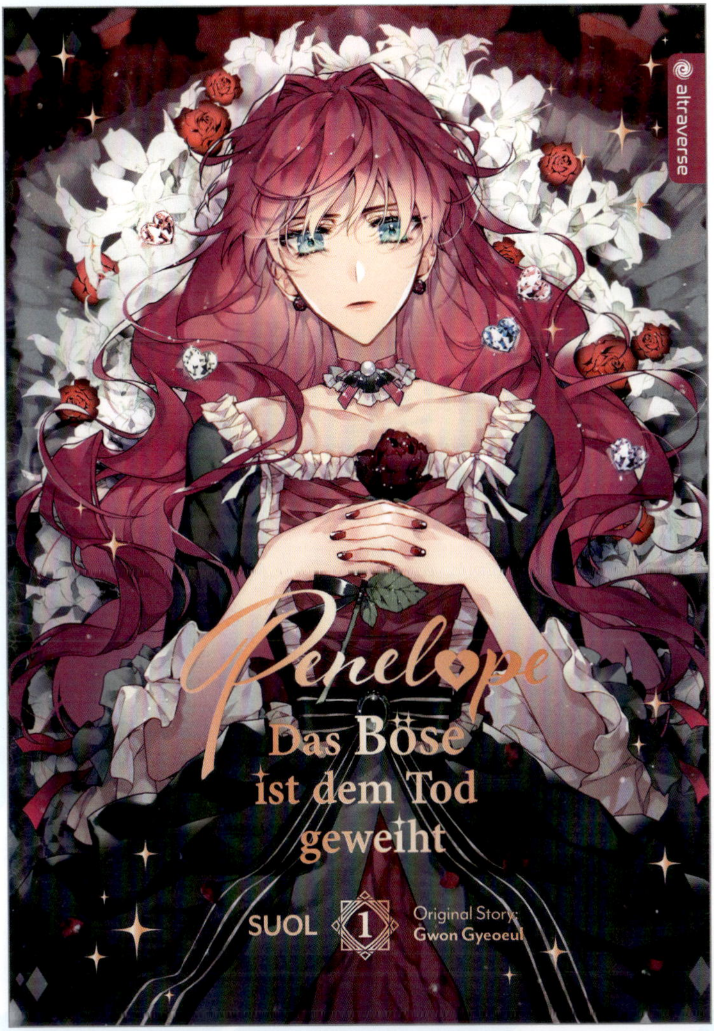

Penelope – Das Böse ist dem Tod geweiht
SUOL | Gwon Gyeoeul

Im Dating-Simulation-Game *Daughter of the Duke – Love Project* schlüpft man in die Rolle von Ivonne, die den idealen Partner aus einer Reihe von Männern auswählen muss. Eine junge Frau zockt das Game so lange, bis ihr die Augen zufallen. Als sie erwacht, findet sie sich in der Welt des Spiels wieder – als die böse Gegenspielerin Penelope Eckhart, der ein grausames Ende bevorsteht!

altraverse

Deutsche Ausgabe / German Edition
Altraverse GmbH – Hamburg 2023
Aus dem Koreanischen von Katharina Schmölders

The Reason Why Raeliana Ended up at the Duke's Mansion vol.7

Redaktion: Denise Czinczoll
Herstellung: Cathrin Hamester
Lettering: Vibrant Publishing Studio

Druck: Silber Druck oHG
Printed in Germany

ISBN 978-3-7539-1740-5
2. Auflage 2023

www.altraverse.de